JN224392

アメリカにとって
DEFENSELESS UNDER THE NIGHT
最も危険な夜

大統領夫人エレノア・ルーズベルトと
国土安全保障の成り立ち

マシュー・ダレック
MATTHEW DALLEK
座本勝之 訳

鳥影社

Matthew Dallek
DEFENSELESS UNDER THE NIGHT

©Matthew Dallek 2016

DEFENSELESS UNDER THE NIGHT: THE ROOSEVELT YEARS AND THE ORIGINS OF HOMELAND SECURITY, FIRST EDITION was originally published in English in 2016. This translation is published by arrangement with Oxford University Press. Choeisha Co., Ltd. is solely responsible for this translation from the original work and Oxford University Press shall have no liability for any errors, omissions or inaccuracies or ambiguities in such translation or for any losses caused by reliance thereon.

52番街の安酒場で
不安と恐れを抱きながら
俺がひとりで座りこんでいると
低劣でいい加減な十年間が
希望もなしに消え去っていく
怒りと恐怖の感情が
地上のところどころで
波のように渦巻いて
俺たちの生活にまとわりつき
名状しがたい死の匂いが
九月の夜を挑発する

……………………
……………………
……………………

宵闇の中で無防備に

世界は昏睡して横たわっている
だが正義がメッセージを交わし合うところ
そういうところではいたるところ
点々と光が交差して
まぶしい耀きを放っている
俺もエロスと泥から作られており
同じく否定と絶望に
付きまとわれている限りは
この光の交差のような
肯定の炎を放ってみたいものだ

W・H・オーデンの詩「1939年9月1日」壺齋散人訳より

〈W・H・オーデン（1907～1973）は英国出身で、米国に移住した20世紀最高の詩人の一人。1939年9月1日にナチス・ドイツがポーランドに侵攻し、第二次世界大戦が始まった。〉

アメリカにとって最も危険な夜

大統領夫人エレノア・ルーズベルトと国土安全保障の成り立ち

目次

＊本文中の〈　〉内は訳注です。

＊本書でいうリベラル（リベラリズム）は、大恐慌後の１９３０年代に米国で広がったニューディール政策を発端とする社会的公正や、失業・貧困・医療保険政策などへの社会保障を重視した自由主義を意味し、古典的自由主義とは異なるものです。

謝辞

本書の出版は、ひとえに「研究者のためのウッドロウ・ウィルソン国際センター」の手厚い支援に負うものである。私は、このウィルソン・センターの特別研究員として研究を進める幸運に恵まれた。私の専門は公共政策学であり、これが本書の原稿作成の土台となっている。また、このセンターの優れたスタッフや研究者たちの緊密な共同研究は、素晴らしい学究的成果を生み出した。本書の執筆では、特にリンジィ・コリンズ、ルイーザ・クラーク、クリシュナ・アニエル、キム・コナー、フィリッパ・ストラム、アーリン・チャールズ、ルーシー・ジルカ、ロバート・リトワク、マイク・ヴァン・ドゥーゼンの各氏をはじめ、図書館司書のジャネット・スパイクス、ダグネ・ギザウ、ミッシェル・カマリッヒ各氏のご支援をいただいた。さらに、この企画のために奨学金を授かったアリシア・M・パターソン財団には心より感謝の意を捧げるところである。

また、公文書保管担当者の方々からは想像以上に詳細で豊富な記録を提供していただいた。特に、フランクリン・D・ルーズベルト図書館のボブ・クラークとバージニア・H・ラーウィックの両氏は、私がその図書館を訪れた際、フランクリン・ルーズベルト大統領とエレノア夫人の貴重な書類を快く紹介してくれた。私が研究を進めるために、フランクリン図書館の書庫の中から重要な資料を適宜選び出すご支援をえている。また、米国議会図書館のジェフリー・フラナリー氏は、原稿管理課に保存された市民防衛局（OCD）のジェイムズ・M・ランディス局長の書類や、その他の資料を提供してくれた。一方、メリーランド州のカレッジパークにある国立公文書記録管理局の方々からは市民防衛局の記録の提示をたまわり、ニューヨーク市の市営公文書館職員の方々は、フィオレロ・H・ラガーディア・ニューヨーク市長（OCD初代局長）の研究を、専門家の立場から懇切丁寧に支援してくれた。

私の研究は、多くの面で私の同僚たちの限りない尽力に支えられた。カリフォルニア大学ワシントンセンター（UCDC）の政治学者、ブルース・ケイン氏は私の上司であり、最良の指導者でもあった。私の研究の経済的支援や精神的な力添えはケイン氏の尽力に負うものであり、UCDC時代ばかりでなく、その後においても、私の学問的な研究の後ろ盾になってくれた。私にとってケイン氏は教授や学者、また指導者としての鑑《かがみ》であり、私の経歴や研究者としての礎《いしずえ》を築いてくれた恩師として深く感謝するしだいである。

UCDCの同僚では、シャンタル・キンテロ、アルフレーダ・ブロック、マーク・サンダロウ、ジェイムズ・デスヴォー、エイミー・ブリッジス、ピーター・ライアン、フィル・ウォルギン、ジョン・ローレンス、プリティ・ピプラニ、ジャノウ・ゴードン、メラニー・デュピイ各氏との親交をえて、本書についての貴重なご意見をいただいた。同様に、ジョージ・ワシントン大学大学院政治学科の同僚たちのご支援と、私の研究を支えてくれたディレクターのマーク・ケネディ氏、それにプログラム・ディレクターのララ・ブラウン女史、事務主幹のセアラ・グネル女史の諸氏に厚く御礼申し上げる。さらに本書の後半を仕上げるために大変参考になったことを書き添えたい。

本書の編纂において多くの助手の方々が調査研究に身を尽くされ、彼らの力添えなしでは本書の出版は不可能だったと思われる。リンジィ・ピーターセン氏をはじめ、ベン・アーネット、ケビン・

ラーナーの各氏は希少な書物や論文・記録文書などを探し出してくれた。またローレル・サラック＝マクパ女史は調査の段階と出版のための原稿編集に力を尽くしてくれた。ローレル女史は全文の事実確認や編集作業を担当し、第一級の歴史家としての知力や洞察力、それに企画に対する類《たぐ》いまれなセンスを駆使して本書の出版に貢献してくれた。

出版社のジョン・ライト氏からは原稿についての建設的な助言をいただくと共に、良き相談相手となっていただいた。またスーザン・ファーバー女史は優れた編集者であり、彼女の根気と信条が本書の至るところに活かされている。彼女は原稿を熟読した上で各章の編集を行い、私の論点を明確にして、良き相談役としての役割を果たしてくれた。スーザン女史への感謝とともに、製作部長のロブ・ウィルキンソン氏、原稿整理編集者のカレン・ジェムソン女史にも厚く御礼を申し上げるしだいである。また、本書の抄録を作成してくれたポリシー・ヒストリー・ジャーナルに感謝の意を表したい。

本書の内容は私の同僚や友人たちの優れた見識によって深みが増し、彼らの歴史や政治に関する専門知識がたいへん参考になった。中でも、我々がレッド・ライン・グループと呼び合ったサークル（これは我々全員がワシントンDCの地下鉄レッド・ラインの周辺に住んでいたから）は極めて博識な方々の集まりで、お互いにそれぞれの書籍について意見を交換する間柄であった。ウェンディ・ウィリアムズ、メアリー・エレン・カーティン、マリ・テレーズ＝コナリー、ロビン・マンシー、そして指導者的存在のフィリッパ・ストラムの各氏がこのメンバーであり、本書は、彼らの優れた解釈や前向きな考え方、それに豊富な歴史的知識からの論評を反映している。個人的にもサークル上でも原稿の論旨の充実のためにご尽力いただき、また知的な緻密さや温かい友情、さらにはピザ・

パーティーや交歓を通して、私の研究と原稿の作成に様々な展開を注ぎ込んでくれた。そして、歴史家サリム・ヤコブ氏やデアドル・モロニー、パトリシア・サリバン各氏の、本原稿作成の際のご意見・論評に深く感謝するしだいである。

友人のデビッド・グリンバーグ、マイケル・サイナー、マーク・フェルドスタイン、ヴィンセント・カンナトの各氏は、彼らの優れた編集力と適切な助言を通して本書の文章や主題を校正してくれた。またルーズベルト大統領時代と米国のリベラリズム（自由主義）の変遷、さらに歴史全般への深い知識を教示してくれたのは、ジェフ・シェソル、マーク・ブリリアント、ワレン・ベース、デビッド・カロル、ジョセフ・クレスピーノの各友人たちであった。彼らはまさに研究者や著述家、学者のお手本であり、常に私の仕事を盛り上げてくれた。また友人のゲイリー・テルは、彼の出身地ピッツバーグに第二次世界大戦時の民間防衛の施策が不変の形で残っていることを指摘して、私の著作を支援してくれた。彼は民間防衛に関して深い知識を有する優れた専門家である。

本書の初期の段階でお世話になったのはクリストファー・カポッツオーラ氏であり、また家族ぐるみの付き合いがあるジェフ・ケルマン氏は私の原稿を精読して、本書の構想を一段と深めてくれた。学術機関との関連では、ジョージ・ワシントン大学やジョージタウン大学、カーネギーメロン大学やカリフォルニア大学、それにバージニア工科大学のお世話になり、それぞれの大学の教授や大学院生の皆様と研究の機会をえて、建設的なご意見をいただいたことに感謝している。さらに、オックスフォード大学出版局から私の提言と原稿に関する評価と懇切丁寧なご提言をいただいたことは有難いことであった。

最後に、常に私を温かく見守ってくれた家族に感謝の意を表したいと思う。私の妹レベッカ・ダレックと義弟のマイク・ベンダーは、親愛なる友人かつ隣人という間柄で支援してくれた。また私の両親であるロバート&ジェラルディン・ダレックは、原稿全体の編集にたずさわって、惜しみなく援助してくれた。私は両親を、専門家としても個人としても誇りに思っている。〈父親のロバート・ダレックは、ボストン、コロンビア、オックスフォード、UCLAなどの各大学で歴史学の講義をし、FDRと米国外交を描いた著作でバンクロフト賞を得ている〉。

本書の刊行は、私のよき伴侶であるタラ・サラシーに負うところが大きい。私がタラと結婚したのは本書の企画、研究、執筆、校正に携わっていたときである。その後、我々は新居に落ち着いて二人の息子に恵まれた。彼女は母親ならびに伴侶として持ち前の優しさをはじめ、ユーモアのセンスを通して、私が執筆する時間を確保してくれた。四歳のサミーと二歳のイーライもまた、本書を執筆する私の意力を高めてくれた。ある日、サミーは出し抜けに二階にある彼の部屋に向かい、自分も本を書くと言い出した。ロッキングチェアーのイーライは、サミーが言葉を話せることができたとき以来、彼に自分の本を読んでほしいとせがんでいる。彼らの愛らしい姿は私たちの生活を豊かにしてくれた。そして、私は本書を妻のタラと二人の息子に捧げるところである。

アメリカにとって最も危険な夜

大統領夫人エレノア・ルーズベルトと国土安全保障の成り立ち

プロローグ

軍備優先か、それとも国民生活か

１９３８年初頭、第32代米国大統領フランクリン・Ｄ・ルーズベルト（以下「ＦＤＲ」と表記する）は、大多数の国民がアドルフ・ヒトラーの脅威に無関心でいることを懸念していた。しかし、１９３８年10月30日のある出来事がＦＤＲの思いを一変させた。その出来事の一ヵ月前の９月30日、英国のネヴィル・チェンバレン首相はミュンヘン協定の一環として、ヒトラーがチェコスロバキアの一部を領有することを認めていた。プラハの民衆はズデーテン地方がナチスに引き渡されたことを知って落涙し、拳を上げて激しい抗議行動を繰り広げている。さて、ハロウィーン前日の10月30日の夜、大西洋を隔てた米国では六百万人の人々が各家庭でＣＢＳのラジオから流れる、ラモン・ラケーロ・オーケストラの演奏を楽しんでいた。しかし、音楽が始まって約一分後、次の臨時ニュースがその演奏をさえぎったのである[1]。

「我が国の科学者が、火星で『白熱光を伴うガス爆発』を観測しました。プリンストンでは激しい地震活動が報告されています」

さらにその臨時ニュースは、人々を震撼させる事態に広がっていく。

「ニュージャージー州グローバーズ・ミル付近に巨大な隕石らしき物が落下し、大きなくぼみに物体の半分が埋もれています。あっ、宇宙船と思われる物体からエイリアンが出てきました。怪物が光線を発射して、調査のために機関銃をもって訪れた州兵を焼いています。その驚くべき犠牲は、近代陸軍が受けた中でも最悪のものです。怪物は、東海岸を侵略しようとしています」

臨時ニュースのアナウンサーは、ニューヨーカーたちがイーストリバーに駆け寄り、ネズミのように川に飛び込む姿をリポートした。また、黒煙が立ち込めるタイムズスクエアの状況も報告されている[2]。

新聞報道によれば、この放送を聞いた数万人の人々が、『宇宙戦争』による大虐殺は本物であると信じたという。人々の間でまさしくパニックが起きていた。その規模は誇張された面もあったが、民衆に広がった恐怖に真実味が溢れていた。その後の数日間、いかに多くの国民がオーソン・ウェルズのラジオ放送に反応したかのニュースが話題を独占した[3]。

各新聞は、「集団ヒステリーは米国東海岸から始まり、電話や口伝えによって全米に拡大した」と報じている。また『宇宙戦争』の対象となったニュージャージー州では、民衆のパニックが町から郊外へ急速に広がったと言われている。ヒステリック状態のニューアーク市民は、ガスから身を守るために濡れタオルやハンカチで口を覆い、家から飛び出した人もいた。医師や看護師、それに救急車までもが怪物に襲われた被害者のために出動する始末であった。ある地方病院では、ショックを受けた15名ほどの患者を鎮静剤や心理的な療法で対処している[4]。

米国民は、「パニックは抑えきれない」ということを知った。コラムニストのウォルター・ウィンチェルは聴衆に対して「米国は襲われていない」と力説し、ニューヨーク市警察もまた、「そのラジオ番組の心配は無用!!」と市民に呼びかけている。しかし、事態は穏やかではなかった。電話交換台には電話が殺到して、米国が攻撃されているという不安がいっそう広がった。ある男性は電話で叔父を呼び出し、「今、侵略を受けている」と伝えたため、その叔父はマンハッタンの川沿いにあるアパートから飛び出したのである。またラジオ番組を聞いた関係者は、ニューヨークの劇場支配人たちに電話でその旨を伝えた。劇場支配人は異星人が東海岸を攻撃しているということを聞いて、そのニュースを直ちに観客にアナウンスした。当然のことながら、立ち上がった観客たちは一斉に避難したのである。官庁の役人たちは、そのような流言《りゅうげん》になす術《すべ》がなかった。[5]

また各紙は、「都市の人々は、攻撃に対する身の保全を警察に頼っている」と報じている。あるニューヨーク市民はワシントン・ハイツの警察署に電話をかけて、「敵の飛行機の編隊がハドソン川の上空を横切っている」と伝えた。ハーレムに住む男性は、「荷物をまとめて北に避難するように」という大統領命令を今聞いたところだと警察に伝えた。手にスーツケースを持ったニューヨークの市民が警察署を訪れ、町からの脱出の手助けを依頼する始末であった。

これらの混乱は米国の東海岸に沿って拡大した。ニューヨーク市崩壊の知らせを受けたプロビデンス（ロードアイランド州）やフェイエットヴィル（ノースカロライナ州）の人々は涙を流したという。またバーミングハム（アラバマ州）の人々の中には神の加護を求める人もいた。南西部の人々もその例外ではなかった。オクラホマ州タルサでは二人が心臓発作で倒れ、一人が卒中を起こしている。オハイオ州のある男性は「ニューヨーク・タイムズ」紙の交換台を呼び出し、「もうこの世はおしまいか」と問い合わせた。米国西海岸でもパニックに陥った人々の中から怪我人が出て、狂ったように警察に電話を入れた人もいた。[6]

オーソン・ウェルズの『宇宙戦争』放送後に米国で起きた出来事は、様々な問題を浮かび上がらせた。その筆頭は、ラジオ放送の作り話がいかにひどい大混乱を引き起こすかということであった。

米国では、１８１２年の米英戦争で英国の襲撃により連邦議会議事堂の焼失を受けて以来、陸上からの侵攻を受けたことはなかった。それは、大西洋と太平洋が広大な緩衝ゾーンとして欧州やアジアからの防波堤になっていたからである。さらにＦＤＲは、彼のニューディール政策〈政府主導の下で経済の立て直しや、雇用創出策等を講じる新規まき直し政策〉の一撃をもって、恐怖に立ち向かおうとしたのかもしれない。１９２９年の大恐慌を脱した米国は、資本主義制度を堅持して健全な民主主義を守り、実行力に溢れたＦＤＲ政権を支持してきた。それでは、「いったい何があれほどのパニックを人々の間に引き起こしたのか？」というのが識者の間の疑問であった。

専門家たちはラジオ放送の影響力を指摘し、その説明は多少なりとも本質をついていた。しかし、オーソン・ウェルズが企画した番組の『宇宙戦争』は、ラジオ放送のマイナス面についての論議を呼び起こしている。その結果、米国放送協会会長は、ラジオという新しい媒体が国中に大きな混乱を引き起こしたことを謝罪した。その火種となったＣＢＳラジオは以後、ラジオを聴く人々に警戒心を引き起こすような番組を一切禁じたのである。またある民主党上院議員は、集団ヒステリーを引き起こす可能性があるすべてのラジオ番組の禁止を提言した。連邦通信委員会会長のフランク・マクニンチは、パニックを招くラジオ放送に関するいかなる提言も受け入れる用意があると述べている。[7]

オーソン・ウェルズのラジオ番組の脚色は、多くの批評家たちの非難の的になった。しかし、その非難の中では、ラジオ放送のメリットについても同時に語られている。『宇宙戦争』はオーソン・ウェルズの巧妙な脚色により、現実味を帯びた雰囲気を聴衆に与えた。宇宙人が降り立った舞台は、米国商業資本の中心地・ニューヨークと首都ワシントンの中間地点であり、しかも、架空の内務省長官がラジオに現れて臨時ニュースを伝えたのである。それは、ハロウィーンの前夜にからませてリスナーを欺《あざむ》くひと工夫であった。また、番組の流れは通常のラジオドラマと異なり、ニュース放送の形式をとっている。ニュースキャスターの声はものものしく、番組の途中にその声を速報で入れたことはもう一つの巧妙な手口であって、真にせまる恐怖を盛り上げる効果を発揮したのである。[8]

一部の評論家は当時の米国の状況について、1938年末の打ちひしがれた国内文化と、国民に内在した特殊な精神的状況に起因する民衆の恐怖心を指摘している。事実、米国は欧州の戦地から数千マイル離れているとはいえ、ヒトラーの残虐性によるナチスの軍事的脅威は多くの米国民の生命を脅かしていた。神経過敏に陥った米国民は、明るい希望を失って怯えていたのである。「ワシントン・ポスト」紙は、「今や、空からの侵入を想定しただけでも十分集団パニックは引き起こされる」と論じている。また、ロサンゼルスのウィルシャー・ブルバード寺院のエドガー・マグニン師は、1938年11月の説教の中で「我々の神経はおかしくなっている」と語り、「現代の非合理な恐怖は過去のものとは打って変わり、これまでに存在しなかった陰謀や空想の産物が支配的になっている」と説いた。反軍国主義コラムニストのドロシー・トンプソンは、「パニックは、いわゆる文明人といわれる人々に内在する恐怖心の表れである」と評定している。[9]

欧州における戦火の実状は、米国民の精神を引き締める要因となった。「タイム」誌は「欧州の大決戦場の脅威が米国民を怯えさせている」と書き、「ニューヨーク・タイムズ」紙は「迫りくる壊滅的な戦争の脅威が、米国民を恐怖のどん底に追い込んでいる」と報じた。1936年のスペイン内戦と、1937年に起きた日本軍の南京大虐殺は近代社会の恐ろしい情勢を全世界に知らせ、長期にわたって安息の地で暮らした女性や子供たちに現実的な恐怖を呼び起こさせたのである。[10]

1938年10月下旬に、国家信頼への危機を招いたのがラジオ放送そのものであった。その前年の1937年4月には、脚本家のアーチボルド・マクリーシュが製作した『都市の陥落』をオーソン・ウェルズが語り手をつとめ、町を無残に破壊する独裁者の姿がラジオを通して放送された。また、劇作家のノーマン・コーウィンは『大空を飛び回る操縦士たち』の中で、操縦士が市民に対して機銃掃射を行い、自らの行動を目の前に開花する「バラの芽」として自賛するドラマを流している。

オーソン・ウェルズの『宇宙戦争』放送の一週間前には、脚本家マクリーシュのもう一つの作品『空襲』がラジオで放送され、空襲の恐ろしさを聴衆に伝えていた。この物語は、子供たちが遊んでいる場面から始まる。そこへ空襲警報のかん高いサイレンの音が鳴り響き、落下する爆弾のヒューンという不気味な音が聞こえてくる。その中で、子供たちが驚きの声を張り上げるのである。「クリスチャン・サイエンス・モニター」紙は、その『空襲』の放送模様は「オーソン・ウェルズの『宇宙戦争』を超えて凄まじいものだった」と書いている。マクリーシュの『空襲』は現代戦そのものであり、戦争は科学技術の創造物であることを表していた。このようなラジオの戦闘ドラマは、欧州の壊滅の瀬戸際と相まって、米国内に集団パニック発生のムードをかもし出したのである。それは「これからどうなるのか？」という米国民の深刻な懸念であった。数百万人の国民が時勢の恐怖に取りつかれたとき、はたして理性的な考え方が維持されるのかどうか、人々の思いは半信半疑であった。ナチスの空前の軍事力と軍国主義の攻勢に、米国民はいかにして民主主義を維持できるのかを自問したのである。[11]

ホワイトハウスや市当局、また市民の身の周りにおいても、それらへの的確な解答を示せる人物はほとんど見当たらなかった。

それから三年後の1941年12月7日、ハワイの真珠湾《パールハーバー》が日本海軍機による激しい空爆を受けた。しかし、その空襲の数時間後においてもワシントンの指導者たちは、民主主義の耐える力に疑念を抱いていたのである。そして、彼らは真珠湾の惨禍を国民に告げることを躊躇《ちゅうちょ》した。翌日の12月8日、大統領夫人《ファーストレディー》のエレノアは連邦議会議事堂に入り、両院合同議会での大統領による真珠湾奇襲に関する緊急演説に耳を傾けた。真珠湾空襲は、米国の地で数千人の水兵や市民が命を失うという大惨事であった。議会は、大統領による宣戦布告要請を〈上院は全会一致、下院は一名の反対で〉承認した。エレノアが、このような攻撃を以前から考えていたことも事実であった。真珠湾奇襲の報からしばらくの時を経たころ、エレノアとFDRの二人はある種のホッとした感覚を身に感じていた。それは、彼らと合衆国国民が、迷わず敵軍に立ち向かわなければならないことを確信したからである。後年、エレノアはその時のことを「賽《さい》は投げられた」と書いている。[12]

当時のエレノアは、大統領夫人に一般的に求められる以上の大きな役割を担っていた。彼女は〈1941年に創設された〉オフィス・オブ・シビリアン・ディフェンス（OCD、以下「市民防衛局」と表記する）の副局長として、予想される敵の空襲から米国の家庭を守るために、国民を早急に動員しなければならなかったのである。国民に向けた大統領演説（「米国にとって屈辱の日」の宣言）でFDRが国民の奮起を促していたとき、エレノアはロサンゼルスへの深夜便に備えてホワイトハウスに戻っていた。それは、「米国西海岸への日本軍の侵攻が間違いなくあるだろう」という噂が飛び交っていたからである。エレノアの「家庭を守る運動」を支援していたのは、大言壮語でその名を知られたニューヨーク市長のフィオレロ・ラガーディアで、彼は市民防衛局の局長の役職を兼務していた。ラガーディアは以前から数ヵ月にわたり、真珠湾空襲に類するような攻撃に対応できるよう準備を進めていたのである。ハワイへの空爆についてラガーディアは、自分の予見通りであったと捉えていた。1941年を通して国内を巡行したラガーディアは、彼らの町が間もなく爆撃されるだろうと警告している。それは、市民が緊急訓練に参加して身を守る場所への避難方法を学び、家庭を守る活動に参加することを促すためであった。ラガーディアは、真珠湾への奇襲が自分の警告通りであったと知ったとき、「ちくしょう!! これはピノクルパーティー（トランプ遊び）ではない。本物の戦争だ」と言い放っている。[13]

エレノアの西海岸への空の旅は順調に運ばなかった。飛行機が離陸すると同時に同乗したラガーディアは熟睡してしまったが、当便の操縦士の緊急の知らせに驚いたエレノアは、急いで彼を起こした。その知らせは、「日本軍がサンフランシスコを攻撃した」というものであったからである。窓のカーテンを開いて窓に顔を押しつけたラガーディアは、地平線を見回して燃えている街を探した。しかし、燃えている街はどこにも見当たらなかった。その後、操縦士の報告は誤報であることが判明し、ラガーディアはサンフランシスコへの緊急着陸をとりやめて目的地へ向かうよう要請した。二人が向かったのは、米国で最も無防備と知られていた西海岸の、彼らにはあまりなじみのない、秩序に欠けた都市であった。[14]

当時、闇に隠れた敵によって襲われるという米国民に根づいた恐怖心は、1930年代中頃から後半にかけての米国軍隊の実態や、地政学や科学技術などの進展に対する根深い懐疑心によるものであった。さらに国営ラジオ放送のニュースや新聞の見出し、それに公選された政府関係者たちの様々な言動も国民の恐怖に追い打ちをかけている。当時のジャーナリストたちは、欧州やアジアにおける国粋主義的な軍隊の動向をくまなく取り上げていた。米国民は、後にパブロ・ピカソによって描かれた独空軍機によるスペインのゲルニカ爆撃の惨状を肌で感じとり、アドルフ・ヒトラーがチェコスロバキアに進駐した際の、国家的な暴力主義に驚愕したのである。1940年6月のフランスの降伏は、米国民にとって新たな衝撃であった。駐仏米国大使のウィリアム・C・ブリットは、「欧州と同じ道をたどらないために、ナチスの米国領土併合の姿勢に対して、米国民は危機感を抱くべきである」と警告している。1940年の後半に、米国の放送ジャーナリズムの先駆者であったエドワード・R・マローが、ロンドンの屋上から、ナチスによる激しい空襲の目撃情報をラジオ・レポートとして母国に送り、米国民の恐怖心に追いうちをかけた。包囲攻撃と精神的苦痛に満ちたロンドンの惨状を告げるマローの強烈な報道は、数百万人にのぼる米国民の苦悩を引き寄せている。ロンドン大空襲《ザ・ブリッツ》ではおよそ4万3000人の命が奪われ、14万人以上の人々が負傷した。マローは血にまみれた英国の惨状と、日々繰り返される独空軍機の恐ろしい爆撃力を、CBSラジオを通して米国民にリポートし続けたのである。[15]

これらの警告を受けた米国大都市の公職者たちは、戦闘での前線《フロント》という形態がもはや存在しない新たな戦争の局面に目を向けた。彼らが注目したのは、いわゆる「ホーム・ディフェンス（本土防衛）」と言われる防衛体制であった。米国の指導者たちは交戦中の英国をその模範として捉えたのである。ニューヨーク市議会や警察・消防本部はロンドンに代表者を派遣し、ホーム・ディフェンスの概要を調査させて、ニューヨーク市に同様の体制を作ろうとした。これと並行してエレノアは、英国夫人義勇隊（WVS）を指揮するステラ・リディング侯爵夫人との文通を始めた。エレノアが知りたかったのは、リディング夫人のような指導者がどのようにして市民の秩序を保ち、公共福祉を整えて、戦時下のロンドン市民が公共の奉仕に参加する機会を作り上げたか、ということであった。1941年2月、リディング夫人はエレノアに対して、「米国大統領夫人の道義的かつ政治的なお力添えにより、大いに元気づけられました」と伝え、「死を覚悟して戦っている英国民の中で、生き残った人々が伝統を守り抜いていくことでしょう」と言い添えている。[16]

米国内では、本土防衛の気運が高まっていた。1941年初頭、全米市長会議はその解決策を策定し、国民の安全と動員の促進を強化するために、連邦政府による組織の創設をFDRに要請した。これを受けたFDRは1941年5月に大統領令を発令し、国内外の脅威から米国民の命を守るために、「市民防衛局（OCD）」の創設を提案した。第一次世界大戦で戦闘機操縦士としての経験を持つニューヨーク市長のラガーディアは、「市民による本土防衛体制」に強い関心を持っていた。自身は共和党員であったが、ニューディール政策の強烈な支持者でもあり、ニューヨーク市長という要職にあるラガーディアは、その「市民防衛局」の局長としてきわめてふさわしい人物であった。FDRは彼を新組織である市民防衛局の局長に任命した。ラガーディアはニューヨーク市長を兼務しつつ、米国に侵入する敵に対して米国民を動員するという、かつてない政策に着手したのである。「ニューヨーク・タイムズ」紙が「小柄な熱血漢」と称したラガーディアは、ニューヨークと首都ワシントンの間を往復しながら、週7日間の勤務をまっとうし、米国の各州や大都市に消防器具を配備するというプロジェクトに力を注いだ。同時に、市民を動員して軍隊方式に沿った行進をさせ、化学兵器による攻撃に備えて、東海岸と西海岸の各州に5000万個のガスマスクを配給することを公約した。[17]

しかし、ラガーディアの本土防衛に関する発想は必ずしも論理的とは言えなかった。彼の活動は情熱的であったが組織的とは言えず、その多くは彼特有の大胆な決断と行動力を前提とするものであった。市民の安全を確保するためには、連邦政府が市民の生活に介入すべきというラガーディアの信念は固く、本土防衛のための市民の動員に、政府と国民の緊密な連携が不可欠と考えていた。言い換えれば、市民の保護を目標とする連邦政府の強力な働きによって、市民はその営みに自主的に参加し、敵の攻撃があったときには連邦政府が中心的な役割をにない、市民は草の根の組織をしっかり運営するという発想であった。ラガーディアは、市民は政府の保護を一方的に受けるのではなく、防衛組織の一員として、政府と一体となって義務を果たすべきである、と考えていたのである。ラガーディアは本土防衛を担う責任者として、国民が空襲や火災などの監視、町のパトロールや灯火管制の訓練に参加することを奨励した。さらに青少年たちには裏庭や地下室を整理し、焼夷弾による火災から家を守るよう指導している。市民防衛局はまた、緊急医療チームに協力して大量負傷者のための病院の整備を行い、産業工場や水源地の警備員の増員に加えて、市民による緊急救援活動の訓練を実施した。ラガーディアは自らの構想をそれほど強く前面に出したわけではないが、彼の指導力は米国の国家安全保障自由主義――すなわち連邦政府による軍事的安全保障を社会的保護（社会保障）より優先させるという発想――を米国に定着させ、それは戦後社会における米国の国防方針に大きな影響を与えた。皮肉なことに、米国の大都市を改革する先導者の一人であったラガーディアは、州や都市の住民を最大限に安全へと導くために、連邦政府を活用した市民防衛活動の組織化を実践し、一時的にニューディール政策を新しい方向へと推し進めたのである。[18]

またラガーディアの尽力によって、米国陸軍に準じた市民の防衛体制が確立した。彼の活動は数百万人の市民の間に戦争心理を巻き起こし、真珠湾奇襲の前後における米国の孤立主義者（非干渉主義者）の勢力をそぐ大きな力となった。自国防衛のためのラガーディアの活動は国民が戦争を身近に感じる礎となり、米国の軍事的介入の準備を大きく促進させた。１９４１年12月の日本軍による真珠湾攻撃は、米国民が本土防衛を積極的な姿勢で受け入れるための絶好のチャンスになったのである。

市民防衛局は、米国が戦争に突入する前から国民を統一するために創設されていたが、ラガーディアはそれだけでは満足できず、政治的に激しい論争を巻き起こしていた。それは市民ばかりではなく、政府の関係者をも混乱させるものとなったのである。その一例としてラガーディアは、市民に対して破壊活動家と思われる人物への警戒を指示している。そのため連邦警察官の訓練をめぐって、連邦捜査局（ＦＢＩ）のジョン・Ｅ・フーバー長官と対立することになった。さらにラガーディアは、教会や寺院において市民防衛の「フリーダム・サンデー」運動を開始したため、司祭やユダヤ教指導者たちを激高させた。また彼は、ニューヨークが爆撃されることを予測して、その確率は３～６％とその時々で変わったが、すでに神経過敏になっている市民たちに恐怖心を植えつけている。[19]

ラガーディアとファーストレディーのエレノアは、ニューヨークをホームタウンとして、両者とも労働者や低所得層のために力を尽くしていた。ところが、それぞれの独特なやり方や姿勢の相違が歴然としており、市民防衛体制の共同作業者としてふさわしい関係とは言えなかった。イタリア系移民一世のラガーディアは身長１５８センチの丸々太った米国人で、常に黒いステットソン帽子を被って、いかにも政治家らしいカリスマ性を放っていた。彼はニューヨーク市長として消火活動中の消防団員と共に街中を走り回り、地下鉄が脱線した際には自ら乗客の脱出を援助している。ラガーディアが亡くなった際のある新聞の死亡記事に、「黒い帽子を被って激しい言葉を発した小柄の熱血漢」と書かれており、それは選挙区民に秘められた彼を畏敬《いけい》する心と、そもそもの確執を表すものであった。[20]

一方のエレノアは、プロテスタントの上流階級出身で身長は178センチもあり、小柄のラガーディアを見おろして意見を浴びせかける存在であった。第26代大統領のセオドア・ルーズベルトは彼女の叔父であり、彼は1905年3月17日にニューヨークでエレノアとフランクリン・D・ルーズベルトの結婚式を取り持っている。エレノアの一族の富と名声、そして国家との深い結びつきは、貴族社会の米国版を代表するものであった。一方のラガーディアは米国への移民一世であり、絶えず無から立ち上がろうとする不屈の精神の持ち主であった。市民防衛局における彼らの役職は歴然とした権力を持つものであったが、全面戦争に陥った際の、国民保護に関する両者の基本的概念は大きく食い違っていた。局長のラガーディアは本土防衛の軍事化のために奔走したが、副局長のエレノアは戦時のニューディールを築こうと努力していた。戦時のニューディールとは、国民の団結心《モラール》を鼓舞して軍需産業を増進させ、すべての市民の生活向上を図って民主主義の強化を目指すという、米国民全体の生活の中で蓄えられる真の力を重要視するものであった。[21]

しかし、ファシズムの包囲網に直面した民主社会において、二人は「防衛」と「ニューディール自由主義」の概念を見直すことにより、ファシストの脅威に打ち勝とうとした。エレノアが、戦争目的そのものの考え方に強烈な影響を受けて自らの意志を確立したのは、二つの世界大戦の間の年月においてのことであった。第一次世界大戦が終結した翌年の１９１９年1月、エレノアは当時海軍次官を務めていた夫のＦＤＲと共にパリを訪れた。病院を巡って戦場を目にしたエレノアは、「ここで戦って生き延びたこと自体、信じられないことである」と回顧している。これらの経験と、戦争で愛する人々を失った女性たちとの出会いを通してエレノアは、二十世紀における唯一の健全な道は戦争反対主義（平和主義）だけである、と確信したのである。[22]

しかし、それから20年後の１９３８年に至ると、彼女の信条は１８０度方向を変えていた。それまで反ファシストを貫いてきたエレノアであったが、「武器を持って米国を守ることは米国政府の基本的な責任である」と信じるようになった。チェコスロバキアのズデーテン地方への侵攻を脅かすヒトラーのラジオ演説を、夫のＦＤＲと共に聞いたエレノアは、ヒトラーへの嫌悪感を隠さなかった。ヒトラーの軍国主義と領土侵攻、神への冒瀆《ぼうとく》と人命への傲慢《ごうまん》な態度に、エレノアは心の底から怒りを覚えたのである。第一次大戦後の平和主義への夢が、時と共に流れ去っていく20年間を見守ってきたエレノアは、国の安全確保における政府の責任と民主主義のつながりを考え直していた。彼女は、ヒトラーは米国にとっての危険人物であり、軍事力によって抑制すべきファシストと捉えたのである。[23]

エレノア・ルーズベルトは、「米国の社会自由主義《ソーシャル・ドメスティック・リベラリズム》の象徴である」とよく言われる。世に知られた彼女のイメージは、〈マンハッタンにある貧困層や子弟の教育・救済施設である〉セトルメント・ハウスでの奉仕や貧困者たちへの支援、また「国際連合における人権宣言《デクラレーション・オブ・ヒューマン・ライツ》」の起草者ということであろう。エレノアは避難民支援のために自己資金を提供し、連邦政府の政策・方針を通して公正な米国社会を推し進めた。彼女の人生でよく語られるのは、幼少期の環境に基づく不器用で恥ずかしがり屋だった少女期の姿（彼女の父や叔父はアルコール中毒で、両親は彼女が11歳を迎える前に亡くなった）と、彼女の結婚生活の話（夫のＦＤＲと秘書ルーシー・マーサーの不倫を示す手紙を１９１８年に見つけたこと）などであり、こうした背景から、彼女が世紀の最先端をいく「人間の平等の権利」についての人権擁護者となったという経緯である。ニューディール政策の初期、エレノアは米国青少年管理局（ＮＹＡ）に働きかけて若者たちの就労を支え、労働者の権利を保護するために全国労働関係法に関わった。彼女はまた、貧困者を助けるためにスラムの解消を応援し、苦闘する芸術家たちの支援を目指した連邦政府芸術計画を促進した。さらに炭坑や小作人たちの家を訪れて、世の中から置き去りにされた人々の窮状を世に訴えている。１９３９年、黒人歌手のマリアン・アンダーソンが首都ワシントンの憲法ホールで公演を企画したとき、米国愛国婦人会がそれを拒否したため、エレノアはその団体から脱退した。エレノアは、苦境に立つ人々の実情をうまく公に伝える能力に長けていて、それまで日の当たらなかった問題に国家の目を向けさせたのである。彼女はファーストレディーとして、大統領執務室《オーバルオフィス》と直接関係が持てる存在であった。ＦＤＲの専門顧問であったレックスフォード・タグウェルは、エレノアが大統領に「フランクリン、あなたは……すべきと思いますよ」とか、「フランクリン、あなたは決して……しませんよね」と語りかけていたことを覚えている。エレノアの決断と政治的分別が「ニューディール政策を数えきれないほど革新的な方向へと推し進めた」と、タグウェルは称賛している。[24]

　これらはエレノアのイメージを適切に表現しているが、彼女のすべてを語るものではない。何故ならば、それには彼女の思想や方針に基づく論争の影響力や、戦時におけるニューディール自由主義の成り行きなどが捉えられていないからである。１９３６年から４５年にかけてエレノアはＦＤ

Ｒに強い影響を与え、民主主義や戦後社会の政府の役割についての論争と合意に深く関与していた。彼女のニューディール自由主義は、政府主導で国民主力の戦争を全うすることに基づいており、政府と国民の関係は極めて重要で、相互に深く関連することを基本としていた。エレノアの活動の手始めは１９３８年から４１年にかけてのことで、それは、英国を支援して戦争に備えるＦＤＲの意向を多くの民主党議員が共有していた時期と重なり、彼女は反戦派の共和党右派（孤立主義を唱える米国第一《アメリカファースト》主義派議員）や、自由主義左派の議員たちと激しい議論を交わしたのである。

エレノアの主張は、連邦政府は軍事力強化に重点をおき、同盟国を支援して米国の軍隊を強固にしなければならないということであった。さらにエレノアは１９３９年の大統領警告を補強して、「近代兵器と戦争形態は時間と距離の概念を縮小し、敵国の軍隊が太平洋と大西洋を越えることを容易にしている」と強調した。ＦＤＲは、「戦闘領域には米国の海岸沿いばかりでなく、内陸部も含まれている」と改めて注意を喚起したのである。エレノアは、「これからの戦争では、すべての国民が敵の攻撃対象になることは明らかで、毒ガスや航空機、その他諸々の兵器が国民の士気を砕くために使用されることになる」と明言した。[25]

１９３０年代の後半にエレノアは、彼女のファーストレディーの立場を通して「政府の主導によって兵器の増産をしなければ、ニューディール政策ばかりでなく、米国の民主主義さえ維持できなくなる」と主張した。同時に彼女は、反戦左翼派の人々に対して根気よく軍備増強の必要性を説得している。１９４０年、エレノアは平和主義の若者たちのグループに向かって、「私は戦争には行きたくありません」、「あなたたちも戦争には行きたくないでしょう」と語りかけ、しかし、「戦争は私たちに向かってくるのです」と諭している。また彼女は、首都ワシントンにおける１０００

人余りのアフリカ系米国人の集まりで、「武器の生産については現在、国内の意見が二分していま す。話はドイツの脅威に戻りますが……、私たちは、私たちの棺桶に新たな釘を打ち付けようとしているのが現状なのです」と語りかけた。さらにエレノアは、米国の孤立主義者たちをナチス・ドイツに妥協する人々にたとえている。1940年の米国大統領選後に彼女は、「もし、今回ウェンデル・ウィルキー候補が私の夫に勝利していたならば、孤立主義よりの共和党員によって、我が国の民主主義は大きな損害を受けていたことでしょう」と公言した。[26]

世界危機に対する政府の対応を一貫して支援したエレノアの姿勢は、民主社会における戦時の軍隊の役割に関する彼女の信念に基づくものであった。彼女の息子たちも軍隊に志願しており、現役の軍人として危険な立場に立っていた。エレノアは、民主主義を守るために軍隊は市民活動の要《かなめ》と捉えていたのである。米国内の陸軍基地を巡回した彼女は、そこで若い愛国者たちが我が身をかえりみずに自由の信念に燃える姿を目にして感動した。またエレノアは、国の物理的安全保障に介在する立場から、新規の軍事支出の支援や仲裁を行っている。エレノアの軍事支援への尽力は、一部のリベラル層が懸念するようなニューディール政策の終焉を意味するものではなく、むしろ軍事が自由主義的政策をより深化させて正当化させる手段となり、変革をもたらす要因になることを彼らに訴えた。彼女は、一部の左翼の反戦主義者が政府の国防計画に参加できるように取り計らい、確固とした政府の活動が、国家の物理的な安全保障に寄与することを諭したのである。

エレノアのリベラリズムの目標は軍事に次ぐ二次的なものであったが、それは彼女と彼女の同僚たちが「社会防衛《ソーシャル・ディフェンス》」と称した重要な使命であった。エレノアは左翼の非戦争主義者の面々を軍事増強の陣営に引き込む一方で、リベラル層のタカ派の集団をニューディールの陣営に引きつけようと努力した。同時にエレノアは、「社会防衛」を軍事と同等に扱うよう政府に呼びかけている。それは、政府が軍事的な防衛を国民に誓約するのと同じように、「政府は国民の良好な衣食住や必要とされる医療・レクリエーションなどに配慮すべきである」という主張であった。1941年11月、エレノアは「第二次世界大戦は、我々社会が真に求めているものは何か、また我々が生きていくこの国をより良くするために、我々の社会に望まれる組織は何かという、数々の見識をもたらすことになるでしょう。それが、この国を防衛する価値をより高めることになるのです」と述べている。[27]

エレノアにとって第二次大戦はより良い戦後社会を確実にするための戦いであり、それは戦時の社会的ニーズに適合するための新たなニューディール政策の拡大を意味していた。そのため彼女は、政府が市民と協同して軍需工場の近くに託児所を創設することや、市民に栄養学や消費者の権利を説くこと、また軍の転勤者のために住宅を新設することなどを政府に働きかけている。これらを達成するためには、国民の意気込みが維持されなければならなかった。さらにエレノアは、「世界での戦闘を活気づけるために、米国の民主主義が独裁国家主義よりも優れた体制であることを示さなければならない」と考えていた。そして彼女の目指す社会防衛が、結果的に国民の健康を増進させて兵役に適した若者を育成し、軍需産業に働く人々の生産能力をさらに高めることになった。

1941年1月、エレノアと彼女の同僚たちのいわゆる「アメリカン・ソーシャル・ディフェンス・アドミニストレーション（米国社会防衛局）」に関する構想を聞くために、米国で最も影響力を持つ二十数名の女性たちがホワイトハウスに集合した。その構想とは、政府が志のあるすべての米国女性に機会を与え、人々の生活向上のための業務に従事させて、軍備の増強を図るというものであった。志願する女性たちがより良い賃金の職業を得るためには、教育体系や公衆衛生、国民の健康や住居などの改善が必要であり、職業訓練を充実させなければならなかった。ところがその時、大統領はファーストレディーの構想に待ったをかけている。それは、FDRが目指すところは大英帝国への支援を確固たるものにすることであり、エレノアの構想がかなり急進的で野心的であると捉えたからである。[28]

しかしエレノアは、軍事的活動に合わせた国民への福祉の実践を政府に働きかけ続けた。彼女の社会防衛の企画を通した取り組みは、社会保障や労働権利や銀行法、また貧困者の救済や他のニューディール政策を推進する一助となり、戦後の東西冷戦が終結した後もなお継続している。エレノアの功績は、言葉で言い尽くせないほど大きかったのである。大統領・上院議員・知事などと違って彼女には拒否権もなく、また投票権もなかった。それらに代えて、ファーストレディーであったエレノアは全国紙のコラムに〈1935〜62年にかけて〉週6回、「マイ・デイ」のタイトルで社会や政治に関する彼女のビジョンを連載した。また週一度のラジオ講演を行い、夫である大統領には多くの課題を効果的に働きかけている。それと同時に、多くのリベラリストや一般市民からの数万通におよぶ書簡に対応し、社会防衛の志を共にする人々との調和を保ったのである。フローレンス・カーやジョセフ・ラッシュ、エリノア・モルゲンソーなどのリベラリストたちは、大統領よりもむしろエレノアに深い信頼をおいていた。1940年の頃、米国の三分の二の国民がエレノアの功績を認めていたのである。戦時中、エレノアは大統領を支えてニューディール政策を推進させ、政府内の彼女の地位と彼女の意志を通じて、戦時行政府内の同僚たちに対する約束を履行した。1941年1月、FDRは一般教書演説において「普遍的な四つの自由」を国民に提示し、その中で世界のあらゆる場所での「欠乏からの自由（解放）」と「恐怖からの自由（解放）」について述べている。また、ＦＤＲは１９４４年に連邦議会へ「経済的権利憲章《エコノミックビル・オブ・ライツ》」を送り、「有用で報酬の高い仕事を得る権利」や「適切な衣食住やレクリエーションを保つための十分な収入を収得する権利」を求めた。これらによってＦＤＲは、エレノアの思想である「社会的防衛と軍事的防衛の両面が、戦争の二つの局面を成している」という考え方に道筋をつけたのである。[29]

１９４１年９月、ＦＤＲはエレノアを新設された市民防衛局（ＯＣＤ）の副局長に任命した。これは、自身の政権の中でファーストレディーを国家行政の重要ポストに起用するという、前例のない試みであった。これにより、エレノアは１０００名を超すボランティアの先導役を担うことになったが、その内の３００名余りは社会防衛に関連する役割を遂行する人々であった。政府の下で働くこれらの人々の主な仕事は、婦女子の食料や医療や幼児の世話、また軍需産業の仕事の指導や人命救助の活動を支援し、さらには交通手段の改善や、家庭菜園や栄養学に基づく食事指導などを行うことであった。エレノアの目標は、リベラリストが軍事と社会的支援の両面に力を注ぐ政府を支援することと、軍備と国民経済を両立させる政府の方針に貢献することであった。またエレノアは、米国が第一次大戦で革新的な遺産を創生しつつ、政府がそれを国家創造の理念に反映させたことを引合いに出して、米国の価値を国外に反映させる伝統を推し進めたのである。[30]

しかし、当然のことながら戦争がエレノアの望むことのすべてをもたらしたわけではなかった。それは、軍事的な安全保障が社会防衛よりも常に優先課題であったからである。１９３８年以降、ＦＤＲは米国の健康管理改革の支援を拒否している。また１９４０年の政府予算は、社会防衛の費用を削減して軍事予算を増大させるものであった。１９４３年になると、市民保全部隊（ＣＣＣ）や米国青少年管理局（ＮＹＡ）、それに公共事業促進局（ＷＰＡ）などのニューディール政策の象徴が弱体化した。ＦＤＲは社会自由主義《ソーシャル・リベラリズム》〈市場経済規制・市民の政治的権利・社会的公正などの重視〉を諦めたわけではなかったが、ニューディール政策よりも現実の戦争の遂行を第一に捉えていたのである。

さらに、エレノアが主張する「家庭の保護政策」も未完に帰している。１９４２年初頭、エレノアとラガーディアの組織の対立が激化し、ラガーディアの国家安全保障リベラリズムがエレノアの戦時の信条と衝突するようになった。エレノアから見るとラガーディアはかつての決断力に満ちた指導者ではなく、彼女の社会防衛のボランティア制度に対して横柄で攻撃的な態度を取るようになり、そのずれた焦点は国民の団結強化の重要性を無視していた。そのためエレノアは、ラガーディアの腰の引けたリーダーシップを大統領に訴えたのである。同様に、ラガーディアも彼の悩みを大統領に訴えている。太平洋の戦いに奔走するＦＤＲは怒りをあらわにし、「エレノアとラガーディアの問題に関わっている暇はない。それぞれが正論を持ち掛けてくる……。私には対応する暇がないから、二人を私から遠ざけて、何とかうまく仲裁してやってくれ」と補佐官に依頼した。しかし、二人の発想の相違は折り合いがつくようなものではなく、戦時の政府にとって、エレノアとラガーディアの抗争は政治的に大きな負担となった。１９４２年2月、堪忍袋の緒が切れたＦＤＲは両者に市民防衛局の役職を辞任するよう圧力を掛けたのである。[31]

国家総力戦の時代において、エレノアの本土防衛活動への働きは社会防衛リベラリズムの限界を浮き彫りにした。当時語られていたヒューマン・セキュリティ（人間の安全保障）は、米国への国際的な脅威が高まる中で、国防や国家安全保障リベラリズムの後回しになったのである。反ニューディール派は、エレノアの思想は全体主義的で、彼女のプログラムはむだな事業と決めつけ、リベラル派の勢いを牽制した。本土防衛におけるエレノアの役割が、彼女の人生の中で最悪の状態にある中で、彼女の社会防衛活動に対する熱いリーダーシップが、ニューディール・リベラリズムに新たな光明をもたらすことになった。そして、その成果と政治的なアピールが脚光をあびて、最終的に社会防衛の変革に繋がったのである。戦時におけるエレノアの発想や主張、それに彼女の政治力は、戦時リベラリズムを乱す国家安全保障の危機とその緊張状態の中で、米国の社会改革の行方に大きな希望を与えている。[32]

ハーバードロースクールの法律家でニューディール政策の支持者であったジェイムズ・ランディスは、細面の顔で、大きな耳と鋭いまなざしを持つ人物であった。FDRは市民防衛局の事態を治めるためにランディスを招いたが、その時の彼の様子は、どうみても戦時の途方に暮れた将軍のようであった。前任者のラガーディアやエレノアに比べてランディスの知名度は低かったが、彼は確固たる経歴の持ち主であった。最高裁判所のルイス・ブランダイス陪席裁判官の秘書をはじめ、ハーバードロースクールの学部長、そして証券取引所委員会の会長やニューイングランド（米国北東部地方）の本土防衛の地方長官を務めていた。そのすべての経歴を通して、ランディスはニューディール政策の揺るぎない支持者でもあった。FDRがランディスを市民防衛局の局長に任命すると、彼は前任者たちによって建てられた施設を増設し、市民防衛局の準軍事化組織への改編を実行したのである。この時期になると、民主社会に基づいた市民防衛が幅広い支持を得るようになり、銃後の社会における軍事色の重要性が高まっていた。ランディスはラガーディアの国家安全保障リベラリズムを継承したが、エレノアの社会防衛の考えを無視することはなかった。そして戦時下における政府の責任を追及し、市民防衛局の局長として国民と政府のつながりを強化するために、戦争という機会を捉えて非軍事面における恐怖や不安から米国の社会を守ったのである。その一例として、世界大戦の最中とはいえ、自然災害は戦時の本土防衛と同様に、市民防衛局にとって大きな脅威であった。国土防衛のボランティア・グループは道路の補修や支給品の補給を行ったり、1942年のポトマック川とシェナンドア川の洪水や、1943年にオクラホマ州タルサで起きた氾濫《はんらん》による被災者たちの救済を実践した。さらに、ランディスは米国内に市民防衛局の連絡網を張りめぐらし、市民による防空監視隊はドイツ潜水艦に対する爆撃を敢行し、遠隔地の国民の食料輸送や山火事の消火活動をはじめ、海上で遭難した乗組員の捜索などを行った。

こうした中で、ランディス新局長はとりわけ市民の軍事教育に力を注いだ。彼は、米国への軍事的脅威を通して国民の関心を引き寄せたのである。またランディスは数千人の戦争支持者の集会で講演を行い、敵による大都市爆撃に備えた態勢を整えるように警告して、市民に「常に戦争を考え、寝ている間も戦争に備えて外敵を打ち負かすように」と訴えた。彼はラガーディアの激しい言い回しを継承し、ニュース映画の中で、国内に内在する危険を国民に警告している。またランディスの名は、米国本土への攻撃が目前の脅威であることを掻き立てた数百万部の印刷物にも現れている。その結果、彼の軍国的行動指針はそれなりの信奉者を生み出したが、その他の人々は連邦政府の動きに目を向けていた。ランディスは最終的に国家安全保障リベラリズムの形を踏襲しつつも、銃後の守りの軍事化を社会防衛リベラリズムより優先させたのである。[33]

1933年、FDRは国民向けのラジオ演説（炉辺談話《ろへんだんわ》）を通して米国の金融恐慌について語り、国民に対し不安を振り切って団結することを呼びかけた。不安は克服できるというFDRの強い信念は、大恐慌を克服できるという希望を国民に与え、米国の民主主義を守り続ける源になってきた。1941年1月、FDRは戦時目標を「恐怖からの解放」と宣言した。この恐怖を克服するという目標は、FDRの大統領としての職責やリーダーシップに加えて、彼の功績を象徴するものになった。FDRは、経済の崩壊を回避することで機能不全に陥った米国の脅威を克服し、さらにファシストから民主主義を守ったことによって、その名を後世に残している。私はこれらを本書のテーマにしているが、加えて、1938年から1944年にかけて米国民を巻き込んだあまり世に知られていない一連の恐怖——国際的脅威の急激な高まりによって、国内の守りが攻撃に対して危うくなっていた状況についても書き記した。米国民は一様に、ナチスが米国の都市を爆撃する可能性や、国内に潜んだスパイが政府を転覆させようとする闇の力を恐れていたのである。それは、狂人がもつ毒ガスや生物兵器が米国民の大虐殺に使用されたり、逆にヒステリー化した米国民が独裁主義体制を模索しかねないことなどへの懸念であった[34]。

「戦争に打ち勝つ大統領」を誓ったFDRであったが、ニューディール政策に対する彼の姿勢は時局に応じて変化した。1938年以降、彼は自らの政治力を軍事的な動員に注ぎ込み、その実現を最優先事項として位置づけた。しかし、貧困者や労働者への援助を確約したニューディールの立役者として、エレノア夫人の社会保護に関する考え方にも連邦政府の活動を通じて関心を傾けている。

FDRにとって、戦争を準備するためにはそれなりの大きな目標が必要であり、1億3000万人の米国民が団結するためには、民主主義への情熱を護持することが不可欠であった。一方の保守派の対抗勢力は、長きにわたりこの戦争準備の政策を拠り所にして、FDRの社会改革の撤廃を企《たくら》んでいた。そこでFDRが気づいたのは、国内のリベラル層への支援強化による政治的な利点であった。当時のリベラル層は、ニューディールの戦時体制が米国の大恐慌を根本的に終結させて、恒久的な社会防衛体制の礎になることを信じており、FDRは極力その考え方に口を挟むことを避けたのである〈訳注：実際に米国が恐慌を乗り越えたのはニューディールによるものではなく第二次大戦がもたらした軍需景気であったが、ニューディールを動かした「知的探求体制」が大戦では総力戦を戦うシステムとして機能することになった。有賀夏紀著『アメリカの20世紀』p134中央新書〉。

このような中で、初代市民防衛局長のラガーディアが主張した米国の軍事化への考え方が、リベラル層への対応と同様に、FDRの心を強く捉えたのである。それは、国の臨戦態勢を整えることが、米国の自衛プログラムに直接繋がるという考え方であった。FDRとラガーディアは、長年にわたる米国民の信条――米国を囲む大西洋と太平洋が敵性国家の侵入を防ぐという信奉――に正面から挑んだのである。二人は、「世界は狭くなっている」という国際情勢を熱心に語り合い、全面戦争が米国民を危機に陥れると訴えた。その主張の根拠はファシスト党の攻勢であり、それが米国の安全保障に直接の脅威を与えているということであった。軍の指導層やジャーナリスト、退役軍人や都市の活動家たちはFDRとラガーディアの警告に同調し、「米国はファシストの視野に入っている」とまで言い放っている。反戦派の民主党員や共和党員の多くはそれらに反論したが、FDRとラガーディアは本土防衛の論議を通して、孤立主義者たちの発想は非現実的であり、時代の要請に合わないことをアピールした。二人の主張である「戦争は米国の沿岸に押し寄せるであろう」は、数百万人の米国市民に対して戦争への準備をはじめ、欧州の同盟国への支援を認めさせる大きな原動力となったのである。[35]

米国の国土安全保障の発想は、一般的に冷戦《コールドウォー》に端を発すると言われている。しかし、それは第二次大戦時のルーズベルト大統領による国土防衛プログラムが起点になっていることは言うまでもない。１９３０年代の後半から１９４０年代の初頭にかけて、米国のリベラル層はこの国の空爆に対するもろさと、世界が全面戦争の時代に入っているという情勢を国民に訴え続けた。第二次大戦時の米国の国土防衛計画に様々な欠点があったことは事実だが、後の冷戦時における国土防衛計画の短所との間には大きな相違がある。冷戦時代のリベラル派は、ソビエトの核攻撃から身を守るために「ダックアンドカバー」〈生徒たちが机の下に身を隠すこと〉や、退避壕《シェルター》を造って避難するという、的はずれな対応を奨励した。冷戦時代の指導者たちは、これらの対応が国民を安堵させるための一時しのぎの策であることをよく知っていたが、一方の第二次大戦時のリベラル層は本土防衛の重要性を十分認識し、それらが実質的な成果をもたらすことを確信していた。ＦＤＲは同盟国を支援する確かな根拠を国民に提示し、米国がナチスの攻撃に無防備であることを強調して、軍備の強化を図ったのである。彼は本土防衛の論議を通して、政治的かつ戦略的な立場を優位に固めた。ＦＤＲと国防担当者は欧州やアジアにおける空軍の脅威を例に上げ、本土防衛は米国への空爆や工作員の破壊活動をはじめ、艦砲射撃や毒ガス・細菌攻撃などを含む敵の侵略からしっかり国土を守る現実的な体制であることを国民に訴えた。また、本土防衛体制は国民の団結を支えてパニックの可能性を抑え、国家防衛上の強固な土台となった。ＦＤＲ政権下の安全保障担当者たちは、国民の生命が危険にさらされていることを米国社会に深く認識させたのである。[36]

　このようにして、ＦＤＲ政権は多くの局面で実質的な成果を収めていった。１９４２年までに国民の10％に及ぶ人々が本土防衛プログラムに参画し、ＦＤＲ時代の政府支援に基づく最も大規模なボランティア・プログラムの一つとなった。多くの米国民がボランティアとして参加した背景には、政府が警告する被爆対象地域に5000万人の人々が住んでいたことがある。それらの危険地域とは、米国の東西海岸線に沿った300マイルに及ぶ内陸地と、陸軍当局が枢軸国《すうじくこく》（日独伊）の爆撃機の攻撃可能な範囲に指定した南部地域であった。また、ボランティアの参加には地方特有の自由を守る防衛の体制があり、それらはファシストの全体主義体制とは明らかな相違であった。人々は首都ワシントンに押しかけて、国の安全のためにボランティアの役割を確立するよう陳情した。エレノア大統領夫人の「人間保護と平等な経済的機会」を目指す防衛構想を達成するために、数百万人の国民が本土防衛活動に参画したのである。[37]

一方、本土防衛の普及活動については、「連邦政府の使命は国民の身体的安全と社会的な保護にある」と主張する人々と、「力を強めた政府が地方や個人の権利を侵害することを危惧する」と唱える人々との軋轢《あつれき》を加速させた。そして、この問題は単に一部の国民だけの対立に収まることはなかった。多くの州の知事や大都市の市長たちは、「唯一FDR政権だけが国民の生命や住居、そして都市の基幹施設を守ることができる組織である」と主張した。すなわち、これらの主導者たちは自分たちの権利を譲歩して、連邦政府の施政に委ねようとしたのである。しかしその一方で、その他の州や都市、地方の役人たちは、「連邦政府の権威は地方議員の権利を侵害し、政府による本土防衛の指示は独裁主義の不正行為にあたる」と主張して反対の意思を表明した。当然のことながら、中西部の非干渉主義派（孤立主義者）は東西沿岸の州の孤立主義者たちよりも、さらに強く受け入れを拒んでいる。国全体に連邦政府が存在を示そうとしたとき、かなりの数の国民が公共の安全のためにそれらを容認した反面、上部からの権威的なニューディール改革や国の安全保障命令は望まれていない理念である、と捉える人々がいたのも現実であった。[38]

２００1年9月11日、米国で発生した同時多発テロ事件にちなんだ国土安全保障の論議は、第二次大戦時の米国の本土防衛論争を再び呼び起こした。ＦＤＲ政権の時代、本土防衛の政治的課題が国中に湧き上がり、国の体制的なもろさが米国社会に浮かび上がった。当時のワシントン政府は、容赦ない敵から国民を守るために本土防衛問題に着手したのである。この時代に端を発した国外勢力からの攻撃の恐怖は、現在では米国民の生活の中に消えることなく定着し、真珠湾の惨禍や核戦争の影、さらに9月11日やボストンマラソンの爆破事件などによってますます強くなっている。

第二次大戦における米国の戦争は、民主主義の存続を危うくさせる近代的兵器や無法な敵、さらに外敵勢力の前代未聞の脅威に対して、追い込まれた米国という民主国家がいかにそれらに応えるかという戦いであった。このＦＤＲ時代の論争には、政府の役割についての米国民の基本的な考え方――政府は国民の安全を守り、家庭生活の質を向上させて、個人の自由を保障すること、また、国民の身体的安全と豊かな生活を保障する望ましいバランスの在り方――が反映されていた。これらの課題は、まさに75年以上前のラジオ放送でオーソン・ウェルズが「米国は侵攻されつつある」という臨時ニュースを発信し、ラモン・ラケーロ・オーケストラのダンスミュージックが一時遮断されたときと同じように、現在の我々に対しても直接の問題として継承されている。[39]

第一章　世界の最終戦争

一貫して不作為、そして無関心の氷の中で凍結した政府よりも、時には欠点があったとしても、慈善の精神を生かした政府の方が良いと思う。

——フランクリン・デラノ・ルーズベルト、１９３６年

第32代米国大統領フランクリン・Ｄ・ルーズベルト（以下、「ＦＤＲ」という）は、「我々が恐れなければならないのは、恐れることそのものである」という名言を残している。そして大統領夫人《ファーストレディー》のエレノア・ルーズベルトは、１９３９年1月にＦＤＲとは異なる「恐怖」についての格言を残した。彼女は「バージニア・クォータリー・レビュー」誌の「民主主義を守る人たち」という記事の中で、オーソン・ウェルズのラジオ放送『宇宙戦争』を聞いた何十万人という米国人が、なぜ集団ヒステリーに陥ったのか、という驚きの真相を書いたのである。そこでは、「米国民は、言うなれば恐怖症に陥っていた」と彼女は答えている。エレノアによれば、「恐怖のない空間に住む分別のある人々は、たとえ信頼に足る侵略の情報——ましてそれが他の惑星からの火星人の襲来——であったとしても、いきなりヒステリー状況に陥ることはありえない」ということであった。さらにエレ

ノアは、「1930年代の米国では、連邦議会の委員会による――ファシストやコミュニストと疑わしき人物の調査に発した――破壊活動分子への保守的な反動があった」と語る。当時、「すべての黒人はコミュニストである」や、「公共の学校は、すべてユダヤ人教師の影響下にある」というような極論が米国社会を風靡《ふうび》し、それらがラジオの仮想物語の恐怖に、「国民が過剰反応するような雰囲気を醸し出した可能性がある」と、彼女は結論づけたのである。[1]

そのときエレノアは、「安全な場所に逃げ込むという姿勢は、米国の建国者たちが遺《のこ》した精神ではない」と付け加えている。彼女は「建国の父たちは、現在とは比較にならない脅威をものともせず、独立戦争での身の危険に打ち勝った」と語り、1930年代の後半には、「我々が考えている以上の勇気をもって、米国民は今日の危機に立ち向かわなければならない」と訴えたのである。FDRが、米国民が抱く恐怖心を打ち消そうと努力してから6年後に、エレノアは「国土はいまだに恐怖から抜け切れていない。恐怖は……、波となって一段と高くなっており、恐怖から湧き出る過敏性は抑えられなければならない」と改めて訴えた。さらに加えて、「我々は、個人的にも集団的にも共生できることを学び、それぞれが互いに恐怖心を持たずに問題を解決する手段を造り上げ、精神力を強靭にしなければ、民主主義の達成を見ることは期待できない……」と提言している。彼女の警告は、「求められる解決策を決して諦めない努力を実行しなければ、我々は究極の世界最終戦争《ハルマゲドン》を目にすることになる」ということであった。[2]

1930年代の後半、ルーズベルト大統領はエレノア夫人と共に「究極の世界最終戦争」を心に抱くようになった。FDRはナチス・ドイツの爆撃機が米国の都市を攻撃できることを恐れ、一方のエレノアは、戦争が始まれば国内の社会改革が結果的には頓挫することに苦悩の色を深めていた。

ＦＤＲは、米国の孤立主義者（米国第一主義委員会、非干渉主義派）を遠ざけずに、国際派の干渉主義者の海外政策がうまく運ぶよう気を遣っている。またエレノアは、ドイツ系米国人の組織である親独教会と下院の非米活動調査委員会（ＨＵＡＣ）が、共産主義者を排除して国民の自由を脅かした結果、ニューディール政策に汚点を残すことを懸念していた。当時、第二次世界大戦の危機が高まる中でＦＤＲは三期目の大統領選に出馬し、反対派からニューディール政策を守ることに全力を注いでいた。同時にエレノアは、戦時ニューディール〈民主主義の卓越性を守って、人道的な政府を維持すること〉を世界にアピールするために知恵を絞っていたのである。[3]

米国が第二次大戦に参戦する前、エレノアが自由をどのように捉えていたかは漠然としている。しかし彼女は、戦時下においては国内改革を通して民主主義が一層強まるものと考え、戦時体制は基本的に強固な社会防衛《ソーシャル・ディフェンス》（国民生活の維持向上）が土台にあって、その上に国防が成り立つものであると捉えるようになった。エレノアは、迫りくる戦争を新規のニューディール政策の立ち上げに格好の機会と捉え、その新規の政策は１９３３年と１９３５年に成立した改革と同様に、大いに期待ができると考えたのである。ＦＤＲが「飛行機の生産や陸軍の編成に、まったく時間が足りない」と焦る一方で、エレノアは「国民の生活を改善しようとする窓は、いまだに閉じられたままです」と苦言を呈している。１９３８年に彼女は、「これまでのニューディールは考える時間を与えてくれたが、今や成さなければならないことが山ほどある」と国民に語った。ナチズム〈ナチス・ドイツのイデオロギー〉は軍事的脅威を米国にもたらしたばかりでなく、国内の民主主義に内在する問題を暴きだした。これらを解決するためには、まず米国内に進歩的な連合体を組織して、国民の利益につながる民主的な政策に光をあて、ファシスト体制の奴隷的概念の底流に潜む人種・宗教などへの偏見や、経済的な自由を矮小化する欠点を国民の間に周知させることが必要であった。これらがこの世界で荒れ果てた人々の心を動かし、西洋の自由主義者が戦争に打ち勝つことを可能にする手段となる、とエレノアは考えたのである。[4]

時をさかのぼって1913年の秋、二十九歳を迎えたエレノアはニューヨークから首都ワシントンに移り住んだ。その頃の彼女は、自分自身を海軍次官に新任された夫を持つ、内気で引っ込み思案の妻と見ていた。しかし、1914年に勃発した第一次世界大戦は、公的生活における彼女自身の不変の考え方を揺るぎないものにし、危機の中で自ら率先する能力を目覚めさせたのである。さらにエレノアは、軍事動員を社会的・経済的な公平を高める国家的な取り組みと捉え、ないがしろにしてはならないことを確信した。当初の彼女の取り組みは、革新的とは言えないまでも、それなりに意味のあるものであった。エレノアは、米国内の若い将校たちの妻のもとを訪れ、何か役に立つことはないかと尋ねている。そこには米国女性の伝統的な考え方が、彼女の責任感として表れていた。エレノアは後日、「自分は公務に就く者の妻として奉仕しただけで、私的に提供するものは何もなかった」と回想している。彼女は子供の世話や食事などを提供する活動に専念し、ワシントン社会の召使いの一人となって奉仕したのである。この頃エレノアが戸惑ったことは、議員に夫を持つマーサー・ピーターズやアリス・ルーズベルト・ロングワース夫人たちの姿勢であった。彼女たちは奉仕活動に関わろうとせず、それは公務員の妻であるエレノアたちの任務であろうという、目に余る振舞いをしたからである。[5]

FDRの海軍次官という役職はエレノアに新たな人生の機会を与えた。海軍の視察として夫と共に訪れた最初の訪問先は、ニューオーリンズやミシシッピ州ビロクシ、フロリダ州のペンサコーラやジョージア州ブランズウィックであった。そこでの様々な食事会で彼女はやせ我慢をし（事実、ブランズウィックでは幾種かのフクロネズミ料理が出された）、また電車の長旅をいとわず夫の演説会に参加するなど、海軍基地の視察をＦＤＲと共にこなした。この経験を通してエレノアは、忍耐は成果をもたらすことを身をもって知った。彼女は「自分には耐える能力がある」ことを実感し、その自信は「自分の人生に本当に役立った」と後に語っている。[6]

１９１４年の夏、欧州で第一次世界大戦が勃発した。その時エレノアは、国務長官のウィリアム・Ｊ・ブライアンと共に戦争反対を表明し、平和主義者の立場を取ったのである。ブライアンが古びた鉄砲を素材にした農機具の鋤先《すきさき》を国民に見せ、「近代的兵器は人々の生活を向上させる道具でなければならない」と述べたことを、エレノアは回想している。しかし、この時期からエレノアの考えが変わり始めたことも確かであった。１９１７年2月、大西洋でドイツ潜水艦による無差別攻撃が始まり、米国のウィルソン大統領はドイツとの外交関係の打ち切りを宣言した。この時からエレノアは、米国の戦争参入は一体何を意味するのだろうか、と苦悶している。そして彼女が思い至ったのは、米国が必要とするのは経済力と海軍力のみであるということであった。ドイツのＵボートが米国船を沈めて米国民の命を奪い、さらにはメキシコに対して米国への攻撃を要請するドイツの電信を傍受したとき、ウィルソン大統領はドイツに対する宣戦布告の承認を議会に求めたのである。その時エレノアは、ウィルソン大統領が議会で演説することと、海軍次官の夫が自分を議会委員会に連れ出すことを察していた。ウィルソンの演説を聞いて議会を後にしたエレノアは、世界が米国民の周辺を揺り動かしていることを実感し、迫りくる変化を身に感じてやるせない思いをしている。[7]

1917年4月6日の米国の第一次世界大戦参戦は、エレノアの世界観を一変させた。この参戦を機に、彼女は「危機への対応能力」を着実に深めたのである。まずは海軍赤十字組織編成の支援を行い、自宅を毛糸や衣服の配給所として提供して、ワシントン鉄道の敷地にある赤十字の大食堂施設で、毎週2〜3シフトの奉仕活動に従事した。1918年の夏、エレノアは多くの家政婦に囲まれた自分の子供たちをハドソン川東岸のルーズベルト家に残し、首都ワシントンに戻った。その年の7月に彼女は、焼けつくようなブリキ屋根の大食堂で朝9時から翌日午前1〜2時までの労働奉仕に汗水を流している。欧州戦線へ赴く若い兵士たちがこの施設を通り過ぎるとき、エレノアは兵士たちのシャワーの手配や、煙草・キャンディー・ハガキ・その他の慰問物などを手渡す役目を担った。エレノアは、他の女性たちと共に働きながら戦時下のゆるぎない連帯感を実感し、パンの切断機が彼女の指の骨に達するほどの傷を負わせたときも、止血のハンカチを指に巻いただけで仕事を続けた。彼女はまた、近代戦の恐ろしさを痛感させられる場所にも出向いている。それは、米国唯一の連邦精神病院、セント・エリザベスの海軍部隊を訪れたときのことで、そこで彼女は部屋に幽閉された若者たちが取り乱す姿を目《ま》の当たりにした。その中の金髪の若い青年は、ダンケルクの恐ろしい空中戦で受けた命令を、うわ言《ごと》のようにしゃべり続けていた。社会から隔離された哀れな精神病患者たちが、柵の中からエレノアを見つめたり、閉じられたポーチの中であちこち歩き回っていた姿を、彼女は数十年の時を経ても忘れることはなかった。[8]

この有様に衝撃を受けたエレノアは、病院の管轄者であるフランクリン・レーン内務長官に調査を依頼した。レーン長官の役目は十分な予算を確保し、セント・エリザベス病院をモデルにして、連邦のあるべき施設の姿を実現することであった。この件に限らず、彼女はつらい立場に立たされた人々に直接手を差し伸べている。ある時エレノアは、毒ガスを受けた息子をもつ母親と対面した。エレノアは担当の看護婦に、その青年がより良い治療を受けられるよう西部地方の病院へ連れていくよう依頼した（しかし、エレノアの尽力が報われることなく、青年が亡くなったことを後に知った）。また彼女は、負傷兵のためのレクリエーション・センターを赤十字に開設させ、専門的療法の支援額を５００ドル引き上げた。エレノアの回想によれば、第一次世界大戦はあるべき目標を達成する自信を彼女に与え、公共の場における彼女の説得能力を高めたという。[9]

　この戦争によって生じた混乱は、エレノアの心にしっかり刻まれた。第一次大戦の終結を迎えた１９１８年の秋、首都ワシントンは過密状態に陥り、街中にあふれた労働者には住む家もない状況となった。加えてインフルエンザが流行したため、彼女はワシントンに病院が不足していることを痛感している。このような中でエレノアは、臨時の赤十字病院の患者に食料を供給し、とりわけ、ある病に伏した男性とその五人の子供たちが健康を取り戻すよう力を注いだ。[10]

　第一次大戦の終結は厳しい試練であることをあらわにした。その中で、時のウィルソン大統領が、民族自決に基づく国際秩序を確立して戦争の終結を成し遂げようとしていることに、エレノアは望みをくじかれている。１９１９年2月4日、エレノアは夫のＦＤＲと共に、パリから港町のブレストに向かう電車に乗っていた。そこで「ニューヨーク・タイムズ」紙の記者がルーズベルト夫妻に、国際連盟憲章のコピーを手渡している。その憲章は戦争が過去のものとなることをうたい、平和な将来の創造を描いていた。エレノアはこの憲章に熱い視線を送ったのである。そのとき彼女は、国際連盟を提案したウィルソン大統領に強い感銘を覚えた。この米国大統領を一目見ようとするフランス人の群衆が、電車の線路に沿って列をなしていた。フランスの人々は、声をそろえてウィルソン大統領を彼らの救世主《きゅうせいしゅ》と呼んだ。「当時としては、世界の将来がどうなるのか、夢さえ見ることもできなかった時代でした」と、エレノアは後にしみじみ語っている。[11]

その頃、国内の進歩派の間では戦時リベラリズムに基づく分断が顕著に表れていた。それは、政府の反戦抗議への抑制が日常化し、市民の自由が踏みにじられているという問題であった。この戦争反対の意見に対する政府の抑圧は、反ドイツ思想をうたった大動員が少数民族のドイツ系米国民への暴行を招いた件や、アフリカ系米国人の深い愛国心や軍事的な功績にもかかわらず、ウィルソン大統領が引き続き人種差別を是認した件、さらには司法長官ミッチェル・A・パーマーの名にちなんで「パーマー手入れ」と称された、移民や組合メンバー、それに急進派の人々の一斉検挙や投獄、海外追放などを行った件の要因になっており、進歩派の社会の中に、「戦時政府は、同盟国を支持するために戦っている民主主義の原則に背いている」という懸念を引き起こしたのである。すなわち、多くの進歩派から見れば、「国家権力の拡大はプラス面もあるが、大きなマイナス面を持っている」ということであった。そしてかなりの数の進歩派の人々が、終戦後の労働者の経済的な利益向上をめざす層へと様変わりしていったのである。[12]

さらに、第一次大戦は多くの進歩派の人々を平和主義者へと変えた。連邦議会上院による国際連盟批准の否決や休戦処理、また数百万人にも及ぶ人々の破壊された生活などによって、終戦後の国民の失望感が鮮明になり、エレノアはすべての戦争を阻止する意志を表明するようになった。1930年代の初期から中期にかけてエレノアは、「第一次大戦は無比の荒廃をもたらした」と論じている。彼女は『何故、戦争は止めなければならないのか』というエッセイの中で、「いかなる戦争においても、人がどちらの側に立って戦うかはあまり大きなことではない。あなたが勝とうが負けようが、結果はまさに変わることがないからである」と書いている。第一次大戦は世界平和の維持を打ち崩し、その流血の惨禍は、戦争という発想がもはや時代にそぐわないことを歴史の中で初めて実証した。エレノアは、第一次世界大戦は「これからの戦いをくい止めるどころか、国と国の対立を助長させる結果に行き着いただけだ」と述べている。彼女は自らの精神力と知力をふりしぼって戦争阻止の目標に挑んだのである。1935年、エレノアはホワイトハウスの晩餐会に、戦争の原因と対応を担当する国際委員会の幹部たちを招き、その席上で、戦争を植民地時代の魔女裁判や、19世紀のピストルによる決闘のような古臭いしきたりになぞらえている。当時の時代背景からしても、これらの伝統は決して是認されるものではなく、「国家総力戦への突入は理不尽かつ虚無そのもので、得るものは何もない」と言葉を続けた。エレノアは、ファーストレディーの立場から緊急平和委員会を提唱し、反戦組織の一つであるクエーカー教徒のアメリカ・フレンズ奉仕団を諮問会議に参加させた。[13]

1939年1月の「バージニア・クオターリ」誌に記載されたエレノアの記事を見ると、守勢に立たされたニューディール支持側の状況が書かれている。1936年の大統領選では、再選を目指したFDRが圧勝した。しかし、1937年に米国経済の景気後退が鮮明になり、さらに最高裁判所の判事をリベラル派で占めようとするFDRの大胆な（無謀という声もあった）企てが、議会や報道機関の間で反論をひき起こすことになった。翌年の1938年には、米国政府をより効率的にするための「政府改造に関する提言」も日の目を見ていない。FDRの反対勢力は、「大統領の司法の取り込みと政府再編成の企画は、独裁性の一歩を固めるものである」とまで言い切っている。反ニューディール派のチャールズ・イートン下院議員は、大衆に向かって「全体主義の前衛部隊が、ワシントン政府の中で上座に据えられている」と語気を強めた。１９３８年に「公正労働基準法《フェアー・レイバー・スタンダーズ・アクト》」が連邦法として制定されたが、リベラリストの多くは、それは単なる部分的な勝利に過ぎないと見ていた。というのも、その法律は子供の労働を禁じたことと、数年をかけて一時間当たりの労働者の賃金を25セントから40セントに引き上げるものであり、米国労働者の５人中４人がその支給対象から外れていたからである。[14]

１９３８年の連邦議会選挙はホワイトハウスにとって残念な結果をもたらした。民主党は上院議員８名と、下院の１００席近くの議席を失ったのである。ＦＤＲの支持率はおよそ55％で、引き続き強固なものであったが、１９３６年の60％からは落ち込んでいた。当時の民主党の支持者は、成人人口の半分以下とされている。ＦＤＲ政権は議会の両院で安定多数を保持していたが、南部の民主党員たちは反ニューディール派に呼応して保守の共和党支持にくら替えし、１９３９年1月には、その党員たちがニューディール政策をくつがえすための運動に呼応したのである。明らかに、政治的な勢いは保守側についていた。保守派は国民の救済計画の縮小や、芸術家を支援する連邦劇場計画の打ち切りを提唱し、ルーズベルト夫妻を社会主義の独裁政権の指導者にたとえて非難した。さらに保守派は、「ホワイトハウスは政府官僚の権限を強化し、国の自由市場の原理を骨抜きにして、個人の権利を踏みにじっている」と語気を強めた。[15]

このような状況のもとでも、１９３８年の中間選挙においてニューディール政策が取り消されることはなかった。反ニューディール派は、社会保障制度や労使間の団体交渉権、市民保全部隊（Ｃ

CC）や米国青少年管理局（NYA）、その他の救済や権利のプログラムを取り壊すことができなかったのである。ところが、1938年から1939年にかけて欧州でファシストの脅威が高まるにつれ、FDRは軍備を増強する活動に目を向けざるをえなくなった。それは結果的に、国内問題対応の弱体化を招いている。こうした不穏な戦争の足音が、新しい社会改革を目指す米国のリベラリストたちの希望を断ち切ることになったのである。[16]

1938年、53歳を迎えたエレノアは、大統領夫人《ファーストレディー》としてその後の6年間をホワイトハウスで過ごすことになった。エレノアに対する国民の関心は依然として高く、彼女の政治観やロビー活動、それに知性への信頼は、かつての多くの大統領夫人よりも国民に大きな影響を及ぼした。また、彼女は伝統的なファーストレディーの役割を全面的に切り捨てたわけではなかった。1930年代の後半、エレノアはホワイトハウスで晩餐会を催したり、望ましい行儀作法の記事なども書き、FDRが熱弁をふるっているときには、それに真摯に聞き入るという姿勢を保っていた。しかし、大統領夫人に公から期待された「黙して語らず」の態度は、エレノアの知的な思考や政治的発想、それに道徳的な方向性にそぐわないものであった。ホワイトハウスにおけるエレノアの初期の姿勢について、ある歴史家は次のように記している。「エレノア大統領夫人は、自らが達成しようとしてきた仕事の独立性が失われることや、FDRの政策の中に自分の目標が取り込まれてしまうことを懸念し、自分自身が求める仕事の達成を心から願望していた」と。すなわち、「彼女自身がその仕事の実行者であって、自分は世話人ではない」という考えであった。それは1938年においても変わることがなく、ホワイトハウスの中での自らの仕事を求めていたのである。とりわけエレノアが目指していたのは、世界中でファシズムが台頭する中にあって、数百万人の米国民の生活を自ら積極的に守りたいということであった。[17]

しかし、エレノアがこうした貢献を果たすためには、かねてからの持論であった反戦の主張を断念しなければならなかった。当時の中国からスペインにいたる厳しい軍事情勢が、エレノアに平和主義者としての信条を断ち切ることを迫ったのである。１９３０年代後半の海外情勢がエレノアに衝撃をあたえ、自らが仲裁の道に入るきっかけとなっている。エレノアはＦＤＲと同様に、近代科学や技術の進歩が、それまで無かった軍事的惨禍や人類の破壊を招くという現実をしっかり心に刻んでいた。１９３０年代の中頃、当時国民的英雄であった飛行士のチャールズ・リンドバーグをはじめとする孤立主義者《アイソレーショニスト》（アメリカ第一主義委員会）は、ファシストの脅威を軽視していた。１９３６年1月、エレノアは「米国の領土の広さとその地形的な条件から、我が国は他の国々と十分かけ離れている、といまだに思い込んでいる人々がいますが、これらは永久に続くものとは思えません」と明言している。さらに「これからの戦争は第一次大戦の頃とは様相が異なり、戦場が限られた地域ということではなくなります。スペインや中国の現況を見れば、それは一目瞭然です。爆撃機や毒ガスは、敵国の軍隊や軍事施設だけを目標にするのではなく、国民の士気を打ち崩すために使われるのです。それは、一般の都市や街が攻撃されて、女性や子供たちが殺戮《さつりく》されることを意味します。国民全員が戦争に巻き込まれることになるのが、これからの戦争の実態なのです」と、彼女は断言したのである。[18]

エレノアの平和主義信仰からの針路変更は、全面戦争が現実化する情勢の変化によって益々歩みを速めていった。第一次大戦のとき、欧州のリーダーたちは自国の士気が自壊することを恐れていた。ドイツのツェッペリン号の爆撃による初期の殺傷力はそれ程でもなかったが、緊張に満ちたロンドン市民の混乱を巻き起こしている。深層心理学の権威者ジークムント・フロイトは1920年に、「爆撃による単なる恐怖であったとしても、国民が委縮して降伏するような心的外傷を引き起こす潜在力を持っている」という考えを述べた。その翌年、イタリアの軍事学者ジュリオ・ドゥーエが革新的な著書『制空』を著し、「敵国の国民と工場地帯は、交戦中のまぎれもない軍事目標になる」と論じている。ドゥーエは、「敵国民の戦う意志を崩そうとする国家間では、戦争は国民全員が衝突する道につながっていく」と予言した。それは国家総力戦の恐怖と、国民への影響の広がりを意味していた。市民を攻撃目標とするファシストや、科学技術の著しい進歩、それに戦争遂行のための軍需産業の位置づけなどの複合的な要素がからみあい、国民の士気が軍事担当者をはじめ、政治指導者の大きな関心事になったのである。エレノアもその例外ではなく、これらの流れに大いなる関心を寄せることになった。[19]

1935年、イタリアは対エチオピア戦争で空軍による毒ガス攻撃を行った。エチオピアの皇帝ハイレ・セラシエは、「ムッソリーニは、地域の最も人口が多い場所に恐怖を広げる戦略爆撃を展開し、市民への血も涙もない殺戮を行っている」と警告した。1930年代に英国の専門家は、「今後、ドイツ空軍による2ヵ月間の空爆で60万人の市民の命が奪われて、1200万人が負傷し、その結果、国民の士気が急激に落ち込むことになるだろう」と予言している。第二次世界大戦に突入する前の英国の情報局は、国民の士気、すなわち国民が平静を保てるのか、あるいは不安に陥るのか、また爆撃の緊張に前向きに耐えられるか、あるいは生命の恐怖を感じて逃げ惑うのか、などについての定期的な検討を開始したのである。[20]

ファーストレディーであるエレノアもまた、この論争に深く関わることになった。国際的な危機が深まるにつれてエレノアは、何が何でも戦争は避けなければならない、という持論を表に出さなくなった。１９３８年初期に、彼女は反戦主義者たちからの脱却を公にし、「米国は欧州の戦争から距離を置くべきだ」とする孤立主義者たちを明確に批判している。この年の2月、エレノアは「特定のグループに信念と重みをもたらす声明こそ、唯一の力である」と宣言した。さらに国民に対しては、「自衛のために優れた武器を保有し、我々自身の軍事力を維持しなければならない」と訴えている。当時の複雑な要因が結びついてエレノアの国家防衛意識の変更をうながし、戦時の混乱と全体主義的思想を抑える方策として、彼女に社会防衛《ソーシャル・ディフェンス》をしっかり支える立場に立つことを余儀なくさせたのである。[21]

日本が中国大陸に侵攻したとき、エレノアは「世界で最も平和を愛する国家〈米国〉が、日本の数年にわたる侵略を傍観してきた。自国の敵だけを遠ざけようとするのは、外交政策の不正に類似している」と述べた。彼女はコラムの読者に対して、「戦うことに備えず、その意を持たないことは、人々が平和の維持に貢献してこなかったことです」と語りかけている。スペイン内戦〈１９３６～３９〉における独裁者フランシスコ・フランコ将軍の残虐行為、そして国際報道メディアによるそれらの説得性のある記事がエレノアに衝撃を与え、彼女を熱烈な反ファシズム主義者へと導いたのである。１９３７年にエレノアは、「スペインでの出来事は、何処においても起こりうることである」と明言している。地中海沿岸の都市バレンシアへの空爆は、戦争が人々を無分別かつ残虐にし、いわれなき破壊主義者にさせることを彼女に見せつけた。エレノアが特に驚いたのは、罪のない婦女子への爆撃行為であった。フランコ軍がスペイン北部のビルバオと首都マドリードを空爆したとき、エレノアはＦＤＲ政権の国務省に掛け合い、子供たちが戦地から逃れることができる、安全な道が確保できるよう、フランコ総司令官に申し入れることを進言した[22]。

エレノアは、武器禁輸を解いて、スペインの反ファシスト派の人民戦線政府に武器を送る運動を、ホワイトハウス内で先導した。彼女は、「私の考えは中立派ではない」という意欲的な立場を明らかにした。これは、「人々はヒトラーやムッソリーニに強要されることなく、民主主義をはじめとして、自らの政府を選ぶ権利がある」という彼女の意思表示であった。フランコ軍の勝利が現実になったとき、エレノアは気の合ったFDR政権内の補佐官レオン・ヘンダーソンに、「米国がスペイン人民戦線の援助を拒否したことは、悲劇的な結果を招く大失態であった」と語っている。エレノアの「我々の反ファシスト主義者への支援は、……あまりにも無力であった」という嘆きの背景には、おそらく、軍事的な足かせとなってきた中立法（Neutrality Acts）への挑戦を、政府が拒否したことがあったのであろう[23]。

1930年代の後半に入ると、エレノアのかつての反戦派の仲間たちは、ファシズムの本質についての認識の甘さをさらけ出すようになった。1938年の春、エレノアのある知人は、「米国の平和を守るためには海軍を撤廃して陸軍を縮小し、沿岸の防備を強化すべきである」と彼女に説いている。エレノアの知人の多くは「国は侵略者たちから守られているのであるから、政府は軍隊を縮小し、浮いた財源は国内の公共利益のために使用されるべきだ」という考えであった。また、「今日における社会的要求」を訴える彼女の友人たちの考え方を、エレノアはファーストレディーとして夢物語に過ぎないと捉えている。現実の問題として、海岸線にさらに多くの大砲を備えることは大変な出費が予測されることであった。しかも防衛すべき海岸線は果てしなく長大であり、いずれにせよ、近代の戦艦や軍用機はそれらを簡単に突破し、米国の沿岸防衛線を難なく壊滅させてしまうであろう。
欧州から届くニュースが厳しさを増すにつれて、エレノアの発言はにわかにタカ派的な論調を帯びるようになった。彼女は、「もし我々が強力な海軍を持たなければ、侵略をもくろむ敵は難なく我々の海岸に近づくであろうし、我々の妨害を受けることなく、彼らの友好国の周辺に上陸することが可能になるだろう」と主張している。さらに、「海軍は米国の海岸からはるか離れた海域で敵艦を迎え撃つ方が望ましく、一方の陸軍は敵国が我が国の国境に上陸したり、隣国を通じて我が国に接近したりする場合に第一戦で防戦することになる」と付言している。また、「我々は、我が国を取り巻く軍備を整えた国々を、ある意味では米国の外敵とみなすことが必要であり、平和主義者や孤立主義者は、大西洋や太平洋がかつてのような防衛緩衝帯ではなくなったという認識に欠けている」と批判した。[24]
ドイツの小説家トーマス・マンの『来るべきデモクラシーの勝利について』〈1938年〉は、エレノアの初期の考え方に大きな影響を与えた。その中枢となったのは、「すべての戦争は、大量破壊という虚無的な行為である」という思想であった。1938年に米国へ移住したトーマス・マンは、「民主主義を守るためには、世界の民主国家が力でヒトラーの侵略を食い止める必要がある」と説いている。エレノアは、トーマス・マンの主張を細部にわたって研究した。1938年9月に彼女は、「確固たる民主的理想」に執着してきた男性や女性が、彼らの理想が危機に瀕したとき、果たして彼らが武力の使用を避ける道徳的な権利を有しているのかどうか、疑問に思っている。[25]
エレノアのアドルフ・ヒトラーとナチズムに対する嫌悪感は、国の安全保障についての考え方を彼女に吹きこみ、米国において社会防衛を強める考えをさらに助長させた。それは「民主主義は、なぜ全体主義に対する最善の対抗手段であるのか」を示すことでもあった。1938年9月29日から30日にかけて行われたミュンヘン会談〈英仏独伊の首脳が出席し、チェコスロバキア西部のズデーテン地方のドイツ帰属を認めた〉が、この発想の発端になっている。

1938年9月12日、エレノアとFDRがニューヨーク州ロチェスターにあるメイヨー・クリニックで療養中の長男ジェイムズを見舞ったとき、ドイツではヒトラーがラジオ演説を行っていた。二人は、近くの駅で電車に乗り込んだときにその演説を聞いたのである。ヒトラーは、「チェコスロバキア政府は、その支配力によってズデーテン地方に住むドイツ人の権利を踏みにじっている」と非難していた。そして、「それらのドイツ人民の権利を守るために、我々はズデーテン地方を領有する準備ができている」と脅迫的な宣言をした。一方の英国政府は、ロンドンに対空陣地を設置して、ハイドパークに防空壕を掘り、市民にガスマスクを配布している。

ヒトラーの独善的で軍事的に荒れ狂った姿は、エレノアにとって脅威そのものであった。彼女は、「ヒトラーにはヘドがでる」と語っている。さらに、「ヒトラーは強大な軍事力を手にする狂人で、宥和政策などは当てにならない」と言い添えた。英国はミュンヘン会談で、ヒトラーに対して彼が望むものをすべて与えてしまうという失態をおかし、それは取り返しのつかない判断ミスとなった。案の定、ヒトラーは歩みを止めるどころか、領土を次々に拡大したのである。ヒトラーに対する宥和政策は根も葉もない、まやかしの外交対策に他ならなかった。それは、ナチスとの避けられない戦争を多少先延ばす効果があるのか、もしくはファシストが欧州全体を侵略する結果を招くのかの、分岐点であった。9月にヒトラーの戦車が轟音を立ててチェコスロバキアに侵入したとき、エレノアは弱気な英仏の態度に批判を浴びせ、哀れなチェコスロバキアに同情を寄せた。[26]

ヒトラーがチェコスロバキアに進駐した頃、米国では１８１５年以来最大規模のハリケーンが東海岸を襲っていた。多くの建物が崩壊して被災地は孤立した。このハリケーンの通り道にはエレノアの友人たちが少なからず住んでおり、風速50メートルを超す強風はロードアイランドの３８０人の命を奪って、東海岸の6万人の人々をホームレスにした。このような状況にもかかわらず、エレノアの頭は欧州のことでいっぱいになっていた。彼女は欧州の戦争に気を取られ、それはもはや彼女に対する強迫観念にまでなっていたのである。そのためエレノアは、「現在、私は他の事に気を回す余裕がない」と言い切っている。１９３８年後半から３９年初頭にかけて、エレノアは欧州全体に火の手が回ることを予測していた。恐怖に取りつかれた彼女は、悲痛な思いで欧州の予断を許さないニュースに接する日々であった。就寝前の彼女の習慣は夜のドラマをラジオで聞くことであったが、その最中に突然流れる「欧州が出口のない戦争に突入した」というニュースを、エレノアは気にかけていたのである。[27]

同時に、ヒトラーの欧州におけるユダヤ人迫害は、エレノアの信教の自由と人権問題への信念から許しがたいものであった。彼女のナチス独裁政権に対する戦いは、物事を「善」か「悪」だけで区別する善悪二元論の世界観に基づくものであったが、ヒトラーの反ユダヤ主義に対して武器を使用するのは正当であるという確信を彼女に余儀なくさせた。エレノアは、ナチスによるユダヤ人居住地の強奪やユダヤ教会堂の焼き討ち、さらにはクリスタルナハト事件（１９３８年11月、ナチス突撃隊がユダヤ人の商店や住居を襲撃して略奪・破壊を行った事件）に衝撃を受けた。それでも、彼女はひるむことなく欧州のユダヤ人救済を表明し、パレスチナの地にユダヤ人避難民の入植地を開くことを後押ししたのである。その一方で、ＦＤＲ政権に対してユダヤ人移民の制限を解除するよう働きかけ、反ユダヤ主義の国務省にも掛け合っている。さらに国民に対しては、なぜ米国の民主主義が、少数民族の扱いについてファシズムより優れているかを「思想と実例」を通して熱心に解説した。エレノアは、長年にわたって人種偏見をなくすための世界的な運動を支援してきたが、1939年のあるとき、彼女のドイツ人の友人に対して、「ユダヤの人々への、あまりにも強硬な姿勢は控えるべきです」と書き送っている。[28]

その他の当時の情勢も、エレノアの反ファシズムへの考え方をますます強固にさせた。ある北欧の国の皇太子と皇太子妃をホワイトハウスに招待したとき、エレノアは西欧の民主主義の窮状《きゅうじょう》に心から哀れみを寄せている。1939年6月に英国王ジョージ6世とエリザベス王妃をワシントンに迎えるにあたり、駐仏米国大使のウィリアム・ブリットは詳細な秘密メモをエレノアに送った。メモには英国王夫妻が宿泊する部屋の家具類をはじめ、バスルームに置く品々まで網羅されていて、これらはまさに外交関係にヒビが入らないための心遣いであった。エレノアは1899年から1902年までの3年間、英国郊外にあるアレンスウッド女学校で学び、そこでフランス人のマリー・スーヴェストル校長から進歩的な教えを受けて、英国人への親近感と欧州人から学んだ教養を大切にしてきたのである。[29]

世界がますます狭くなるにつれて、エレノアの姿勢もそれらに合わせて形づくられていった。1938年頃には、世界の国々が相互依存する時代に入っていることを彼女は確信していた。言い換えれば、近代社会においては一国だけで世界を歩んでいくことはできないし、他の大陸で生じている危機に米国が背を向けるということもあり得ない、という考えであった。エレノアは、自らの民族のためにだけ尽くすことは、いずれ巻き返しを招くことになるだろうと見なしていた。もしヒトラーが勝利を収めた場合、「米国は間違いなく他の一方の世界に存在することになり、それは米国民に大きな影響を及ぼすことになるでしょう」と彼女は語っている。ファシストの力の論理に結びついた近代的兵器は、エレノアを大いに悩ませた。彼女はまた、「何らかの平和的解決が成されたとしても、その合意が有効となる前に、我々の存在は地球上から一掃されているかもしれない」と警告している。[30]

同時にエレノアは、戦争やファシストの脅威に対する自らの考えを整理して、米国の民主主義の伝統を再び見直す道を模索していた。エレノアは、彼女がファーストレディーになったときよりもさらに力強い共同体主義者《コミュニタリアン》の発想と価値を尊重し、下意上達《ボトムアップ》に基づいた民主主義を導入しようとしたのである。彼女は幅広い意味で「安全《セキュリティー》」という言葉を折にふれて使用してきた。大恐慌の渦中においては、「安全であるということは、単に身体的な安全以上のものを意味していた」と述べている。１９３３年11月、エレノアは「社会的にも個人的にも、恵まれない同胞の面倒を見ることができる日まで、我々の国の安全は達成されることがない」と強調した。しかし、迫りくる総力戦の様相、すなわち米国民が戦線に立つ可能性や、その時に国民の士気が極めて重要になること、また戦争の勝利が人間の自由や尊厳を位置づける基本となることなどが、エレノアの「本当の安全とは何を意味するのか」という立場を一層鮮明にさせた。ファシスト軍隊に結び付いた武力や国民の士気を喪失させる爆撃機の威力、また米国民が恐怖に陥って自らの生命に不安を感じることや、米国の民主主義が衰退する恐れ、さらには政府のプログラムを全体主義の一端とみなす反動勢力の圧力によって民主主義が崩壊する脅威などのすべての不安定要因が相まって、エレノアは社会防衛《ソーシャル・ディフェンス》の大規模な試みである、いわゆる「戦時ニューディール」という願望を具現化させたのである。
1938年11月、米国南部で行われた人間の福祉《ヒューマン・ウェルフェア》に関する会合で、エレノアは「戦争の嵐は、我が国の自由主義を侵害するまでの挑戦を我々に突きつけている」と講演した。ナチス・ドイツの世界侵略という不気味な見通しが、米国の自由主義活動家《リベラル・アクティビスト》に対して本土防衛をはじめ、米国軍隊の増強の選択を余儀なくさせたのである。そのときエレノアは、「民主主義は創造されたときの原則に基づいていてこそ維持が可能であるという前提を、進歩主義者《プログレッシブズ》は世界に知らしめなければならない」と主張している。「もし、米国の民主主義がぐらつくことがあれば、世界の全域で民主主義体制は失敗に帰することになる」が、エレノアの信条であった[31]。

また、エレノアの共同体主義《コミュニタリアニズム》のポリシーからすれば、米国の数ある共同社会において民主主義を維持しようとする国民全体の支えがなければ、国家防衛という名目は意味のないものであった。彼女のそもそもの考え方は幅が広くて寛大なものであり、数々の活動の中にそれらが大なり小なり表れていた。エレノアは市民の自由や市民の参加、それに国民の経済的な平等という目標に向かって突き進んでいたのである。当時の国民の多くは、彼らの地域社会をより良くするために、分かり易くて、思いやりのある方策を求めていた。エレノアは彼らに向かって、「我々一人ひとりがお互いに手を取り合い、自らの力を活かして、自分たちが住む地域社会のために力を尽くしましょう」と呼びかけている。それは、「米国の民族的・人種的・宗教的文化は多様性に富んでおり、しかも人々がその多様性に誇りをもって、全ての人々への包容力を豊かにしているからこそ強いのであって、必ずや我が国の民主主義は、国民の暗い衝動をあおるファシストの宣伝に打ち勝つ力となる」ということであった。エレノアは、国民の幸福の追求は憲法が保証する「生命と自由の権利」と同様に極めて重要な権利であると考えていた。また来るべき戦争について彼女は、「長期にわたる危険極まりない戦いとなるが、その一方で、新しい生活を得るための幅広い機会をもたらすことになるだろう」と捉えていた。[32]

エレノアの革新的な公共哲学〈あるべき姿についての考え方〉は、単に非現実的な理想主義の試みではなかった。彼女はファーストレディーとしての実行力を有しており、その現実的な考え方は国家総動員への道につながっていた。エレノアが目指した革新計画は教育機会の平等化や失業者の援助、老人の年金対応の改善や若者の就業活動の支援、それにレクリエーションや芸術活動への投資など、現実的な課題がその中枢となっており、日常の衣食住や健康管理と同様に、一般市民にとってそれらの革新計画は必要不可欠なものであると捉えていたのである。1930年代後半の米国では、公営住宅の創設や国内の異なるグループ間の衝突への対応、また国民の心的・精神的な強さの支えや、敵国である枢軸国《すうじくこく》をはじめ、ヒトラー体制に対する全面的な戦いの準備などが求められていた。エレノアは、「戦中・戦後に求められるグローバルな視点をめざし、国民に対する人間の安全保障《ヒューマン・セキュリティー》こそが、米国の民主主義に勝利をもたらす力になる」と結論づけている。[33]

またエレノアは、ニューディールの精神の衰退を案じるとともに、反ニューディールの保守派層がFDRの国内政策への非難を通して、米国のリベラル層に取り入っていることを懸念していた。1939年2月、彼女は米国青年会議の会合において、長期にわたる経済危機の中で青年会議が社会的な安全網を支えてきたことを礼賛した。その席で彼女は、「ニューディール政策自体は、まだ根本的な問題を解決していません」と青年たちに告げている。政府は全面的な解決策を持ち合わせていたわけではなく、果たすべき重要な役割は着実に果たしてきたが、これまでの政府の社会政策といえば、皆で考える時間を与えてきただけのことであった。1930年代後半は、夫のFDRが1933年3月に大統領に就任した時の経済危機と同様に、国民の民主主義に対する関心は極めて深刻な状況に陥っていた。エレノアは、「もし国民が米国文明の維持を望むのであれば、また、もしこれまで築き上げてきた歴史の中に恒久不変の価値を見出すのであれば、我々国民は同胞に対する博愛の精神に目を向けなければならず、それは国家政策上の教義からではなく、人の生き方の基本として国民が捉えることが大切なことなのです」と述べている。[34]

当時、ニューディールの支持者たちは守勢に立たされていた。そのような中でエレノアは、新たなニューディールの前提である多くの民主的なアイデアの中に希望を見出している。その筆頭が若者たちの存在であった。1938年8月、ニューヨーク・ハイドパークのルーズベルト家に近いヴァッサー大学での米国青年会議にエレノアが出席したとき、彼女は参加者たちを「最もふさわしい平和の担い手」として称賛し、当時この若者たちの祖国が戦火を交えている中にあっても、エレノアは彼らとの友好的な交流を通して希望を見出した。それは「若者たちは人間社会の最も悪い局面を乗り越えて立ち上がることができるし、平和で希望に満ちた世界を実現することができる」という大きな期待からであった。日本と中国の女性たちが、キリスト教女子青年会（YWCA）のメンバーとして膝を交えて経験談を交換したとき、エレノアはファーストレディーとして心を痛めている。交戦国から来た若者たちが、日本軍が中国を爆撃している見出しのついた「ニューヨーク・タイムズ」紙を手に握りながら、それぞれ一緒になって写真に納まっている姿を見たエレノアは、そこに深く心に響く反戦声明を見出したのである。「多くのグループが、自国に対する批判をさえぎったり、その場を離れたりすることなく話を聞き入れた。これこそが、真の学ぶ場であると言えよう」と、彼女は胸を熱くした。交戦国からの代表にとって互いの意見交換や、またその言いたいことを述べることが、恐怖や非難を乗り越えることであったからである。さらにエレノアは、代表者たちが認定した「ヴァッサー協定」をほめたたえた。この協定は諸国の武器の削減や、市民に対する空爆の停止、また人権の尊重や、民主的な選挙権の促進などを求めるものであった。[35]

もしエレノアが若者たちを革新主義の先駆者と考えていたとすれば、彼女自身も同様に、ヒトラーによる恐怖を取り上げて米国の人種平等への取組みを形作ろうとしていた。その頃エレノアは、ヒトラーの追跡から逃れるユダヤ人避難民の門戸開放に努めており、それと同時に、米国がその社会的慣行の中にファシズムを反映させようとする方向性を抑えるために、アフリカ系米国人の人権の確保に力を注いできたのである。エレノアにとって「黒人差別《ジム・クロウ》」は米国の汚点であり、民主主義が全体主義体制よりも優れているという主張に水をさすものであった。アラバマ州バーミングハムの公民権《シビル・ライツ》を擁護する指導者たちの会合で、彼女は公民権支持者と白人至上主義への反論者に対して、海外のファシストによる圧政の有様を詳しく説明している。さらに１９３９年2月28日付の各新聞に同時掲載されたコラムを通して、エレノアは米国愛国婦人会（ＤＡＲ）を正式に脱退することを表明した。その理由は、ハワード大学〈１８６７年創立の黒人私立大学〉が、首都ワシントン最大のコンサートホールであるコンスティテューションホールにアフリカ系米国人歌手のマリアン・アンダーソンを招待した際、米国愛国婦人会が黒人歌手の公演を拒否したことであった。エレノアの脱退は大きな反響を呼んだ。その後の6月に、英国王ジョージ6世とエリザベス王妃がホワイトハウスを訪問したとき、エレノアはマリアン・アンダーソンの公演をホワイトハウスで行っている。それは、彼女の反ファシストとしての痛烈な意思表示であった。[36]

エレノアの戦時リベラリズムは、ファシストの脅威によって形づけられたものである。欧州におけるユダヤ人の窮状に無関心であった人々――ロンドン在住の駐英大使ジョセフ・ケネディや、パリにいた駐仏大使ウィリアム・ブリットを含む外交官たち――に対抗して、エレノアは道徳上の見地から移民政策を提言し、極めて人道的と言える民主体制を世界に周知させる機会を捻出した。1930年代中頃にホワイトハウスで開かれたある晩餐会で、ミシガン州の公共事業促進局（WPA）を率いていたアブナー・ラーンドがエレノアの横に着席した。ラーンドはエレノアの移民改革への関心に強い印象を受けている。ラーンドはエレノアに書簡を送り、「WPAが米国の新規計画である外国人の登録と指紋の採取を担当し、移民を支援するために、職員と彼らの同僚たちを活用する」と提案したのである。ラーンドはまた、「WPAは既存の非情なプログラムを改正し、理解と思いやりをそこに組み入れる予定です」と書き添えた。さらに彼は、「移民は善良な人々であり、米国の新しい移民法は移民をスパイとして警戒したり、破壊活動家として取り扱うものではないことを、私たちが説明いたします」と明言している。ラーンドの提案に対するエレノアの返答は「素晴らしい」の一言であった。[37]

1939年、エレノアは勢いの衰えたニューディール政策を立て直す取り組みの一環として、政府関係者たちとの繋がりを深めた。上院予算委員会がWPA（公共事業促進局）の予算削減をほのめかしたとき、エレノアはWPA局長のフランシス・C・ハリントン大佐に連絡をとり、予算削減を急いだ場合は、救済を受けている人々の間に大きな混乱が起こることを委員会に説明させた。また、3月の巡回講演の前にエレノアは、訪れる都市に対してWPAのプログラムを支持するよう根回ししている。1月26日、彼女はあるWPAの局員から「ファーストレディーのお力添えは不可欠です」という書簡を受け取った。それによれば、「中西部の多くの地域では、ファーストレディーがWPAのプログラムをしっかり示された後に限って、それらが受け入れられる状況となっており、多くの場合、講演の影響は大なるものです」と書かれていて、エレノアを元気づけたのである。[38]

当時、欧州の戦争の波が米国沿岸に押し寄せていたが、リベラリズムを守ろうとする勢いが後退することはなかった。ナチス軍の勝利や、国内保守派によるニューディールに反対する攻撃に直面してもエレノアはひるむことなく、ひたすら自らの信念を推し進めていった。1939年のあるとき、彼女はジョージア州の恵まれない女性から、「9歳の娘と5歳の息子のために衣服を送ってほしい」という手紙を受け取った。エレノアは早速その要望をWPAに伝えている。それに併せて、「もし、WPAがその子供たちの支援ができないのであれば知らせて欲しい」と書き添え、エレノアは親しい知人を通してその支援を行うつもりであった。以後、エレノアに向けた国民の要望が積み重なり、それと共に、彼女のリベラリストの仲間たちへの依頼も急増した。その後もエレノアへの情報提供や、彼女の思いやりは絶えることなく、アドバイスや援助を求める数多くの国民に対して、エレノアは労を惜しまなかった。[39]

恵まれない人々への支援を行う中で、エレノアは社会問題に対する国の解決策が不十分であることを身をもって知った。これを踏まえて、WPAのある指導者に宛てた彼女の書簡には、情報提供の依頼や活動に向けた具体的な提言などが含まれている。彼女への書簡は数多く膨らんだため、WPAの担当者は「1939年2月1日～3月31日にかけての書簡の回答集」を作成し、エレノアに送り返すほどであった。その2ヵ月の期間に彼女は、「女性たちからの要望と懸案」というタイトルで、1439通に及ぶ手紙をWPAの職員に送っている。そのほとんどの手紙は連邦政府に対する要請で、850通については仕事探しに関する懸案事項であった（各州や地方のWPA職員は、女性たちの就業に関する要望に対応しなければならなかった）。このような中で、数多くの女性たちがエレノアに個人的な親しみを感じるようになり、彼女たちは手紙を通して救済や入院加療、安価な家屋に入居できる方法などを問い合わせ、さらには金銭や衣服などの支援を直接懇願したり、嫁入り道具や壊れた家屋の相談事まで彼女に持ちかけたのである[40]。

これら多くの書簡は、エレノアにとってある重要な意味を持っていた。というのは、多くの書簡がエレノアの目指す方針を力強く支えていたからである。積極的に民主主義を推し進めようとする陳情者たちの信念は、エレノアの意図する目標を具体的に裏付けるものであった。アトランタに住むある黒人女性は、「貴女のような上手なお言葉をお返しすることはできませんが、この大変な時代に共に生きている私たちに対して、一人の女性がどれほど素晴らしいことができるのかを示していただき、心から感謝の気持ちをお伝えします」と書いている。政府とは無関係の進歩的な組織が、これらの多くの手紙に対応するためにエレノアを支援した。その一例を挙げれば、あるホームレスの未亡人が家探しをエレノアに相談した際、ＹＭＣＡが彼女のためにアパートの一室を世話している。エレノアのオフィスは、ホワイトハウスに援助を求める人々のために積極的な支援を行ったのである[41]。

エレノアは米国の黒人公民権を推し進めたばかりでなく、国家総動員時における黒人女性の役割の開拓にも力を注いだ。１９３３年以来、エレノアは彼女のオフィスへの女性の採用を積極的に行っている。彼女の長い間の優先事項であった男女平等の目標は、全体主義が全世界に広がるにつれて強まっていった。さらに彼女は女性の権利の拡大を模索し、可能なかぎり女性を高いポストに昇格させている。エレノアがペンシルベニア州WPAの責任者の任務を終える際、彼女は自分の後任に女性を据えるよう要求した。それは、エレノアが考える戦時ニューディールの核心になることを意味していた。ニューディールを支える女性たちは、その目標の先頭に立って国家安全保障体制の中心となり、民間防衛の役目を担うための連帯を少しでも世に広げようと尽力している。[42]

ファーストレディーのエレノアが、ファシストの侵略や、民主主義体制の改革に関する明確な構想を表明するのに合わせて、彼女の支持層がにわかに拡大していった。しかし、夫であるFDRの大統領としての考えを具体的に知るのは、彼女にとっても難しいことであった。FDRはエレノアの改革案に賛意を示す一方で、自らの政治の核である軍事動員への考え方を明確に示さなかった。FDRの国家安全保障に関する考え方は、基本的にはエレノアと同様であり、非軍事的な方向性を模索する中で、国民の士気の高揚や都市計画への市民の参加をはじめ、労使間の闘争の抑制などを目指していた。「もし、ワシントン政府が現存する社会問題の是正に失敗した場合、米国の敵性国家はその隙《すき》を狙い、国の団結が最も重要な時に、社会的な不安をあおることになるであろう」というのがFDRの自論であった。

FDRは、自らの政権にそのような厄介が降りかかることを回避した。1938年にFDRは、社会的かつ経済的改革が、国の安全保障と同様に重要な目標であることを宣言している。この宣言は「人間の安全保障《ヒューマン・セキュリティー》は、国の安全保障の要《かなめ》である」ということを意味していた。米国民の多くは賃金が高くて良好な仕事に就くことを求めており、FDRは1930年代の後半に、「人間の要求《ヒューマン・ニーズ》のための運動」を主唱する社会組織の活動を支援している。また彼は、戦時におけるニューディールの方向を後押しするために、ファーストレディーのエレノアをはじめ、他の関係者との連携を惜しまなかった。タウンゼント・クラブ（政府負担の老齢年金創設に尽力した組織）の全米大会において、FDRは「我が連邦政府は、軍事的要求に応じた産業体制を整えているところですが、我が国民の社会的・経済的・精神的な面を支援する構想についても力を抜くことはありません」と演説している[43]。

事実、ホワイトハウスの補佐官や政府の役人たちは、FDRのその言葉を重んじた。1939年5月、陸軍省のルイ・ジョンソン陸軍次官補は、「連邦保障庁（FSA＝経済的促進の保護、社会保障制度の管理、その他食料補給の維持などを担う組織）が創設されたならば、その連邦保障庁の管理者の中に陸軍省の連絡将校をおき、軍と社会福祉が求める分野の調整を行うことが重要となる」と提言した。1939年、エレノアの主導のもとで、この組織の中にニューディール政策の目覚ましい再興が果たされている。市民団体と連邦保障庁の進歩派の職員たちは、日本軍による真珠湾攻撃以前のニューディール政策の促進に心血を注いだのである[44]。

ニューディールの先頭に立つ女性たちは、新設された連邦保障庁の組織とその運営に大きな発言力を持ち、これは戦時ニューディール体制の中で特に影響力の強いものとなった。繊維業界の労働組合は、進歩派ジョセフィーヌ・ロシュ女史の連邦保障庁の任命を妨げようとする、全米医師会の介入を認めないよう求めている[45]。

1939年、FDRは民主党のポール・マクナット元インディアナ州知事を、連邦保障庁の長官に任命した。マクナット元州知事は大統領と政治的に深いつながりをもち、反労働組合派で、米国在郷軍人会の有力者であった。この任命は一部の民主党員の失望を招いたが、マクナットの連邦保障庁はＦＤＲの「人間の要求《ヒューマン・ニーズ》」に基づく体制改革をめざして、熱意をこめた目標を掲げている。いわば社会対策の総合情報センターである連邦保障庁は、市民保全部隊〈ＣＣＣ＝失業対策プログラム〉や米国青少年管理局（ＮＹＡ）、教育管理事務所や社会保障委員会、それに公共健康事業や盲人のための米国印刷協会などを担ったのである。ＦＤＲはマクナット長官に対して、米国陸軍の予備役将校が現役復帰する際の穴埋め対策のために、市民保全部隊による新教育体制を推薦《すいせん》する非公式委員会を民主党内に設置するよう依頼した。市民保全部隊の主要任務は、都市の若年労働者たちの身体的かつ精神的な健康増進を目標にし、彼らに有効な仕事を施すことであった。そして、これらの事業が大成功を収める中で、ニューディール支持者たちは市民保全部隊の恒久化をうたい、適切な年代層に機械技術や、時節柄求められる高い士気などを養成するよう尽力したのである。一時エレノアは、「市民保全部隊は、若者たちの市民活動につながる広範な活動をしていない」と苦言を呈していたが、この度の市民保全部隊の新しい改革は彼女の目指す企画や思惑と一致しており、国民生活の改善や戦時の混乱への対応など、彼女のこれまでの取り組みに繋《つな》がるものであった。[46]

マクナット長官は、一部のニューディール支持者との対立が避けられない中で、大統領のリベラル的な戦時課題を推し進めている。また長官は議会へのメッセージの中で、大統領に代わって失業補償金についての提案を行った。この提案は、１９３９年頃のニューディール支持者の発想に扉を開くことになった。１９３５年の社会保障法についてマクナットは、「目標に向けた過程であり、完成されたものではなかった」と釈明している。そして、ＦＤＲに対して次のように宣言することを求めたのである。

「現在の我が国を取り巻く情勢と潜在する危機に対して、我が国と国民の生活の安全を守るために、我々は揺るぎない国家防衛の創造に励んでいるところです。しかしながら、これらの取り組みは単に軍事生産や、武器の数字的な増強だけで評価すべきものではありません。その防衛体制の裏には食料の欠乏や欲求、また不安感や恐怖などに対して、精神的にも意欲的にもその真価を失わないような、一致団結した国民の存在が必要になります。そのためには、国家防衛を整える基本的な要素として、今までにない幅広く、かつ実のある社会保障制度が必要になるのです」。

エレノアは、全面的にこの宣言に賛意を表明した。[47]

大統領執務室には、戦時体制下における提案を含む改革案や書簡が途切れなく届くようになった。1939年9月、民主党上院議員のエルバート・トーマスはFDRに対して、戦時における国民の健康や教育、またビジネス一般や海上輸送への影響についての調査を求めている。大統領はマクナット長官や労働大臣、農務大臣にそれらの回答の原案作成を依頼した。ニューディール支持者の多くが、彼らが守り続けてきたプログラムの行方に希望を失いつつある中で、FDRは安全保障の要として、社会福祉面への尽力の道筋をはっきり提示したのである。ニューディール支持者たちは、決して新規の改革をあきらめていたわけではなく、FDRの提示はある意味で仕事や衣食住、それに尊厳などの基本的な問題を解決する、いわゆる民主主義という名の下において、人々の信頼をより強化させる一助となった。1939年、連邦議会は古くなった社会保障制度の改革案を通過させた。ロバート・ワグナー上院議員は、さらに多くの米国民が利用できる医療制度のプログラムをすでに提出しており、1940年前半、FDRは市中病院創設のために、連邦政府に代わって自ら支援している。民主党のフランシス・パーキンス（労働長官）やハロルド・イッキス（公共事業局長官）やジョセフィーヌ・ロシュ（元財務次官補）、それに上院議員のロバート・ワグナーとロバート・ラ・フォレット・Jr.は、ニューディール政策を盛り立てて、米国が戦争を避けられない場合の国民の士気の向上に力を注いだ。[48]

米国で戦時ニューディール体制の議論が行われていたころ、欧州からのニュースは日ごとに厳しさを増していった。1939年9月1日午前5時、FDRはエレノアを呼び寄せて緊急事態を伝えた。「ドイツ軍がポーランドに侵入し、間もなく英仏がドイツに宣戦布告するだろう」という内容であった。急いでラジオをつけたエレノアは、ライヒ議会（ドイツ国会）におけるヒトラーの演説に神経を集中させた。彼女は、ヒトラーの言葉が理解できる程度のドイツ語を修得しており、「我々が愛すべき神の存在についてヒトラーは一言もふれず、しかも侵略した国民に、ナチスは何の哀れみも寄せていない」と、苛立ちを隠さなかった。10月3日、エレノアはある反戦活動家に対して、「私はヒトラーの支配に服するよりも、死を選びます」と明言している。[49]

エレノアは、米国は自ら武装して戦いに備えることしか選択肢はないと確信した。ニューディールの社会的目標が、この戦争で戦うことを可能にする精神を築き上げてきたと信じる彼女は、ある種の安堵感を覚えたのである。エレノアは、これからの戦争は領土や海上航路、それに領空を支配する戦いになると考え、さらに、第二次世界大戦は、ファシスト体制が社会民主主義の試みに敵対するという思想戦に行き着くことを見据えていた。「米国民は、自らの精神で戦う準備を十分整えてきた。さもなければ、ニューディールが果たしてきた成果は無に帰すことになる」というのがエレノアの信条であった。彼女は、「残酷性に満ちたナチス・ドイツの計画は、人道にかなった将来を築き上げようとする米国民の究極の願望によって、必ず終結を見ることになる」と確信したのである。[50]

第二章　条約や協定、象徴や人間性の無視

長距離砲や爆撃機や有毒ガスなどの兵器は、条約や協定をはじめ、象徴や人間性をまったく無視することになるだろう。

——フィオレロ・ラガーディア　１９３０年

ニューヨーク市長を務めるフィオレロ・ラガーディアは、ファーストレディーのエレノア・ルーズベルトと少なからず共通した民主主義観を持っていた。それは、民主主義とは貧困層を支援し、労働者や商店主のための奉仕を行って、経済的機会を移民者に与えるという信条である。１９３０年代後半、ラガーディアは「ヒトラーが米国の民主主義の将来を脅かす」と予見していた。エレノアが軍事動員に合わせた社会防衛《ソーシャル・ディフェンス》（戦時のニューディール政策）の創設を支持する一方で、ラガーディアの目下《もっか》の懸念は米国の大都市が空からの爆撃を受けることであった。彼は市長として、敵の爆撃機がニューヨークの住宅地や、市街地の歴史的建造物を焼き尽くすことを恐れていたのである。１９３８年秋のラジオ番組、オーソン・ウェルズの『宇宙戦争』で生じた米国民のショックよりも、さらに大きなパニックが空襲で引き起こされることをラガーディアは想定していた。

そのラガーディアもエレノア夫人と同様に、時の流れに応じて戦時における軍事動員の意向を表に出すようになった。ラガーディアは第一次大戦のイタリア戦線で戦闘機操縦士として戦った経験があり、空軍の威力をよく知っていた。1920年代に平和主義者の一人であったラガーディアは、1930年代のニューヨーク市長の時代に入ると、ナチス・ドイツの脅威を強く意識するようになり、米国の軍事力拡大を唱えるようになった。

ラガーディアがニューヨーク市長を務めていた時代、彼が追及した最も重要な課題は「公共の安全」であった。ラガーディアは常々、「市民の秩序の喪失は社会の発展を阻害する」と語っている。彼はニューヨークに住む市民が不安に脅えることを懸念し、どのような敵の攻撃も市の安定を担ってきた市政府や、指導者たちの公共心を根こそぎ崩壊することができると考えていた。この信念を貫くために、ラガーディアは市民の安全を前面に掲げて、ニューヨーク市が連邦政府と連携する本土防衛計画に着手したのである。

背丈は157センチで丸々と太り、エネルギーに満ち溢れたラガーディアは、もともと共和党員でありながらも、FDRの盟友としてニューディール政策を強く支持していた。ラガーディアはニューヨーク市民の生活を改善するために、この10年間にわたって橋やトンネルや空港などの建設を企画し、FDRの政策に協賛してきたのである。健全かつ責任に満ちたニューヨーク市庁の体制を整えた彼は、ホワイトハウスの中に信頼できる仲間を見出している。1930年代の後半に入ると、「小さな花《ザ・リトルフラワー》」（フィオレロという言葉はイタリア語で「小さな花」を意味する）という愛称をもったラガーディアは、ドイツと日本の航空機や機動部隊の攻撃に対して、米国の都市が無防備であることを危惧するようになった。と言うのも、ドイツや日本の軍用機がすでにスペインやチェコスロバキアや中国を空爆していたからである。ラガーディア市長は、それまで唯一の目標であった「市民生活を改善する政策」を見直し、敵の攻撃から市民を守ることに重点を置く「より幅広いリベラルな政策」に軸足を変えたのである。この転換は、ニューディールのリベラリズムを、国家安全保障の観念の基幹に据えるということであった。

１９３８年、ラガーディア市長とルーズベルト大統領は共にヒトラーのナチズムへの嫌悪感を表明し、一風変わった盟友関係を結んだ。彼らは結束の固い安全保障チームを結成し、国際派の連合を組織して軍事動員の準備を進めるとともに、ファシストが米国社会を危険に陥《おとしい》れている状況を米国民に認識させる活動を始めたのである。[1]

しかし、国内政治に深く根を下ろした孤立主義《アイソレーショニズム》（非干渉主義）と、第一次大戦後の米国の厭戦《えんせん》文化が、ＦＤＲとラガーディアの前に高い壁を築いていた。第一次世界大戦では、米国人の多くが戦いの目的を真に理解することなく欧州で戦死しており、孤立主義者たちは「米国民が再び欧州で戦うことを了承しない」と主張した。当初ＦＤＲは、孤立主義者たちの信条を政治的に厳しい挑戦として受けとめていなかった。それどころか、彼は他国との外交を、大恐慌以来の米国の経済危機を救うための一つの手段として捉えていたのである。ＦＤＲは、「軍備縮小による平和」を達成するために各国を訪れ、ラテンアメリカに対しては友好関係を深めた。さらに彼は、最初の大統領就任演説で、「国際政策の分野において、私は米国の善隣外交に全力を注ぐつもりである」と公言している。ＦＤＲが一期目の大統領を務めたとき、彼は第5代大統領のジェイムズ・モンローによって１８２３年に公布されたモンロー主義――米国への最大の脅威は西半球からもたらされるという着想――に賛同していたのである。[2]

二期目のルーズベルト政権では、孤立主義層の政治力が議会の優勢を占め、いたる所で激論を招いていた。１９３５年から３９年にかけて、連邦議会は「中立法《ニュートラリティーアクト》」の継承を決議している。この法令は、大統領が他国の政府に武器を輸出することを禁じたものであり、ＦＤＲは不本意ながらもこれに署名したのである。当時の国民の大多数は平和主義の促進を支持しており、これらを基軸とした外交活動の実践を求めていた。１９３０年代を通して、ファシストの軍隊が世界の随所で勝利を収めるという現実に直面しても、米国では孤立主義者たちの勢力が衰えることはなかった。イタリアの独裁者ベニート・ムッソリーニはエチオピアに侵攻し、一方のスペインではファシスト指導者のフランシスコ・フランコ将軍がスペインを支配するために内戦に突入していた。その間、５万人におよぶ米国の退役軍人たちが欧州の戦争介入に反対し、首都ワシントンでデモ行進を行っている。１９３７年2月のギャラップ調査によれば、95%の米国民が、合衆国は欧州の戦争に立ち入るべきではないと答えた。シアーズ・ローバック社のロバート・ウッド社長は、反戦主義の経営者たちを前にして「米国が欧州の戦争に介入すれば資本主義は崩壊する」とまで明言している。また民主党上院議員で孤立主義者のバートン・ウィーラーは、「米国が欧州でのいかなる戦争に参戦した場合でも、数百万人の米国民の命が意味もなく失われることになる」と警告した。航空史上、国民的英雄であったチャールズ・リンドバーグは、「合衆国が国を守るために唯一必要な存在は、東の大西洋と西の太平洋である」と述べて孤立主義者としての発想を明確にし、さらに「両大洋は、たとえ近代的な航空機であっても敵が手出しできない防衛線である」と付け加えた。[3]

１９３０年代の後半に入ると、アドルフ・ヒトラーはドイツ軍の軍事力を最大限に誇示するようになった。これに伴って、米国の孤立主義者たちの雰囲気に陰りが見えはじめた。ＦＤＲとラガーディアはその隙《すき》を見逃さず、飛行機の将来性に焦点を当てている。二人は、航空機の進歩が地理的条件に基づく米国の安全をくつがえしていることを取り上げ、軍事理論と勝利をえるための戦法に、大きな変化が生じていると主張した。とりわけ、ラガーディア市長はひときわ血気にはやっていた。1938年7月のある蒸し暑い日、ラガーディアは最近世界一周を成し遂げたばかりの飛行士、ハワード・ヒューズのためにニューヨーク市庁舎で祝賀会を催した。また、ある市議会の際には大勢の議員が見守る中で、ラガーディアは部屋の反対側にある二重ドアに駆け寄り、ヒューズを歓迎するために自らドアを開いている。そこで、ラガーディアはメディアのマイクの前に立ち、「航空機の進歩は世界的に目覚ましいものがあります。しかし、それはまた、最悪の事態を招くこともありうるのです」と持論を述べた。また彼は、「私が飛行機でモスクワを訪れ、そこから妻に週末はロシアで過ごすことを電話する日も、そう遠いことではないでしょう」と熱い思いを伝えた（しかし、ここで彼の妻の胸中を推しはかれば、「それはだめです。どうせならルーマニアのブカレストにして下さい。いずれ、あなたはそこで市長を狙うのでしょうから」であった）。ラガーディアは、「飛行機は、様々な人々を平和の社会に結びつけることができる」とうたう一方で、航空力の恐ろしさを強く意識していたのである。と言うのも、ファシストが国民の戦闘意欲を湧き立たせるために飛行機を威嚇《いかく》の武器として使っていることを、彼は熟知していたからであった。これらをもとにラガーディアは、「航空力は民主文明の存在を脅かすものであり、世界の発展という大きな目標にすでに影響を及ぼしている」と国民に訴えた。FDRはラガーディアの考え方を全面的に支持している。言い換えれば、それは「米国が今後直面する重要課題は本土防衛の問題である」という、二人に共通した認識であった。彼らは、1930年代後半に経済改革と社会的前進を目指していたリベラル層の考え方を、何はともあれ国民の安全を優先させる方向へと誘導したのである。彼らのリーダーシップの下で、ニューディールのリベラリズムは大量失業と貧困問題の解決、それに労働の権利を擁護する施策から、世界の軍事的危害から米国民を守る方向へと変わっていった。ＦＤＲとラガーディアの二人は、詩人のＷ・Ｈ・オーデンが「どん底の、真実に欠けた十年間」と呼んだ時期に、「米国は民主主義の光を照らす標識灯を維持するために、安全保障の政策を考え直さなければならない」と宣言したのである。[4]

ラガーディアの国土防衛に対する情熱は、彼の幼少期の体験が大きく影響している。１８８２年12月11日、ニューヨーク市のイタリア・オーストリア系移民が多く住むグリニッジ・ビレッジで生まれたラガーディアは、軍事的な文化の中で幼少期を過ごした。父親のアシールは陸軍軍楽隊の隊員で、一家は当時アリゾナ州プレスコット市にあったホイップル兵舎に住んでいた。ラガーディアが7歳のとき、兵士たちは彼に銃の撃ち方を教えている。まさにラガーディアは米国原住民《ネイティブアメリカン》と開拓者たちが争った場所で育ったわけで、そこでは追いはぎや奇襲、それにカウボーイの生き方などが日常生活の中にしみ込んでいた。１８９８年のアメリカ・スペイン戦争の時代に、ラガーディア一家の運命は大きく変わった。新鮮でない肉を食べた父親アシールが肝炎に冒され、キューバにいた彼の部隊の任務に就くことができなかったのである。そのため父親は、一家を連れて妻の出身地であるイタリアのトリエステに戻ることになった。当時18歳を迎えたラガーディアは、ハンガリーのブダペストにある米国領事館の仕事に就くことができた。

ラガーディアは、そこで目覚ましい出世を遂げている。５ヵ国語に秀でた彼は通訳としての能力を活かし、クロアチアの都市フィウメの領事館員となった。しかし、ラガーディアは領事館員としての生活に満足できなくなり、23歳の時にニューヨークへ戻って、ニューヨーク大学ロースクールの夜間部に通うことになった。そこで彼は公共サービスの仕事をえて、エリス島にある米国移民局の通訳の仕事に就いたのである。移民局では、米国入国を求める移民たちに応対する面接官の通訳として、イタリア語やドイツ語、クロアチア語を駆使したが、彼はそこで入国管理局の欠陥を目の当たりにした。市議会議員たちが結婚許可証の発行の見返りに賄賂を受け取り、市の裁判所制度も同様に腐敗していた。これを見かねたラガーディアは、ニューヨーク市の共和党クラブに参加している。その後、彼はニューヨーク市運営の改革に情熱を燃やし、１９１６年に政府の浄化をめざす闘士として下院議員に立候補した。同年11月にめでたく初当選を果したラガーディアは、その後七期の下院議員を務めることになるのである。[5]

首都ワシントンに到着したラガーディアは米国民から歓迎を受け、議員としての大きな第一歩を踏みだした。１９１７年7月、彼はワシントン南鉄道の建物にある航空部の通信部隊を訪れ、下院議員の身分のままで米国陸軍航空隊の操縦士を志願した。当時急速に発展しつつあった航空分野に、ラガーディアは自ら踏み入ったのである。それというのも、ニューヨーク大学ロースクール卒業後の１９１０年の法律実習の時に、ラガーディアは依頼人として飛行機製造業者を迎えていた。その時、ロングアイランドにあるその会社の訓練施設で飛行訓練を受けた彼は、飛行機のとりこになっていた。陸軍航空隊では、面接官の少佐に対して「空を飛べるなら、階級は何でもかまわない」と告げ、結果的にラガーディアは陸軍の大尉に任官している。第一次大戦下、国会議員の身分のままで自由都市フィウメ（現クロアチアのリエカ）に赴任した彼は、多くの国民を戦争に駆り出す国会議員たちに不満を突き付ける人々に対して、少なくとも下院議員の一人は自らの意志で参戦する勇気をもっていることを示した。米国軍隊で任務を果たすことにより、移民第一世代としての位置づけを米国内で高めることも彼の目標の一つであった。ラガーディアはひたむきな情熱を傾けて、民主主義を守る愛国者としての評判を自ら勝ちとったのである。[6]

第一次世界大戦は、欧州の状況が米国民の生命に直接影響を及ぼすという確信をラガーディアに与えた。欧州の大戦は米国の多くの若者たちの命を奪い、ラガーディアはこの戦いの意義を、民主主義の将来をしっかり支える戦いと捉えたのである。彼は米国とイタリアの飛行士たちの訓練を担当し、実戦にも参加した。また隊員たちの食料を確保して、基地に蔓延したマラリアを適切に処理している。一方、前線ではイタリア人操縦士と共にカプロニ機で戦い、ニアミスの経験もしたが、これらの戦闘を通して、ラガーディアは恐るべき空軍のもつ威力を自ら痛感したのである。

ある作戦でラガーディア機がオーストリアの敵陣地を爆撃した際、戦闘機2機の邀撃《ようげき》を受けて、彼の乗機は穴だらけになった。また別の出撃では乗機が強風にあおられて墜落し、ラガーディアは背骨に一生つきまとう傷を負っている。その間、米国内では欧州で活躍するラガーディアの話が国民の間に広がり、「空飛ぶ国会議員」として名声を博していた。「ニューヨーク・タイムズ」紙は彼を「雄々しい飛行士」と称え、イタリア政府は勇敢な戦士に授与する「空軍十字章」を彼に贈った。[7]

この実戦を通してラガーディアは、飛行機がその善悪にかかわらず、とてつもない潜在力を持っていることを知った。飛行機は外国との通商や文化の往来を大きく進展させるかたわら、多くの罪のない人々を殺戮する兵器にもなるということであった。ラガーディアは、あるイタリアの飛行機が空中分解して米国人操縦士が犠牲になるという事故に直面し、その製造業者と争うことによって不安を倍増させている。１９１８年1月、戦時の航空力の効果を評価する委員会において、ラガーディアは米国陸軍の連絡将校を務めることになった（この職務は、米国がイタリアの確固たる同盟国であり、有事の際は決して見捨てないということを、イタリア政府と国民に示す外交官としての位置づけでもあった）。これらの経験を積んだラガーディアは、生涯を通して軍事と外交に強い関心を抱く人生を歩むことになるのである。[8]

１９１８年11月、第一次世界大戦が終結してラガーディアは米国に帰国した。しかし、そこで見た米国社会は、革新的な彼独特の政治哲学と大きくかけ離れたものであった。反政府主義者が社会的に恵まれない人々の代わりに傍若無人な運動を繰り広げており、ラガーディアは１９２０年代の保守的な傾向を無視して、女性や労働者、移民や黒人などの権利を拡大するための、当時国民の関心が薄かった活動を擁護したのである。それと同時にラガーディアは、外交政策の主流の分野でも東奔西走している。

ラガーディアは、戦後思想の流れに従って平和主義者の一人になっていた。彼は国民に対して、「これからの戦争では、多くの国民を含めて、産業都市や銃後の社会が前線の軍隊よりもさらに大きな被害を受けることになる」と訴え、「長距離砲や爆撃機や毒ガスなどの兵器は、協定や条約、象徴や人間性をまったく無視することになる」と危惧している。世界的な恒久平和を祈願するラガーディアは米国の軍備縮小を提唱し、世界の指導者に向けては各国相互の協和をはじめ、外交交渉に基づいた新時代の追求を呼び掛けたのである。[9]

中でもラガーディアは、ニューヨーク市政府の改革に力を注いだ。１９３４年、ニューヨーク市の改革をスローガンにしたラガーディアが、市長選で初当選を果たした。貧民街《スラム》の改善や公共交通機関の充実、それに効果的な市政府の設立に取り組んだ彼は、腐敗政治組織のタマニー・ホールや、民主党幹部が中心となっていた弊害を終息させた。また彼は、ルーズベルト大統領の政策改革の立案者として貧困や都市の荒廃、それに教育や公共医療制度の改革を前面に掲げ、ニューディール政策を推進させる一人となったのである[10]。

市長を務めるラガーディアは大都市のあらゆる危機を念頭に置き、ニューヨーク市民の安全を第一の目標に掲げた。常に実践的で、勇猛果敢な姿を市民に見せることに長けたラガーディアは、燃え盛るビルディングの火事現場に駆けつけて消防士たちを叱咤激励《しったげきれい》し、自らも消火中に梁《はり》の下敷きになった消防士を救助した。ラガーディアはニューヨーク市民に対して、市政府が彼らの生命を守ることとともに、天災や人災後の治安の維持を保証している。ニューヨーク市で地下鉄の衝突事故が起きたとき、市長自ら瓦礫《がれき》の後片づけもした。1937年のミシシッピ川の氾濫に際しては、ニューヨーク市の警察官を米国陸軍の配下に送り、併せて被害を受けた人々の飲み水が確保されるように、ニューヨーク市政府による物資の供給を誓約した[11]。

全米の市長会議においてラガーディアは、都市改革を実行するための全国的な基盤作りを提唱した。同時に大都市の市長連合会において、市議会こそが住民の身の安全を守る第一線である、という彼の信念を徹底させている。人口700万人の大都市の社会的秩序を保つことは、ニューヨーク市長が懸念を伝える以上の重みがあった。1930年代初頭の大恐慌が、市民の暴動につながったかもしれないという懸念は、ラガーディアにとってその後の世界情勢の脅威——例えば、ニューヨーク市が大規模な空襲を受けた場合、絶望と混乱で騒然とする市民の惨状——に重なるものであった。

当初、市長会議の課題は1930年代の大恐慌に集中していた。この当時、ルーズベルト大統領の政治的課題は、ラガーディア市長に課せられた使命とほぼ一致していたのである。1933年に発足した全米市長会議は189名のメンバーからなり、各市長は少なくとも5万人余りの住民の代表者であった。会議では都市のさらなる活性化が議論され、都市政府は、FDR政権のニューディール政策の推進に協力している。各都市は市民の暮らしの向上と、公益促進のための課題をワシントン政府に上程し、ニューディール政策に都市の問題を反映させるよう要請した。市長会議の第二代議長であるジェイムズ・カーリーは、連邦政府が失業者のための仕事を捻出し、都会の貧困者を救済するようFDRに願い出ている。[12]

1935年、全米市長会議の議長に選出されたラガーディアは、米国都市の繁栄を促進させるために、全米を通した一連の改善策を打ちだした。彼はニューヨーク市に2万人に及ぶ公共事業促進局（WPA）の職員を組織し、ワシントン政府は前代未聞の対応措置として、ニューヨーク市長が自主管理できる連邦救済基金を付与したのである。FDRは、市長会議が米国の大都市にニューディール政策を促進させている状況に満足した。またFDRは、自分とラガーディアが現在の最も難しい国内問題――公共住宅、大量の失業者対策や老人保険問題など――に取り組んでいることを信じて疑わなかった。ニューヨーク市のインフラストラクチャー（道路や橋、港湾や空港など）の創設に加えて、二人は公害の抑制や、同市を訪れる海外要人たちの接待を共にしている。

大統領とニューヨーク市長のこうした協力関係は、ニューディール政策に関する二人の信念に基づくものであった。1936年、ラガーディアは公共事業促進局への批判派から大統領をしっかり守った。彼は、当時の批判派の荒唐無稽《こうとうむけい》で誤解を招く議論――公共事業促進局は政府の無駄な事業である——を厳しく非難する全米市長会議の報告書を、ＦＤＲに送っている。その報告書の中でラガーディアは、「公共事業促進局を通して達成された真価を、ぜひとも国民にお知らせしたい」と書き記し、「全米の都市には、明らかに必要とされながらも実施を見送られた案件が数多くあった。それらの改革を目指した公共事業促進局の行動規範は、無駄な事業の促進や、公的機関の裏付けがない食品・雑貨物等の慈善的な配給よりもはるかに優れたものであった」と主張している。またラガーディアは、「公共事業促進局の事業は健全かつ革新的なものであり、それを推進してきたリベラル派の面々に落度はまったくない」と報告した。[13]

一方のルーズベルト大統領は、ラガーディアの率先力とニューディールへの協力に深い感謝の意を表した。さらに大統領はラガーディアに対して、「お互いの協力体制が、地方政府と連邦政府の政策を一層緊密な関係にしている」と伝え、「我々の共通する課題に対して、全米市長たちの国政への協力関係は民主主義の誇りであり、優れた体制そのものである」と付け加えた。１９３６年の大統領選でＦＤＲが圧倒的な再選を果たした後、彼は全米市長会議に対して、「市長の皆さんが私と同様に大きな目標を掲げ、その達成に尽力されることを心から期待しております。皆さんは様々な問題を抱えていると思いますが、この度ラガーディア議長から、ホワイトハウスが皆様と同じ気持ちでいることを伝えていただき、深く感謝するしだいです」と告げた。「私は、市長の方々と共に歩んでいくつもりです……」は、ＦＤＲの偽りない気持ちであった。１９３０年代の後半は、大統領と全米市長議会の連携がホワイトハウスの主要な軸になっている。ＦＤＲとラガーディアが常に歩調を合わせたばかりでなく、敵対国が米国民を脅かしつつあるという風潮が社会に広まるにつれて、二人は外国の脅威から国民を守るというリベラルな政府に焦点を絞るようになったのである。[14]

世界文明の目覚ましい発展の中で、特に空軍力の脅威が国民レベルで認識される時代となった。新聞やラジオなどのメディアがその脅威をあおり立て、欧州に第二次世界大戦が迫りつつある状況を詳しく報道した。これら一連の報道は、「空軍力の進歩によって、米国民がこれまで期待してきた大西洋はもはや防波堤になりえない」という、FDRとラガーディアの姿勢を強く後押ししている。米国では相変わらず孤立主義者が大勢を占めていたが、リベラル派の指導者たちの中から「孤立主義は米国の崩壊に結びつく」と主張する人々が現れ、その声は日増しに大きくなっていった。FDRは、オーソン・ウェルズの『宇宙戦争』が放送された数日後の記者会見で、外交問題への対応を改めたことに言及し、リベラリズムそのものの再考を示唆したのである。FDRは記者たちに空軍力の詳細を語り、「技術力の進歩は、米国民の生命に直接的な影響を与えている」と述べた。それは、「軍用機の進歩が米国大陸にも直接的な影響を及ぼし、米国の地理的な条件を全面的に変えて、5年前、20年前、そして50年前よりも、またカナダからチリのティエラ・デル・フエゴ諸島に至るまで、あらゆる攻撃が限りなく我々の身辺に迫ってきている」という内容であった。さらにFDRは、「我々が太平洋や大西洋を安全の砦と頼ってきた日は、すでに昔のことである」とし、記者団からその認識を持つに至った経緯を尋ねられると、「この5年間にわたり、新聞をよく読んできただけのことです」と答えている。[15]

歴史家のマイケル・シェリーは、彼による空軍力の歴史書の中で「航空機技術の実用的な限界は、軍事的着想を実行に移すことを著しく制限しており、当初、政治家や軍人たちはその限界をよく理解していなかった」と述べている。ところが第二次大戦の準備段階では、空軍力の限界や偏見、さらには空爆の脅威への過剰な考え方についてほとんどの歴史家が言及することはなかった。FDRやラガーディアのようなリベラル派の指導者をはじめ、一般の人々の妄想に火をつける役目を果たしたのが米国のメディアであった。当時の状況を鑑みれば、ドイツや日本を飛び立って大洋を横断し、米国の目標地を爆撃できる軍用機が存在しないのは明らかである。またドイツが航空母艦を所有したり、米国東海岸を容易に爆撃できる空軍基地を創設することについてはその形跡すら見当たらない。しかし、多くの米国民は非現実的な妄想に取りつかれていた。それというのも、極めて強力な爆撃機の脅威や、航空技術の進歩による強迫観念に取りつかれたメディアが、国民に米国本土への爆撃が現実的に可能であるかのように信じこませてきたからである。記者や編集者たちは科学技術の進歩による軍事的な躍進を大々的に報じ、それらの報道に影響を受けた大衆は、劇作家マクレイシュの『空爆』や、オーソン・ウェルズの『宇宙戦争』の放送後のような、尋常ではない状態に陥っていた。メディアの報道が行き過ぎであったとはいえ、全面戦争に入った場合、いかに米国が攻撃を受けやすいかという脅威を彼らはあおっていたのである。[16]

国民の中には、米国の都市にたった一発の爆弾が落ちただけで市民たちは家から飛び出し、その災難の責任を議員や警察官、軍人たちの無策のせいにして、町に大騒動が起きることを深く憂慮する人々もいた。これらの国民の不安は、米国の歴史や文化の中に根付いたものであったとも言える。1903年、ライト兄弟がノースカロライナ州キティホークで有人動力飛行に成功した。しかし、それよりもはるか以前に、欧州人や米国人の多くは空中から地上の住民目がけて破壊活動を行う兵器を空想していた。1889年に作家のマーク・トウェインは『アーサー王宮廷のコネチカット・ヤンキー』の中で、「吹き出した目もくらむほどの広大な火の流れが、世界の終末を予言する日食を作り出した」と描き、政治家で学者でもあったイグネイシャス・ドネリーが1890年に著した『シーザーの記念柱』の中で、「都市とは、かりそめの目的に沿うだけの存在であり、芝居や買い物、群衆などを見て、人生を無駄に過ごさせるだけのもの」と描いている。歴史家のマイケル・シェリーは、これらの作品の「戦争とは、恐ろしい新兵器をもって国内の熱情を盛り上げる国家の紛争」とする流れを記している。いわば、「現実と幻想の区別がつかなくなっている」という ことであった。1898年にはポーランドの軍事専門家が、「これからの戦争では、気球が市民の上空で爆弾を落とす日がやってくるだろう」と予言している。

このような時勢のもとで、20世紀初頭には空からの爆撃による人々の心理的な脅威が表面化した。第一次大戦では初期の軍用機の散発的な攻撃が都市の人々の不安をあおり、空襲の恐ろしさを高めている。ドイツのツェッペリン型飛行船による初のロンドン空襲とゴータ複葉爆撃機の空襲は、多くの英国人の命を奪ったのである。英国のある新聞は、「集団パニックを防ぐために、政府は空から落下する爆弾から市民を守らなければならない」という社説を掲載した。ドイツ軍の空襲があったある日のこと、数百人の英国人たちが英国内のドイツ人と思われる家庭や会社を襲撃した。ドイツ皇帝の作戦本部は引き続き空爆を敢行したが、ある英国の新聞は「ロンドン市民の秩序」について触れ、評論家の一人は、ロンドン市民が日常生活を維持する中で、爆撃による火災の下でも冷静に対応したことを称賛している。[17]

米国では、オーソン・ウェルズの『宇宙戦争』が放送される前から、メディアの間で「空爆による脅威」が強まっていた。1937年9月、「ニューヨーク・タイムズ」紙は『さらに深まる空からの死の恐怖』を発表し、「次の戦争では、航空部隊が文明を破壊して、欧州の都市をガラクタにするだろう」と報道した。記者たちは「狂人たちが、無実の人々を大量殺戮する新兵器を大量に保有している」と書き、「彼らが世界征服を達成する日が間近に迫った」と強調している。また1938年2月の「ワシントン・ポスト」紙は、「今後の戦争では、ドイツは第一次大戦で英国に投下したすべての爆弾よりも、さらに多くの爆弾をわずか一日でロンドンにばらまくことができる」と報道した。さらにその記事には、「たった2回の空爆だけでも、1906年に町のほとんどを崩壊させたサンフランシスコ地震に匹敵する破壊力を持っている」と書かれている。同時にそのポスト紙の予見によれば、「ドイツがロンドンを空爆することによって1万人の死者と3万人の負傷者が発生し、数百件の火災が起きて大きな爆撃の痕跡を町に残すことになる。また建物・配管・下水道などが破壊されて地下鉄や地下室に水が溢れ、これまで世界が見たこともない恐ろしい大量殺戮が現実化する」ということであった。[18]

1930年代の中頃から後半にかけて、ファシストによる空爆の実態を知らされた米国民は、その恐ろしさに身を震わせた。ポスト紙は、「スペインのバルセロナで、フランコ将軍が爆撃機を使って町の建造物を破壊し、数千人の市民を死に追いやった」と報じている。またあるコラムニストは、「空軍力を展開してきたファシストが、スペインのアリカンテとグラノリエースで1100人の市民の命を奪い、中国の広東では一週間で数千人の無実の民が日本軍に殺戮された」と指弾した。1937年にピカソが描いた「ゲルニカ」は、スペインの女性や子供たちに与えたドイツ爆撃機の恐怖を描いて、世界の怒りを巻き起こしたのである。[19]

空からの爆撃の恐怖が民衆の間で騒がれるようになった。1938年9月に入ると様々な報道機関が、ナチス・ドイツが英国とチェコスロバキアへの空爆を準備しているらしいと報じている。英国の女流作家バージニア・ウルフは、ロンドン市民が公園に防空壕を掘り、拡声器が防毒マスクの配布を市民に告げている現場を目撃した。欧州の西側では、すでに国民に防毒マスクが配布されていたのである。[20]

空襲の脅威が欧州に広まるさなか、米国の新聞や雑誌は同様の脅威が国内にも十分有りうることを取り上げた。１９３７年４月、「ニューヨーク・タイムズ」紙はあるドイツ軍少佐の傲慢な発言――米国人は、彼らのどの都市を空爆されても大混乱を起こすだろう――を記事にしている。一方のナチスは、ドイツ国民に対していかなる猛攻撃にも耐えうる覚悟を固めさせた。また、１９３７年６月の「ロサンゼルス・タイムズ」紙は、「２０００ポンドの爆弾を積んで広域を航行できる超爆撃機の出現によって、米国本土への毒ガス攻撃の可能性がさらに高まり、おびただしい人々の殺戮が現実味を帯びてきた」と報じている。「ワシントン・ポスト」紙は、空中から落とされた毒ガスが町の市民たちを窒息させる挿絵を掲載し、その表題には「化学兵器が、衝撃的な脅威をもたらす」と書かれていた。さらに同紙は、「細菌戦は現実的に有りうることで、それに対する備えは必須である」と書き添えている。これらの新聞報道が国民を大きく揺り動かすことはなかったが、FDRとラガーディアが主張する国際干渉主義への抵抗を和らげ、米国民が二人の考え方を受け入れやすいようにしたことは確かであった。[21]

コラムニストはリベラル派や保守派を問わず、ナチス・ドイツが米国民を近代戦の犠牲者に引き込むような戦略や戦術などを詳細に書いている。当時一世を風靡《ふうび》したリベラル派のコラムニスト、ウォルター・リップマンは、ジブラルタルやアフリカ海岸、そしてポルトガルのドーバー海峡のドイツ軍基地の存在が、米国民の外国からの攻撃に対する不安をより一層高めたと主張した。また、米国の著名な女流ジャーナリストであるドロシー・トムソンは、「もしナチス・ドイツがアイスランドやメキシコやグリーンランド、それにバハマ諸島やデンマーク領のフェロー諸島の軍事基地を占拠できた場合、間違いなく米国大陸がその攻撃目標に入ることになる」と述べている。これらに同意する人々にはリベラル派の著作者ばかりでなく、ニューディールを批判する保守派のコラムニスト、ウェストブルック・ペグラーなども含まれていた。ペグラーは彼のコラムで、「米国民は、米国の軍事指導者たちが外敵の攻撃からいかにして国民を守ろうとしているのかを知る権利を有している」と主張している。[22]

当時の米国軍部は、「空襲の脅威は、記者たちの単なる行き過ぎた空想ではない」と国民に告げた。1937年、ある陸軍少佐は「米国は敵の爆撃機を阻止することができるし、あまり過敏になって怖気《おじけ》づくことはない」と語る一方で、「我々軍人は、欧州のような空襲は米国でも有りうることだと考えている」と述べている。また、空襲を研究するためにドイツとオーストリアを訪れたある米軍中佐は、中欧の本土防衛の一端を報告するためにナチスの市民航空防衛隊の広報誌『ザ・サイレン』の切り抜きを米国に持ち帰った。1937年、陸軍航空隊本部長官のフランク・アンドリュース少将は、「敵が現有する爆撃機への邀撃《ようげき》はかなり難しく、しかもそれらの爆撃機は、ドイツ空軍が間もなく配備しようとする新型爆撃機の単なる小型の原型に過ぎない」と警告した。そして、「その新型爆撃機は、大西洋をあたかも英国海峡のごとく飛び越えるであろう」と言い添えている。[23]

このような空爆の脅威に関する軍部の評定が、米国の国防方針の土台になった。米国陸軍は、予測されるファシストの侵略に備えてフロリダのタンパやハワイ、アラスカをはじめ、プエルトリコにも空軍基地の創設を発議した。1938年、陸軍は過去10年間における最大級の空襲訓練を行った。その結果、それまで外敵とは無縁と考えていた米国社会に、欧州の戦争の悪影響が飛び火する可能性を認識させる効果を上げた。この大演習を目にした米国の民衆は、その真に迫った演習の迫力にただただ驚嘆したのである。ロングアイランドのファーミングデールでは、道路に列をなした5万人余りの人々が空を飛び交う軍用機を見上げ、敵に扮した9機の爆撃機が地方空港をはじめ、2社の航空機製造会社へ模擬爆撃を行うシーンを見守った。それらを見学したある主婦は、爆撃で命を失ったスペインや中国の子供たちの姿を思い浮かべ、また熱心に演習を観察したあるタクシー運転手は、本土決戦の準備ができていない米国の現況を言い当てている。

第二回目の演習はオーソン・ウェルズの『宇宙戦争』が放送される数週間前のことであったが、大西洋沿岸の300ヵ所以上の見晴らし台に2000人余りの農夫や主婦、商店主などが集まり、10機を超す軍用機が小高い丘や木の上を轟音を立てて飛行した後、攻撃目標地点に到達する演習を目撃した。また、「ニューヨーク・タイムズ」紙のある記者は、「夜間の暗闇に紛れて我が国を爆撃する敵機の存在は、国民がほとんど手の施しようがない危険性をはらんでいる」と警告している。近代戦におけるすべての不確定要素は、国民の訓練不足と相まって、博識者たちを不安に駆り立てたのである。[24]

当時米国軍部が懸念していたのは、米国侵攻の足場としてナチス・ドイツがラテンアメリカ諸国を使うことであった。軍部の高官は、ナチスがラテンアメリカの経済や文化に食い込んでいることを政府に警告している。また軍のある歴史家は、「米国大陸やパナマ運河の爆撃を可能にしたり、地上攻撃や侵略を支援できる敵国の空軍基地を西半球に造らせないことが、米国陸軍の目標となる」と勧告した。しかし当時の米軍司令官にしてみれば、敵の空軍力だけを見てみても、それらを抑える確信を持てないのが実情であった。[25]

今や、空からの脅威はＦＤＲにとって大きな圧力となった。それらの圧力は、連邦議員や関係者たちが、米国の国境や領空防衛についての方針をＦＤＲに迫ることによってさらに表面化した。１９３６年初頭、共和党議員のジェニングス・ランドルフがＦＤＲに書簡を送り、「国内の航空機製造工場を移動させるべきである」と進言した。その理由は、数百マイル沖合の航空母艦から飛び立った敵の爆撃機は海岸に近い工場の破壊が可能であり、高速の爆撃機は、発艦後一時間以内にコネティカット州ハートフォードにあるプラット・アンド・ホイットニー原動機製造工場や、ニュージャージー州パターソンのライト航空機製造会社を爆撃できる、というものであった。第一次大戦の退役軍人グループである「航空防衛連盟」は、「迫りくる空の脅威に対して、大統領は積極的に戦う手段を講じていない」という非難声明を出している。[26]

「空の戦いは、米国の安全保障に直接関わることである」という国民世論を重く見たホワイトハウスは、それまでの考え方を覆して、民主主義の将来に警鐘を鳴らした。ベストセラー小説『空軍力の勝利』を著した空軍理論の第一人者、アレクサンダー・デ・セバスキー少佐は、ホワイトハウスでの会議でハロルド・イッキス内務長官に、「今後二、三年の間に、燃料を補給することなく大西洋を横断し、積載した爆弾を投下して自国の基地に帰還できる超大型の爆撃機が出現することになるでしょう」と説明した。さらに少佐は、「高速で飛行する新型爆撃機への迎撃は難しく、しかも高空なので、艦砲や高射砲は届かない」と言い添えている。彼は間もなく発表される「アメリカン・マーキュリー」誌の空軍力に関する記事をイッキス長官に手渡し、大統領が目を通すように進言した。しかし、ＦＤＲへのその進言は無用であった。と言うのも、ロバート・ジャクソン司法長官が彼の日記に、「大統領は、今後の軍事衝突において空軍力が果たす役割を詳しく研究している」と書いているからである。その日記には、「近代航空界が新しいページを開いて、進んだ技術を追及していることを大統領は熟知している。また大統領は、新型兵器の最新の進歩や新しい戦略、さらには新規の戦術にまで関心を深めている」と書かれている。[27]

ＦＤＲとラガーディアが、空軍力について警告を発信し始めたのは１９３８年のことであった。両者は、「ナチスが米国まで進出できるようになるのは、そう先のことではない」と断言している。ラガーディアは西半球を攻撃から守る決意を明らかにし、その計画を遂行するために、国会や実業界や労働組合、それに農業団体のグループなどと胸襟を開いて話し合った。国際リベラリズム派（干渉主義者）の多くの人々と同様に、ラガーディアは「ナチスを西半球から追い出すことは極めて重要な課題である」と訴えたのである。彼は、ＦＤＲに「西半球防衛に関する談話」という書簡を送り、その表題には「大統領のための就寝前のお話」と記されていた。またラガーディアは、キューバのハバナ市主催の汎米主義《パンアメリカニズム》会議に出席し、「ナチズムは腺ペストよりもさらに悪質である」と警告している。当然のことながら、ＦＤＲはこの考えを拒んでいない。[28]

ラガーディアがＦＤＲと認識を共有したのは、ヒトラーが狂人であるということばかりでなく、ナチスの保有する兵器が全世界の征服を可能にする武器になるということであった。二人は、ナチスが米国にもたらす脅威をしだいに深刻に捉えるようになったが、ラガーディアはどちらかと言えばヒトラーを見下す傾向があった。１９３３年、ラガーディアはヒトラーを「倒錯した狂人」と非難し、面白おかしくニューヨーク市のごみ扱いにしている。1938年に至ってラガーディアは、FDRが主張する「中立主義は破滅を招く政策であり、修正しなければならない」という考えを支持する側に立っていた。FDRの「大西洋広しといえども、世界の危機から我々を切り離してくれるわけではない。手が込んでいて悪意に満ちたナチスの宣伝工作が、ラテンアメリカの危機を招いている」という宣言を、ラガーディアはそのまま繰り返し引用した。FDRと同様にラガーディアは、ファシズムの脅威が西半球の地で深刻な事態を招いていることを十分認識していたのである。[29]

FDRの空軍力に対する考え方は、ラガーディアの思いをさらに強くさせた。1938年1月の年頭教書で、FDRは空軍力に関する自身の見解を明確に表明している。それは、「米国の沿岸地域ばかりでなく、沿岸から離れた内陸都市においても、現在の状況は空襲に対して極めてもろい状況にある」という内容であった。それに加えて、「米国が一つの大洋と一つの沿岸だけの防衛を憂慮していればよい（第一次大戦時は大西洋と東海岸のみ）という時代はすでに終わり、米国が対空砲を完備するためにはおよそ900万ドルの予算が必要となる」と議会で宣言したのである。[30]

まさにホワイトハウスは、安全保障を自国の最優先の課題と捉える時代になった。FDRは国外からの脅威に備えて年間1万機の航空機の製造を求め、国民に対しては敵国からの攻撃に耐える体制を固めるよう訴えた。1939年1月、上下両院合同本会議での一般教書演説〈日本の施政方針演説に相当〉では、最悪の言い回しではなかったが、空襲の脅威を国民にアピールし、将来有りうるであろう米国の荒れ果てた姿を口にしている。またその声明でFDRは、米国の戦略的地域や主要施設に対して急襲の可能性があることを指摘し、「敵性国家の軍隊は、今までにない進出距離とスピードを整えている」と述べた。さらに、「世界は急速に狭まっており、スピードのある兵器の有効距離は、20年前とは比べものにならない状況にある」と告げた。世界の兵器の進歩は目覚ましく、しかも各段と強力になっているということであった。[31]

枢軸国《すうじくこく》〈独・伊・日〉による米国本土への脅威は、ますますラガーディアを追い詰めた。彼の国際問題への憂慮は、ニューヨーク市長としての市の経済や社会的改革の志を凌ぐものであった。

１９３９年の夏、全米市長会議が首都ワシントンで開催された。ラガーディアはその席上で市長会議の方針変更案を提出し、国内のスパイ組織やナチスの宣伝活動の分析を会議の議題として取り上げた。それと同時に、ＦＤＲ政権の外交政策を支援する議案を打ち出し、その方向にうまく導くことで、国外の危機に対する政府の対応を後押ししたのである。さらにラガーディアは国務長官のコーデル・ハルに書簡を送り、「昨今の国際的な非常事態のもとで……、私は、その危機が長期にわたることなく、一刻も早く最悪の事態が解決されることを望んでおります」と伝えた。また、ラガーディアはＦＤＲと面談し、「南アメリカへの親善訪問」を希望する旨を説明した。ラガーディアは国際的な危機について再度ＦＤＲと対談した後、冗談まじりに「大統領と面談後、私は眠れない夜を過ごし、軍隊のラッパやドラムが響く音や、身も震える大砲の轟音の悪夢にさいなまれる日々です」という手紙をＦＤＲに送った。それに対してＦＤＲは、「あなたは、ドラムや爆弾を意識し過ぎて睡眠を削る必要はありません。また、あまり心配しないで下さい。米国海軍の方策は、ベルリンやローマ、そして東京で絶妙な効果を上げているところです」と応答している。[32]

リベラル派の国際主義者の間では、国際にまつわる脅威の認識は一様でなかった。ハル国務長官が「その脅威はラテンアメリカから発している」と述べる一方で、ホワイトハウスの閣僚たちは「ナチス・ドイツがラテンアメリカ諸国の経済を麻痺させ、傀儡《かいらい》政権を立ち上げて米国攻撃を先導できる軍事基地の創設を模索している」と批判した。大統領の情報部は、西アフリカを離陸したナチスの3000機の飛行機がブラジル東北部に到達し、州都ナタールに空軍基地を創設できると推定した。ナチスがチリに近いイースター島や、エクアドル西方のガラパゴス諸島を掌握した場合、それらが米国民に危害を及ぼすことをホワイトハウスは恐れたのである。FDRの後援組織である「同盟国を支援して米国を守る会」は、フランス領マルチニーク島、英国領バミューダ島を含む英仏領に、ナチスの鉤《かぎ》十字章（卍）が描かれている地図や、ナチスの占拠した場所からマイアミやニューヨークまでの飛行時間を紹介するリベラル派の考え方を確認している。ホワイトハウスやその支援者たちの目には、欧州やアジア大陸だけでは収まりそうもない危機の行方が見えていたのである。[33]

1939年の春から夏にかけて国外の軍事状況は悪化の一途をたどり、FDRとラガーディアが最も恐れていたことが現実のものとなった。スペインの内戦ではフランコ将軍が勝利を収め、イタリアの独裁者ベニート・ムッソリーニがアルバニアの支配権を手中に収めた。また、ヒトラーの親衛隊はチェコスロバキアに侵攻し、その地を保護領としている。この年の夏が終わる頃、FDRは「婦女子へのナチスの無差別爆撃は、人類の良心を深く傷つけるものである」と抗議し、「世界の軍隊は、無実の市民層や……、無防備の都市を目標にすべきではない」と強調した。英国民は心に響くFDRの言葉に感謝の意を表したが、米国大統領の抗議と強調が欧州の軍事闘争の勢いを変えさせることにはならなかった。[34]

欧州の情勢は、ホワイトハウスに緊張感をもたらした。FDRはフランスや英国に対するナチス・ドイツの勝利は五分五分と見込んでおり、連邦議員との会談では、「もし我々の同盟国が戦いに敗れた場合、我が国が敵性国家によって取り囲まれることを覚悟しなければならない」と語っている。英国情勢を注意深く見守るＦＤＲとラガーディアは、包囲される同盟国の英国において、ロンドンから地方への大量避難計画に政府が手を付け始めたことを知った。ＦＤＲは、「自分が大統領として最優先する課題は、今や西半球の防衛である」と間髪を容れずに宣言している。[35]

１９３９年９月１日、米国の町々や家庭に「世界大戦」の報道が流れて不穏な空気が広がった。市民は停車した車や家庭のラジオの周りに集まり、ヒトラーの国防軍がポーランド国境を越えて侵攻し、空軍がポーランドの人民に爆弾を投下するニュースに聞き入った。ポーランド南東の放送局のアナウンサーは、「すべての家庭の人々が空襲を恐れて一ヵ所に集まり、ドイツ軍は何処にでも攻撃が可能な態勢を整えている」と報じている。このナチスのポーランド侵攻を受けて、英国とフランスは９月３日、ドイツに宣戦布告をした[36]〈第二次世界大戦の始まりである〉。

ＦＤＲはその日の炉辺談話《ろへんだんわ》（国民向けラジオ演説）で国民に、「欧州の戦争の勃発は、我が国のすべての家庭に直接影響を及ぼすものである」と語り掛けている。同時に、「国民の皆様にとっても、また私にとっても、我が国から数千マイル離れた場所での戦争は……我が国に重大な影響を及ぼすことはなく……、彼らを無視して勝手にやらせておけばよい、と肩をすくめて受け流すことは簡単なことかもしれません」と続け、「しかし、現代の総力戦における航空機や艦船、それにすべての戦闘からもたらされる情報を考えると、欧州の戦争は、我が国の将来に甚大な影響を及ぼすものと理解せざるをえません……。我々が目指すのは、戦火が我が国に届くことを回避し、我々の家庭から戦争を遠ざけることを追求することです。幸いにも、我が国にはジョージ・ワシントン大統領の偉大な政策を基本に据える歴史をもっています」と言葉を加えた。演説の終わりに、「しかし総力戦である限り、すべての国民の先に戦争の道が続いています」と述べ、「米国を戦争から遠ざけるために、全力を尽くすことが国家の責務であります」と締め括った。[37]

これを機に、FDRは大統領として軍事計画の歩みを一段と速めたのである。彼はパナマに軍用機を送って、プエルトリコの防衛態勢を3倍に強化した。また、米国海軍による大西洋の警備も強化している。

一方、ニューヨーク市に警戒態勢をしいたラガーディア市長に対して、孤立主義を主張する人々は「大統領とその側近たちは、米国市民に被害を及ぼさない戦争に参戦しようとしている」と非難の声を上げた。著名な飛行士のチャールズ・リンドバーグは、「我が国がその名にふさわしい陸・海・空軍を維持する限り、米国への侵略を恐れることは何もない」と言い切っている。そして反戦派のハミルトン・フィッシュ共和党議員の激しい追及により、FDRは国民の間に広がった恐怖に対する責任を強く負うようになった。このような流れの中で、ラガーディアがFDRの主要な補佐役に就く可能性が浮上したのである。[38]

いずれにせよ、FDRとラガーディアは、ある公式な活動に前向きに取り組むことになった。それは、敵の空襲や侵攻、さらには妨害活動などに対する国民の対応を促進させる政治的活動であった。国内の1万4000マイルを旅して空の防衛体制を調査した連邦議会の委員は、「大砲・小銃・対空砲などの配備を拡充する必要性に加えて、兵士たちへの十分な訓練が不可欠である」と報告した。またFDRとラガーディアの二人は、「第二次世界大戦に巻き込まれている、欧州諸国への適切な対応が必要」という考えでも一致していた。そこで、ラガーディアは英国の例を取り上げ、ニューヨーク市にも適用できる防衛体制を立ち上げようとしたのである。一方のFDRは、米国工業資源の助言者であるエドワード・R・ステティニアスJr.〈戦争資源委員会の委員長で、コーデル・ハルの後任の国務長官〉に書簡を送り、「多くの自然洞窟に恵まれたニューメキシコ州のカールズバッド洞窟群と、バージニア州にある峡谷は、高オクタン価ガソリンや、その他の破壊されやすい物質の適切な貯蔵庫ではないだろうか」と尋ねている。それを受けたステティニアスと資源委員会の技術者たちは大統領の諮問を検討したが、結局、洞窟の中に爆発性の物質を保存することの危険性、ならびに軍隊がそれらの資源を必要とするときに、当地はあまりにも遠すぎるという結論に達した。その代案としてステティニアスは、「厚さ20センチ余りのコンクリート板で覆われた保蔵タンクを地下に埋蔵すれば、引火や爆弾による被害を避けることが可能となる」と大統領に提言している[39]。

国民の意見は二つに分かれて紛糾《ふんきゅう》した。1939年10月のギャラップ調査によれば、46％の国民が「米国は、自分たちがコントロールできない他国の力によって戦争に巻き込まれる可能性がある」と答えている。そして、人口の半数の人々が、近代世界では孤立主義を維持することは不可能であることを認めた。同様に、およそ半数の国民が米国を含む戦争は起こりえると捉え、その準備を支持する傾向を鮮明にした。また、「米国による仲裁が欧州問題を解決に導くのか？」という疑問の声も少なからず出ていた。しかし、この時点においても多くの国民は大洋が米国本土を守っていると信じており、欧州やアジアの問題から離れているべきであるという考えが一般的であった。このような情勢の下にあっても、米国は外国勢力による危険にそれなりにさらされているという現実もあり、第一次大戦以降、米国外交の基軸であった孤立主義に陰りが見え始めた時でもあった[40]。

ＦＤＲとラガーディアの二人には、解決しなければならない課題が数多く残されていた。その一つは、国民に対して米国の戦争準備は正しい方策であることを理解させることであった。ニュース情報誌の「タイム」誌は、「少なくとも、それ相応の数の米国民は欧州で戦争が起きるという考えを持っている」という無頓着な姿勢であった。また、この情報誌はフロリダ新聞の記事を引用し、英国巡洋艦が沖合でドイツ貨物船を追跡するシーンを見物するために、フロリダの波止場に寄り集まった人々の状況を「休日を謳歌する群衆」として記載した。その中には、舞い上がった見物人たちと、あたかも余興や刺激を求めるような仕草で写真を撮りまくるニュースカメラマンの姿が描かれている。このように、いつか米国民の危機ともなり得る出来事が公共の余興として取り扱われ、一方でその無頓着さに懸念を抱いた人々は、然るべき対応に燃えたのである。FDRとラガーディアは、「フロリダのような不謹慎な態度は見直されなければならない」と主張した。二人は、国民の生命を守るための国民の総動員を実施し、今後米国に押し寄せる脅威に備えて慎重かつ前向きの姿勢をとり、日々の警戒をより確実にしなければならない現実をしっかり肝に銘じたのである。[41]

第三章　二つの局面

今日、米国政府が健康管理やレクリエーションの場を整えた上で、国民の良好な衣食住の実現に深い関心を寄せているのと同様に、国民一人一人は現在の世界情勢において、国防のための軍備に関心を持つことが求められていることを認識しなければなりません。もし、これらの二つの認識が相伴っていかなければ、国内の団結はどこかで分裂を招くことになるでしょう。我が国の防衛体制が構築される過程で、この二つの局面に、どうぞ皆さん冷静な目を向けて下さい。

――エレノア・ルーズベルト　1940年5月

1940年、ナチス・ドイツの欧州侵攻に伴い、米国では戦争の危機が日増しに色濃くなっていった。このような中でもエレノアは、ファーストレディーとしての伝統的な役割を決して怠っていない。当時の女性誌の「YOU」がエレノアに、「夫が公職の立場にある妻たちへのアドバイス」を求めたとき、彼女は「夫の生涯の仕事は、何事にも優先するものです」と答えている。また編集者が、エレノアが気に入っている彼女の写真の投稿を依頼すると、彼女は「そのような写真はありません」と述べて丁重に辞退した。[1]
エレノアは、自らのイメージにあまり関心を寄せていなかったが、国家の礎である国防の使命については十分論じる自信を持っていた。当時、飢餓や失業、それにホームレスなどから人々を解放する「人間の安全保障《ヒューマン・セキュリティー》」の概念がなければ、軍事動員だけで米国を枢軸国から守ることや、総力戦で戦う準備を整えることは不可能である、というのが彼女の信条であった。しかし、国に対して軍事と民生の両面の防衛が必要であることを認めさせるためには、彼女は国家安全保障を主張するリベラル派と、国内改革を目指す戦時ニューディール支持派の両派を一つにまとめなければならなかった。事実を振り返ると、エレノアのそれまでの努力はまだまだ十分とは言えなかったのである。ファーストレディーのエレノアは、戦時ニューディールを支持して、公共奉仕に尽くす力強い女性たちのグループを率いていた。彼女は常々、より賢明なのは無防備よりも武装を整えた体制であることを国民に説いている。歴史家のスーザン・ウェアは自らの著書に、「1930年代のニューディール支持派の女性たちは、政界や政府への影響力を強めるために、お互いの友好や協力関係を一層深める先駆者となった」と書いている。1940年に至ると、それらの絆や影響力が、軍事と経済の両立の論争において、ニューディールの全盛期よりもさらに強まったと言われている。ここで、万人が認める指導者の役割を果たしてきたのがファーストレディーのエレノアであった。彼女が求めたのは、国民が軍事動員と社会改革の両方を原動力とし、ファシズムの打倒をはじめ、公正な戦後社会や恒久的平和を目指して団結することであった。[2]
米国に「究極の世界戦争《ハルマゲドン》」の兆しが見えて一年余りが過ぎたころ、エレノアは「恐怖は我々の敵である」と明言している。彼女は週刊ジャーナル誌の「ザ・ネイション」を通して、「米国人で民主主義よりも独裁主義を尊ぶ人々は、ナチス・ドイツの国家的な威力に魅せられている証である」と警告した。また、他紙の記事では「戦争が、許しがたい状況をすべての場所で生み出している」と述べ、読者に――民主主義の本質は何であるかを認識し、自らの信仰と同様に、民主主義を心から尊ぶよう――訴えた。[3]

エレノアにとってファシズムに対する闘争との関わり合いは、これまで決して強いものとは言えなかった。彼女は、「ニューディール政策は、我々の問題の恒久的な解決を築き上げることに失敗した」と述懐し、「ニューディールが民主主義への希望を人々に与えてきた一方で、痛ましい混乱に耐えて、全体主義への戦いに直面する現実的な社会的要求に応えられるよう、修正する必要があった」と述べている。米国に戦争が近づくにつれてエレノアは、「人間の安全保障」が軍事的動員と共に、民主主義に立脚する二本の柱であることを確信したのである。それは、「人間の安全保障」なくしては、「国に蔓延する経済や社会的問題の下において、民主主義が米国民に絶対的な服従を期待することは難しい」という彼女の信念であった。[4]

しかし、1940年初期におけるエレノアの将来展望は、それほどしっかりしたものではなかった。彼女は国民に向かって「広い視野での責任感を持ち、すべての人々のためになる源流を見つけ出そう」と呼びかけている。言い換えれば、人々に対して「人生をより価値のあるものにしよう」という働きかけであった。ニューヨーク市長のラガーディアが、市内でのドイツ系米国人による親独ナチ協会の集会を認めたとき、エレノアはフランスの啓蒙思想家ボルテールの言葉――貴方の意見には反対です。しかし貴方がそれを主張する権利は命をかけて守ります――を思わせる姿勢を保ち、ラガーディアの決断を擁護している。彼女は確固たる反ファシスト派であったが、「自由な発

言は民主主義にそぐわない考え方を浮き彫りにし、その誤りを明らかにする一つの手段である」と

信じていたからである。しかしながら当時のエレノアをみると、しいたげられた人々への思いや、

反論する権利についての彼女の信条を除いて、戦時ニューディールへの具体的な方策や、その実行

策などについてのはっきりした考え方は、まだまだ初期の段階であった。[5]

エレノアは貧しい人々や失業者、それに多くの労働者に代わって陳情活動を行った。彼らの窮状に理解を示すエレノアは、「ノブレス・オブリージュ」〈高い身分に伴う社会的責任と義務〉の意義を十分認識していたのである。米国の改革期に、ニューヨークのリビングトン通りにある福祉事業会館でボランティア活動をしたエレノアは、上流・中流階級の女性たちの慈善活動をはじめ、彼女たちの全米都市の貧しい移民者への救済事業を目にし、これがその後の彼女の生き方の出発点となった。FDR政権の初期に、ウェストバージニア州アーサーデールで連邦政府の協同農場が開拓され、彼女はそこで大きな希望を見出した。エレノアは手加減なしの資本主義が人々に容赦のない対応をしてきたという思いを抱いており、人々の多方面にわたる社会的、財政的、精神的な要求を支援してきた彼女の貢献は、1940年代の進歩派の人々を社会的改革に挑戦させようとする彼女の活動と一貫するものであった。エレノアにとっての「ニューディール・リベラリズム」は、戦時動員の基本的な理念であったのである。[6]

その後の10年間のリベラリズムの歴史を振り返ると、当初、リベラリズムは大きく分けて二つの陣営に分裂していた。一つの陣営は、何よりもまず軍事動員を優先させるグループであり、もう一方の陣営は、ニューディールの未完成の事業をやり遂げるために国内の改革を支持するグループであった。両陣営を結びつけることに力を注いだエレノアは、ニューディールの支持者たちに軍事態

勢の準備支援を呼びかけ、安全保障リベラル派には国内の社会的改革に目を向けるよう説得したのである。エレノアの目標は、ニューディールの精神を永続的に支える進歩的な組織を作り上げることであった。

エレノアのコラムである「マイ・デイ」の欄で彼女は、「一旦世界的な緊急事態が起きたならば、国民は自らの民主政府のもとへ参画しなければなりません」と述べている。彼女が理想とする国民とは、国事のために働く人々であった。彼女のコラムは好評を博して、人々は世界の出来事に関心を寄せ、公共を脅かす大きな問題を熱心に学ぼうとした。ここでエレノアは、国民が同胞の生活改善への意識が高いことを認識したのである。彼女の日常のコラムは芸術家たちが自らを表現する権利を支え、自然保護区域の保存を推進させて、国家青少年管理局（ＮＹＡ）や国民生活の向上を目指すニューディール関係機関を擁護し、彼女が重要と思う書物や記事を推奨して、その反面で独裁的国家主義《ファシズム》の経済政策や考え方を批判している。エレノアは自らのコラムを通して、国民一人一人が政府の出来事と深く関わり、それらの組織の一員になることを強調したのである。同時に彼女は連邦政府に対して、米国民全員の「人間の安全保障」を促進しなければならないと主張した。

政治的な舞台においてエレノアは、以前にも増してはっきりと彼女の見解を述べるようになった。夫が支えてきたニューディール政策の基本部分が抜け落ちていく現実を目にしたエレノアは、ひるむことなく事の重大性を認識したのである。１９４０年1月4日付の彼女の「マイ・デイ」で、夫のＦＤＲが決断した社会保障費の削減計画を評価する下院の共和党院議員たちを非難している。彼女は、共和党議員の「無分別」や「知識の欠如」ばかりでなく、国民の保健医療の権利や失業保険、勤労意欲などへの要求に無関心な彼らの態度を指摘し、国益よりも党利党略を前面に押し出す共和党の姿勢に抗議したのである。[7]

エレノアはリベラル派の二つの陣営を統一するために、迅速な行動が必要であることを知った。１９４０年の春、彼女は欧州の緊急事態に並々ならぬ危惧を抱いていた。4月9日にドイツ軍がデンマークに侵攻、ヒトラーの電撃戦、すなわち電光石火の侵攻によってナチス軍はノルウェーの港を占拠し、ノルウェーの南部を横切って突撃を速めた。ノルウェーを占領したドイツ軍は、そこにヴィドクン・クヴィスリングを首相とする傀儡《かいらい》政権を打ち立てている。4月23日、エレノアは「国外からのニュースが、私をほとほと失望させた」と日記に記した。報告によれば、その数日前に欧州はさらに恐ろしい状況に陥っていたからである。5月10日、政治的窮地に追いこまれて、ヒトラーを食い止めることのできない英国のチェンバレン政権が崩壊した。[8]

新首相に就任したウィンストン・チャーチルは、10日に首相官邸へ入るやいなや、ナチス・ドイツへの宥和《ゆうわ》政策の打ち切りを宣言した。しかし、チャーチルの挑戦が功を奏することはほとんどなかった。ヒトラーの機甲師団《パンツァー・ディビジョン》やドイツ空軍《ルフトヴァッフェ》、それに空挺部隊がルクセンブルク、オランダ、ベルギーを急襲し、数日の間でこれらの三国を占領してしまったからである。これを機にエレノアは、世界が窮地に陥っていることをあらためて再認識した。彼女は、「オランダ陸軍の四分の一の兵力が全滅した現状を知れば、我々米国が早急に近代的な兵器を持たなければならない理由は一目瞭然である」と力説している。当時の多くの米国民は、「フランスと英国は、米国の最後の砦」と捉えていた。[9]

それから数週間の間で欧州はさらに厳しい局面を迎えた。１９４０年6月、英国は30万人以上の連合軍兵士を、フランスのダンケルク港から海峡を越えて英国本土へ脱出させた。その際フランスの海岸に数千挺の小銃やトラック、その他の兵器が置き去りにされ、英国陸軍は兵器とその供給を失っている。英軍が退却した後、ドイツ軍は屈強のマジノ線を迂回して防備の薄い田園地方からフランスへ侵攻したのである。

６月22日、ヒトラーは英国への侵攻を海軍の作戦司令官に打ち明けている。午後３時15分、黒色のメルセデスベンツに乗ったヒトラーは、第一次大戦でドイツが休戦条約に調印したフランス北部のコンピエーニュの森を訪れた。その時に、双眼鏡でヒトラー総統《そうとう》の顔をまざまざと見たジャーナリストのウィリアム・シャイラーは、その表情は侮蔑と怒り、それに憎悪と復讐と勝利の自負心に満ちていたと報じている。ロンドンでは、チャーチル首相が閣僚と共にナチスの侵攻に対する防衛計画を練っていた。[10]

欧州の危機に際して、エレノアは自らの行動をもって彼女の意志を表明した。それは、公私共に英国サイドに立つ彼女の決意を示したもので、同時に、どのような状況にあってもヒトラーの野望に挑戦する具体的な姿を表したものであった。避難民の子供たちに心を痛めたエレノアは、欧州赤十字社の避難民援助に力を注いだ。さらに、欧州の子供たちを保護する委員会を米国で立ち上げ、他の同盟国にも同様の委員会を組織するよう呼び掛けたのである。エレノアは、ＦＤＲと国務省にさらに多くの避難民を受け入れるよう要請し、そのための入国ビザの発行を支援した。その一方で彼女は、休むことなくニューディール政策の維持と動員のための活動をしている。またエレノアのコラムやスピーチ、文通や数限りない会合は、リベラル派の団結を一層強める運動の試金石となった。１９４０年中頃、エレノアは、国に「人間の安全保障プログラム」を進めさせる先行条件として、リベラル層が軍事の備えを支援するよう呼び掛けた。その春の「コリアーズ・マガジン」上で彼女は、「ナチズムを打倒できる軍隊だけが、経済的危機によってもたらされた損失をまかなうためにリベラル派が戦後に行う政策を可能ならしめるであろう」と論じている。もし米国の民主主義がファシズムによって崩壊させられた場合、米国の進歩主義の時代〈1890〜1920年代〉から引き継いだ経済や社会的平等の発展がもはや凍結することになる、という意味であった。[11]

議会民主党の人種差別主義者は、ニューディール改革が1930年代に米国深南部地方にしみついた人種差別者の習わしを実録したことを守り通そうとした。しかしエレノアは、戦時ニューディールのいかなる論争においても人種的平等を議論の中心に置いた。5月中旬、エレノアはアフリカ系米国人たちを自ら主宰するボランティア動員や人間の安全保障の運動に組み入れることを考え、それを首都ワシントンのシオン・バプテスト教会に集まった1000人におよぶ黒人の集会で公表した。教会の信徒席が満杯になったため、多くの人々は地下室に設置された拡声器を通して彼女の演説を聞いている。エレノアは、「ワシントンDCは議会における参政権を与えられるべきであり、議会はアフリカ系米国人の経済的な窮状を明らかにしなければならない」と主張した。それと同時に、米国の黒人社会がFDR政権の国防計画を支持しなければならない必要性を、次のような直接的な言い方で強調している。「あなた方は間違いなく、倫理基準に基づかない邪悪な外国勢力に直面しています。私は、明日にでもその外国勢力の侵害があると言っている訳ではありません。しかし、我々社会の結束が欠けるたびに、我々にとって聞き捨てならない言葉――米国人は、自らの棺桶の釘をまた一つ打ち加えている――が、無謀なナチス・ドイツに伝わっていくのです」と。

またエレノアは、「米国民の団結をヒトラーに示すことは、黒人社会の人権をより高める絶好の機会に繋がります」と述べ、その理由を、「ファシズムに挑戦するデモクラシーこそが、人種差別を認容する勢力を矯正する力なのです」と説明した。しかし、こうしたエレノアの話に対する反応はあまりかんばしくなかった。評論家は、「FDR政権は武器の製造に数百万ドルの予算を費やす反面、アフリカ系米国人の経済的な訴えには何も答えていない」と批判し、また、ある労働組合のリーダーはエレノアのスピーチに異議をとなえて、「ファーストレディーは欧州の苦難ばかりに論点を向けているが、その夏ワシントンでは2万5000人の人々が飢餓に直面していた」と「ワシントン・ポスト」紙で訴えている。[12]

平和主義者たちの対応もまた冷ややかであった。1940年春、多くの左翼系の人々は「米国は今、人間の安全保障の政策を取るのか、あるいは戦争の武器を大量生産するかの大きな分かれ目に立っている」と考えていたが、どうみてもその両方の目標の達成は無理であった。この状況の中でエレノアは、平和主義者の人々を対象にして説得を試みている。5月下旬、ニューヨーク市において米国青年協議会が開催された。そこでエレノアは、FDRの軍備増強は戦争への第一歩であると非難する1000人余りの出席者を前に講演を行った。彼女は若者たちに対して、「あなたたちの国際情勢の認識には誤解がある」と切り出した。そして、「あなたたちは、戦争には行きたくないでしょう」と問いかけ、「私だって、戦争には行きたくありません」と言い切っている。続けて、「そうは言っても国際情勢を見渡せば、戦争が我々に襲いかかるかもしれないのです」と現実世界の実情を説き、これらに備えて「我が国は完全雇用と公共住宅を充実させ、経済の発展を進めると同時に、軍備を整える選択が求められているのです」と話を締めくくった。しかし、彼女のスピーチはあまり熱の入らない拍手で終了した。これに反して、当時の軍事費法案に対して唯一の反対投票者であったヴィト・マルカントニオ議員（下院議員で米国労働党の唯一のメンバー）が、「軍事予算は、そもそも米国のドルと英国のポンドの価値を引き上げ、裕福な米国資産家の私腹を肥やすための策略に過ぎない」と弁舌を振るったとき、会場は総立ちになって大喝采に包まれたのである。[13]

エレノアは米国の軍事と民生についての彼女の主張を要約し、その両方を達成するために、それぞれのリベラル派を団結させる方策をまとめ上げていた。その考え方の中枢は、「武力が、ある限られた国々のみを支配するのではなく、今日のように全世界に対して脅威の対象となるとき、現実を無視した異国の理想郷を追い求めることは不可能」ということであり、「人は現実社会に向き合わなければならないが、それでも理想を捨てることなく日々の現実に対応し、それぞれが望む方向に向かって働き続ければ、きっとより良い将来が開かれる」という内容であった。さらにエレノアは、平和主義者の組織である「人間関係協会《ヒューマンリレーションズ・インスティチュート》」の５００名余りの出席者を前に、彼らが欧州の戦争から距離をおいていることを捉えて、「米国の平和主義者が一同そろって頭を砂の中に隠していることは、米国に〈宥和政策の失敗とされる〉ミュンヘン会談のような状況を導くことになるでしょう」と直言した。それは、無防備の米国市民が砲弾を装填したナチスの大砲を見せつけられたとき、ヒトラーの言いなりにならざるを得ないであろう、ということであった。[14]

エレノアは、彼女が目指す軍事と民生を両立させる運動に対して、大統領である夫のＦＤＲからそれなりの支援があるものと考えていた。当時のリベラル層はＦＤＲの軍事構想を支持する流れになっていたため、エレノアはＦＤＲが新たにニューディールを拡大し、彼らに対応するであろうと期待していた。１９４０年にＦＤＲが三期目の大統領選に臨んだとき、エレノアはＦＤＲがニューディール機関の主要部分を簡単に切り離すことはないと信じていた。それは、エレノアが彼を必要としているのと同様に、ＦＤＲもエレノアの協力を必要としていたからである。エレノアの期待に応えたＦＤＲは、国の安全保障と人間の安全保障の二つの局面を目指すべく、リベラル派との連帯を図る考えを明らかにした。６月10日、ＦＤＲはバージニア大学の学生を前にして、次のように述べている。「武力構想が支配する現在の世界情勢の中で、米国は孤立した島として安全に過ごすことができるという評論家たちがいる。しかしそれは、将来この国に危機を招くことになる危険な発想である。もし英国が敗北したならば、それは間違いなく、我が国に悪夢をもたらすことになるだろう。米国民は、監獄に追い込まれたときのように手錠や空腹でとまどい、欧州大陸の情け容赦のない征服者によって、日々、鉄格子越しに食べ物をあてがわれることになるのである」と。同時にＦＤＲは、講演の中で社会改革の構想も擁護し、リベラル層が幅広く目標を選べるように配慮した。[15]

ＦＤＲは、英国王・ジョージ六世に宛てた手紙の中で「戦後の民主国家において、一旦危機を克服した後には、すべての人々に対して適切な衣食住の供給が求められることになります」と書いている。またＦＤＲは、リベラル層の「税率は支払い能力に応じた固定の率を採用すべき」という基本的な発想を擁護し、１９４０年には国立栄養学会の設立も支援した。ＦＤＲの目指すところは、公共住宅の増設と低所得者層の賃上げや学校給食の無償化、それに農業従事者の収入増に繋がる低所得者層向けの食費補助プログラムなどであった。同時にＦＤＲは、カリフォルニア州ヴァレーオやサウスカロライナ州チャールストンの、軍需産業労働者たちの住宅改善をニューディール機関に働きかけている。軍需工場が、州の恩典を受けて優先的に失業者を雇用することがＦＤＲの目標であった。[16]

当然のことながら、ＦＤＲは大統領としての主目標に軍備の増強をかかげており、エレノアとしては、国民生活向上のためにＦＤＲが政治的財産を新規の民生プログラムに向けるかどうかの確信が持てなかった。当時の同年配の女性たちにとってはごく一般的なことであったが、エレノアも夫であるＦＤＲの真意を測りかねており、彼の考えを読むことに苦心していた。１９３９年、労働大臣のフランシス・パーキンスがエレノアに、「フランクリン（ルーズベルト）は本当に敬虔《けいけん》なクリスチャンですね」と話しかけたとき、彼女は「その通りです。彼は大変信仰心があついクリスチャンですよ」と言葉を返している。その皮肉まじりのエレノアの返答は、ＦＤＲがあまりにも単純にナチスを善悪論だけで捉えているために、ナチスのもたらす脅威を軍事面だけではなく、幅広い面から解釈できないことを意味していた。エレノアにとって重要だったのは、ＦＤＲが正しい道を選択して、社会防衛のリベラリズムを手厚く擁護することであった[17]。

このような訳で、エレノアは数えきれないほどの手書きのメモをＦＤＲに渡している。それらは様々な約束や、エレノア自身が重要と捉えた事柄などであり、彼女はＦＤＲにとって最も存在感のあるアドバイザーであった。また、エレノア自身も女性専用の記者会見を行い、ファーストレディーとして連邦事業管理総局（ＦＷＡ）の記者や芸術家とのインタビューをはじめ、独身女性に仕事を提供する施設や米国青少年管理局（ＮＹＡ）の事業、それに労働組合や戦争と平和に関わる問題などに関わっている。

ファーストレディーのエレノアは、時には政府の方針に反対を表明して抵抗もした。しかしＦＤＲは、彼女が様々なタイプのリベラル派を取りまとめ、救援活動に参加する行動派を動員したり、国民との会話を通じて彼らを政府に近づけたりするなどの実績を高く評価し、エレノアを有力な懐刀《ふところがたな》と考えていた。戦争に向けての準備活動（戦時経済体制の立ち上げを含み）を目指すＦＤＲは、これまで成し遂げてきたニューディール政策の成果を、保守派陣営によって巻き返されることを是が非でも防がなければならなかった。しかし、国内の軍事動員を進める中で、如何にしてそれらを具現化するのかの目途が立たない状況であった。そこでエレノアは、自らのネットワークを活用して夫のニューディール促進の運動を手助けし、論争の場では民生の充実を表に出しながら、他方で軍事の話を進めたのである。[18]

米国のリベラル学生連合組織の大学監事、アグネス・レイノルズ女史のエレノアに宛てた手紙によれば、１９４０年に社会改革を繰り広げたニューディーラー（ニューディール支持者）に対面した彼女はジレンマに陥っていた。レイノルズ女史は、「全面戦争の恐ろしい影を目前にして、リベラル派の指導者層が成すべきことは、我々の持つ社会政策的な立法の意味とその価値を国民に教えて民主主義の前進をはかり、国内防衛を立ち上げることです」と書いている。また彼女は、バージニア州シャーロッツビルで行われたＦＤＲの講演を称賛し、「大統領と側近のハリー・ホプキンス氏は、この大会でニューディール改革の正当性を確信させてくれました」とエレノアに告げた。レイノルズの考えは、１９３０年代のニューディール政策の試行は経済的崩壊がその根底にあったが、１９４０年代では国際的なファシズムの脅威への対応がその基盤になっている、ということであった。ジャーナリストで、後にエレノアの伝記を書いたジョセフ・ラッシュはエレノアに宛てた手紙の中で、「ニューディールは国防上、軍備そのものと同じ位に基本的なものです」と書いている。[19]

ニューディール機関は国内改革を押し進めるために、ホワイトハウスへの陳情に意欲的なグループをエレノアに差し向けた。大統領夫妻のある知人は、「ＦＤＲが立ち上げた米国青少年管理局（ＮＹＡ）は、軍事計画に関わる出費のために若い女性たちを参加（訓練）させようとするプログラムの削減を真剣に捉えていない」と指摘した。その知人はまた、ニューディール機関が主宰する米国青少年管理局のオーブリー・ウィリアムズ局長に対して、「もし若い女性たちから仕事が奪われた場合、他国の後方攪乱部隊《フィフス・コラムニスト》が邪悪な心と手段をもって、彼らに有利となる工作を仕掛けてくるだろう」と警告している。エレノアはFDRにメモを送り、「もし政府が軍事予算のために公共奉仕の出費を削減した場合、この国に大きな障害が生じて、不正がはびこる恐れがあります」と伝えた。[20]

同時にエレノアは、この障害という言葉を女性やアフリカ系米国人、その他の少数派のグループを前にたびたび使い、「戦時ニューディールを後退させることは、誠に愚かなことです」と諭している。1933年、ファーストレディーとなったエレノアは、国民に対して「何かに迷ったり、悲しんだりするようなことがあれば、私にそれを書いて知らせるように……」と伝えていた。一説によれば、1940年までに1日当たり600～700通の手紙がエレノアに届いている。これらの文面は、「米国の経済的危機はいまだ去っておらず、国民を無視した戦時民主体制は、その真価を発揮できない要因となる」という現実を、彼女がリベラル層に訴える資料となった。その一例としてエレノアは、ニューヨーク市長のラガーディアに対して、クイーンズ区の衛生部でみじめな思いをしている黒人層の転職願いへの対応を要請し、併せて、ニューヨーク市の学校体制で身体障害者の就職を妨げている差別を止めるよう助言している。さらにニューディール機関の職員たちに対しては、彼らの立場に基づいて、世の中から忘れられている男性や女性を支援するよう後押しした。多くの実績の中の一つに、必死に仕事探しをしているオークランドの女性のために、エレノアがサンフランシスコの公共事業促進局（WPA）に援助を依頼した例もある。これらは、社会民主主義を補強するために、ニューディーラーは現存する機関を活用しなければならないということを率先垂範したものであった。[21]

国民共同体——すなわち、すべての国民はお互いに助け合い、同時に友邦国の人々を援助する——という考えに基づき、エレノアが尽くしてきた慈善事業のリストは、1940年の時点で4ページにわたって網羅されている。そのリストの中には、米国赤十字協会や米国友好奉仕委員会、欧州児童保護米国委員会などの事業体が含まれていた。彼女の秘書の一人は、「ファーストレディーは年収の多くを慈善事業に寄付していた」と語っている。エレノアは、米国市民の窮状を肌で感じ取り、市民保護を日々率先して、政治的な志を共にする仲間を先導するよう心がけていたのである。[22]

エレノアは、自らが目指す社会防衛を国防の軍事的活動と連動させた。それは「もし国民が公共の健康管理に力を注げば、軍隊はさらに多くの入隊窓口を開くことができるし、軍需産業の戦車や軍用機の生産が倍増し、米国民が自らの生きる道を守っていることを実感することになる」という考えに基づいていた。その目標に沿って彼女は、国民の健康管理を促進させる指導者の協力を模索したのである。同年5月、エレノアは国家的健康管理計画に関する三日間の集会を開催し、併せて、ニューヨーク大学の教授が主唱する「健康生活を支援するプログラム」を共にFDRに働きかけるよう、同僚たちに要請した。

エレノアの同僚でニューディール機関に影響をもつ人々は、公共の健康管理体制を支える国家プロジェクトを支援し、彼女と共に国民を運動に参加させる活動を始めた。それらについてジョン・カーモディ連邦労働局長官は、次のように報告している。「労働局で訓練した3万7000人の職員たちが、48州のすべてと8000の地域でレクリエーション・プログラムを主導している。また同時に、1万人以上の協力者が国民にスポーツや音楽、ダンス、演劇、その他のレクリエーションと娯楽の門を開放し、国民の健康やモラルの向上に尽くしている」と。

エレノア自身も国民の模範となるべく、ウォーキングやハイキングをはじめ、新鮮な空気の吸入などを率先して行い、国民が同様の活動に努めるようアピールした。[23]

政府や大学のリベラル層、それに軍事と民生の両面で活動する人々に加え、時の流れに即して、エレノアは国民に米国の民主主義を守る活動に加わるよう呼び掛けを始めた。各共同体のメンバーの参加がなければ、必要に応じて友好国の支援をしたり、ファシストに対して国民が戦う準備を整えたりすることは難しい、と彼女は考えたのである。1940年に最も物議をかもしたエレノアの提案は――米国のすべての若者に、国家への奉仕を義務づけるという――ニューディール方式の法案を議会で通すことであった。エレノアは夫を気にすることなく、冗談まじりに「もし自分の考えを強く押したら、きっとファーストレディーの首は飛ぶでしょう」と言いながら、次のようにFDRに持ちかけた。「国家への奉仕を若者に義務づけることは、彼らをわが国の民主主義を維持させるための社会活動家として参加させることであり、国民に求められる任務をすべての若者に割り当てることです」と。エレノアは、数百万人の若者たちが新しい技術を身につけて社会に役立つことを遂行し、若者たちが同じ目標に向かって団結することを心に思い描いていた。彼女は、「私たちは自由と権利を手に入れるために随分長い時間を費やしたが、その代償は何も与えられなかった」と語り、しかし、「国家奉仕のプログラムにより、貧しい労働者たちは、公のために行う仕事の報酬を確実に受け取ることになるでしょう」と結んでいる。これを知った右派の批評家たちは、「大統領夫人の計画は若者たちを組織化し、自由を愛する米国民に全体主義を押しつけるものだ」と反論した。一方の左派の批評家たちも、「この企画はナチズム同様に、国内での軍事訓練を義務化するものである」と批判している。[24]
エレノアの提言が議会で取り上げられることはなかった。しかし、彼女の一連の運動は国民の心に火をつけ、国家防衛上の役割を期待する大衆の大きな声を呼び起こしている。議会図書館長で詩人でもあったアーチボルト・マクリーシュは、エレノアの同僚の連邦緊急救済局長官・ハリー・ホプキンスに、「様々な階層の米国市民は、差し迫る脅威への具体的な対応がないことに気をもみ、血なまぐさいナチズムに敢然と立ち向かう意志に燃えている」と訴えた。当時のリベラル派は、国民が期待するはけ口や、政府が国民に与えようとする役割をそう簡単に受け入れられる状況ではなかった。しかし、社会問題よりも、必要な軍事対応を優先させようとする安全保障重視のリベラル層の躍進については、エレノアの運動に責任の一端があったと言える。FDRのスピーチライターでもあったマクレリーシュ図書館長は、「防衛に関するボランティア活動のまとめ役をFDR政権が開設するよう」進言している。そのボランティアの役目とは、食料の保管や国外の飢饉の救済、それに防衛分野の手助けなどを行い、より穏やかでさらに団結した態勢で戦時の動員を整えるという、エレノアが目指した歩みを着実に推し進めることであった。FDR側近のホプキンスはマクリーシュの考えに賛同し、事実、ホプキンス自身もそれらのボランティアを希望する人々から数百通の手紙を受け取っていた。ホプキンスは冗談まじりに、「もしこのボランティア計画が採用されれば、我が国の主婦たちが機関銃で武装することはないでしょう」と話している。6月29日、ホプキンスは政府白書室部長のローウェル・メレットに、マクリーシュの計画の達成方法を検討させた。[25]
一方のエレノアは、国家の安全は軍事と社会奉仕がそれぞれ連携して成り立つことを、リベラル派のメディアを通して推進した。リベラル雑誌「コモンセンス」の編集長セルデン・ロッドマンは、エレノアの依頼を受けてファーストレディーの記事「防衛プログラムを通して民主主義に取り組む国内的な価値」を掲載している。この記事に対する国民の前向きな反応をもとにロッドマンは、「ニューディール政策は明らかに前進している」と述べてエレノアを激励した。政府内に任命された、かつてない多くの政治に熟達した女性たちは、エレノアの軍事と社会奉仕の両面の運動を支えたもう一つの支援集団であった。5月に入ってFDRは、1916年の国家防衛法に基づき、7名からなる国家防衛諮問委員会を立ち上げた。委員の役割は、軍事関係の目標に加えて国民の健康促進や就業、労働者の安全や消費者の権利、それに軍事組織における年齢や人種や性別などの差別を改善することであった。[26]

選ばれた7名の内の5名は、いわゆる年俸1ドルの名目的俸給で奉仕する連邦政府の職員となっているが、彼らは産業界の裕福なリーダーたちであった。これについて共和党系の「ニューヨーク・ヘラルド・トリビューン」紙は、「彼らはニューディール関係者が求める委員とはいえない」と批判している。しかし、その一員であるハリエット・エリオット女史は、消費者保護の部門に籍を置き、エレノアの安全保障の両面を支える考え方と、価値観を共有する女性であった。エリオットはノースカロライナ大学のグリーンズボロ女子学部で学部長を務め、政府内の彼女の支持者によれば、エリオットは偉大なリベラル主義者と評価されている。彼女は自分の役目をしっかり認識し、大統領への報告では、「国の軍事動員に際しても、我が国の民主主義が衰退することは決してありません」と、彼女の信念を伝えた。エリオットの考えは、インフレーションを管理して一般市民の生活費を安定させ、米国民の健全な食生活を通して、健康で活動力のある人口を確保することであった。エリオットはエレノアと同じ目標を持っており、「これからの民間防衛は国家の防衛の一部であって、それぞれ別なものではない」と考えていた。エリオットに共感したエレノアは、大統領に宛てたエリオットのメモや報告書はすべて自分にも知らせてくれるよう依頼している。それは、エリオットの働きが大統領に無視されないことを見守るためでもあった。二人の女性は創造性に満ちたチームを組み、国民の生活レベルを向上させる方策と共に、米国の女性たちが第一次大戦で婉曲的に言われた「編み物作業とその誇示」の位置づけではなく、「国防プログラムにおける人的要素を実証する」運動を遂行したのである。[27]

エリオット女史は大統領に対して、「私の目標は、『人間の防衛《ヒューマン・ディフェンス》』を『国家の総合的な防衛策《トータル・ディフェンス・ピクチャー》』に組み入れることです」と申し入れている。エレノアとエリオットは、消費者組織や製造業者、小売業者たちの支持を追求しながら、「国家動員は、社会的な安全ライン以下で生きている4500万人の国民の要求を盛り込まなければなりません」と表明した。これは言うまでもなく、それらの国民が適切な食糧を確保できていない現実を表しており、エリオットは、すべての米国民に健康と食料の保護を施すという「民主的な計画の試行」、言い換えれば「真の民主的防衛」を呼びかけたのである。さらに二人は、地方の家庭の情報を中央に引き出すために、女性ボランティア防衛委員会の創設を提案した。エリオットは、「防衛施策」という言葉を用いて国民の社会生活の向上を目指すことは、「社会問題を解決するために、いかに民主主義が有効か、ということを国民に示すことになります」とFDRに書いて、エレノアの考えを支援した。[28]

ファーストレディーのエレノアは、軍事と民生を両立させる観点において、ニューディール層と安全保障リベラル層の連携をうまく取り持つことができなかった。その背景にはイデオロギー上の大きな隔たりがあり、彼女にとって相互間の調整は困難であったからである。そのような中でも、

ＦＤＲがエレノアの目標に一役買うことは少なく、多くの場合、エレノアにとって夫の支援は期待外れに帰している。そのため、本土防衛策は、エレノアの社会改革を遂行するための最善策とはならなかった。それは、国家安全保障策があまりにも多くのことを追求したために、エレノアの社会防衛の観点が薄れてしまったことや、本土攻撃への脅威や思いもよらぬ徴兵などの問題を含めた他の課題との競合を余儀なくされたために、社会防衛リベラリズムの政治的な牽引力が失われてしまったことによるものであった。

しかしながら、エレノアはくじけることなく社会防衛リベラリズムを公開討論の中心に置き、これらを推し進める中で、彼女の目標を支援する女性や若者や労働者たち、それに黒人層の支援層を結集することができた。特にエレノアの目標に賛同した数百人の女性の中には、女性選挙人連盟や有色女性クラブの国民協会、全米大学女子協会のメンバーたちが含まれていた。社会保障委員会の組織を率いていたエレン・ウッドワード女史は、「これからの失業問題協議会では、この協議会の内部で民主的な仕事が行われるために、国家的な女性リーダー（大きくクローズアップされている著名人）が活用されなければなりません」とエレノアに伝えている。[29]

１９４０年、エレノアは夫のＦＤＲに対して「軍事動員で人間の要求《ヒューマン・ニーズ》を軽視することは、ニューディール経済体制を放棄することを意味します」と語りかけた。このときＦＤＲは、エレノアと彼女の同僚たちが、国家安全保障プログラムの中で社会防衛の可能性を追求することを認めている。ホワイトハウスにおける会合で、地域の公共事業促進局（ＷＰＡ）の監督者たちは、彼らの企画の中で、ボランティアの人々が公共の健康増進運動を応援していることや、子供たちに栄養食を与えていること、また女性たちに厚遇《こうぐう》な職業が得られるよう訓練を施してきたことなどを報告した。その会合の終わりにFDRは、エレノアの支持者で公共事業促進局副局長のフローレンス・カール女史に対して、女性たちのボランティアに適切な役割を与える計画を立てるよう依頼している。エレノアは、大統領の課題として個々の人間の安寧《あんねい》を保障する「人間の安全保障《ヒューマン・セキュリティー》」を求め、まだ規模が未知数である戦時ニューディールの門戸を開けようとしたのである。[30]

カール女史はニューディール政策のベテランであり、当初からエレノアの中心的な支援者であった。１９３５年に公共事業促進局の局長であったハリー・ホプキンスは、「ワシントンにいらっしゃいませんか。お話ししたいことがあります」とカールに電話をかけた。ホプキンスは、アイオワ州の進歩的な校風をもつ地方校のグリネル・カレッジで教えていたカール女史を支援していたのである。彼女はその学校で英語を教える一方、大恐慌時代にアイオワ州の失業者を救済する事業に自ら進んで参加していた。カールはホプキンスの申し出を快く受け入れ、公共事業促進局の女性専門プロジェクトの地方部長として働くことになった。公共事業促進局はニューディール政策の重要な代理部門であり、仕事を失った米国人の就職活動を支援していた。彼女は中西部の13州を管轄するシカゴ事務局の発足に尽力し、１９３８年に公共事業促進局の副局長の役に就いた。

カール女史の業務は、エレノアの活動範囲にも入っていた。ホプキンスは、報告義務が大統領とファーストレディーの両方にある管理者は常にハサミの両刃に挟まれている、とカールに告げている。彼女はその勧告を忘れることはなかったが、エレノアの構想力や決断、それに女性の権利の追求を称賛した。一方、地方の公共活動が欧州の戦争の余波を受けて衰退しつつあり、エレノアは、カールが全力を尽くしてニューディール政策に打ち込むよう要請した。[31]

カール女史の公共事業促進局に対する考え方は、「実質的な民主主義を展開するための卓越した組織」ということであった。１９４０年８月、彼女は２００万人に及ぶ公共事業促進局の働き手たちを「国内を守る貴重な人々」と称賛し、彼女の同僚たちも同様に、「国際的な重大局面下で、彼らは国を支援する準備を整えている」と広く訴えた。また、１９４０年のあるイベントで司会者は、「カール女史は、世界中のどの女性よりも彼女のもとで働く人々を手中に収めている」と紹介している。[32]

米国における「大衆動員」は、まだ初期の段階であった。そこで、リベラル層と国防に強い関心を寄せる国民を結束させようとするエレノアの運動や、社会改革の試行には疑問を持つが、もしそれが軍事的な目的にかなえば賛同するという保守層への彼女の説得を通して、大衆動員の構想が国民に漸次《ぜんじ》理解されるようになってきた。大衆動員の考え方を顧みれば、それは米国の一般文化に根づいたものでもあった。その一例として「ワシントン・ポスト」紙は、「人間の要求と軍事的な必要性をカバーする国防動員の一環として、政府は女性たちに看護や自動車修理をはじめ、農業、情報伝達、航空機操縦や整備、射撃術などの教育を施す必要がある」と書いている。ニューディール派の女性指導者層も、総力戦に直面した際の「総合的な防衛力」を前向きに受け止め、戦時リベラリズムの共通語として、防衛の意味を拡大した解釈を練り上げた。彼女たちは社会防衛を支持する中で、戦争の危機も同時に語っている。例をあげれば、ＦＤＲ政権のDr.マーサ・エリオット児童局局長は、１９４０年に児童や母親や妊婦を緊急時に援護する訓練を計画し、その了承をＦＤＲに求めた。その後エリオット局長は、ナチスのロンドン大空襲を逃れて地方へ疎開した児童たちの健康管理を視察するために、英国を訪れている。[33]

リベラル派の女性指導者層は、単に社会防衛を軍事動員に結びつけることだけに熱心というわけではなかった。FDRの最側近で、ニューディールの先導者でもあったハリー・ホプキンスは人間の安全保障を暗に認めており、同じく大統領側近のルイ・ブラウンローとウィリアム・マクレイノルズは「武器の生産開発計画においては、人間のニーズに合ったプログラムを採用すべきである」と提唱した。FDRが三期目の大統領選を迎えたとき、彼はボストンの選挙演説において「今日の前代未聞の国家的危機に及んで、我が国の安全を守るためには、この前例のない脅威に対してこれまでにない斬新な対応が求められている」と述べた。1940年9月、FDRは米国の青年たちが1年間の軍事教練を受ける「選抜訓練徴兵法」に署名し、米国史上初の平和時の徴兵制度が開始された。それと同時にFDRは、米国の父母に対して「あなたたちのご子息は、国外のいかなる戦争にも送られることはありません」と誓約している。また、青年たちの雇用の拡大や衣食住について配慮したFDRは、「軍事教練場では食料は十分与えられ、良好な居住施設が完備されています」と述べて、父母たちを安心させた。FDRは、再選を目指して米国の軍事力とニューディール政策を巧妙に調和させ、積極的に選挙運動を進めた。三選後のFDRは、1941年3月に「武器貸与法《レンドリース・アクツ》」を議会にかけて立法化し、米国海軍の駆逐艦基地の交渉や戦略的な区域の基地借用などとの引き換えに、英国に対して米国の旧式駆逐艦の供与を行った。その一方でFDRは、ニューディールによって達成された社会的、経済的成果を前面に出して、米国陸・海・空軍の創設に反対を唱えてきた共和党員の意気込みをくじいている。[34]

三期目の大統領選で、FDRはファーストレディーが大統領に一層大きな影響力を持てるように配慮し、エレノアはそれをうまく活用した。シカゴで開催された民主党全国大会では、エレノアの演説がリベラル層を大いに盛り立て、大統領選下の党を結集させた。党大会で結集と結束を呼びかけるエレノアは、「国に力と奉仕を捧げる国民の皆さま……、これまで我々が一丸となって築き上げてきた国内の政策は、現在その推進が強く求められています。まさに今こそ、我が合衆国が立ち上がるべき時なのです」と訴えた。この大統領選での彼女の尽力は、エレノアと彼女の支持者たちにとって、国民にニューディール政策の成果を再確認させる絶好の機会となり、軍事プログラムに対しても、それによって社会改革は犠牲にならないという民衆の期待を築き上げた。強力な革新主義者で農務長官を務めていたヘンリー・ウォレスをFDRの副大統領候補にしたのも、エレノアの功績であった。[35]

また、FDRは戦時ニューディール体制の支持者とも歩調を合わせている。彼は三期目の大統領選で大改革の宣言をしなかったが、ニューディーラー層を軍備強化の陣営に引き入れて、ニューディール体制の連合を再組織しようとした。1940年、FDRはホワイトハウスで開いた「民主体制での児童対策」の協議会に出席し、リベラル派の面々に「私は、ニューヨークのミルク委員会で奉仕したことがあります。その際に恵まれない子供たちにミルクを配った時の私と変わっておらず、ニューディールの指揮者であることにも変わりはありません」と声をかけた。また、「我が国は、貧弱な月桂樹の葉（栄冠）のもとで立ち止まり、そこで休憩することは許されていません」と公言した。この選挙運動では、地方の貧困層のための病院を増設することや、病院従事者の週間労働時間の制限を提言し、同時に、これまで成し遂げてきた民間の大きな成果を衰退させないよう助言している。言い換えれば、この緊急時において、いかなる民間の目標も後退させてはならず、資源の節約や農業支援、それに居住施設や恵まれない人々への支援を絶やしてはならないということであった。閣僚に対してFDRは、レクリエーションとエデュケーションのいずれの改革も、米国の安全保障に対して大いに寄与することになると訴えた。[36]

大統領のこれらの言葉は単なるリップサービスではなかった。またそれは、経済危機への唯一の解決策として、中央統制計画の有効性をめでたく賛美する、いわば大統領の巧みな言葉使いでもなかった。FDRは、もちろん米国の政策の中心にニューディールが定着することを目指していたが、戦時体制において、その業績が達成できるかについては確証を得ることができなかった。結局、FDRはニューディールに向かって駒を進めたが、軍事と民生を両立させる彼自身の能力からみて、エレノアほど楽観的ではなかった。FDRは国民生活への配慮を心掛ける一方で、軍事的目標を進めるための政治的な大きな元手をよく理解していた。FDRの三期目の大統領選挙では、1932年と36年の選挙戦に比べて得票こそ及ばなかったが、圧勝であることに変わりはなかった。公益事業の実業家から共和党大統領候補に選ばれたウェンデル・ウィルキー候補を破り、38州を制して449票の選挙人の支持を獲得、対するウィルキーの支持数は82票となっている。FDRが票を落としたのは、孤立主義派が主流を占める中西部地域だけであった。

FDRが国民の信任を得たということは、米国は武装して、米国の沿岸から戦争を遠ざけることを裏づけていた。一方のエレノアはFDRの三期目について、彼女自身の考えを持っていた。それは、今後の4年間を通して彼女自身の連合を築き上げ、ニューディール政策の基盤を確立して、反ファシスト運動の中でリベラル層を団結させることであった。1940年5月、エレノアは彼女に宛てた手紙の返信の中で、「民主主義は、国民の皆さんがそのために命をかけてもよいと感じるような、何かを目指さなければなりません」と書き、国民に向けて「この国で成されるべき防衛の、二つの局面である軍事と民生の重要性に早く気づいて下さい」と結んでいる。[37]

ＦＤＲの三期目の政権を見通して、大統領側近のマレー・ラテマーやウェイン・コイなどは、「ニューディールは末期的なものではなく、国防の一部として展開することができる」という確信を深めていた。この信念のもとで、ラテマーやコイはＦＤＲの公約を社会改善や経済改革に反映させ、併せて彼らの主張である「拙速な動員の陰で国民生活が無視されてはならない」という考えを表明した。三期目の執政にあたり、ＦＤＲは新年の一般教書に関して彼らの意見を求めている。それに応えた二人は、ニューディール政策の改革を大胆に進める方針案を大統領に進言した。その中で、「戦時体制動員から生じる社会的混乱に対して、政府は十分な対策を講じなければならない」という彼らの主張を、ＦＤＲは重視している。

12月2日、大統領の経済顧問であるロークリン・カリーは多くの資料をＦＤＲに送り、社会改革のさらなる必要性を明確にした。それは失業や青少年問題、老人の年金問題や人間の安全保障などの諸問題への対応であった。同様に、大統領側近のマレー・ラテマーは失業保険の給付期間の延長や、各州で異なる保険の取扱いの是正、またより多くの国民が手当を受領できるような制度をＦＤＲに進言している。その他の側近たちもそれぞれの視点から提言しているが、それらはＦＤＲの三期目を通して国民の完全雇用を達成することであり、年金プログラムの拡大や青少年の職業訓練の充実、さらには公共事業への投資などに関する事柄であった。ロークリン・カリー経済顧問は米国青少年管理局（ＮＹＡ）に対して、「民間部門の就職に失敗したすべての若者たちに、仕事を提供しなければなりません」と述べている。それは、政府から就労援助を受ける青少年たちの数を、現状の80万人から１５０万人に倍増させるという計画であった。カリーは、１９４０年12月時点で

800万人という未就労者の数は、1943年には200万人に減るだろうと予測し、これらの企画を通して国家の歳入は750億ドルから、1943年には1070億ドル以上に増加すると見通していた。[38]

大統領の側近は、FDRの一般教書演説に「人間の安全保障《ヒューマン・セキュリティー》」についての明確な言葉を含めるよう提言した。その草稿には、「米国の安全を他国からの攻撃から守ることにおいて、我々の精神や心を少しでも揺るがすようなことがあってはならない」と書かれている。それは、「人は……軍備だけでは戦わない」という意味を含んでいた。また、その草稿にはエレノアの考えである「国民は、国の守りを自ら支援するという生き方に情熱を燃やさなければなりません」という言葉が反映されていた。そしてFDRは、過去8年間の順調な社会的・経済的進展をもとに、「大恐慌以来この国に蔓延してきた脅威や不安定な経済に対して、国民はさらに前向きに立ち向かっていくことが求められている」と話を結んだ。1941年の年頭教書を通して、FDRの側近たちは、恵まれない人々に対する法人の支援や青少年の職業訓練プログラム、さらに65歳以上の老人の最低収入の保証などを大統領に語らせている。米国では、1935年に数百万人の失業者のための社会保障法を成立させて彼らの救済を強化してきたが、FDRの側近は、戦時ニューディール体制が社会保障や老人・身体障害者への対策をより豊かにすることを、大統領の言葉で伝えさせたかったのである。それを企画した彼らの意図は、「国民の動員を伴う新たなニューディール政策を実施することにより、ファシズムに対する国内の守りの強化や、米国の恒久的平和という長い道のりの戦いをより推し進める」ことにあった。FDR政権の三期目に際して、国家資源計画委員会（NRPB）のフレデリック・デラノ委員長が提案したことは、「国民すべてに対する最低保障」の問題であった。それまで除外されてきた地方や農業労働者に対する社会保障を拡大し、「貧困な人々に社会保障を充実させることは、民主主義の責任を担う政府の試金石となる」というのがデラノ委員長の提言であった。[38]

FDRの側近の中には、戦時ニューディールを全体主義に対する民主的な個人主義の戦いと捉えて、純然たるイデオロギーを展開する人もいた。大統領特別補佐官のウェイン・コイ（緊急事態管理担当）は、エレノアの主張である「軍事と国民生活の守りは双子の守護者として捉えるべきであり、国民の資産を取り合おうとする敵同士ではない」と、繰り返しFDRに訴えている。そして、「国防力を築き上げることによって、国の進歩と国民の威厳は全うされるべきであり、社会防衛は軍備の一つの部門である」と付言した。これらの考え方は第一次大戦時、すなわち進歩主義者が「この戦争は、国内社会の自由と公正を前進させる戦いであって、単なるドイツ皇帝への軍事的な勝利にとどまらず、海外の民族自決権の原則を守るものである」と投げかけたときから繰り返されてきたものであった。大恐慌の真っ只中、ルーズベルト夫妻は、その経済的危機を「窮乏と絶望との戦い」と位置づけている。「社会防衛と軍事防衛の二つの目標は相互に補完するものであって、両立しないものではない」という考えは、エレノア一人に留まることはなかった。1940年の選挙運動とその後において、エレノアは、これらの思想を最も効果的に社会に広める先導者の一人となったのである。[40]

このような中でウェイン・コイ補佐官は、「疑い深い右派層は、軍事力の支援を盾にニューディールの封殺を模索しており、その一方で左翼の評論家たちは、ファシズムから守るべきものは強力な福祉国家だけと主張している」と警鐘を鳴らした。さらにコイ補佐官は、「保守派の面々が、我々が目標とする真の民主主義の価値を奪おうとしている」とＦＤＲに助言し、併せて「数名の左翼派が国の軍備を拒否することにより、大統領の自滅を図っている」と警告した。言い換えれば、コイ補佐官の提言は「大統領の教書表明に求められるのは中道を追求することであり、これらの争点の妥協点を見出して、全体的な団結を図ることにある」ということであった。彼はまた、「大統領の連邦議会における演説では、米国を軍事力で守ると共に、健全な経済と活発な社会を不動にするという、二つの局面をうまく守り抜く姿勢を保つべきである」と訴えている。さらにコイは、「大統領はチェコスロバキアやノルウェー、デンマークやフランスが陥った運命から米国を守り、個人の価値は国のためにあるとする全体主義の考えを退けなければならない」と言い添えた。「公共福祉の擁護者たちは、米国がナチズムとの戦いを進めることに強い関心を持って見守っている」と指摘したのもコイであった[41]。

ポール・マクナット連邦保障庁長官も、ＦＤＲに宛てた書簡の中でコイの提言を支持している。１９４１年1月3日、保守派で元インディアナ州知事であったマクナットは、「国の安全保障は社会保障を含まなければなりません」と大統領に提言した。それまでの社会保障は２００万人以上の老齢者や85万人の扶養家族、そして5万人余りの盲人や数百万人の失業者たちを救ってきた。さらにマクナット長官は、「もし、戦争で引き裂かれた英国が、社会保障制度を改革して拡充することを模索しているならば、我が国はそれを学ぶべきであるし、実施することは十分可能と思われる」と述べている。彼の主張は、「国民の生活をはじめ、自由や幸福の追求に関する最低限の保障を、政府はすべての国民に与えるべきである」ということであった[42]。

１９４０年11月の大統領選後、エレノアはホワイトハウス側近によるＦＤＲへの提言に前向きに対応するようになった。FDRが三期目の大統領に選ばれた数日後、彼女は早速社会防衛の問題を組上《そじょう》に載せている。12月10日、エレノアは「軍事上の必要性から労働や労働時間の犠牲を求めることは、製造業やその関連会社、それに一般大衆にもそれと同様な犠牲を求めるのでなければ公平とは言えない」とFDRに告げた。エレノアのいう社会防衛は、社会的少数者《マイノリティー》を含めたすべての国民を対象にしていたのである。同月エレノアは、「米名門黒人大学であるハワード大学（1867年創設）のエンジニアリング・スクールと歯科プログラムに必要な、新しい建物についての進捗状況はいかがですか？」とコイ補佐官に尋ねている。エレノアはFDRに手書きのメモを渡し、ハワード大学のプログラムに関する資金を予算局に求めるよう要請した。同時にエレノアと彼女の同志たちは、ニューディール機関の関係者たちへの態度を一新し、軍備増強の一環として、ニューディールが人間の基本的要求《ヒューマン・ニーズ》に適合するものであることを求めている。その活動の一例として、女性労働救済計画を担当するエレン・ウッドワード部長は、エレノアに対して「公共事業促進局（WPA）の社会防衛計画担当部署は国民の基本的要求について一歩を踏み出しており、もし公共事業促進局の職員が軍事関係で引き抜かれた場合、その結果として社会防衛計画は大きな打撃を受けることを上部に具申した」と報告している。[43]

FDRの連邦議会に向けた一般教書の草稿をみると、エレノアや改革支持者たちの努力が実を結んでいることがわかる。ある夜、FDRをはじめスピーチライターのサミュエル・ローズマンやロバート・シャーウッド、そして大統領側近のハリー・ホプキンスがホワイトハウスの会議室に集合した。彼らは、三期目の大統領就任演説の草稿を推敲《すいこう》しようとしていたのである。FDRは、その演説の結びの言葉を決めようとしていた。ローズマンはFDRが回転椅子に深くもたれかかり、長い間天井をジッと見つめていたことを回想している。その後、上体を前に傾けたＦＤＲは側近に向かって、彼が就任演説の締めで語りたいことを話し始めた。ローズマンは黄色のメモ用紙を膝の上で握りしめ、それを筆記したのである。

１９４１年1月６日、恒例の一般教書の中で、ルーズベルト大統領は20世紀において最も記憶に残る演説を行った。それは「人類の普遍的な四つの自由」として知られる演説で、その根拠は「理想と政治、併せて大統領選後の主張と戦争の危機」に基づいていた。ＦＤＲは、「民主的な国民生活は、世界のあらゆる場所でじかに攻撃を受けている」と語り、「この攻撃は、驚くほど多くの独立国で、民主的生活のあらゆる形を破壊してきている」と明言した。この演説の最後の三分の一で、ＦＤＲは話の焦点を変え、「人は……軍備だけでは戦わない、という基本的な真理を、米国民は理解する必要があるのです」と告げている。

続けてＦＤＲは、「この国の防衛につく人々や、その背後で防衛を支援する人々は、自分たちが国を守っているという信念に基づいた、勇気と忍耐力を持つべきです。我々が必要とする力強い行動は、戦う価値を無視したところからは生まれません。我が国の民主的な生活が維持される中で、各人が個人的な関与を深く認識してこそ、国が富んで、強靱な力を発揮することができるのです」と国民に呼びかけた。

その理由は、「今日、世界で最も難問とされる社会改革の根本的な要因は、社会的かつ経済的な問題であり、米国は、これらの諸問題をなおざりにしている場合ではない」ということであった。ＦＤＲはこの一般教書の締めで、「我々は、健全で強力な民主主義の土台を構築しなければなりません」と宣言した。大統領演説には、コイやカリーやエレノアが熱心にＦＤＲに請願したプログラムが含まれていた。ＦＤＲは国民に、「完全雇用の実現や必要な人々への社会保障の充実、失業保険や年金プログラムの拡大、青少年への機会均等や医療保険制度の改善、そして幅広い継続的な生活水準向上の目標促進などを公約し、国民の言論の自由の権利を守ること」を誓約したのである。さらにＦＤＲは、「欧州やアジアの戦地に流れている血は、自分が述べた『世界中のあらゆる場所の人々が享受すべき四つの普遍的な自由』を守り抜けるか否かを決定する戦いである」と明言した。ＦＤＲ政権にとって軍備の拡大は、「四つの自由」である「言論・表現の自由」と「信仰の自由」、そしてエレノアの主張を暗示させるその他の二つの自由とならんで大きな目標となった。エレノアを暗示させる二つの自由とは、「欠乏からの自由（解放）」と、その後の本土防衛計画の議論と深く関連することになる「恐怖からの自由（解放）」であった[44]。

１９４０年、ラガーディア・ニューヨーク市長は、「米国民は、どのようにして恐怖からの自由を、自ら実現するのであろうか」と懸念していた。彼の答えは、偶然にもファーストレディーであるエレノアの考えとほぼ一致していたのである。

第四章　本土防衛の問題点

現代の攻撃的な戦争の残酷な武力は、手におえないほど拡散してきている。
——フランクリン・Ｄ・ルーズベルト　１９４０年

１９４０年の春、ヒトラーのドイツ陸軍は轟音を上げて西ヨーロッパの横断を開始した。米国内ではＦＤＲ政権や市長たちをはじめ、ジャーナリストや沿岸に住む多くの市民たちが、自国の安全について強い戸惑いを覚えたのである。これらの人々は、米国民が敵国の攻撃に対する抵抗能力を以前にも増して失っていることを自認していた。年が明けて、米国の安全保障についての構想が新たな段階を迎えることになった。都市やその近隣地域、それに州単位での本土防衛努力は活性化したが、これらの活動は連邦組織と一体化することなく、連帯意識や効率の面に欠けることは明らかであった。一方、ホワイトハウスの閣僚の間においても、本土防衛に関する展望や考え方に一貫性が欠けていた。本土防衛のために数百万人のボランティアを募るべきであるという閣僚もいれば、外敵の脅威から国内を守るためには、何はさておき国民の士気を上げることが必須であると主張する閣僚もいた。米国はまさに、国をあげて錯乱していたのである。[1]

反ニューディール派の保守主義者の中には、「大統領は米国の本土防衛についてほとんど言葉を発していない」と主張する人もいた。当時、共和党の大統領候補を目指していたニューヨーク郡検事のトマス・デューイは、バーモント州の集会で2000人の聴衆を前にして「国家の防衛プログラムは心地よい言葉と快適な便利さだけを追及するのではなく、厳しい努力と軍備が中心にならなければならない」と演説した。この演説の中でデューイは、「本土防衛は共産主義者とその同調者によって先導されるべきである」というFDRの考え方を痛烈な言葉で批判し、ニュージャージー州におけるヒトラー礼賛の集会を制止しなかったFDRは腰が引けていると非難した。[2]

このような中でニューヨーク市長のフィオレロ・ラガーディアは、全米を通して本土防衛を実行させるために、FDRに圧力をかける運動を開始した。ラガーディアは、外敵の攻撃から都市を守るために、国民に軍事教育を施すことを提唱し、各市長や警察署長をはじめ、市の職員や国の安全保障担当者たちに目標を共有することを説得したのである。彼は、国民の生命と財産を保障して、すべての米国民の身体的安全を強化するよう関係者たちに呼びかけ、その方策として規律正しい市民軍の創設を考えていた。戦争に対する国民の心構えを確固たるものにし、連邦政府が主導する明確なプログラムを策定することが彼の目標であった。併せてラガーディアは、FDRの国家安全保障自由主義《ナショナル・セキュリティー・リベラリズム》の多様性のある構想を支持していたが、エレノア夫人が目指す国家防衛の考え方や実施方針とは相反するものがあった。

1940年春の米国の大衆文化を顧みると、こと国土防衛問題に関しては国民の幻想《ファンタジー》と現実がぶつかり合う様相であった。しかし、外敵の攻撃がますます現実味をおびるようになると、報道機関は欧州の戦いを米国民の生活と関連づけて報道するようになった。それらは、「ナチス・ドイツの電撃戦は、米国民がまさにこの地で被ろうとしている出来事の前兆である」というような触れ込みであった。「タイム」誌は、「新聞報道の戦争にまつわる見出しは、まるでオーソン・ウェルズの『火星人襲来』を国民に連想させる」と書いている。専門家たちは「欧州戦の力関係はまさに独裁者に傾きつつあり、1940年の米国はナポレオン戦争以来の危機にさらされている」と断言した。またあるコラムニストは、「ナチスが南アメリカへの侵攻を企んでいる」と論じ、一方で中西部の出版物は、「ナチスがカナダを起点として、米国の内部に侵攻することになる」と警告した。政治評論家のウォルター・リップマンは、「モンロー主義は、1812年に米国の首都が英国に焼き討ちされて以来の、いかなる時よりも負担になっている」と強調している。[3]

保守派の孤立主義層は、相対するリベラル国際主義派（干渉主義派）の面々と激しい論争を展開した。米国の空の英雄チャールズ・リンドバーグは、差し迫る危機についての政府の警告を無視し、「ナチスの侵略と戦争の惨禍を吹聴する有害な情報である」として政府をしりぞけた。1940年の時点では、ほとんどの国民が戦争への参加を嫌悪しており、再選をめざすFDRは、国民の世論に準じた選挙運動を展開している。しかし、1930年代の中頃に米国に根付いていた反戦ムードは、1940年代になると、しだいにほころびが見え始めた。1940年6月初旬に行われたギャラップ調査によれば、80％以上の米国民が「米国には国境を守れるだけの準備がなされていない」と答え、「米国は外敵の攻撃から安全である」と答えた国民はわずか15％であった。この数字は、孤立主義思想の衰退を表していた。この頃になると、根も葉もない裏話や噂話が国民の恐怖を駆り立てるようになった。あるニュース報道は「シアトルとニューヨークの住民が、ヒトラーが西ヨーロッパを踏みにじったことを知って命を絶った」と伝え、他方では「ペンシルベニアの射撃クラブは、ナチスのパラシュート部隊を撃ち落とすために、射撃の技術を会員に教えている」という具合であった。[4]

敵方協力者《フィフス・コラムニスト》〈第五列：本来味方であるはずの集団の中で敵方に味方する人々。語源はスペイン内乱時の戦例に基づく〉に対する国民の不安は１９１９年の赤の恐怖によって破壊活動が国家問題となった時以来の激しさとなり、米国内で共有されることになった。反ニューディール派の多くの保守層が、国内の共産主義者の破壊工作の脅威を煽り立て、一方のＦＤＲ派のリベラル層は、都市や軍需工場、労働組合や政府内にファシストが侵入することを案じていた。ＦＤＲは国民に、「ファシストの新たな攻撃方法は背信行為やスパイ行為をはじめとして、破壊工作員や反逆者への対策が不十分な国家を欺くトロイの木馬戦法、それにスペイン内乱の第五部隊《フィフス・コラム》（後方攪乱部隊）を展開するやり方になる」と警告した。１９４０年の春、日刊紙の「オレゴニアン」もまた、「巧妙な敵方協力者たちは、侵攻や爆弾投下に適した地点や場所を選定して、敵国への協力を企てている」と伝えた。ある退役軍人会はホワイトハウスに対して、「３００人程度の武装した兵士だけで、市民の多くを殺害し、２万人程度の都市を占拠することができる」と警告している。[5]

今振り返ってみれば、当時の米国は長らく戦争から遠ざかっていたために、このような内地攻撃の脅威が、一時的に大げさに報道されていたことがよく分かる。しかし、ＦＤＲと彼の支持者たちはそれらを見逃すことなく、戦争準備に向けた国民の動員に大いに活用した。１９４０年中頃になると、ナチスの侵略が欧州から数千マイル離れた米国民の生活や家庭を脅かすと考える人々が出てきても、決しておかしくない時世になっていた。破壊工作員が米国民の生活を今すぐにでも脅かそうとしているという言い分は、かなりオーバーであったが、ナチスによる米国民向けのプロパガンダや軍事機密の略奪、それに国防計画に大きな脅威を与える妨害などの働きかけは少なからず存在した。また、ヒトラーの欧州北海沿岸への電撃的侵攻が、米国民にかなりの衝撃を与えたのは事実であった。それらは、欧州の民主主義が音を立てて崩れ落ちていくことへの不安とも言えた。多くの米国民は、ヒトラーは敵国を劣った民族とみなして自らの行為を自画自賛し、全世界の軍事的征服を目指している、と考えていたのである。ヒトラーの戦争準備は１９３０年代後半から始まっており、ある歴史学者は、「その計画の中には、米国への攻撃が可能な軍艦や航空機を整えて、大西洋をまたぐ海軍力と空軍力の創造が含まれていた」と述べている。[6]

ニュース・メディアや言論界は、「ドイツや日本が米国の領海に忍び寄りつつある」という懸念を絶え間なく伝えた。なかでも「ニューヨーク・タイムズ」紙は、「旅行者やセールスマンや避難民を装ったナチスのスパイがメキシコ政府と軍隊に介入し、パナマ運河を空襲できる飛行場を近々確保することになるだろう」と報じている。さらに同紙は、「日本の漁船がカリフォルニア州沖を航行し、海岸沿いの住民たちを不安に陥れている」という情報を詳しく伝えた。[7]

１９４０年の春、ヒトラーによる欧州やラテンアメリカへの侵攻の可能性がますます高まり、米国民はかつてない危機感の中で警戒心を強めた。軍事侵攻の潜在性に併せて、敵方協力者の活動の恐怖が連邦政府高官たちの間に広がっている。米国の通商や社会文化のまとめ役であったネルソン・ロックフェラー〈後の米国副大統領〉はＦＤＲに、「南米の報道機関は、南半球に築かれてきた安全の限界が侵害されているという証拠をつかんでおり、ヒトラーはペルーを米国侵攻の起点にするかもしれない」と警告した。米国に侵入したスパイや破壊工作者が、ナチスの米国侵攻を支援することを恐れたFDRとその周辺は、スパイ活動から米国を守る活動に着手した。FDRはヴァージン・アイランドにおける反米宣伝の調査を判事に要請し、同時に政府は、アラバマとジョージアの両州にまたがるベニング基地とアトランタのマクファーソン基地で、ナチスのスパイが写真撮影を行ったという情報の調査を開始した。また、FDRは内務省の官僚に対して、敵方協力者の行動調査にあたって連邦捜査局（FBI）と陸軍当局を支援するよう指示している。さらにリーランド・オールズ連邦電力委員会会長に対して、発電所と送電線に監視所を設けるよう申し入れ、赤狩りのマーティン・ダイス共和党議員〈非米国人の活動に関する下院委員会議長〉によるスパイの脅威についての質問には、「現在浮上している敵方協力者の動きに、政府は重大な関心を持っている」と答えた。浮上した敵方協力者の脅威は世論調査にも反映され、ギャラップ調査は「米国民のほぼ半数が、彼らの中にスパイが潜んでいると考えている」という結果を発表した。[8]

1940年の春を通して、FDRは「米国本土への脅威は高まっている」という懸念を国民に直接伝えた。欧州のナチス進撃をきっかけに、彼は目前に迫った本命題である「米国の軍事動員」の話を押し進めたのである。5月16日、FDRは連邦議会合同会議の場で特別講演を行い、西欧におけるナチスの驀進《ばくしん》が米国民に多大な不安を与えていること、そしてヒトラーの尋常ではない行動がすべての中立国に自国防衛の対応を強いていることを訴えた。さらにFDRは、「米国攻撃への可能性は無視できず、近代戦の兵器の残虐性がその恐ろしさのすべてを物語っている」と述べている。長きにわたって国民が信じてきた米国大陸の地理に基づく守りはすでに崩れ去り、FDRはそれを次のように解説した。

「大西洋と太平洋は、艦隊が5ノット程度で航行していた時代においては、国土防衛線の役割をそれなりに果たしていた。しかし、その時代においても、奇襲攻撃によって我が国の首都を焼き討ちすることは可能であった。時代を経て、蒸気船の登場により船の速力は15～20ノットまで向上したが、それでも両大洋は我が国の防衛に強みを与えていた。しかし、現代は２００～３００ノットの飛行機が敵国を攻撃する時代になっている。さらに彼らが米国に近い飛行場を使用すれば、この国を何回も繰り返し攻撃できることになる。グリーンランドの岸からニューファンドランドまで飛行機で4時間、ノバスコシアやニューブランズウィック、ケベックまで5時間、さらにニューイングランドまではわずか6時間の飛行である。アゾレス諸島は我が国の東海岸から２０００マイルの位置にあり、もしバミューダが敵国に落ちれば、最新の爆撃機が我々の海岸に届くのは3時間以内ということになる。また、西インド諸島の基地からは3時間20分でフロリダに到達するであろう。アフリカ西海岸からブラジルまではわずか１５００マイルの距離である。アフリカ大陸最西端のヴェルデ岬からブラジルまで、今の飛行機では7時間の飛行となる。ブラジルのパラからヴェネズエラのカラカスまで4時間、そしてヴェネズエラからキューバやパナマ運河地帯までは2時間半、さらにキューバやパナマ運河地帯からメキシコのタンピコまで2時間15分、タンピコからセントルイスやカンザスシティ、オマハまでは2時間15分の航程である。一方、米国大陸の白人3万人が住むアラスカから、バンクーバーやシアトル、タコマ、ポートランドまでは4～5時間程度であろう。南太平洋諸島は南米の西海岸からそれほど離れておらず、攻略部隊に大々的な戦略的価値を与える基地を妨げることは難しい。我々は、準備もなく、また準備もできない国々が敵国に侵略された現実を、次々に目にしてきた。難攻不落の防塞などは、もはや存在しないのである」[9]と。

民主党リベラル派はＦＤＲの見解を認めて、それを国民の範囲まで浸透させた。フロリダ州のクロード・ペッパー上院議員は、「欧州の要塞や運河や河川、また責任のある政治家やベテランの軍人、それに国や国民を救うことを頼りにされてきたすべてのものが、まるでマッチ箱のように粉々にされている」と明言した。さらにペッパーは、「今や、ヒトラー主義の鉄の拷問具《ごうもんぐ》から、我が国と我が国民を救う時がきた」と話を結んでいる。[10]

ＦＤＲとペッパーは、多くのリベラル派の国際主義者を代表して「米国の最大の同盟国、英国とフランスがナチス・ドイツによって滅ぼされる危機に瀕している」と訴えた。当時の司法長官ロバート・ジャクソンは彼の日記の中で、「大統領はドイツ陸海空軍の連合した軍事力に狼狽しており、英国首相のウィンストン・チャーチルはＦＤＲのその姿勢に深いジレンマを抱えた」と打ち明けている。ＦＤＲは、「チャーチルは英国本土をドイツ空軍の脅威にさらしても、英国の空軍機をフランス防衛のために使う選択肢を持っている。あるいはまた、チャーチルが英国空軍を温存する選択も有りうるが、もしフランスが敗れた場合、彼が大陸の最後の同盟国であるフランスを不運に陥れたというそしりは免れないであろう」と考えていたのである。「もし、このような状態が続くことになれば、我が国が英国と同様の局面に立つことも有りえる」とＦＤＲはジャクソン司法長官に語っている。[11]

１９４０年の春を通して欧州大陸の状況はますます悪化し、ＦＤＲは米国本土の防衛についての懸念をますます深めた。米国沿岸に設置した大砲の位置を地図に印したＦＤＲは、それを特別補佐官のハリー・ホプキンスに見せている。しかし、その時のＦＤＲの本音をいえば、「このような大砲は、近代戦の防衛にはほとんど役に立たないだろう」という思いであった。この時点では、国内や近隣にいる米国民を守るための、本土防衛に関する最善かつ明確な方策が準備されていなかったのである。そしてＦＤＲは、これらの厄介な事態が現実的な問題になってきたことを知っていたが、自らの責任においてそれらを当面無視できることも理解していた。しかし、国土防衛に関する結論をとめどなく先送りすることが、国家の利益につながらないことは明らかであった。問題は、米国に戦火が及ぶまでどれほどの時間が残されているのか、予測できなかったことである。[12]

６月22日のフランス陥落のニュースは、稲妻のように米国中を駆けめぐった。米国民の中で、フランスがこのように絶望的な形でファシストに占拠されることを予測した人はほとんどいなかった。ナチスによるフランス占領は米国の国土防衛論議に油を注ぎ、その問題を政治の中心に引き出している。当時、米国陸軍がある程度、国土防衛問題に関与しつつあることは確かであった。この年の３月にジョージ・マーシャル陸軍参謀総長が国土防衛計画に署名しており、この計画をリードするのは、ＦＤＲ政権内の閣僚であることを参謀総長や同僚の軍人たちは知らされた。陸軍側から見て必要だったのは、積極的な国防計画を組み立てるための自由な活動であった。陸軍省は本土空襲の際の民間人の行動要領を発行したが、陸軍自体はそのような計画の主導にほとんど関心を示していない。[13]

６月に入って急速に高まった国防論議に、ホワイトハウスが最も強い影響力を持つことになった。侵略の脅威を危惧するＦＤＲは、国民が都市から避難するときの最良の方策を、連邦事業庁管理者のジョン・カーモディに検討させている。一方、ホワイトハウスの大統領補佐官ロークリン・カリーは、ＦＤＲが国防計画に力を入れるときが来たことを確信した。ＦＤＲはラジオ放送の炉辺談話を通して、各都市や町がそれぞれの防衛支部を立ち上げることを要請しており、カリーはＦＤＲに対して、「現在、国民の間ではボランティア精神が高まっており、大統領は彼らに適切な役割を与えるべきである」と進言している。防衛支部は射撃クラブや士気向上の活動ばかりでなく、「ボランティアによる戦時のインフラ整備や避難要領の準備をはじめ、彼らに建物や公共衛生の補強、そして緊急看護訓練などの役割を課すべきときである」という提言であった。[14]

しかし、このカリー補佐官の提言はＦＤＲ側近の軍人たちから強烈な反発を招き、激しい論争を引き起こした。ハリー・ウッドリング陸軍長官は、大統領が国民にそのようなことを呼びかけることは、「国民に不必要な警鐘を鳴らすだけで、我が国の軍隊は敵国による脅威に対応ができていない、という誤った印象を与えることになるだろう」と述べ、さらに、各地域が防衛支部を立ち上げるべきであるというＦＤＲの発言は、「大統領が国家安全保障政策に失敗したという誤解を招き、連邦議会の責任問題や大衆の突き上げを招く要因になる」と明言した。陸軍長官の助言は、「大統領は、国家の安全保障政策について政府は引き続き検討中であると宣言し、その範囲に収めておく方が望ましい」というものであった。[15]

ＦＤＲは、ウッドリング長官の助言を重く受けとめた。１９４０年当時、ＦＤＲは大統領として政治の中枢を徴兵制の実施や同盟国への武器貸与、それに平和時の産業体制を戦時の生産体制に置き変えることに専念しなければならなかった。加えて、ＦＤＲには三期目の大統領選が控えていた。ＦＤＲは、彼が国民に防衛支部の立ち上げを提唱した場合、その批判者たちは大統領が国民を戦争支持派へ向けさせていると捉え、結局自分を追い詰めることになるだろう、と予見したのである。

このような状況の下で、ホワイトハウスは国の安全保障問題についてほぼ沈黙を保つことになった。そしてこの間隙をぬって、多くの論者がいち早くその埋め合わせを図っている。中でも、最も情熱を注いで国防問題に取り組んだのが、ニューヨーク市長のフィオレロ・ラガーディアであった。ラガーディアは各州の市長たちを連れてホワイトハウスを訪れ、都市のニーズを満たした、全国一律の安全保障政策の策定をＦＤＲに進言したのである。ラガーディアの信条は、連邦政府が本土防衛計画をうまく調整し、国の危機に対応する本来の能力を備えているべきであるということであった。同時にラガーディアは、「たとえ国内の経済危機や欧州大陸の大激動があったとしても、全米の各都市はＦＤＲ政権を支えて、すべての米国民の安全のために力を尽くす」という忠誠心を持っていた。彼の考え方は、危険にさらされているのは国内のすべての大都市であって、それぞれの州が市民軍を組織するのは得策ではないということであった。これは、ナチスの攻撃目標地点が人口の多い都会と産業の中心地に集中しており、州そのものが対象でないことを意味していた。

ラガーディアは、ニューディール推進のためにワシントン政府に十分協力してきたつもりであったが、彼はＦＤＲが都市への協力を惜しみ、大都会の安全上のニーズを不公平に取り扱っているように感じていた。ラガーディアは、是非ともそれを変えさせなければならないと肝に銘じたのである。全米の市長たちは、政府に対して空港や空いた建物や公共の土地などの使用を提案したが、政府はそれらを受け入れなかった。ＦＤＲの側近たちは市長たちに対して、各市の治安維持を目指した連邦政府の企画について意見を求めている。ラガーディアはそれらの企画は小さな取り組みに過ぎないと評価し、ワシントン政府の的外れの対応に失望した。６月24日のホワイトハウスの会議において、ＦＤＲとラガーディアは国土防衛問題について意見を交わした。そこでラガーディアは、大統領が自分と共同して確固たる防衛プログラムを立ち上げる気があるのであれば、全米市長会議は、都市とワシントン政府の橋渡し役を務めることができると提言している。さらに、ラガーディアと市長会議幹部のポール・ベターズは、全米都市の防衛体制を創設するために、地方支部を作ることを大統領に申し入れた。ＦＤＲはその検討を彼の側近と防衛委員会に指示している。[16]

ラガーディアとベターズの市長会議首脳は、連邦の国土防衛問題をさらに前進させるために、この機を逃すことなく、全米の市長たちに対して政府に圧力をかけるよう働きかけた。ニューディール派のサンアントニオ市長、モーリー・マーベリックは、ベターズの依頼に応えて3ページにわたる意見書を作成し、「ワシントン政府は、各都市に対して財源並びに指針を与えることが求められている」と主張した。同市長はまた、警察官訓練の標準化や家庭保護の義務、そしてパニックの防止や銃後の守りとして自主的な役割の付与を要望し、最後に「私の事務所は民間の準防衛軍を志願する市民からのリクエストで溢れている」と書き添えた。[17]

ラガーディアの考えに賛同したマーベリック市長は、他の市長たちを代弁して「フランスの悲劇は、ナチスの電撃戦に対する国家と地方組織の協力体制の欠如によるものである」と述べている。「米国はこの悪例をよく学ぶべきだ」と警告したこの市長は、サンアントニオ市民の避難体制や敵方協力者たちとの闘争の重要性をテーマにあげ、近接するメキシコ国境や軍需工場施設の問題について、さらなるワシントン政府からの支援が必要であると訴えた。[18]

フロリダ州ジャクソンビルで開かれた全国都市通信協会の集会では、「今や各都市が本土防衛の最前線となっており、都市の労働者たちは市民防衛の軍隊に加わらなければならない」という論議が活発に交わされた。緊急時の通信手段の確保に責任をもつ通信員たちは、市長会議幹部のポール・ベターズが語る「都市への爆撃は本格的な脅威となっており、このような時こそ、通信手段が重要な役割を果たすことになる」という話を熱心に聞いた。また、連邦捜査局（ＦＢＩ）の役人は、通信員たちに「たった1機の爆撃機が皆さんの都市に侵入しただけでも、１０００個余りの焼夷弾が投下され、数百の場所で火災が発生することになる」と警告した。同時にその役人は、「空襲を知らせる中央警報基地への不審な人物の侵入を防ぐために、市民は常に警戒を行う必要がある」と忠告している。[19]

ＦＤＲは、本土防衛問題に前向きに取り組んでいたが、ラガーディアや他の市長たちからすると、大統領は立ち止まって問題をうやむやにしているように見えた。それは8月の記者会見でＦＤＲが、「本土防衛問題は検討中であり、現時点における具体的な方策はない」と答えたことによる。当時ＦＤＲが考えていたことは、「もし各州の州兵を動員するならば、どのようにして通常の州兵体制を米国本土の防衛の目的に切り替えるか」ということであった。そのため彼は、第一次大戦のベテラン軍人を核とした「米国在郷軍人会・世界戦争ベテラン連合会」のような組織の創設を提言したのである。同じく8月に、ＦＤＲはラガーディアの構想を採用し、芽を出しはじめていた本土防衛活動を軌道にのせるための「国家防衛推進局」と「地域連携組織」を設立することにした。ＦＤＲは国家防衛推進局の局長にフランク・ベインを指名した。先の大戦で戦闘機パイロットであったベインは、国や地方の公共福祉事業で功績を残しており、ＦＤＲ政権の社会保障局の局長を務めた経緯もあって、少なくともこの段階では強力な人材の登用であった。彼は世界大恐慌時代の社会福祉リーダーとして、第一次大戦での経験をフルに活用していたのである。[20]

しかし、そのベイン局長の前に立ちはだかった壁は、思いもよらず高いことが判明した。各州や都市の行政府に対する、「国家防衛推進局」の影響力の不足がその決定的な要因であった。公共事業に尽くしたベインの実績にもかかわらず、知事や市長の認識や、彼に対する信望に今一つ満たされないものがあったといえる。このような状況の下でベイン局長が出した業務指示は、本土防衛問題や消費者の保護をはじめ、公共衛生や公営住宅の問題に至るまで極めて範囲が広く、結局それぞれの活動が手詰まり状態になってしまったのである。[21]

フランク・ベインが「国家防衛推進局」の局長の指名を受けたとき、すでに48州の過半数を超す州がそれぞれの防衛評議会を創設済みか、あるいは創設の最中にあった。言ってみれば、防衛評議会の展望や活動の方針が、ベインの国家防衛推進局の活動の内容をすでにカバーしていたのである。防衛評議会は、州や連邦の各種の法律、すなわち1916年に成立した「国家防衛法」の修正条項・第61項によって州兵が連邦の軍務を担わされたとき、州は郷土防衛軍を立ち上げることができた。またそれぞれの州法は、危機の発生時に民兵を組織する権限を知事に与えており、1940年8月当時、この州法のもとで準備を重ねていた防衛評議会は、その活動の広さや課題の多様性のために最も多忙な時期にあった。公共安全を担当するマサチューセッツ州の委員会は、食料やガスなどの重要品が欠乏したときの救援策や、戦争経済が取って代わったときの住民への支援策などに取り組んでいた。防衛評議会設立が二度にわたって否決されていたカリフォルニア州議会では、知事のカルバート・オルソンが州の防衛部局を立ち上げるために、第一次大戦からの法律を適用しなければならない有様であった。結局、カリフォルニア州の防衛部局は、財源不足のために焼夷弾の対応策も策定できない状況となり、敵方協力者の排除においても、州消防局のライデル・ペック長官の略式任命に頼らざるをえなかった。ペック長官は消防士たちに軍需工場の従業員の調査を指示し、従業員の人種や政治的思想や出身地などを調べさせている（同時に、ペック長官はカリフォルニア州の防衛担当者たちに、軍需工場に送られる荷物を詳しく調べる必要があると勧告した。これらの勧告は飲料水や食物の配給に毒物を混入したり、工場労働者に有害なバイ菌を振りまこうとする敵の陰謀を防ぐためであった）[22]。

当時の米国の各州は民主国家の実験場どころか、州それぞれが各種各様の課題や活動に奔走し、リーダーが不在で、協力体制に欠けた学校のクラスルームのような様相であった。その例を挙げると、ミネソタ州が州への攻撃を防ぐために郷土防衛軍を創設する一方で、ウィスコンシン州は公共衛生と防空をまず優先するという具合であった。またニューハンプシャー州は住民避難の計画を策定し、ニュージャージー州は空襲の際にハドソン川を越えて流入するニューヨーカーの扱いを検討、一方のメイン州は銃後の守りを担う女性たちの訓練を行っている。ニューヨーク州の防衛指導者たちは軍需工場で働く労働者の人種差別問題を調査し、テキサス州はメキシコからのナチスの侵入を防ぐ方策を設定した。サウスカロライナ州知事は、破壊工作分子の脅威を除去することに専念して「米国民のために、安全な米国を」と訴えた。フロリダ州は新兵補充や栄養学に関する活動に焦点をあて、８８０ヵ所の空襲監視所を設置したのである[23]。

ベイン局長は、これら一貫性のない活動にほとんど手が出せず、そのため本土防衛問題の混乱した状態を解決することができなかった。彼が目指したのは焼夷弾対策に取り組む各州の支援や、軍需工場で働く人々の適切な住居、それに徴兵の際に移住する労働者や召集兵の家族の支援や、教育の土台を造りあげることであった。しかし各州の知事たちは一様に、ベイン局長が州の防衛態勢に口出しすることを阻んだのである。それはあたかも「国家防衛推進局」の忠告は余計なことであり、州自体で治安を決定する権利や、自分たちで脅威を判断する権利を侵すものだという、州知事たちの独断的な姿勢であった。[24]

中でもオレゴン州のチャールズ・スプレーグ知事は、州の防衛評議会に関するベイン局長の提言を拒否した。１９３８年にスプレーグ知事は、地方行政に影響を与える連邦政府の働きかけを断ち切るというスローガンで当選しており、彼は１９４０年のベイン局長の提言に対して、「局長の提言はオレゴン州の問題をほとんど考慮していない、政府のリベラル派たちによる明らかな干渉である」と正面から反論したのである。また同知事は、「もし私が防衛評議会を今立ち上げれば、オレゴン州の人々は敵襲が間近と捉えて、パニックを起こしかねないであろう」と釈明している。さらに、そのような評議会の創設は、国際的な非常時に知事が独裁的な力を強めているという非難を招くことになる、とも述べた。これらの発言についてベイン局長の側近は、「スプレーグ知事と彼の助言者たちは本来の本土防衛プログラムが分かっておらず、当局の担当者が知事との議論を絶つことは残念なことだ」と報告している。これを知ったスプレーグ知事は、「知事の特権とオレゴン州の選挙民の権利を踏みにじるものだ」と反論し、ワシントン政府を激しく非難した。そしてベイン局長は、「スプレーグ知事はオレゴン州で正式に選ばれた知事であり、彼だけが、オレゴン州と国家防衛推進局や陸軍省との合法的な意見交換や連絡の役目を果たすことができる」という考えに至ったのである。ところが、オレゴン州地域の防衛に前向きな指導者たちは、スプレーグ知事の無頓着な態度に異論をとなえ、州議会は「オレゴン州の水源や配電網に対する軍事的な防御や、空襲時の暴漢に対する少数民族の保護、それに敵方協力者からの軍需工場の防衛などについて、しっかりしたプランを提示しなければならない」と主張した。[25]

ワシントン州では郷土防衛問題がイデオロギー的な論争となり、政治的な対立となった。クラレンス・マーティン州知事（民主党）の時代に防衛評議会が創設され、敵性外国人の調査が行われて、州の自然資源の保護が行われた。ワシントン州の地域リーダーたちはマーティン知事の対策を歓迎し、郷土防衛プロジェクトの支援者として彼に協力した。ところがマーティン知事の後任は、民主党とニューディール政策を敵視する共和党の知事で、州の防衛評議会のメンバーを彼のイエスマンで固め、評議会の権限を剥奪した。そのため郷土防衛の問題で人々の精神的な緊張が高まり、役人たちの手におえない事態に陥っている。スポケーン市では共同防衛派の集会に６０００人余りの人々が集まり、タコマ市の市長は、「我々の市は全米の中で最も屈強な防衛組織をもつ都市の一つである」と誇らしげに語った。ある郷土防衛委員会はシアトルでの停電訓練を計画し、また他の組織は、銃後の女性の訓練を鼓舞して州の住民たちの士気と精神力を高めるよう、州都のオリンピア市に圧力をかけている。[26]

欧州ではナチスのフランス攻略という現実があり、米国内の防衛態勢の不揃いは国民の不安を増幅させて、さらなる混乱の兆しを招いた。８月後半のギャラップ調査によれば、42％の国民が「もし英国がナチスに敗北した場合、米国はますますナチスに侵略されやすくなると思う」と答えている。同時に、より多くの米国民が、外国のスパイに危惧を抱くようになった。あるワシントンＤＣの建築マネージャーは、彼の仲間の中に複数のスパイがいるとホワイトハウスに通告し、またあるテキサス州の男性は、米国とメキシコの国境にナチスの武器が備蓄されていると投書している。これらの波紋が米国社会に広がり、大衆向けの本、例えば『米国にいるナチスのスパイ』とか、第一次大戦後の書物である『ドイツの秘密情報員としての私の冒険』などが民衆の関心を呼び起こし、後者の本は、メキシコを基地として米国に侵入を試みるスパイの記録を物語っていた。FDR政権の行政補佐官であったジェイムズ・ロウは、法を無視して活動する市民の実例を報告しているが、それはリベラル層の中に第一次大戦以後のエピソード——移民に対して、行き過ぎた行為をした最も質の悪い市民たち——を思い出させるものであった。リベラル派の多くの人々は、「然るべき法の執行者が、法違反の容疑者を検挙すべき」と考えていたのである。[27]

人々の脅威が思わぬ方向に展開する状況が生まれ、結果的に、ベイン局長の防衛推進局が形骸化して無力化した。全米の市長たちは、「FDR政権は、都市の財政支出において、州の評議会を優先している」と捉えていた。FDRは、何よりも防衛プログラムの重視を鮮明に打ち出していたのであるが、結果的にそれは、1940年の秋にラガーディアが打ち破ろうとしていた膠着《こうちゃく》状態の行き詰まりを招くことになった。州を引き込もうとするベイン局長の強硬なやり方に異議を申し立てたラガーディアは、議事録に書かれているように「苛立《いらだ》った荒馬」のような勢いで本土防衛会議の席から立ち去った。全米市長会議を率いるラガーディアは、〈トップダウンによる〉国の管理下における本土防衛政策の価値を認めなかったのである。それについて行政補佐官のウィリアム・マクレイノルズは、「ラガーディア市長は、市長会議がホワイトハウスに反旗をひるがえすよう先導している」とFDRに報告した。[28]

ラガーディアの不満をある程度理解していたFDRは、彼の側近に市長たちの考えを検討するよう指示した。1940年秋の情勢を見渡せば、FDRがラガーディアを必要としていたように、ラガーディアもFDRを必要としていたのである。長期にわたって連携してきた二人は、大量殺戮が行われている欧州の状況を憂慮《ゆうりょ》し、ニューディール政策の信奉者よりも、国際主義（干渉主義）政策に積極的な人々を新しい仲間として加えることにした。そのため、国際政策の遂行上、ラガーディアはＦＤＲにとって必要不可欠な存在となっていた。米国の戦争介入に反対を続ける中西部の進歩派と袂《たもと》を分かったラガーディアは、国際問題についてのＦＤＲの強力な助っ人であった。１９４１年５月にＦＤＲ政権の本土防衛に責任を持つことになるラガーディアは、その第一歩をここから踏み出したのである。

ラガーディアは、ＦＤＲはこの戦争において明らかに国家統治に厄介となる者を見抜く力を持つ指導者である、と力説した。ラガーディアがＦＤＲを支持したのは、まずはニューヨーク市民をナチスから守りたかったこと、そしてファシストの独裁者たちを忌み嫌っていたからである。ラガーディアは、ヒトラーやムッソリーニの社会と共存する気持ちはもとよりなく、米国民が戦争の準備に加わることを期待し、自ら進んで国家防衛プログラムの務めに就くことを望んでいた。ニューヨークの新しい水上飛行場の開港式に出席したラガーディアは、それを大西洋横断の定期便運航のさきがけとして称賛した。ＦＤＲは開港式に出席した1万人を前に、「このような、近代的な航空機で武装した屈強な男たちこそ……まさに平和をもたらす先達である」と述べている。ニューヨーク市クイーンズ区にある航空機整備士養成学校の開校式で、ラガーディアは１５０名の市や軍の指導者たちを前にして、「ヒトラーはこの学校の開校を、米国のナチスへの警告として見るべきである」と祝辞を述べた。ＦＤＲは、ラガーディアの押しの強い気質を高く評価している。また、ラガーディアは大げさな言い回しをする特技を持っていて、それはＦＤＲがまねのできないものであった。この調子でラガーディアは、ＦＤＲの「ファシストの軍隊は、民主主義国の軍隊の挑戦を受けなければならない」という考えを強く後押ししたのである。さらに彼は、１９３５年制定の中立法の破棄を連邦議会に陳情している。この中立法は、英国に対するFDRの軍事的支援を妨げている大きな要因であり、その破棄のために、ラガーディアは連邦議員をうまく導こうとしたのである。ラガーディアは、FDRに自らの米国防衛論を詳しく説明し、西半球の防衛を固めるために汎米陸軍《パンアメリカン・アーミー》を創設して、大西洋中央部のアゾレス諸島とアフリカ大陸最西端のヴェルデ岬の管轄権を手に入れるよう進言した。FDRはラガーディアを外交問題に通じたリベラルな体制支持者と捉え、米国とカナダ間の常設合同防衛委員会の米国側の議長に任命している。その合同防衛委員会は、米国・カナダのいずれかの国が攻撃された場合、両国が共同して対応するための組織であった。[29]

ラガーディアはまた、前例のない三期目の大統領選にのぞむFDRの後援者として貢献した。共和党員であるラガーディアとネブラスカ州上院議員のジョージ・ノリスは、FDRと副大統領候補のヘンリー・ウォレスを擁立する第三者委員会の共同司会を務めた。この組織はFDRのニューディール政策をはじめ、戦時におけるFDRのリーダーシップを積極的に支援する象徴的な存在であった。小数民族系ニューヨーク市民のラガーディアは各都市の数百万人の労働者に呼びかけ、一方のノリス議員は米国の中核地域の議論をまとめて、厳しい大統領三選の運動を支援した。ラガーディアは「FDRこそは、この国の将来の極めて重要な責任を背負う人物であり、これまで対立してきたいかなる候補者、あるいは米国史上のどの大統領候補者をもしのいでいる」と述べた。ラガーディアはFDRの中に「家族の偶像」を見出したが、この言葉は、1940年にルーズベルトの崇拝者たちがいかに彼を尊重していたかをまとめたロバート・ジャクソン司法長官の回想記に使われたものであった（ジャクソンは彼の批評家に対して、「FDRは守護神であった」と書いている）。[30]

FDRは、ラガーディアのこうした洞察力やアドバイスを高く評価した。FDRのニューヨークを巡る選挙運動の際、ラガーディアは、公約の問題はさておき、ニューディール政策の完遂に焦点を当てるよう、ＦＤＲに進言した。これらの進言は、公共事業としてのブルックリンとバッテリーパーク間のトンネル開設や、クイーンズ開発事業の公共住宅の建設、そしてラガーディアがＦＤＲの熱望する目標とよんだ「政府の福祉政策」、すなわちトライボロー結核治療病院の設立を意味していた。また、ラガーディアがハーバード大学卒業生に国際危機における大統領への支援を呼びかけた際、ＦＤＲは彼の同窓たちに話の輪を広げてくれたことを感謝した。[31]

この大統領選において、共和党の大統領候補者ウェンデル・ウィルキー（弁護士や公共事業重役の経験者）に対して、ラガーディアほど辛辣な批判をした人はいなかった。ラガーディアはＦＤＲに、「あなたのために、共和党候補者に対して徹底的な敵対行動を取る」と誓って、それを実行した。その年の10月、シカゴで行われたＦＤＲ支援者の２万３０００人の集会でラガーディアは、「ウェルキー候補がＦＤＲを『戦争に狂う司令官』とけなして、人々に誤解を与えている」と非難した。彼は支援者たちに、ＦＤＲは米国を戦争に参加させないことを終始誓っていると伝え、もしウェルキー候補が政権を取ることになれば、「威嚇《いかく》に満ちた恐ろしい時代が到来することになるだろう」と警告した。さらに加えて、「公益事業の悪党を落とせ」と一段と語気を強めている。デトロイトの集会で、ラガーディアがＦＤＲの代わりに選挙演説を行ったとき、やじを飛ばす男性に激怒した彼は、その男性と殴り合いを始める寸前であった。[32]

ラガーディアは、ＦＤＲの外交政策と大統領三選を支えると同時に、市長として、外敵の活動からニューヨーク市民を守る企画を意欲的に進めた。すでに陸軍省とも会談を行い、ウッドリング陸軍長官は、「もしニューヨーク市に空襲の脅威があった場合、陸軍がどのように市を守るかを打ち合わせている」とFDRに報告している。さらに加えてラガーディアは、他の都市の市長たちに「ニューヨーク市は空襲を仮定した準備をすでに進めている」と非公式ながらも伝えた。彼はまさかのときに守らなければならないニューヨーク市の最重要リストをすでに作成しており、とりわけ空襲時には「摩天楼の屋上からその10階下までにいる人々は、いち早く避難しなければならない」と指示していた。さらに「街路に出ると敵のパイロットの餌食になりやすいので、屋内に留まるように」と注意を与えている。[33]

9月に至ってラガーディアは、「本土防衛に関わる資力や権力、それに全米の各都市と調整する権限を持つ唯一の機関は連邦政府だけである」と明言している。また上院委員会での軍事に関する宣誓証言で彼は、「市民の郷土防衛隊が重要な役割を担うことを実証した欧州の例にならい、国家防衛上、米国陸軍は郷土防衛組織の責任を受け持つべきである」と提言した。ラガーディアは政府に拍車をかけるために連邦議会を訪れ、水路・給水設備・発電所・鉄道・高速道路・橋梁・造船所や波止場、その他、敵襲の戦略目標となる地点の保護を訴えた。しかし、「国家には多くの弱点もあり、現実的な軍事行動が取れる訓練を受けた市民が必要となる」というのが彼の主張であった。ラガーディアの主張に共鳴したある上院議員は、「政府は郷土防衛隊を管轄下に置き、埠頭やその他の戦略地点で警備を行う隊員の教育訓練を早急に行うべきである」と発言している。[34]

FDRは、「米国民を適切に保護するためには、連邦政府が国防計画の設定を率先しなければならない」というラガーディアの考えに理解を示すようになった。この年の9月、FDRと各大都市の市長たちとの関係は、かつてないほど強いものになっていた。こうした流れの中で、人々の関心はニューディール政策の完遂はさておき、ファシスト独裁者による米国への妨害行為を防ぐために、社会的に大きな価値を生み出す軍事面への追求に変わっていったのである。ニューヨーク市の高級ホテル、ウォルドーフ＝アストリアで行われた全米市長会議にFDRは書簡を送り、「各市の支援のもとで連邦政府はすでに敵方協力者の排除をはじめており、さらに多くの軍のパイロットの養成をはじめ、給水設備や発電所、交通機関の動脈やその他の重要地点の防御を固めて、市民防衛のための方策を前に進めています」と伝えている。[35]

この市長会議では、各都市の警備体制が見直され、戦時態勢を取ることが決議された。ニューヨーク市警察はホテルに入る高官たちの安全を確保し、市の世界博覧会や劇場を訪れる市長たちへの対応も同様の扱いとなった。市民の安全に関する会議でロバート・ジャクソン司法長官が、「公共安全を守るために選ばれたリーダーたちに、憲法上求められる要件」について講演し、ジョージ・マーシャル陸軍参謀総長は、「各都市と軍との協力体制の必要性」を解説した。またクリーブランドの市長が、「いったん米国が戦争に突入した場合、各都市は敵の主要攻撃の目標になるであろう」と発言している。[36]

全米市長の中で、安全保障問題の議論のまとめについては、ラガーディアがその役を務めていた。また、FDRの大統領三期選の波にのるラガーディアは、安全保障問題について市長たちを率いた実績や能力を高く評価された。ボルチモアのある実業家は、「ラガーディア市長の誠実さと愛国心、それに疲れを見せないエネルギッシュな姿勢を見るにつけ、軍需品の戦時生産体制の構築に向けては、彼がそれを先導する最適な人物であることに間違いはない」とFDRに書き送った。人事管理協議会のフレッド・ダベンポート委員長は、ラガーディアに国防上の適切な地位を与えて、政府や政府外の抵抗勢力に風穴を開けるよう、FDRに進言している。これに対してFDRは、「ダベンポート委員長の考えは、必ずしも間違ってはいない。しかし、私はさらに良い結果をもたらすことができると思う」と答えている。アトランタの公民権の役員は、「ラガーディアは労働長官の指名に値する」とＦＤＲに直言し、海兵隊の元将官は、「ラガーディアは労働者層ばかりでなく資本家層からも支持される指導者であり、ホワイトハウスの防衛委員会を取り仕切るべきである」と述べた。ラガーディア自身もウッドリング陸軍長官の後を継いで、近くその地位を与えられるかもしれないと考えるようになった。彼はニューヨーク市長の辞任を念頭に置き、ＦＤＲの補佐官レックスフォード・タグウェルに、「世界が崩壊の危機にある中で、私はニューヨークに留まっているわけにはいかない」と話している。しかし、ラガーディアの激しい気性を知るＦＤＲは、彼は陸軍長官の地位に向いていないと考えており、ラガーディアに対して、「あなたは、米国の最も人口の多いニューヨーク市を巧みに運営しています。それはいかなる戦時状況においても重要なことです」と語りかけて、彼を説得したのである。[37]

１９４０年11月26日、大統領のある側近は「準備の時期はもはや終わりました。11月５日の大統領選の大勝利に自信を持ち、いよいよ実行する時が訪れたのです。総員が甲板に集合し、今や全速力をもって前進するのみです」とＦＤＲに書き送っている。しかし、安全保障問題や本土防衛問題を取り上げてみると、総員が甲板に集合したところで、行き先をきめる船長の指示が存在せず、それぞれが別の方向に向かって舵を取っているのが当時の状況であった。エレノア夫人と彼女の支持者たちは、大統領に向かって社会的利益につながる新しい政策への支援を進言していたが、一方のホワイトハウスの側近たちは社会的な出費を極力抑制し、軍事的出費に的を絞るようＦＤＲに助言する有様であった。12月に入って州兵の召集が始まり、徴兵法案はすでに法律化されていた。また軍需産業にも火がついて、ＦＤＲの三期目の政策が本格化し、国内の一部の孤立主義者の気勢に衰えが見え始めた時期でもあった。ギャラップ調査によれば72％の国民がＦＤＲ政権を支持しており、その中の65％の人々が「英国の運命は、これから数年先の米国の安全に大いに関係する」という、ウェンデル・ウィルキー元共和党大統領候補の考えに賛同していた。[38]

ＦＤＲの三選勝利に勢いをえた市長たちは、米国の銃後の守りを固める政策に、ホワイトハウスが積極的に取り組むよう働きかけている。全米都市協会はその年度末の報告書で、「各会員がなすべき重要事項は、本土防衛問題の解決である」と結論づけた。また当協会は、「近代戦はさまざまな重圧を各都市に与えており、ワシントン政府には、それらの混乱を解決するための専門委員会の立ち上げと、政府当局と防衛組織のさらなる緊密な共同活動が求められている」と提言した。当時、米国の州都や各都市において、本土防衛問題の取り組みに目まぐるしいものがあり、すでに36州は防衛評議会を創設して、１９４０年の年末には全米を通して７００ヵ所の地方で防衛評議会が活動していた。アラバマ州では本土防衛に向けていくつかの警察学校が創設され、一方の南カリフォルニアでは本土防衛の志願者たちが、公衆衛生や工学技術、レクリエーションなどの教育を受けている。また、ニューヨークでは志願者に向けて民間防衛の講習コースを設定し、連邦捜査局（ＦＢＩ）は全米各都市の準備状況に対応するために、捜査員が日夜訓練に明け暮れた。連邦政府への協力体制の重要ポイントとして、全米都市協会は「国民の心構えの促進と、市民の生活改善への取り組み」をあげ、具体的には「伝染病に対する国民の保護や、平時からの消防技術の改善、さらに都市の生活をより快適にするための支援」などを強調した。[39]

ＦＤＲは、本土防衛問題への取り組みを多少遅らすことができたものの、主要な支持者たちの協力を失うことなく、いつまでそれを遅らすことができるのかは疑問であった。事実、「ワシントン・ポスト」紙は、「本土防衛強化の必要性が明らかになるほど、都市への空襲の可能性が高まっている」と報じた。当時のFDR政権と地方組織の連携を見てみると、その対応はスムーズとは言えず、市長たちを気落ちさせている。一方、州知事たちの間では、連邦政府の軍事的防衛についての指示・命令に賛否両論の状態が続いており、ラガーディアは、市長たちを動員してホワイトハウスに圧力をかけ、速やかに連邦政府主導による本土防衛策を固めるよう迫っていた。また、FDRやラガーディアにとっても、支持者たちによる都市への爆撃や侵攻の可能性の指摘や、軍事的にも心理的にもいまだ十分に準備されていない米国の状況についての厳しい批判が、過重な負担になっていたのである。

1940年の年末においては、米国はすぐにでも本土防衛の政策を選択しなければならないという状況ではなかった。ただし、いかなる本土防衛策が採択されたとしても、FDR支持者の間では、「その防衛策は大衆を結集させる方向性を定め、国民の不屈の精神と勇気ある冷静な姿勢を養成して、フランスや英国の運命と向き合う態勢を整えるものでなければならない」という合意が作り出されていた。ニューディールのリベラル派は、しだいに不安定化する米国の社会組織がナチスの破壊力によって崩壊しないよう、その態勢を整えなければならなかったのである。

第五章　アメリカの計画

戦争の勝利を実現するためには、二次的な手段としてあらゆる種類の活動が活発に行われ、それらが適切に組み合わされて、組織化されることである。それらが実現化されたあとは、戦争が終わることになっても、その存在が消え去ることはない。それらは自主的な存在を維持し、長い目で見れば、思われていたものよりも、よりしっかりした成果をもたらすことになる。

――ジョン・デューイ『戦争の社会的可能性』１９１８年

ニューディール政策は、基本的にその恵みがワシントンＤＣから全米の都市、市町村、そして各州へ流れたという戦前の事業としてたびたび描かれてきた。それは連邦機関が失業者を雇用して援助が必要な市民に支援を与え、社会保障制度《ソーシャル・セキュリティー》という名称で老齢年金制度などを創設したことによるものである。政府は市民を雇用して橋梁や道路の建設を行い、国立公園につながる山道などを整備した。また証券取引委員会（ＳＥＣ）はウォール街を統制し、連邦預金保険公社（ＦＤＩＣ）は個人の預金を保障して銀行をその管理下においた。歴史家の多くは、「ニューディール政策は限られた期間であったが、資本主義の最も悪い流れを矯正し、多くの議論が沸騰する中で、社会組織に向かって政府が奥深く入り込んでいった」と述べている。[1]

ニューディール政策の終末を語る人々は、１９３７年にＦＤＲが試みた裁判所詰め替え案《コートパッキングプラン》（連邦最高裁判所改革案）の失敗や、１９３８年の議会選挙において民主党保守派の追放につまずいた件、また米国の戦争準備の必要性により政治改革が弱体化したことなどを引合いに出すことが多い。これらの解釈は多くの示唆を含んでいるが、１９３８年以降に経済改革の勢いが落ちたことへの誇張をはじめ、戦時においてもニューディール・リベラリズムの多くの観点が実行できたという、進歩派の視点を軽く見ていたふしがある。またそれらの解釈は大恐慌の改革を通り越えた後も、ニューディール・リベラリズムの構想が時代とともに進歩してきたという道のりをあいまいにしている。一部のリベラル層は、人々の日常生活に干渉を強める連邦政府の権力行使を懸念していた。また、あるリベラル層は経済計画や所得再分配などに背を向けて、自由主義の進展を支持した。これらの状況を一部の進歩派は、相互依存や世界秩序の危機が高まる中での、物理的安全保障の最大の壁とみなしている。このように、リベラル派の人々はそれぞれの考えをはっきりと打ち出しているが、多くの場合、国内でのニューディール・リベラリズムの存続と、それが戦時の社会にも適用できる方策を探し求めていた。歴史家のメグ・ジェイコブスは、「20世紀を明確な政治改革の時代と見なすのではなく、従来の政治史の年代的な区分けを乗りこえた、ある意味での米国のリベラリズムの連続性を評価するべきである」と書いている。20世紀の米国リベラリズムの多くの記述から抜け落ちているのは、１９４１年にエレノア・ルーズベルトが立ち上げた改革であり、その大方が女性から成り立った組織活動についてである。エレノアはＦＤＲに対して「数百万人の女性たちに力を与えて、彼女たちを米国の経済活動の主流に送り込み、これによって国民生活を改善すべきである」という要望書を手渡している。エレノアの計画は、彼女がニューディール改革で未完と捉えた事項を達成しようとするものであった[2]。

このような状況の下で、公共の利益を連邦政府が上から図るというよりも、市民たちがお互いの利益をかなえるために政府や社会を通して自ら働くようになった。エレノアが目指していたのは、政府が国内のすべての女性たちを実質的にボランティアとして雇用し、彼女たちが食料や避難所やレクリエーションの支援をはじめ、市民全体の健康管理のために奉仕することであった。彼女の計画は、躍動する米国経済活動の中により多くの女性たちを参加させ、従来からの男女の役割の改革を進めるものであり、FDRによる1944年の「経済権利宣言」に先駆けた構想であった。FDRはその「経済権利宣言」で、「戦争の目標は単にファシズムに勝利することだけではなく、その恩恵をより多くの米国民に平等に分配するという民主主義の追求である」と述べている。

ファーストレディーとしての活動方針、それはホワイトハウス時代のエレノアが最も力を注いだ目標のひとつであったが、取りも直さずニューディール改革を国民総動員の柱として位置づけることであった。エレノアは、「その構想は、陸軍が壮健な兵士を採用するための道筋を与え、軍需工場の作業員たちの効率を高めて社会に対する国民の関心を深め、さらに彼らに自らの生活を守ろうとする意識を向上させることになる」と語っている。彼女の目標はまた、国家に服従を強要するファシストの浸透を阻止することでもあった。エレノアは国民が個人として行動することを手助けし、国民のより良い生活を守るために、国民の底辺から連邦政府に協力するという、民主主義の基本を実現しようとしたのである[3]。

1941年の初頭を迎え、欧州の戦争に対する米国の孤立主義者たちの傲慢な言動は、大統領夫人であるエレノアの我慢の限界をもはや超えていた。彼女は、ナチスに宥和政策を取ろうとする反戦派の指導者たちを非難し、「FDRを戦争挑発者として批判していた共和党のウェンデル・ウィルキー候補が、もし大統領選で勝利していたとしたら、米国の民主主義はとてつもない損害を被っていたことでしょう」と警告した。エレノアは、1940年から手掛けていたニューディール陣営の戦争準備に向けた統一をいまだ実現できていなかったが、1941年初頭に至って戦時ニューディール体制の創造に情熱を傾けた結果、多くの支援者がその目標の下に結集したことを心強く感じていた。1941年1月、エレノアは「国防の一端として、社会政策に基づく革新的な社会立法に、引き続き取り組んでいくつもりである」と書いている。[4]

エレノアの構想は、第一次大戦時に生じた政治的な大変動に根付いていた。1918年、進歩派の代表的なリベラリストのジョン・デューイ〈米国の哲学者〉は、「戦争がもたらす社会的発展の可能性」の中に多くの利点を見いだし、「第一次世界大戦は、既存の官庁が、個人、あるいは個人の利益よりも、公共、あるいは公共の利益を優先して執行できることを可能にした」と指摘している。デューイはまた、「進歩的な動きは決して逆戻りしない」とも予言した。当分の間、戦争のリベラル的な実績が、デューイの主張を支えるものと思われた。連邦政府は私企業と連携する流れとなり、これはある進歩派に「政府の無干渉主義は終わった」と言わせている。婦人参政論者は、女性の投票権を認める合衆国憲法修正第19条の成立をえるために、彼女らが活躍した第一次大戦時の実績を活用した。歴史教育家のロビン・マンシー女史は「徴兵制は（労働力不足を補うために）女性とアフリカ系米国人に仕事の機会を与え、戦時における公共の健康管理が政治上の重要な課題として出現した」と述べている。

1918年の休戦協定後の進歩派の後退をよそに、政府はついに労働者のストライキを弾圧して、移民を国外に退去させた。さらに急進派に妨害を加えて、反戦を唱える反体制派を逮捕するなど、社会発展をうたったデューイの戦争論は、米国の政治舞台から消え去っていなかった。労働省児童局の局長を務めたジュリア・ラスロップのような社会改革派の女性たちは、「米国社会の厳しさは、市民生活や民主主義の将来に危うさを与えるという点で、ドイツ皇帝カイザー・ヴィルヘルム二世の下で戦った冷血な軍人たちの時代と引き合いに出すことができる」と警鐘を鳴らした。事実、あるレポーターは、「ラスロップ局長は訓練された女性たちの団体を組織し、子供たちの純良牛乳を保証しない市や村に抗議するために、貧乏な世帯へ彼女たちを向かわせた」と書いている。国防評議会の女性委員会は、エレノアの運動を支える一助として戦時下の貧困廃絶を教育された女性たちを集め、児童福祉と母親たちへの扶助金や、子供の教育改革、妊婦や児童たちの健康管理改革などに力を注いだ。1918年を経ても、これらの目標が達成されることはなかったが、政府主導のもとで国民が取り組んだこれらの夢は、1920年代と1930年代の進歩派の中にしっかり刻み込まれていた。第一次大戦時に、一部の進歩派の女性たちがデューイの理想に命を吹き込もうと努力したように、エレノアと多くの女性たちは第二次世界大戦を通して、米国の改革の伝統を新たなものにして実現するよう励んだのである。[5]

1940年、FDRは公共事業促進局（WPA）のフローレンス・カー副局長に対して、彼の三期目の大統領在職中に、ニューディール政策を抜本的に前進させる立法府の計画を立案するよう要請した。エレノアがカー副局長と検討を重ねてきた方策を基にするこの法案は、1941年1月1日までにFDRに提出されている。これは実質的にフローレンス・カーが策定したものであり、その中にエレノアの構想が的確に盛り込まれていた。エレノアはまた、国民からホワイトハウスに寄せられた数多くの手紙をその法案の一部に反映させている。一例を挙げれば、「本土防衛において、国に奉仕する役割を（有給あるいは無給にかかわらず）自分たちに与えてほしい」という陳情などへの対応であった。国民は国防への奉仕について政府に協力的な姿勢を示しており、民主主義を守るために立ち上がろうとする国民の意識に、エレノアは今こそホワイトハウスが応えるときであると判断したのである。彼女は「ますます多くの国民が、公共利益の目標を求めて日々活動しており、その国民の社会的要求は早急に満たされなければならない」と訴えた。エレノアの伝記作家であるジェセフ・ラッシュは、「ファーストレディーは労働者や女性たち、そして若者やアフリカ系米国人の利益が無視されていると明言した」と語っている。ネルソン・ロックフェラー〈第二次大戦時、ラテンアメリカ担当の国務次官補〉がエレノアにラテンアメリカ親善旅行の主宰を要請したとき、彼女は国内問題で手がいっぱいであるとしてその要請を断った。FDRもエレノアのその判断に同意している。FDRの言い分は、「カー副局長が国を挙げての団結を計画しているときに、そのような申し入れをエレノアに絡《から》ませるべきではない」ということであった。[6]

エレノアとカーが1941年の年頭に大統領に提示したのは、新年に向けての米国のリベラル層の要望事項であった。二人が計画していたのは、ニューディールの経済的収益を貯えるのではなく、その収益を国民のために活用するということであり、それは数百万人の女性たちの団体が社会的活動を通して戦時社会に貢献する内容を含んでいた。そのためにエレノアとカーは、大統領が議会に赴いて「米国社会防衛局」という組織の樹立を要求するよう説得したのである。この米国社会防衛局の業務内容は、国内の教育体系や公衆衛生、国民の健康管理や住居の問題を改善し、女性たちが給与の良い仕事につけるように訓練を施すことであった。当時、５００万人の女性たちが市民の食料供給をめざして畑地の開拓を行おうとしており、２００万人の女性たちが応急看護やその他の緊急防衛活動の訓練を望んでいた。一部の女性たちは町の交通整理の担当を要望し、ある女性たちは西半球の市民として役立つためにスペイン語を学び、移民を支援したり、社会の要求に応えて10歳から18歳の女子たちに、何故すべての米国民が国に奉仕しなければならないのかを教えようとしていた。これらの大部分をボランティア（志願者）が占めていたが、中には報酬を求める女性たちがいたとしても、すべての業務はＦＤＲ政権からの助言や指導（それに情報）が不可欠であった。[7]

「米国社会防衛局」の創設をめぐるエレノアとカーのスローガンは、「私は米国を愛するが故に、私は米国に奉仕する」であり、これを「米国民の流儀」と称した彼女たちのビジョンをよく表していた。国民に国家への屈辱的な服従を強いるファシストの構想と比べて、二人の計画はボランティアに依拠していた。エレノアとカーは、伝統的に国内の社会福祉に責任を持ってきた女性たちに対して、「今や、それぞれの地域における社会的正義を支援することが求められている」と諭している。社会防衛局が女性たちを「健康管理や福祉や文化的サービス」などに積極的に参加させることにより、「米国をより住みやすい国にすることができる」というのが、二人の主張であった。[8]

エレノアとカーの取り組みは戦時の国民生活を豊かにするばかりでなく、米国が軍事的に勝利することを支援するものでもあった。社会防衛局は米国の民主主義を一層確かなものにし、それが戦後社会にも深くつながることを彼女たちは固く信じていたのである。そのために二人は、女性が持つ奉仕の精神を熱心に説き、また社会的・経済的利益を貧困の労働者階級ばかりでなく、すべての人種の中産階級に提供することによって、国益のために国民が誇りを持って尽くすという国体、いわば米国をより一層公平な国に向かわせる体制を構想していた。また社会防衛局の役目は、米国民が政府に更なる親近感を抱くことを手助けすることであった。そこでエレノアとカーは、「民主主義を活発に討論するグループ」をFDRの下に送り込み、大統領のリーダーシップに彼らの意見を反映させて、政府の問題点や進捗状況をより鮮明にしたのである。[9]

こうした二人の企画にFDRが反応する前に、エレノアは前もって二人の提案が受け入れられるよう活動していた。ホワイトハウスに50名余りの政治的に有力な女性たち（ハティ・キャラウェイ上院議員、メアリー・ノートン下院議員、マーガレット・チェイス・スミス下院議員、フランシス・パーキンス、エレン・ウッドワード、キャサリン・レンルート、エリノア・モルゲンソー、それに国会議員や最高裁判所判事の奥方の面々）を集めて会合を持ち、二人の企画を示して、国内の社会防衛法案の支持を仰いだのである。エレノアはユーモアを交えて「女性はよく秘密を漏らすと言われていますので、今回は何とぞ内密にお願い致します」と話し始め、「私と夫は、数百名の女性たちから国防で何らかの役割を果たしたい、という手紙をいただいています。この度の社会防衛局の提案は、まさに彼女たちの要望に応えるものです」と続けた。次に、カー副局長が7頁にわたる提案を一語一語丁寧に読み上げたが、それを聞く女性たちはその単調さに飽き飽きした。結果的に、「社会防衛の目標」を進めるための具体的な合意は得られずに、会合はお開きになっている。[10]

もしエレノアとカーが、彼女たちの社会的運動をもう少し人々の関心を呼ぶ方法で進めていたら、二人が目指した社会防衛問題を、ホワイトハウスの優先度の高い課題としてつなげることができていたかもしれない。1月9日、彼女たちは社会防衛局の名称を「本土防衛委員会」に変更した上で、FDRに申し入れた。新しい名称は二人の提案がより政治的に受け入れられるようにしたものであり、連邦政府は学究的な論理で社会問題を解決しようとしているという非難を避けるためであった。「本土防衛委員会」という名称は、社会防衛局よりさらに幅広い活動を意味しており、軍事的な安全保障と人間の安全保障の両面を表していた。勿論、本土防衛員会には女性と男性が参画し、プログラムをより一般化することによって、米国の数十年にわたる社会的慣習への影響を少なくするものであった。

しかしながら、改訂した二人の提案を見ると、内容的には1月1日に提示したものとほとんど変わっていない。それは数百万人の市民が社会的に有益な業務に参加し、全米の地域の人々にその成果を反映させるという内容であった。言い換えれば、二人は軍隊に準じた市民活動を国民に呼びかけ、数百万人の人々が本土防衛の奉仕に携わることによって、米国が世界で最も住みやすい居所になるという主張であった。エレノアとカーが目指したのは、まさしく戦時において国内にいる人々の生活をより豊かにし、戦争で軍事的な勝利を収めることであった。さらに、彼女らの提案は米国の戦後社会においても恩恵をもたらすという道筋になっており、本土防衛委員会の機関が民主主義の強化をもたらすことを二人は確信していたのである。本土防衛委員会（案）によれば、本土防衛の志願者は政府が配る制服に襟章《えりしょう》をつけて、軍需工場での武器生産や陸軍での戦闘訓練に励むことになり、この動員によって失われる各家庭の生活は防衛委員会が補うという決まりであった。エレノアは、3月のFDRの炉辺談話において大統領の口から国民に、「私は本土防衛委員会の設立を考えており、これは米国の独立宣言以来最大規模のものであって、国民全員が参加する民主主義の総合的なプログラムになるでしょう」とアナウンスするよう提言した。[11]

エレノアとカーの二人はFDRを説得すると共に、社会防衛に関わる米国の知識層の賛同を得なければならなかった。そこでカーは、いわゆるラジオの連続ドラマである、大衆を相手にした娯楽番組を利用しようと考えた。彼女はラジオの台本作者や助言者の協力を取りつけ、社会防衛活動に好ましいメッセージを全米の女性たちに届けようとしたのである。これについてカーは、「連続ドラマの中に社会防衛の考えを組み込むことは、ほこり取りや家掃除、そしてパンを焼いたり家事をする数百万人の女性たちに、自然な形で社会防衛に参加を促すメリットがある」と述べている。さらにカーは、「社会防衛を美化して教え導くことにより、リベラル派はこの課題に対する大衆の支持を獲得することになるだろう」と述べた。エレノアはカーの提案を「素晴らしい発想」と称賛し、カーはFDRの検討資料の中に社会防衛を付け加えさせている。FDRはカーの提案を粗末に扱うことはできず、価値ある有意義な企画であることを認めざるを得なかった。エレノアやカーに加えて、ニューディーラーたちからも圧力を受けたFDRは、時を待たずに側近たちの意見を求めたのである。[12]

しかし、この時点においても、エレノアはFDRの社会防衛に対する考え方に確証が持てず、FDRが長い間力を尽くしてきたニューディール政策の実情についても危惧していた。ハイドパークの邸宅で夫と昼食を共にしたエレノアは、低所得者層の住宅建設の財源を増やすために、住宅開発責任者に圧力をかけるようFDRに進言した。その背景には、防衛住宅法の施行に伴う議会による予算削減があったからである。そのエレノアの要望に対してFDRは、一般住宅供給の反対論者として名の知られたチャールズ・パーマーを、新しい住宅開発の責任者に就任させる計画を打ち明けた。それを聞いて驚いたエレノアは、「貧乏な人々を置き去りにするのですか」と語気を強めた。同席していたエレノアの義母は、ＦＤＲの車椅子に手をかけてテーブルから離れ、エレノアの声の届かないところにＦＤＲを引き離したのである。

当時のエレノアは自らの課題を推進するためにＦＤＲを必要としており、ＦＤＲにとってもエレノアの存在は貴重であった。エレノアは、社会防衛を達成するためにＦＤＲの発言力や権力・威信を頼りにしていたのである。一方のＦＤＲは、エレノアが活動を共にする人々を無視できるほどの余裕を持っていなかった。欧州での戦争が迫っており、ＦＤＲにとってはニューディール機関の中核である、エレノアを称える人々や知識人やジャーナリストたち、それに芸術家やアフリカ系米国人、若者や女性たちの支援を保ち続けることが立場上不可欠であった。当時ＦＤＲは、社会的な要求と軍事的な要求という二重の要求に苦心していたが、政治的にも精神的にも、ニューディール・プログラムとの繋がりは切り捨てていなかった。彼はこれまで達成してきた社会的な成果――社会保障や労使間の団体交渉、最低賃金やその他の施策など――の保持は極めて重要と考えていたばかりでなく、エレノアの言い分である「もし人々が民主主義の維持にこだわらなければ、彼らの勤労意欲や武器の生産性は大きな影響を受け、敵方協力者をはじめとして、民主主義などは人々の基本的な要求さえも満足させられない誤った主義であると唱えるプロパガンダ活動員に対して抵抗力を失う」ことをよく理解していた。エレノアは、ＦＤＲは自分の目標に気を配ってくれる夫であり大統領であると考えていたが、その一方で、彼が政治的に厳しい反対派に挟まれていることもよく分かっていた。すなわち、ＦＤＲはニューディールの創始者として反国家統制主義を唱える保守派の敵対者であるが、大恐慌の困難を和らげるための政府の役割に精通した優れた大統領であることを認識していたのである。１９４０年の米国内の失業率は15％近くもあり、１９４１年に至ってもほぼ10％の高率であった。しかし、ＦＤＲに「軍備は恐慌を永遠に終わらせ、国の経済的難局に応えるものである」と告げる助言者はいなかった。[13]

１９４１年1月11日、英国などへの武器貸与《レンドリース》を優先事項と考えるＦＤＲは、任命秘書兼軍事顧問のＥ・パ・ワトソン将軍に書簡を送り、本土防衛に関してエレノアやカーをはじめ、エレン・ウッドワード（社会保障委員会委員）、ハリエット・エリオット（国防委員会諮問委員）、ハロルド・イッキス（内務長官）、予算局長のハロルド・スミス、そしてニューディール政策に貢献した連邦保障庁の長官ポール・マクナットの面々と会談することを要請した。しかし、この会談では何の結論も出なかった。ＦＤＲは記者団に対して、「現段階では、本土防衛についての方向性は定まっていない。ただ一つ言えることは、民主主義を守るために、国民にその役割をお願いしなければならないことです」と答えている。カー副局長は自らの立場として、「本土防衛は、国民の団結心の強化を目指す一つの手段である」と明言した。しかし、これらの曖昧で具体性のない発言は、ＦＤＲ政権における本土防衛プログラムの先行きの苦闘を如実に反映していた。[14]

結局ＦＤＲが選んだ道は、カーが危惧していた「引き伸ばし方策」であった。ＦＤＲはカー副局長とマクナット長官、そしてエリオット委員に小委員会への参加を要請し、それぞれの意見の相違を徹底的に議論して、一つの明確な方策を推奨するよう指示した。カーは大統領に、「小委員会での、それぞれ自分本位の結論が、本土防衛の構想の道をふさいでいる」と告げている。カーは、ＦＤＲが彼の側近たちに徹底的な議論を交わさせることをよく知っていたが、それは本土防衛策に取り組む人々にとっては耐え難いものであった。しかし、それがＦＤＲの一貫したやり方であった。

言わば、大きな問題を解決するために、FDRは自ら好むやり方をカーにも当てはめようとしたのである。ニューディールを監督してきたマクナット長官は、小委員会の反論に対して「本土防衛のいかなるプログラムも、他のニューディール担当者の権威を傷つけることになる」と主張した。さらに彼はFDRに対して、「本土防衛局長と連邦組織、それに各州・各郡の局員や本土防衛委員会の責任者は、各州や地域のリーダーの防衛努力を阻害して、各州や地方の権益を踏みにじることになるでしょう」と告げている[15]。

エレノアとカーは、こうした状況の中でも社会防衛の問題を安全保障上の緊急課題として捉え、FDRに訴え続けた。二人は、社会防衛問題は当初激しい議論を呼び起こすことになるが、「この問題に対応できるのは連邦政府だけであり、大衆動員においては人種問題や激しい抵抗、それに思いもよらぬ出来事が当然予測されます」とFDRに告げた。さらに、「ここでリベラル派は、決して躊躇すべきではありません」と付け加えている。1月7日、カーは初の会合に出席した女性たちから彼女たちの考え方を聞くと共に、すべての国民に深いかかわりを持つこの運動を支援するよう要請した。カーの問いは、「米国が直面する脅威をどのように捉えるのか？　また政府や公共機関はそれらの脅威にいかに対応すべきなのか？　脅威は基本的に軍事的なものだけであろうか？　経済的危機や社会の崩壊という亡霊が国の組織を解体し、恐るべきファシスト体制に権力をもたらすことはないのであろうか？」ということであった[16]。

これらの問いは、国際的な危機下におけるニューディール政策の成り行きや、民主主義に対する国民の義務などの議論を呼び起こした。かつてFDRは、後にローマ教皇となるピウス12世のエウジェニオ・パチェッリに対して、「我が国の最大の脅威は、我が国がファシスト体制に向かうことです」と語っている。またカー自身は、「もし米国が極度の経済的危機に瀕した場合、間違いなく、国民は棒を振り上げて政府をひっくり返す力を持つことになるだろう」と考えていた。さらに彼女は、「子供に食べ物を与えられない親たちが、手に負えない存在となることは言うまでもない」と語っている。連邦事業庁のジョン・カーモディ長官はＦＤＲに、「国民を団結させ、実質的に数百万人の人々を社会的に有益な仕事につけさせる権限を持つのは、連邦政府のみです」と明言した。カーモディ長官はエレノアとカーの考えを支持し、「本土防衛策は国民を団結させ、リベラル派の国際主義を支えるための重要な心理的促進策となる」と述べている。[17]

　エレノアとカーは国内のリベラル層を二人の目標下に結集させながら、社会防衛を支持する人々を動員していった。女性たちの防衛訓練を模索していた米国グリーン・ガード〈森林火災予防などを指導〉の責任者が、「私たちのメンバーは『女性国土防衛グループ』から外されている」とエレノアに訴えたとき、エレノアは「女性の活動家は、それぞれのグループを通して、どうぞ声を上げて下さい」と応えている。米国社会福祉協議会は、社会民主主義を支えるために連邦と市民の共同事業を提唱し、その一方で米国公共福祉協会は、防衛関係にたずさわる兵士や労働者たちのために政府主導の健康管理を求めた。米国青少年管理局（ＮＹＡ）や公共事業促進局（ＷＰＡ）、市民保全部隊（ＣＣＣ）は、防衛事業の中で市民が報酬の良い仕事につけるための教育プログラムを公表し、社会防衛を推進するエレノアの言葉が民衆の間で語られるようになった。反戦主義に固執する米国第一主義委員会《アメリカ・ファースト・コミッティー》に対抗するために設立された米国民主主義評議会の指導者、Ｃ・Ｄ・ジャクソンは、「防衛プログラムへの市民参加提案」について、彼の会員たちと力を合わせて支援することをエレノアに誓っている。ジャクソンは彼の評議会の位置づけについて、「市民を単に軍事活動の真似事に参加させるのではなく、民主主義の未達成の領域に挑戦するために、同志と共に力を注いでいる」と言い表した。カーはエレノアに、「カリフォルニア州パサデナ市では、女性に社会防衛の役割を分担させるプログラムを開始した」と伝えた。そのときエレノアの顔に「満面の笑みが浮かんだ」と彼女は書いている。[18]

カーは、エレノアが社会防衛プログラムの傑出した指導者であることを国民に伝えた。彼女はファーストレディーが本土防衛のプランを推し進め、国民の関心をより高めていることに敬意を表して夕食会を企画している。社会防衛プログラムの参加者は、そのほとんどがボランティアであった。その一方で、カーが主催した公共事業促進局は数千人の有給労働者を雇用し、貧困家庭を支援して国民の健康を支えながら、援助を必要とする子供たちの支援を行っていた。こうした活動をエレノアが知ったとき、二人はこのプログラムの先行きに一条の光を見出したのである。そこで彼女たちが思ったのは、もし数千の連邦職員がそれと同じ位の実績を達成すれば、連邦が先導する数百万人におよぶボランティアが米国全土の社会に貢献できるはずだ、ということであった。またカーは、「スプリングフィールドの米国兵器工廠《こうしょう》において、昼食時に催した公共事業促進局による音楽会が労働者たちの生産効率を増進させた」とエレノアに報告している。さらに彼女は、政府の舞踊団がアーカンソー州の基地にいる兵士たちの精神を高揚させたことや、政府主催の講習が軍隊のパイロットや水兵たちの士気を向上させていることをエレノアに伝えた。このような公共事業促進局の活動はすべて本土防衛の施策に繋がっており、カーはエレノアに、「公共事業促進局は、公式ではないが陸軍省と協同し、米国空襲に関わるパニック予防措置の研究にも取り組んでいる」と言い添えた。カーの報告に十分満足したエレノアは、これらの報告書をＦＤＲに送付し、その書類の右上端に「あなたが読みたいと思われる報告です」と言葉を添えている。[19]

エレノアの支持者の中で社会防衛プログラムを疑ったり、不必要と考えたりする人はほとんどいなかった。1941年の初頭にエレノアが直面した課題は、そのプログラムの規模や、いつそれらを連邦議会に提出するかという時期の問題であり、これらはかなりの大仕事であった。そのアドバイスを求められた下院労働委員会議長のメアリー・ノートン議員は、「大統領による武器貸与法案《レンドリース》が議決されるまで、あなたの議会への提案は遅らせた方がよいでしょう」と答えている。さらにノートン議長は、「大統領夫人には、まだやるべきことが多くあるでしょう」と付け加えた。エレノアはファーストレディーとして社会防衛プログラムの利点を国民に理解させる必要性と、連邦政府組織の統制や情報宣伝を懸念する一部のリベラル層や保守主義層への対応も迫られていた。ノートン議長はエレノアに、「今必要なことは、全米の女性たちに、米国がまさに危険にさらされていることを認識させることです。この状況に国内の女性たちが納得するまでは、残念ながら、彼女たちが社会防衛の計画に個人的興味を示すことはないと思われます。『米国は戦争状態にあるわけではなく、何故それほどまで大騒ぎしなければならないのでしょうか』という彼女たちの声が聞こえてくるようです」と述べている。FDRはノートン議長の考えを重く受けとめ、側近に彼女のメモを極秘で読むよう指示している。[20]

1941年1月にホワイトハウスや地方で行った社会防衛についての公開討論会では、ほとんど進展が見られなかった。1月27日、カーはエレノアに「大統領直属の小委員会では意見がまとまらなかった」と書き送っている。連邦保障庁のマクナット長官は反対意見をまげず、カーはエレノアへの文書の中で腹立たしげに、「社会防衛についての私たちの基本的な考え方、すなわち、本土防衛に関わる人々はボランティア労働者であるという概念は、小委員会の討議の中では的外れな議論の陰に隠れて、ますます見えにくくなっている」と知らせた。カーは「いかなる社会防衛プログラムにおいても、成功のカギは一般大衆にある」と述べ、「政治状況は大きく変化しており、今大切なことは、政府の新しい組織は国民の個人の自由に一切脅威を与えない、ということであり、それを明確に示すべきである」と加えた。さらにカーは、「国民は国民自身のためになる仕事、言い換えれば、やりがいのある役割を与えられることを望んでいる」と告げている。カーは「国民自身の社会の中で望まれる、本土防衛の現実的な仕事」を考えており、エレノアには、「もし私たちの努力が的を射ているなら、それは間違いなく国民のためであって、政府のためにではないということを固く信じています」と伝えた。[21]

二人は連邦議会の内部対応に失望したが、エレノアは、米国の大衆は少なからず彼女の考え方を支持していることを確信した。それは、連邦議会の議員たちよりも、国民のほうがエレノアの考えを広く理解しているという、彼女の確信に基づくものであった。エレノアは、米国赤十字社や、米国女性ボランティア・サービスに支持された積極的な行動主義に希望を見出したのである。「ワシントン・ポスト」紙の記者キャサリン・グラハム（後の同社の社長）は、「一般女性こそ、巨大な大衆パワーの源」という記事を公表した。その中でグラハム記者は、1ヵ月の間に2万5000人の女性たちが首都の赤十字支部にボランティアとして署名したことを明らかにし、一方の米国女性ボランティア・サービスが、不適切な食事制限や貧困などの弊害に取り組むボランティアを積極的に雇用し、空襲などにも対応していることを報じた。彼女の記事によれば「数十万人の女性たちが、彼女たちの社会が求めている事柄を研究し、もし社会防衛の活動が長期にわたり遅れた場合の大混乱を収めるために、住民たちと話し合う準備を始めている」とのことであった。[22]

ファーストレディーに敬意を示すリベラル派と市民たちとの草の根のつながりは、ますます強固になっていった。米国公衆衛生デーには5000余りの組織が参加し、その参加者たちを前にしてカーは、「社会奉仕こそは、戦時体制におけるもっとも重要な要件である」と語りかけた。米国女性投票連盟の会長が、本土防衛を討議するためにエレノアに面会を求めるかたわらで、民主主義擁護学生連合のリーダーたちはFDRに、「いかにして戦時のニューディール政策と、その関係者たちの社会的権益を保護できるのか」と問いただした。エレノアは、国民動員の見地から愛国心の意味合いを明確にするために、ホワイトハウスのお茶会で米国女性クラブ総連盟のリーダーたちと意見交換を行った。そこで彼女は、「米国社会に、国民自らが求めるものを自由に話し合える柔軟性を与え、すべての人々に彼らの生活を守る機会を与えることです」と率直な意見を述べている。[23]

1941年初頭、エレノアは英国女性ボランティア・サービスの指導者、レディー・ステラ・レディングのリーダーシップから着想を得ている。1938年5月にレディング侯爵夫人は、内務大臣のサー・サミュエル・ホアから、「もし英国に爆弾が投下された場合、訓練を受けた主婦たちが、自らの社会を守るというのは良いアイデアと思いませんか?」と問われた。このような中で、英国本土空襲に対する警戒体制が、女性ボランティア・サービス委員長のステラ・レディング夫人のリーダーシップによって確立された。1940年の秋から、英国はナチス・ドイツ空軍による大空襲を受けている。このロンドン大空襲（ザ・ブリッツ）を機に、レディング夫人の名声は大いに高まり、彼女は一般女性たちの活力を前面に引き出して、看護や応急手当や栄養補給、それに国民の士気や規律を支えるための様々な分野で、女性たちの力を発揮させたのである。[24]

米国民は、英国女性ボランティア・サービスの活動を民主的精神に基づく偉業として称え、見習うべきものとして報道界をにぎわせた。英仏がドイツに宣戦布告をした1939年9月には、英国女性ボランティア・サービスは47人の専属職員と16万人余りの空襲対応ボランティアを抱え、さらに36万8000人の輸送員や10万人の医療担当者、13万人の避難補助者が組織に属していた。「ニューヨーク・タイムズ」紙は、20万人の英国女性たちが1週間を超えてロンドンの病院から患者の避難を手助けし、新しい避難施設を設置したことを、「あざやかな偉業」として独占報道した。また「サンデー・タイムズ」紙は、レディング夫人のグループを「世界で最も偉大な組織」として声高に称賛し、その構成員を100万人以上と誇張気味に報道している。英国では、率先して救援活動に当たる多くの国民と共に、ボランティアの女性たちがトラックや救急車などを運転し、車両の整備や負傷者の介護をはじめ、料理や記録写真や社会奉仕に従事した。さらには兵器の回収作業や毒ガス戦の訓練、また空襲で崩壊した家の再建などに身を尽くしている。その他、ショックを受けた犠牲者たちへの対応や、障害者・老人・幼児を抱える母親たちを空襲から保護するなど、幅広い活動で奉仕したのである。人間として最低限必要な食べ物や避難所を、恵まれない人々に施すのも彼女たちの仕事であった。さらに女性ボランティア・サービスのグループは、集団パニックを防ぐ手段の研究にまで範囲を広げている。彼女たちは緑色のつなぎ服や黒っぽいコートを身につけ、時にはブラウスやスカートにフェルト帽や5ポンドの金属ヘルメットを被り、空襲の有る無しにかかわらず市民の挑戦心や根性を養って、米国でエレノアが心に描いていた社会的利益につながる訓練などを実現させたのである。[25]

その結果、英国女性ボランティア・サービスは、焼失寸前の英国社会の不安定な状況に、息を吹き返させる組織と見なされるようになった。ロンドンでは貧困者が住むイーストエンドの大部分が破壊され、地下鉄のピカデリー駅では排せつ物の悪臭が漂い、疫病を恐れる公共避難所内の人々の間で争いが起きていた。この地獄絵のような西欧の民主体制が米国でのテーマとなり、米国の学者やジャーナリストやリベラル派の政治家たちは、「この戦争で最も予想外の出来事」として英国女性たちを「鍛えられた英雄」に格上げして大いに称賛したのである。また米国のアヴェレル・ハリマン特使やヘンリー・モルゲンソー財務長官は、「英国の一般女性の活動的な参加がなかったなら大英帝国は崩壊していただろう」と考えていた。「クリスチャン・サイエンス・モニター」紙はレディング委員長の功績を語る公開討論番組を用意し、「ワシントン・ポスト」紙は彼女を英雄として称えた。ロンドンの女性ボランティア・サービスの活動を視察した米国赤十字社ディレクターのドワイト・デイビス女史は、彼女たちの顔に「民主主義に向けた希望の光り輝く精神」が刻まれているのを見たと語っている。[26]

エレノアは、英国の女性ボランティア・サービスをナチスの野蛮な行動に対する打開策と捉え、米国のニューディール社会に定着した信条──国民参加により強化された政府は、先例のない公共の利益を生み出す手段となる──に匹敵するものと考えた。1941年に英国のレディング委員長がエレノアに宛てた手紙には、「窓の外に見えるシーンは、まるでダンテ・アリギエーリ〈1265〜1321年、伊の詩人〉が『神曲』に描いた地獄のようです」と書かれている。その書面には「各家々に、空でたち切られた対敵機用の気球の残骸が積み重なっている惨状」が描かれていた。レディング委員長が訴えたのは、戦争が英国の都市や田園地方を焦土化し、人々の心まで焼き焦がして、逃げることさえできない不安を巻き起こしている実態であった。しかし彼女は、「英国は、ロンドンや都市への大空襲に持ちこたえる」と予言している。ボランティア・サービスの市民軍は、空襲を受けた人々の苦難に応じた支援を行い、英国民に生きる勇気と希望を与えたのである。[27]

レディングとエレノアの間に芽生えた連帯意識は、戦時下における銃後の態勢について二人に共通した構想に基づくものであった。エレノアが英国の人々を惜しまず称賛したように、レディングも米国民を英国の戦闘努力を支援する柔軟性のある人々として称えている。彼女の夫・レディング侯爵は在米大使として赴任した人であったが、１９３５年に侯爵が亡くなったあと、ステラ・レディング夫人がその任をついでいた。彼女は米国の一般市民と親密な輪を広げ、米国内の旅行では高級ホテルではなく、一般の人々が使う手頃なホテルに宿泊した。また、労働者階級と同じ生活を経験するために、皿洗いの仕事までしている。１９３０年代の英国の社会改革の闘士として、レディング夫人はエレノアと友人関係を保ち、英国女性ボランティア・サービスにおける彼女のリーダーシップが、エレノアの国民動員の目標を大きく刺激したのである。一部の学者が唱えた社会改革は、実は米国のリベラル層によって踏み出されたものではなく、欧州から大西洋を越えた概念《コンセプト》とその活動の結果が米国内で花開いたものと言えた。[28]

１９４０年後半から１９４１年初頭にかけて、レディングはエレノアに英国のボランティア訓練の進捗状況を書き送った。混乱したニュースが欧州大陸に溢れる中でレディングは、エレノアが英国精神を支える同志であることを固く信じていたのである。レディングは「もし貴女からの心強い援助と支援がなかったら、欧州のマップを見渡してもただただむなしいだけです」と、エレノアに書いている。さらに彼女は、「年長者と若者、富裕層と貧困層という差別の偏りが、市民軍の社会的平等の中で融合することによって、いかにそれらの差別が消滅したことか」と語り、エレノアの社会防衛への情熱を後押しした。レディングは、当時ＦＤＲの代わりにロンドンを訪れていた外交顧問のハリー・ホプキンスを通して、「女性ボランティア・サービスに関するさらなる情報を是非ともお話したい」とエレノアに伝えた。エレノアはホプキンスに、「英国ボランティア・サービスが、どのようにして社会的階級の軋轢《あつれき》を解消したのか」と説明を求めている。レディングは「民主主義の伝統を守るためには、我々はいつでも命を投げ出す覚悟です。英米の女性たちの不屈の精神は、暗黒の時代でも必ず民主主義を推し進めていくことでしょう」とエレノアに書き送った[29]。

１９４１年初頭にエレノアは、ボランティア・サービスの経験が、その職責に就いた女性たちの生き方に変化をもたらす効果をレディングから学んでいる。レディングによれば、ロンドンで本土防衛をまかなう96名の女性リーダーたちが会合し、「彼女たちは、あらゆる階層を代表する人々であった」とエレノアに伝えた。さらにレディングは、「リーダーたちの中には、洗練されて装いの良い人たちもいれば、まったく労働者風のみすぼらしい女性たちもいた。しかし、我々のユニフォームは皆が対等であるという効果を発揮し、それぞれの女性の持つ価値によって、人々が彼女たちを評価する組織風土ができ上がった」と記している。加えてレディングは、「戦いが終われば、たくさんの女性たちが地方政府と連携して業務を成し遂げ、戦後社会の進歩的な社会民主主義を進展させる役割を担うことになるでしょう」と書き添えた。こうした観点に立ってレディングは、「英国の戦後の民主的統治において、女性がより重要な部分を担うことになるため、ボランティア・サービスの女性たちの戦争体験が、その女性たちの政治や経済的な分野をより広げることになる」と予見したのである[30]。

１９４１年３月、エレノアはレディングに手紙を書き、「ひとたび米国で社会防衛のプログラムができ上がったとき、貴女が苦労して得た経験から、できる限りのアドバイスをお願いしたい」と要請した。それに応えたレディングは、「市民防衛がいかなる形であっても支援する」と伝え、「これらの事業の多くの枠は、政府当局によって決められるでしょうが、大事なことは、柔軟性に欠ける法律にボランティア・サービスをしっかり融合させて、空いた溝を埋め合わせることです」と付け加えた。エレノアは、「レディング委員長の手紙は、我が国の市民防衛の仕事に携わる人々に大いに参考になるものです」と同僚たちに告げている。ここに至って、エレノアに英国訪問の話が浮かび上がったが、彼女の訪問が現在必死に生き延びようとしている英国民の負担になることを考慮し、この計画は延期されることになった。[31]

英国の一般女性たちが厳しい救援活動に従事するという画期的な行いは、エレノアのみならず、多くの米国女性たちから称賛された。折しも全面戦争の脅威の兆しが米国に押し迫っており、ニューディールの進歩派の人々は、英国を社会民主主義のモデルとして見習うようホワイトハウスに呼び掛けている。これを受けたホワイトハウスは、１９４０年から１９４１年初頭にかけて使節団をロンドンに派遣し、英国の社会防衛体制と、米国国内へのそれらの導入を検討させた。米国公衆衛生局のトマス・パラン局長は英国訪問にあたり、「英国の公衆衛生や学校・道路・交通機関・病院、そしてロンドン大空襲に持ち堪えているその他の公共サービスを調査する」と抱負を述べた。これについて「ニューヨーク・タイムズ」紙は、「パラン局長のチームは、米国政府に軍隊と社会防衛を一体化させた本土防衛プログラムを推奨するようだ」と報じた。パラン局長は、米国帰国後の会見で英国の諸活動を高く評価している。[32]

同じく英国訪問をした米国公共福祉協会代表のエリック・ビドルは、「米国は英国のアイデアをまねるべきである」と提唱した。それは米国に市民防衛省を立ち上げて、人間の安全保障《ヒューマン・セキュリティー》を実現するべきだという内容であった。英国は救済や恩給や傷害保険システムなどを強化して、空襲で亡くなった犠牲者への補償や、一部の避難民の無料介護などを行っており、「それらはすべて、リベラリズムの示威運動《デモンストレーション》を具現化したものである」と、ビドルは称賛した。1941年初頭、FDRに、英国ボランティア・サービスに沿った市民防衛体制を立ち上げるときだという圧力がかかった。大統領特使のアヴェレル・ハリマンは、チャーチルと共に爆撃された英国の都市を視察したあと、FDR宛てに「必要なのは本土防衛《ホーム・ディフェンス》です」と勧告した。[33]

1941年3月、「武器貸与法《レンドリース・アクト》」が連邦議会を通過したのを機に、米国の民主主義の在り方についての議論が国内で深まった。3月6日には、「ホワイトハウスは社会防衛計画のための、100万人におよぶ女性ボランティアの採用をすでに始めているらしい」という世評が広まっている。その後、ホワイトハウスの報道官スティーブン・アーリーが「その風評は根も葉もない虚構である」と記者団に釈明した。しかし、その一方でアーリー報道官が認めたのは、ホワイトハウスが社会防衛プログラムの問題で「いずれの側にもつけずに苦慮している」という実態であった。また多くの米国の女性たちが、防衛組織の中で何らかの役割を果たしたいという希望を大統領とファーストレディーに伝えていたのも事実であった。FDRは、一般市民の愛国心と情熱を有難く受け止めたが、数百万人の女性の動員は目下熟慮中の最も複雑な問題の一つであった。アーリー報道官はさらに、「政府はいかなるプログラムも、女性同様に男性も含まれるものと考えている」との見解を付け加えている。[34]

この女性ボランティアの計画が実現しつつあるという報道は、孤立主義派の共和党員の拒絶反応を呼び起こした。１９４１年3月初旬に至って、本土防衛の論議が本格的に取り上げられるようになり、米国の政治舞台に躍り出た。この論議の争点となったのは、ニューディール政策の意義をはじめ、安全保障が危機に陥ったときの、国民生活に対する政府の役割と機能についてであった。反ＦＤＲ派は大統領の言動や行動の中に好戦的な形跡を見出し、政府主導による総動員の噂がニューディール反対派へ飛び火した。保守派の下院議員たちはファーストレディーの社会防衛策に狙いをつけ、この防衛策は、国政の観点から信用を傷つける自由主義思想であると断定した。共和党下院議員のエベレット・ダークセンは、エレノアの動員計画を「女性を強制動員したヒトラーの方策を米国に導入する試みであり、米国市民の自由を抑圧するものである」と批判した。続いてダークセン議員は、「私の地元では、エレノア夫人の企画にはまったく無関心である」と述べ、「公共事業促進局のカー副局長が、十数人の無法な共謀者と共に問題をでっち上げている」と非難した。さらに彼は、「ナチスの独裁者は、国内で逃げ場のない女性たちの生死を分かつ力を握っている。ナチスは5万人強のスパイ部隊を配下におき、彼らを社会の管理人と名乗らせているのだ。今回の社会防衛プログラムとやらで、政府は5万人から10万人の社会の管理人を準備し、彼らを米国の家庭に入り込ませて、主婦や母や姉妹たちに『何をどのように料理するとか、何人の子供を産むべきだとか』語りかけ、一体、どんな基準で出生率の想定や抑制を行うつもりなのか」と語気を強めた。[35]

米国の孤立主義者たちの批判は日増しに激しさを増した。反ニューディール派で「シカゴ・トリビューン紙」の発行者ロバート・マコーミックは、ジョージ・ワシントン米国初代大統領の国に対する最後の警句を信条にしていた。それは、「これからの世代は攻撃を導く同盟は避けなければならない」という警句であった。マコーミックの「シカゴ・トリビューン」紙は、「エレノア夫人の提案は、ナチスの女性組織『全国女性指導者の女性団』を主唱したゲルトルート・ショルツ・クリンク女史の発想を真似したものに他ならない」と大げさに報じた上で、「その組織は、ナチスの最もひどい権威的な支配体制である」と断じている。他にもこの新聞は、「ルーズベルト夫人の女性軍団」という見出しのもとで、「彼女の社会防衛計画においては、娯楽プログラム作成のために全米の図書館をはじめ、音楽やレクリエーションなどが用いられるであろう」と報じた。同紙の社説には、「ファーストレディーの提案は、武器貸与法の権威的な法律とよく似ている」と書かれている。[36]

エレノアとカーは、中西部とその周辺地域の孤立主義者たちの妨害や攻撃から、彼女たちの計画を守るために力を入れた。二人は孤立主義者たちに正面から反論し、「社会防衛は、危機に際して国民の団結を導くものである」と強調している。エレノアは、ファーストレディーとしていっそう社会防衛の前進に力を注いだ。その結果として、彼女に希望を与え、社会改革に自信をもたらす多くの手紙が、絶え間なく彼女のもとに届くようになった。ある18歳の女性はエレノアに、「将来のための私たちのベストの防衛は、まず第一に子供たちから始まります」と書き送った。社会防衛を政府が立ち上げることへの要望が民衆の間から溢れ出る中で、これらの手紙に対するエレノアの回答は常に威厳に満ちたものであった。エレノアのオフィスは、「国内社会における女性の役割について、政府は間もなくその計画を発表するでしょう」と回答し、「社会防衛の主催者が就任したときには、皆様の手紙が大いに参考になります」と返礼した。[37]

3月、エレノアは友人のセルデン・ロッドマンが主宰する「コモンセンス」誌に「防衛と公益」というコラムを書き、その時点における彼女の主張――米国の防衛プログラムの中に、社会的活動

〈社会福祉制度やサービス改善を目指して、議会や行政機関に対応を求める組織的活動〉が組み合わされていなければならない——を記述した。そのコラムの一部で、「人々の公平と機会の均等、そして政治への隔たりのない参画は、団結した国においてこそ期待されるものである。そのような国がすべての戦い、すなわち経済生産力や社会問題の解決、また今日最も重要と考えられる『壁のない社会』への戦いに勝ち抜く素地を育成することになる。より良い将来のために尽くすという考えが、生きる価値のある生活を保障することへと繋がるのです」と述べている。エレノアが主張したのは「自己満足だけでは、もはや米国の公共は維持することができない」ということであった。また民主主義社会で生きるためには「勤勉な労働や国家への奉仕、公益の維持や前向きな試行などの義務が伴うものである」と彼女は語り、「米国民が真の民主主義体制を実感できるのはまだまだ先のことです」と述べている。そのためには「教育や健康管理やレクリエーションへの幅広い窓口を含めて、すべての国民が生活を満喫できるような高いレベルの目標達成が必要である」ということであった。同時にエレノアは、ワシントン州のブレマートンには学校がなく、2500人もの子供たちが教育を受けていないことを危惧している。エレノアに手紙を書いたある女性は、「今、私も子供も飢餓に苦しんでいます。ヒトラーあるいはルーズベルトが権力を握ったとして、私の生活はどう変わるのでしょうか」と訴えた。またある青年はエレノアに、「6年間にわたって、住む家や教育や職業をほったらかしにされた自分が、今なぜ米国のために命を危険に晒《さら》さなければならないのでしょうか？」と疑問を投げかけた[38]。

ホワイトハウスは1941年の春に至っても、本土防衛プログラムの展望や規模を確定していなかった。そのためエレノアは、自分の計画が国民の連帯意識の強化に繋がることを、絶え間なく訴え続けたのである。彼女は、米国道徳委員会のアーサー・ポープ会長から届いた書簡をＦＤＲに見せた。その書簡には「連帯意識の確立こそが、米国内の守りを固めるための最重要な事業である」と書かれていた。カーは、ポープ会長の構想を米国の防衛論争における「真の貢献」と称えている。カーはエレノアの展望と構想を国民に提示し、女性航空クラブの講演会で「米国軍隊や装備体制は国外からの防衛を前提としているが、国内の防衛体制については、全国民の連帯意識の確立と経済的な保障が含まれなければなりません」と訴えた。カーはまた、「国内の社会防衛体制を省略することによって、国の防衛力を高めることができるという誤った節約主義が国民の反発を招いている」と警告した。カーの主張は、「米国が民主主義を守って、国民の生活を向上させるためには、軍事と民生（国民生活）の両面を捉えなければならない」ということであった。[39]

４月に入ってエレノアは、「政府は、民間防衛プログラムへの参加の機会を、すべての女性に与えようとしています」と発表し、ニューディール派の希望を湧き立たせた。連邦議員の妻たちとの昼食会でエレノアは、「私は、女性たちがどのような役割を望むのかということを前提に、各州・各都市の女性たちの技能や希望のリストをホワイトハウスがまとめるよう求めます」と述べた。そして「その名簿に従い、火災や洪水をはじめ、いかなる緊急事態が生じた場合でも、あらゆる地域において、女性たちの力がどのように活用できるかを知ることができるでしょう」と補足した。その頃、エレノアは射撃の基本を学んでいたが、彼女にとって最も重要なことは、すべての女性たちが国民の生活をより良くする方法を学ぶことであった。議員の妻たちを前にしてエレノアは、「私たちは、米国という一つの大きな社会の一員です」と語りかけ、「私たちはこの国のどこにいても、もし物事がうまく進まないことがあったときには、その原因を探し出すことが私たちの役目であり、身をもって対応しなければなりません。どの州に住んでいても、その役目を果たすのは貴女たちの責任なのです」と話を結んだ。[40]

たとえFDRが彼女の計画を認めなかったときでも、エレノアがくじけることはなかった。彼女は独自で女性民間防衛プログラムを押し進め、それまで数年間にわたって行ってきた、恵まれない人々の生活向上を目指す役目を自ら果たしている。エレノアは、トレーラーの粗末な住居を廃棄させるために政府の役人を説得し、カリフォルニア州バレーホの3万人の人々をしっかりしたプレハブ住宅に移住させた。また、カリフォルニア州モンロヴィアの療養所にいたジョン・ヤカソヴィッチという少年は、エレノアに「ラジオが欲しい」という手紙を書いている。それを受けて、エレノアの友人であるヘレンとメルヴィン・ダグラスが、彼女の代わりにラジオを少年に寄贈した。そのとき少年は、「ファーストレディーは僕を忘れていなかった」と喜びの声を上げている。少年がいた療養所はギリギリの予算で運営されており、患者たちは情報に飢えていたのである。一人の少年を喜ばせた1台のラジオは、その周辺にいた人々にニュースや情報をもたらすことになった。エレノアが行ったことは小さなことではあったが、米国の一般人の生活に大きな影響を与えている。それは、エレノアが米国文化に根づくことを期待していた、一つの重要な精神であった。米国がファシズムに対して責任感と旺盛な気概をもって戦うためには、米国のすべての社会において、この人間性に配慮した博愛精神の定着が必要であった。エレノアの提案が、戦時のワシントンの国防政策のはざまで無視されることがあったとしても、エレノアは「自分の展望のもとに国民が結集して民間防衛プログラムは必ず実を結び、ニューディール政策の活性化が促進された暁には、米国民の生活に大きな変化が訪れることになる」という信念を、けっして見失うことはなかった。[41]

第六章　ロンドン大空襲

私たち生徒は、先生から学ぶためにここに来たのです。
——戦時のロンドンを視察したニューヨーク市の消防士の言葉——
1940年ロンドンにて

1940年9月7日、肉眼でも見えるナチス・ドイツの国章・スワスチカ（卍）を機体に描いた爆撃機の大編隊が英国の上空に現れ、その行く先は英国の首都・ロンドンの中心地であった。数トンの高性能爆弾と焼夷弾が大音響を立てて炸裂し、澄み切った空が真っ赤な炎に覆われて、工場や造船所、さらに住宅地やその一帯が焼け野原と化した。森林地帯に広がった激しい火災は黒煙を巻き上げ、住民たちの顔や衣服が真っ黒に染まった。ザ・ブリッツ（ロンドン大空襲）と呼ばれたその初の襲撃では、24時間以内に数百人の命が奪われて数千人を超す人々が負傷し、多くの住居が失なわれた。この初空襲を経験した多くの市民は、「それまでの語り草のようにただじっとしていたのではなく、ジャングルの動物のように素早く行動した」と、ロンドン駐在のある外交官が日記に書いている。

英国大空襲を報道で知った米国民は、この大空襲が集団暴行や暴動、さらには英国革命まで駆り立てるのではないかと、数千マイルも離れた地から懸念した。一部の米国民は英国の消防士たちを市民の守護神として称賛したが、その一方で連続する空爆が民主主義の社会的な礎《いしずえ》を危機に陥れるのではないかと案じている。ニューヨーク市長・ラガーディアに率いられた軍国主義派のリベラル層は、英国労働党リーダーのハーバート・モリソンや、空襲に対応する民間防衛の市民の活動を知り、まさに米国の都市の目を覚ますことになるであろうとの思いに至った。米国のリーダーたちは、ロンドンを実験場とみなして都市の失敗と成功を学びとり、それらを米国の中枢である都市で活用することにしたのである。ルーズベルト大統領とラガーディア市長を筆頭とする米国のリーダーたちは、陸軍省や連邦捜査局（ＦＢＩ）、それに市民団体までを含めて、英国の民間防衛体制を調査させるために研修グループを英国に派遣した。[1]

米国民が何よりも恐れたのは、ロンドン空襲の次は自分たちの都市ではないか、ということであった。もしナチスがニューヨークを攻撃した場合は多数の犠牲者が出て、大恐慌以来、ニューディーラーたちが大切に守り続けてきた社会的秩序に大混乱を引き起こすことは間違いなかった。英国の民間防衛プログラムは、米国民に政府と民間人の繋がりを大きく変化させる刺激をあたえ、民間防衛任務を国の緊急課題と捉えて米国の銃後の守りを固める原動力となった。ロンドン大空襲は米国の自衛の動きを加速させ、初の民間防衛組織を発足させる源となったのである。[2]

特に、第二次世界大戦および二十世紀における民間防衛体制の原点は、１９４０年から４１年にかけてのロンドン大空襲に対する英国の対応にさかのぼることができる。歴史家ダニエル・ロジャースの「革新主義者たちは、改革の着想と発想を大西洋を越えた同盟国から得ている」という見方によれば、安全保障の政策は国をまたいだ共有が可能ということであった。米国の例をとれば、米国のリベラル層は、英国の民間防衛プログラムと英国のリーダーたちとの繋がりからこれらのことを学んでおり、ロジャースの「大西洋は壁ではなく、ライフラインの橋としてその機能を果たしている」という見解を裏づけている。ロンドン大空襲は、第二次大戦のいかなる出来事よりも、米国に恐怖心を植え付けたのである。米国民はロンドン空襲の脅威を自国にあてはめ、屈強な民間防衛プログラムこそがファシストの忌まわしい猛襲から生き延びる方策であることを学んだ。しかしその一方で市民防衛組織が、第二次大戦時の好戦的な広報誌によって、米国のリーダーや市民たちの不要な恐怖心を煽ったことも事実である。米国政府の民間防衛プログラムはロンドン大空襲を通して組織的に生まれてきたものであったが、それは米国の安全保障担当者や市民たちに対して、「近代社会の米国を防衛するためには、英国の民間防衛プログラムの要点を米国に取り入れることが重要である」ということを物語っていた。[3]

英国の民間防衛への信仰は、この国の地勢や歴史、それに文化的な伝統に基づくものであった。1782年にフランスとスペインが革命戦争で植民地側についたとき、英国内務相のシェルバーン卿は都市のリーダーたちに兵員の招集を指示し、敵国海軍の攻撃があった場合にはその撃退を命じた。それから150年以上にわたり、英国内務省は外敵から国を守る優勢な体制を維持したのである。ナチスによるロンドン大空襲の前から、英国国務省はすでに空襲から国を守る20年計画を立てていた。第一次大戦中、英国はドイツの103回にわたる300トンの爆弾投下に対抗し、14113人の市民がその犠牲になっていた。その結果、1万7000人の民間人防衛ボランティアが結集したのである。夜間空襲の際には30万人の市民たちがロンドンの地下鉄に避難し、その中には、ある英国少将が語った「悪魔払い」を祈る人たちもいた。それに加えて50万人もの市民が地下室で夜を過ごしている。[4]

第一次大戦が終了したころ、英国の社会計画リーダーたちの中で、市民が将来の空爆の対象になることを疑う人はほとんどいなかった。当時の軍事専門家の戦争計画によれば、フランスの爆撃機は1ヵ月でおよそ１５００トンの爆弾を英国に投下できると予測されていた。１９２３年、英国空軍省は対空襲計画の立案を国務省に指定した。当時、一部の専門家は「10年以内に、空爆は7万５０００人以上のロンドン住民を殺傷する能力を持つことになる」と予言している。同時に、その他の有り得る戦争被害が国民の恐怖をあおったのである。１９３４年にウィンストン・チャーチルは、「ロンドンに空襲があった場合、３００万人の住民が疎開せざるを得なくなるだろう」と公言し、「このような問題は、かつてなかったことだ」と述べた。その翌年、内務省は空襲警戒部を創設し、１９３８年までに１２０名の職員を採用した。ある政府組織は空襲が継続した場合、最初の半年でおよそ60万人の市民が犠牲になると予測し、政府対応に向けての明解な呼びかけとなった。ネヴィル・チェンバレン首相の側近と欧州の学識経験者たちは、空襲による集団パニックを避けるための対策を論議している。あるデンマークの学者は、「近代の爆撃は文明社会の規範を崩壊させて市民のモラルを衰退させ、法律や秩序を骨抜きにして大混乱をあおることになる」と公言した。[5]

英国民はこれらの警告を慎重に受けとめた。１９３８年11月までに、70万人の人々が空襲時のボランティアとして登録している。１９３９年9月に英国がドイツに宣戦布告し、１９４０年6月にフランスが降伏すると、英国の民間防衛の動きは真実味を帯びてきた。チャーチル首相が英国民を「世界正義を守るために、今まさに武器を持って立つ闘士たち」と見立てた翌日の6月18日、大ロンドン南部のアディントンが最初の空爆を受けた。ロンドン大空襲は、国民標語の「落ち着いて行動せよ」や、民間伝承の「雄々しい消防士の教え」を通り越して、大混乱を引き起こしている。6月の空襲以来、一部の防空壕は「見苦しい行動の避難場所」と揶揄される施設に変わり果てた。あるロンドンのリーダーは米国の担当者に対して、「都市の一部の住民たちは近くの町か森林に逃げ込み、彼らが空襲から落ち着きを取り戻したのは、それから8～10時間後のことであった」と語った。しかし、このロンドン大空襲は、人々の精神がくじけないための努力に拍車をかけている。『Nerves versus Nazis』〈ナチスに対する神経戦〉を著した英国の作家ジョン・ラングドン・デイヴィスは、「最初の爆弾が投下されてから60秒をかぞえて無事ならば、おそらくその人たちは生き延びることができるでしょう」と説いて住民たちを安心させた。また、英国情報局が当時の「パニックの兆し」について乗り出すことになった。1940年9月から41年5月までに4万3000人の市民が爆撃で死亡し、数万人の人々が負傷した。さらにナチスの爆撃機は、英国の100万棟におよぶ建物を全壊もしくは損壊させている。そのような中でも市民防衛の活動家たちは必死に生き残り、瓦礫の下に閉じ込められた市民を救出したり、広がる火災をくい止めながら、空襲の最中に人々を避難所へ誘導した。彼らが英国民の精神に与えた影響には計り知れないものがあったのである。[6]

米国民の多くは、ロンドン大空襲は世界の都市に対する攻撃の前兆と捉えていた。当時のある学者は、ロンドンには900万人近くの人々が住んでいるが、それはニューヨーク市のおよそ三分の一の規模であると述べている。「アメリカン・ジャーナル・オブ・ソシオロジー」誌は、ロンドンの中心地に多数の焼夷弾が落ちたとしても、その被害地域はシカゴの都心ほど広くはないと書いている。ロンドンにはニューヨークに次ぐ規模の港湾があり、ロンドン郡はほぼフィラデルフィアと同じ広さであった。米国の報道機関は、「欧州の市民たちを標的にしたナチスの空爆に、米国民が激怒している」と報じた。中でも「ロサンゼルス・タイムズ」紙は、「ロンドン大空襲やオランダのロッテルダムの破壊は、病んだドイツの首脳者たちがテロリズムを行っている証拠である」と書き、読者に「我々は憂うる状況にある」と警告している[7]。

このような状況の下で、危機に面しているロンドンの実情を最も深刻に米国に伝えたのは、CBSラジオ・ロンドン特派員のエドワード・R・マローであった。1日に60～70本のタバコを吸うマローは低音の太い声で、ロンドンの事実に基づいた迫真に迫る報道を行った。マローの略伝には、「彼の眼光は鋭く、額は広くて少しいびつ、そしていつも苦悩に満ちた顔をしていた」と書かれている。詩人で議会図書館長のアーチボルド・マクレイシュは、ロンドンの悲劇を米国の一般家庭に伝えて米国民の怒りを招いたマローの報道を称賛した。マロー称賛者の多くが、彼の機転のきいたロンドンからのラジオ放送を、二十世紀のジャーナリズムの手本として賛美している。マローは、野蛮な敵の攻撃から国を守るために各家庭から立ち上がった英国人の一途な姿勢と、ギリシャ神話の英雄オデュッセウスのような彼らの精神を高く評価した。また英国人の勇敢さと実直さについての報告に、マローは一切縛りをかけていない。マローのラジオ放送は、英国人を正面から捉えた不屈の精神をしっかり見据え、英国民が受けている脅威を彼の言葉を通して報道したのである。爆弾の爆発音を猛獣の叫び声で表現し、ロンドン市民に残されたのは安っぽいボール紙のスーツケースか、時には中身が詰まった紙の買い物袋だけである、と語っている。マローは、ナチスの侵攻は9月中旬までに起こりそうだと予測した。さらに、ヒトラーは1万機の秘密空軍を持っている、と付け加えている。そして英国はおそらく毒ガス攻撃に備えなければならないことと、爆弾は恐ろしい緊張感を市民に与え、ある爆弾は彼が今まで見たこともない巨大な痕跡を残した、と米国民に伝えた。[8]

マローは米国民が欧州の戦争を理解できるように、米国があたかも被害を受けているような調子で語りかけている。彼は、ロンドンの空爆が米国に対する近々の兆しであるかのように問いかけた。またロンドンをネバダ州のゴーストタウンになぞらえ、不発弾の30メートル周囲で銀の笛を吹いて注意をうながす英国警官の振舞いが、暖かい春の日に警棒をぐるぐる振り回す米国警官の姿を思い出させると伝えている。1940年の大晦日《おおみそか》、マローは米国の運命が英国にかかっていると考え、米国の国際派リベラリスト（干渉主義者）の主張を引合いに出して国民に訴えたのである。[9]

1940年の秋には、欧州の重苦しい話題が米国のメディアに深く浸透した。そして、それらの話題が世の中の風潮となって人々の恐怖心をあおり、これが政府の民間防衛局創設の追い風となった。当時の「ニューヨーク・タイムズ」紙は、ナチスのロンドン大空襲を無差別爆撃の極みと報じている。米国特派員のロバート・ポストは、ロンドンの映画館で「オール・ディス・アンド・ヘブン・ツー（凡てこの世も天国も）」という映画を鑑賞した時の様子をレポートした。その映画の中で夫が妻を殺すシーンとなり、女性が「ノー、ノー、ノー」と叫び声を上げたそのとき、高性能爆弾の衝撃が彼の座っている映画館を揺り動かした。ドイツ空軍が、始末に負えない2ポンドの小型焼夷弾を数万発も投下したのである。それらは爆撃機から雨のように落下するか、あるいは通称「モロトフのパンバスケット」と言われた特殊な爆弾投下装置が一連の焼夷弾を空中で放出させ、燃えながら落下するそれらの一群が都市に大火災を巻き起こすのであった。[10]

恐怖に直面した英国市民の声が、米国民の集団意識を奮い立たせた。激戦地のロンドンから米国の新聞社に送られた情報が、新聞紙上で波紋を繰り広げたのである。英国の社会福祉《ソーシャル》指導員《ワーカー》の一人は米国の「クリスチャン・サイエンス・モニター」紙に、「通りに面した店の窓が爆弾の破片で粉々になった」と生々しく伝えている。また他のロンドン市民は、「町中の人々が死の危機に瀕している」と訴えた。[11]

「ロサンゼルス・タイムズ」紙は、「空襲があった場合、米国の各都市はどのように対応するのだろうか？　また連続する空爆に、我がロサンゼルス市は耐えられるのであろうか？」と疑問を投げかけている。その記事の中で「ロサンゼルス市は広大なので空襲で全滅することはないだろう」と書く一方、「我が市への空襲はないとしても、男性や市民は空爆に対する防衛体制を強化した方がよい」と提唱した。また同紙は、対空砲に欠けたオランダのロッテルダムがヒトラーの攻撃を受けたことを引合いに出し、空爆がロサンゼルス市内に被害を及ぼす可能性を強調した。米国のＡＰ通信社は、「民主主義の国民は、フランスのようなパニックや、脅威そのものに屈してしまうのではないか？」と疑問を投げかけている。さらに同通信社は、「英国民は恐怖を抑える方法を学んで毎晩の空襲に耐えているが、果たして米国民が同様の勇気や弾力性を持っているかは未知数である」と報じた。[12]

バトル・オブ・ブリテン〈英国本土航空決戦〉をじかに体験した米国の外交官たちは、「米国民は英国が先駆けた民間防衛体制を学ばなければならない」というという厳しいメッセージをワシントンに送った。ナチスの空爆は強烈で、損害はあまりにもひどく、外交官たちは「英国が崩壊した後に、ヒトラーは米国に対して空襲の道を開くのではないか」と懸念したのである。彼らが目にした空襲の惨憺《さんたん》たる報告内容は、ワシントンに脅威の惨状を目覚めさせ、米国のリーダーたちが民間防衛に着手する道筋を与えた。11月14日午後7時、英国工業都市コヴェントリーを見渡す丘の上で数時間を過ごしたジェイムズ・ウィルキンソン外交官は、ドイツ爆撃機の6分ごとの爆弾投下を目撃し、そのうちの一つは彼が立っている近くの館を大きく震わせた。ウィルキンソンは、もしドイツが威力をもつ爆撃機を製造した場合、ナチスは英国ミッドランズの工業生産力を破壊し、英国の抗戦能力に大打撃を与えるであろうと予測した。翌朝の10時、町の中心街へ車で出かけた彼は、そこで8キロにわたる「ダンテの地獄編」を目にしたのである。通りには瓦礫が溢れて家々は崩れ落ち、家を失って呆然とする市民たちはかろうじて平静を保っていた。「もし昨夜のコヴェントリーへの空爆が数週間続いた場合、英国は降伏することになるだろう」が、彼の偽りのない思いであった。[13]

ロンドン郡議会リーダーのハーバート・モリソンは、ニューヨークのラガーディア市長に対して、米国における準軍事的な民間防衛プログラムの提唱者になることを推奨した。ラガーディアはモリソンの推奨の中に手本を見いだし、モリソンの経験を米国のプログラムに置き換えて議論を始めたのである。五十代前半のモリソンは市民からロンドンの主と呼ばれ、空襲から国を防衛する内相（兼保安相）を務めていた。彼はラガーディアとの相互関係を見いだし、非公式ではあるが、大西洋をまたいだ大都市の安全保障契約を提案した。ラガーディア同様に背丈が低いモリソンだが、エネルギッシュで積極的な政治家であった。彼はナチスの爆撃からロンドンを守るために奮闘し、ある伝記学者によれば、モリソンはラガーディアを細身にしたような人物であり、その逆にラガーディアはモリソンを太鼓腹にしたような容姿であったという。二人は世界の二大都市のそれぞれの責任者であり、国の民間防衛の責任を担って世界の出来事の行き先を追求していた[14]。

ところが、モリソンの政治家としての成り立ちには一つの矛盾する特徴があった。1939年4月27日、彼はバーテンダーに「私に一杯たのむ。神の許しを乞うところだ。私は今、徴兵制度に賛成票を投じてきた」と語っている。モリソンは、第一次大戦への参戦を拒絶していたのである。しかし、1939年には自らの平和主義の考えを一掃して、強硬な反ファシストに変身した。モリソンはスパイ容疑者への取締りを強化し、容赦なく彼らを投獄させた。また、「ゴー・ツー・イット(がんばれ)」という標語をあみだし、その標語は爆撃を受けた英国の都市でよく使われている。右目が見えないモリソンは、爆撃のほとんどの時間を同僚の住民たちと屋内で過ごした。町で彼を見かけた買物客や配達人、警察官や新聞売りたちは彼の周辺に集まり、ロンドンの下町なまりで「ハロー、ハーバートさん」と声をかけている[15]。

米国の多くのリベラリストと同様に、モリソンはナチスを民主主義体制に対する脅威として嫌悪していた。彼はファシズムへの闘争に対して、英国の軍備と経済を両立させる政策を目標に掲げ、軍事ならびに社会的改善のために尽力した。またモリソンは、経済的リベラリズムと国際的反ファシズムは同じ土俵で運営管理できることを米国のリベラル層に提示した。モリソンの民間安全保障に関する米国への働きかけは、1941年の米国における大論争の前触れになっている。モリソンの考えは、国家の特権や財源を、地方自治体や共同体の権利にとって有益な項目に結びつけることであった。そのため彼は、英国政府が民間防衛経費の大部分を受け持つよう政府に働きかけている。

それは大蔵省が民間防衛活動の60～75％の費用を負担し、空襲警戒法の下で、英国のリーダーたちがいくつかの共同体の空襲防衛計画を見直すことであった。さらにモリソンは、自身の政治力を強化して、消防隊の補助機関を1500から40に削減した。その一方で、彼は貧困層の避難所を確保し、市民にヘルメットや防毒マスクを配給して、ヒトラーに対する闘争力の強化に努めたのである。ここでモリソンは、避難所における国家的な規則を提言して、避難所を清潔に保つ努力を推し進めた。彼は、これらの課題に取り組むことを拒んできた地方の役人たちの改革に奮闘している。[16]

同時にモリソンは、地方にとって有益な事業の推進に力を注いだ。彼はボランティアの重要性を強調し、自助自立の精神を促進させている。彼自身も、町の人々と一緒になって活動の模範を示したのである。空襲の際には、数千人のロンドン市民と共に地下鉄に避難して爆弾から身を守った。また、1万人におよぶイーストエンドの住民たちに、深さ15メートルの避難所を開放している。これらを通して、150万人のボランティアが彼の民間防衛プログラムに加わることになった。モリソンの民間防衛に対する情熱的な呼びかけと、困った人々を救済するための熱のこもった訴えは、一部のロンドン市民たちの目にチャーチルのポスト（首相）を思い浮かばせたのである。[17]

モリソンは、一部の人々だけへの富の結集に厳しい目を持っていた。そして、並外れた富裕層と貧乏な人々の間の険しい問題を解決しようとしていたモリソンに、ロンドン大空襲はさらなる難題を投げかけた。彼の懸念は、一般の労働者がより一層経済的な安定を感じなければ、社会的秩序が保てないのではないかということであった。そのため、常に市民社会と軍事を結びつけた民間防衛の在り方を、米国の人々がしっかり受け止めてくれることを彼は切望していたのである。[18]

そのモリソンの思惑どおりに、彼の考え方は米国の幅広い層から賛同されることになった。ある分野の米国民からは、モリソンは民主主義の守護者として高く評価されている。１９４０年11月、米国の陸軍長官ヘンリー・スティムソンは、「モリソン氏は、英国を征服不可能な自由の城砦《じょうさい》に立て直した」と称賛した。また英国の政治経済学者のハロルド・ラスキは、「モリソン氏は英国の最高位の行政官の一人に位置づけられた」と「ワシントン・ポスト」紙に寄せている。一方で米国のモリソン批評家たちは、称賛者が賛美を惜しまなかったのと同じ程度に、報道を通して彼を厳しく批判した。特に激しい空爆がロンドンを襲ったあと、モリソンを誹謗《ひぼう》する人々は、その時に十分なボランティアの活動が行われなかったことを非難したのである。また、モリソンの厳しい国家統制的な対策に疑問を投げかける人もいた。1月にモリソンは、軍人を除く16歳から60歳までの男性に消防士や空襲作業員・火災警備員などの任に就くことを義務づけ、それを「貴方自身や隣人たち、そして貴方の町や国に対する義務を果たすため」と説明した。「シカゴ・トリビューン」紙は、こうしたモリソンの対応を「英国にかつてなかった画期的な社会改革の先駆け」として称賛し、「今までよりも、さらに多くの英国人が政府に仕えている」と報じた。[19]

米国の政治や軍事を司る首脳たちは、モリソンの経験を学ぶために使節団を英国に派遣した。それは、長期にわたって本土防衛の準備を拒んできた人々に競《せ》り勝つためでもあった。米国の首脳たちにとってオランダからフランス、ポーランドに至るヒトラーの勝利は、その成果に対するナチス・ドイツの勝利感に留まらず、ヒトラーの恐るべき軍事力の誇示に繋がっていた。ＦＤＲやラガーディアをはじめ、他の首脳たちが恐れていたのは、「英国を倒したあとのヒトラーの目標が、米国の都市に繋がる」ということであった。言うなれば、ドイツ空軍による米国攻撃の脅威が、当時の米国指導者の頭から離れることがなかったのである。

米国首脳部の期待は、英国への派遣団を通して、モリソンが企画した民間防衛プログラムが米国の地で定着することであった。ラガーディア自身は、1940年末と1941年初頭の2回にわたって使節団を英国に派遣したが、これらがニューヨーク市への空襲に対する準備であることは明白であった。秋から冬にかけて、ニューヨーク消防隊の隊長フレデリック・ウェデマイヤーとダニエル・ディジー、それに消防士のジョージ・スコットは2ヵ月半をかけて英国の空襲防衛態勢を視察した。ロンドンに到着した彼らは、ロンドン市消防本部を訪れて記者会見を行った。「なぜ、貴方たちは戦時の英国に派遣されたのですか？」と質問されたとき、一人の消防士が端的に「私たち生徒は、先生から学ぶためにここに来たのです」と答えている。英国の消防隊から貸与されたスチールのヘルメットを被ったウェデマイヤーたちは、空爆が行われている場所を見て回った。当時の米国民は、英国の消防士たちを英雄として称えていた。その後帰国したウェデマイヤー一同は、彼らが見てきたことを報告書にまとめている。[20]

彼らの結論は、大局的に見て「英国から学ぶことが数多くある」ということであった。ロンドン空襲が開始された数週間後、全米消防士協会の財務主事ジョージ・リチャードソンはFDRに、「大英帝国の消防士たちは国の防衛を遂行しています。ニューヨークやワシントン、シカゴをはじめ、どの都市においても火災から人々を守ることは国家の重要な課題です。地方の自治体だけでは、それらに対応する装備を十分確保することはできません」と訴えている。リチャードソンが属する協会は、「火災防護を国家の優先事項にし、国民を近代戦から守る」という草案をFDRに提出した。[21]

米国の警察機関も、ロンドンの功績から影響を受けている。全米警察長協会が明らかにしたことによれば、彼らは「米国の警察機関が失敗を繰り返さないために、英国がどのようにして法と秩序を維持してきたかを学ぶ必要がある」と捉えて、その機会を模索していた。そして、FBIの担当者が英国を訪れてスコットランドヤード（ロンドン警視庁）のやり方を学び、J・エドガー・フーバー長官のナショナル・ポリス・アカデミーは英国の教程を訓練プログラムに取り入れている。1940年10月から翌年の2月にかけて、フーバー長官は二名の副部長を英国に派遣し、英国の民間防衛組織の編成を報告させた。それをもとに、フーバーの側近は英国で得た内容を10部以上の報告書にまとめたが、主題は対スパイ活動や空襲防御、通信機関や交通統制、それに法の執行などに関するものであった。ニューヨーク警察の首脳は、フーバーの提唱をニューヨーク市に取り入れることを要請している。[22]

ニューヨーク警察のドナルド・レナード警部を中心とするラガーディアの第2陣は、社会的規律を保つ英国の対処法を学ぶために、大空襲さなかのロンドンを訪問した。レナード警部はそこで悲惨な話を聞いた。それは英国南部の港町サウサンプトンを訪れた時のことで、家族と6ヵ月間も連絡ができなかった英国人船乗りが帰港したときの話であった。サウサンプトンに戻ったその船乗りは、下船して家路を急いだ。しかし、そこで彼が見たのは、あたり一面まるごと破壊された悲惨な状況であった。ナチスの爆弾で、彼の家族全員が犠牲になっていたのである。レナード警部は、「市民たちは恐怖の日々を過ごしており、彼らの保護は間違いなく民間防衛組織の肩にかかっている」と述べている。またロンドンの視察では、古いロンドン市街のおよそ半分の建物が崩れ落ちており、ロンドンの主・モリソン卿のリーダーシップの下でも、ロンドン民間防衛プログラムは正念場を迎えていた。それぞれ縄張りを争う担当者たちや、管轄権の論争に明け暮れる役人たちの存在が、民間防衛プログラムの結束力を弱めていた。それでもレナード警部は、ロンドン組織についての念入りな研究が、ラガーディア市長の1941年以降に向けての民間防衛の取り組みに貢献することを確信したのである。[23]

FDR政権の安全保障顧問は、ロンドンの民間防衛を研究するために現地調査隊を英国に派遣した。9月には米軍の担当官も英国を訪れている。またその翌月、スティムソン陸軍長官は側近を英国に送って空襲警戒の方式を視察させた。そして1941年1月、英国の民間防衛体制の詳細をじかに調査したいという米国在郷軍人会の要求を、国務長官が認可したのである。米国の消防当局と法執行機関のリーダーたちは、ロンドンの事例を自らの都市に取り込むことを真剣に考えていた。カリフォルニア州消防局長官のリデル・ペックは、消防活動に最も有効な送水ポンプとタンクを製造するために、ロンドンの実例を模範とするよう技術陣に指示している。マサチューセッツ州のレベレット・サルトンストール知事は側近を6週間にわたって英国に派遣し、国防市民軍兵士を視察させて、英国義勇軍の幹部にマサチューセッツ州の市民軍組織化の支援を依頼した。[24]

1941年に入って武器貸与法《レンドリース》の成立や、軍需品増産を重視するFDR政権の外交姿勢を機に、米国のリーダーたちは民間防衛プログラムに向けての活動を繰り広げることになった。その活動に直ちに着手したのがニューヨーク市長のラガーディアで、民間防衛の軍事化とともに、市民社会の中で戦争を耐え抜く準備の必要性を力説し、ニューヨーク市長みずから米国をリードする擁護者のように振る舞ったのである。ラガーディアは米国が欧州やアジアから離れていても、近代戦ではニューヨークが次の戦場になると警告し、彼の選挙人たちに対して「もし戦争が起きた場合、ヒトラーは必ずやニューヨークを攻撃することになるだろう」と明言した。1月8日、ラガーディアは

1時間40分にわたって熱のこもった演説を行い、ニューヨーク市の戦争への準備体制について、彼の考えを市民に伝えた。ラガーディアは、「ニューヨークがヒトラーの眼中にある。我々が民間防衛プログラムに手を付けるときがきた」と宣言した。さらに続けて、「もし我々が攻撃を受けた場合、私はすべての警察官と消防士をそれに対応させせなければならない」と述べている。彼のこの発言は、「市の非常事態の際に、警察官や消防士は民間防衛組織に加わらない」という意味であった。当時のニューヨーク市は、消防局や市警察、また病院や介護施設に向けての、数多くの装備や装置の配備に迫られていた。同時にFDR政権は、連邦議会で「すべての沿岸都市に対して緊急用具を送らなければならない」と答弁している。[25]

これらの状況を背景に、ラガーディアはFDRに陳情活動を行った。1月31日、彼は大統領に「ナチスのロンドン空襲は、米国にとって民間防衛がいかに重要な課題であるかを示している」と提言した。さらに彼は、ホワイトハウスは空襲警報システムや避難所の創設、それに通信システムの充実を目指した予算を確保し、国家の非常事態における政府と市の相互援助計画を作成するよう申し入れた。ラガーディアの主張は、「ある都市が全滅することは地域だけの問題ではなく、米国全体を含めた大きな打撃となる」ということであった。[26]

2月1日、ラガーディアはFDRに英国民間防衛の分析結果を手渡すと共に、米国において民間防衛部局を組織化するよう申し入れた。このような部局の創設は、二十世紀の米国を通して初めての試みであった。ラガーディアを核とする米国市長評議会が推した計画案は、国内都市における指導者たちの考えを表していた。このラガーディアの申し入れは、オーソン・ウェルズの企画を思い起こさせている。1938年10月、ラジオ放送の『宇宙戦争』を聞いた市民たちが集団パニックを起こして逃げ惑ったように、空襲の第一撃を受けて国民が同様のパニックに陥ることを懸念したのである。ラガーディアは、「500ポンド以上の高性能爆弾はニューヨークのビル街を焼き落とし、小型軽量の焼夷弾は住民の家屋や事務所に火をつけて制御できない地獄を引き起こすだろう」と警告した。この警告は、ドイツの爆撃機はマスタードガスや塩素・ヒ素の化合物を含む爆弾を雨のように降り注ぎ、それらの毒性のある物質が密集地帯に住む住民たちを窒息させたり、殺傷させたりすることを意味していた。[27]

ラガーディアの当面の目標は、連邦政府の民間防衛委員会が米国都市の防衛を組織化することであった。彼はFDRに、「私の考えは空襲の可能性を国民に訴えて、彼らを不安に陥らせることではありません。ただ、国民の警戒心の欠如に痺《しび》れを切らしているのです」と釈明している。ニューヨーク州の州境に近いカナダのモントリオールでは、他の都市との境界線に避難所の建設を進めていた。もし米国民が、攻撃に無力な都市のための国家による防衛計画を拒むのであれば、ラガーディアにとって、それは怠慢そのものであるということであった。彼は民間防衛を国家の軍事力の強化と区別し、それは市民自らが役割を果たす積極的な自衛体制である、と位置づけている。言い換えれば、もし政府が爆弾の脅威への準備を国民に整えさせなければ、米国の社会秩序は崩れてしまうという考え方であった。[28]

ラガーディアの発想は、第一次大戦時に先覚者が思い描いたものより、多分に軍事的な傾向が強かった。第一次大戦中の1916年に創設された国家防衛委員会の当初の目標は、連邦政府と経済界の関係を強化して、戦時の軍需生産を支えることであった。しかし、その委員会の使命は歴史家のデビッド・ケネディが指摘したように失敗に帰している。その原因は1917年当時の米国の生産体制にあり、州と地方を基盤とする生産方式が、経済的にみて工業立国が求める在り方とかなりかけ離れていたからである。工業が国内に分散しており、その地理的な線に沿って戦時経済を統制することは、新しい生産共同体や補給や需要体制を打ち消すことになり、それが失敗を招く要因となっていた。その反省に立って国家防衛委員会は新しい任務を策定し、全米におよそ18万の防衛小委員会の創設を推進することになった。これらの地方委員会創設の目標は国民に防衛プログラムの役割を担わせることであったが、結果的にこの目標は達成されている。国民は国家防衛委員会の積極的な宣伝戦略《プロパガンダ》を取り入れて反戦主義者たちを遠ざけ、食品の配給制や家庭菜園を実行して、戦時動員に役立つと思われる様々な仕事に着手したのである。[29]

第一次大戦時の体験は、第二次大戦時の指導者たちに敵の妨害活動の中で生きる恐怖を思い起こさせた。1940年7月、カリフォルニア州の消防局長官と陸海軍の情報将校たちが会合を持った際、主催者は第一次大戦時のドイツの秘密諜報員によって書かれた『ザ・ダーク・インベーダー（欧州に向かう米国貨物船を沈没させるドイツの秘密工作を描いた本）』を読むよう出席者に勧めた。また、会議の出席者たちは国家の安全保障上の脅威——鉛管、銅、ピクリン酸、硫酸、パラフィン点火栓や時限発火装置、その他の爆弾材料などの即席の爆発物が、猛烈な火の海を引き起こして船倉や船着場を破壊することなど——を確認し、具体的に2ヵ所の地域をその標的として取り上げた。第一次大戦時には敵方協力者《スパイ》の恐怖が全米に広まったため、第二次大戦突入時の民間防衛の指導者たちは、前の大戦時よりもはるかに上回る軍事的な態勢を民間防衛に取り入れている。その最重要事項は空襲から市民を守ることであったが、妨害活動や敵の侵入、その他の脅威についてもまた指導者たちが苦慮するところであった。[30]

ＦＤＲは全米の市長たちとの協力体制を保ってきたが、彼はラガーディアの民間防衛会議を「停電の訓練や避難所の建設、軍需工場の防備や避難計画の改善、消火や毒ガス防御の訓練、空襲で壊れた建造物の修理や飲料水・食料・電話・郵便・配電網・交通システムなどの安全確保」に活用しようと考えた。ラガーディアの報告書には、「ニューディーラーたちは大恐慌では経済的に有効な対策に力を注いできたが、今彼らに求められているのは、連邦政府と国民がファシズムから民主主義を守るために国民の動員体制を早急に構築することである」と書かれていた。そのためには国家的な対応が不可欠であり、地方の間に合わせの対策では達成は不可能であるということであった。

ラガーディアは、「米国民は英国の模範的政策を見習わなければならない」と提言した。英国民は米国に対して、「中央政府は平和時には国民の福祉や法、秩序などに責任を持つが、戦時にはそれらに加えて国民の生命と財産をはじめ、敵からの自由を守る義務を負う」ということを提示した。平和な時に地方政府は、町の居住性のために街路灯の点灯や古い建物の解体、それに青少年の学校への入学や、その他の熱源・飲料水・衛生管理などの業務を行っている。しかし戦時ともなれば、民主政府は国民の生活様式の再考を余儀なくされることになる。当局は町の灯火管制や、瓦礫にうもれた市民の救助を行い、生徒を学校から隔離したり、数週間にわたって熱源や電気・水道・衛生管理などを失った人々を支援することになるのである。バトル・オブ・ブリテン（英国空中戦）は、ロンドンを産業化時代の初期の殺風景な風景に変えてしまった。ラガーディアの持論は、「土壇場《どたんば》になっての間に合わせは、まったく話にならない」ということであった。事実、米国はファシストからの攻撃予告を受けることはないであろう。ＦＤＲの巧みな演説が米国内に響き渡る中でラガーディアは、「現代の飛行機は、細菌の活動のように我が国の州の政治的な境界を認識することはないであろうし、あらゆる地域に爆弾投下が可能になるのである」と警告した。米国48州の境界線は昔ながらのものであり、各州にあまりにも多くの権限を委譲した結果、いざ戦争が勃発した時には国家的な防御が困難になるということであった。敵の攻撃目標は当然のことながら大都市ということになり、それを支援できる財源と影響力を持つのは連邦政府だけであった。大都市とワシントン政府が互いに協力し、それぞれが権限を拡大して国を軍事的に守ることだけが唯一残された道であった。[31]

FDRのニューディール政策を振り返り、ラガーディアは民間防衛会議に軍隊と警察の役人を加えることをFDRに進言した。また多様な目的を遂行するために、健康管理と福祉に関する責任者の任命も提言している。そして、この会議のモットーとして国民の目標達成意欲や人間の保護を掲げ、米国政府の英国支援を支えて同盟国の戦時状況を米国民に伝えると共に、社会奉仕の拡大を目指すという前提を掲げている。しかし、保守派の孤立主義者（非干渉主義者）はラガーディアが警告する敵の爆撃機の脅威とか、大西洋や太平洋を越えて毒ガスや高性能爆弾を振りまくという考えを否定し、同様に「シカゴ・トリビューン」紙もラガーディアに対して冷ややかな態度をとった。当時ラガーディアの主張に注目したのは、オマハやリットル・ロック、リノなどの小都市だけという具合であった。孤立主義者たちは、オーソン・ウェルズが引き起こしたパニックの過度の怯えを引合いに出し、民間防衛の協力者たちを「大きな警笛音が響いた時とか、太陽がたまたま雲に隠れて暗くなった時などに、避難所に逃れてガタガタ震え上がっている小心者」にたとえて嘲笑した。またラガーディアの「毒ガス……の宣言」を、一般市民を恐怖に陥らせるものに他ならないと非難している。[32]

しかし、ラガーディアはこれらの批判に臆することなく「民間防衛はことごとく国益にかなった合理的な方策である」として、自らの主張を崩さなかった。1941年2月にセントルイスで開かれた中西部の市長会でラガーディアは、「米国の大都市に対する敵の攻撃の確率は3％である」と述べ、しかし、「それで安心してはならない」と釘を刺している。彼の言い分は、「現在では、その3％の攻撃に連邦政府も市長も手の出しようがない」ということであり、ファシストは「焼夷弾で米国都市の建物を焼失させ、商業や市民を弱らせてから侵攻を開始する」という筋書きであった。各都市への空襲に関する詳細な分析を土台にし、ラガーディアは各市長に対して「消防隊が十分な消防ポンプやその他の装備を保有するためには、全米でおよそ4万3000ドルの費用が必要となる」と説明している。事実、ニューヨーク市では1600万ドル、またフィラデルフィア市は300万ドルの予算が必要であった。これらを実行するためにはホワイトハウスの主導や財政的支援が不可欠だったのである。[33]

ラガーディアの民間防衛案は、政府の高いレベルで検討されることになった。FDR側近の外交顧問ハリー・ホプキンスは、1941年1月1日に、英国の戦争を通してFDRが求める事項を掌握するためにロンドンへ出張していた。また、ホワイトハウス内で「ザ・リベラルズ」と称されていたハロルド・イッキス内務長官とFDR顧問のトマス・コーコラン（愛称・トミー・ザ・コーク）は、「ラガーディアが主張する民間防衛委員会」について討議したが、当委員会の目的について二人の見解に大きな隔たりがあったため、高いところからの何らかの圧力がなければ、この委員会と合同で作業を行う機会を持つのは難しい、と結論づけたのである。[34]

一方、FDRの側近たちも「民間防衛の政策」について率直な議論を開始した。FDRが案じていたのは、民間防衛の政策に「明確な目標」と「理想的なプログラム」が欠けていることであった。事実、ＦＤＲの懸念にはそれなりの根拠があったのである。大統領側近たちの間では、民間防衛体制の在り方で意見が衝突した。その衝突の根底には、米国がロンドンの経験からどのような特定の教訓を受け入れるかという問題があった。イッキス内務長官は、いかなる企画であっても国民の士気の高揚をその基本に求め、新組織がどのような形態であっても、政府が反戦批評家の活動を追跡する権限を持つべきであると主張した。政府報告書局長のローウェル・メレットは、民間防衛組織の発足が、ＦＤＲの国家安全保障戦略に向けた国民の関心を高めることを期待している。このような状況の下で、ＦＤＲは大統領としての判断に苦慮していた。それらは、「連邦民間防衛委員会はいつ発足させるべきであろうか？　また、誰にそれを委ねたらよいだろう？　そして、その組織の任務とは？　それがもつ権限とは？　それに、その組織と他の機関や州や都市、さらに数百万人の国民との共同体制は一体どうなるのであろうか？」等々の問題であった[35]。

ホワイトハウスの高官たちにとって、これらの問題は重い課題となった。州政府協議会事務局長のフランク・ベインと行政補佐官のウィリアム・マクレイノルズは、民間防衛に関するＦＤＲとの会談を要請し、2月28日、政府の担当者が「マクレイノルズ・アンド・ベイン承認」の下で、以下の項目を付記した草案を書いている。

Ａ　都市における消防機器の開発
Ｂ　毒ガス攻撃
Ｃ　爆撃避難所

ハロルド・スミス予算委員長はＦＤＲに対して、「ベイン事務局長の地方協力局こそが、ボランティアの総動員と、地域社会支援の任務を担当するのにふさわしい組織」と提言し、「我々は大統領の検討資料として、……命令書の草案を作成中であります」と書いている。1941年初頭のこの論争において、もしラガーディアが、その民間防衛とプログラムの目的についての論議に参加できていたとしたら、民間防衛プログラムに必要な職員の数や、それらに関連する疑問への対応は難なく果たせていたはずであった。[36]

全米の地域社会は政府の動きを見守りながら、ホワイトハウスに民間防衛プログラムを履行《りこう》させる圧力を強めていた。同時に市民団体は、地方政府に対してプログラムの遂行を迫っている。1月4日、ワシントン政府の市民関連部署は、地方行政区に空襲に備えた鉄製ヘルメットや耐火服・毒ガスマスクを確保させる方策を採択した。1月21日には東海岸の4州で陸軍と米国在郷軍人会が、防空監視を行う数千人のボランティアと共に、4日間の空襲訓練を行った。これらの訓練が好評を得たことは、退役軍人や後援者の間で民間防衛への関心が高まったことを示していた。ニューヨーク市で行われた模擬訓練は、敵の爆撃機が4000ポンドの爆弾を市内に投下して摩天楼の土台を破壊し、ミサイル式爆弾が建物の上階を吹き飛ばすという想定であった。空襲監視の退役軍人たちがエンパイアステートビルやその他の高層ビルの屋上に立ち、米国を代表する都市への空襲を模擬している。また2月中旬には、米国の自由擁護団体で準軍事組織を備える市民グループが、空襲からマンハッタンを防御する訓練を行い、西45番街の幅広いボランティア層を動員した。これらを通して米国市民は、空爆に対する揺るぎない準備に取り掛かったのである。

ニューイングランドや中部大西洋岸の各州では、都市や町の停電訓練を支持する市民の割合が50%に及んだ。また、西海岸の太平洋側では46%の人々が空襲訓練に賛同し、孤立主義が優勢な中西部においても、およそ3分の1の人々が何らかの訓練を支持した。当時米国は国際干渉と民間防衛の問題で大勢は二分していたが、数百万人の米国民にとって、ドイツや日本による攻撃の見通しはいっそう深刻なものになっていた。その一方で、田舎の共同体や小さな町の住民からは、彼らが戦場からあまりにもかけ離れているので、停電や空襲の訓練はかえって混乱を引き起こすという声が強かった。しかし現実を見渡せば、多数の国民が国の無防備に不安を感じていたのは確かであった。[37]

1941年1月15日、ラガーディアはニューヨーク市防衛評議会の100名に及ぶ会員たちと私的懇談会を催した。連邦政府の動きが停滞する中で、ラガーディアはニューヨーク市での動員を開始したのである。その懇談会はまるで戦時のような様相で、市庁舎の会議室に入るために、一部の参加者は警察のバリケードを迂回しなければならなかった。ニューヨーク市消防局の副本部長は、彼の同僚たちがロンドン視察で集めた民間防衛の教訓をまとめて発表し、市長や市の幹部たちは、ロンドン地下鉄が避難所として使われていたように、ニューヨーク市の地下鉄の利用が極めて効果的であると提言した（陸軍省のエンジニアは、ニューヨーク地下鉄のいくつかの駅が地表に近すぎて、市民を守るのに適していないと指摘している）。ラガーディアは、戦時の防衛のために700万人の市民を動員する提案をこの懇談会で行ったのである。

こうしたラガーディアの活動は、ニューヨーク市の民間防衛の公的な動きを引き起こすことに繋がった。ニューヨークトンネルの事業機関はパンフレットを作成し、「もし戦争が起きれば、ニューヨーク市は国の中枢として、最も狙われやすい目標となる」と警告している。オーソン・ウェルズのラジオ放送による集団パニックを再び繰り返さないために、この「もし戦争が起きれば……」のメッセージは、ニューヨーク市民が英国の事例から学ばなければならないことを物語っていた。それらは、「静穏を保て」、「決して走らずに、歩くこと」、「パニックに陥らないこと」、そして、とりわけ「恐怖を起こさせる人を許してはいけない」という教訓であった。そのパンフレットは、市民の生命がほぼ安全であることを保証していたが、それに反して表紙には、19個の爆弾がエンパイアステートビルディングに向けて落下する絵図が、その轟音と共に描かれていた。当時、陸軍省は国民に対して基本的な防御テクニックを教示するパンフレットを準備していた。軍部の指導者たちは、州政府協議会事務局長のフランク・ベインの部署に、民間防衛の詳細な情報を待ち続ける国民にとって満足いくパンフレットを早く完成させるよう要請している。指導者たちはまた、軍部の職員たちの教育のために3000部のパンフレットを追加した。[38]

ロンドン大空襲は、米国をナチスのスパイと陸上侵攻から守る方策について、米国内に議論をもたらす道標となった。米国政府はスパイから国を守るために、警察力強化に関する検討をはじめた。公共事業局のある幹部は、枢軸国系（独・伊・日など）の職員を追放し、米国内での反乱を阻止するために特殊な民間警察を創設することを提唱している。しかしこの計画は、ニューディール派の一部のリーダーたちの心をつかんだ、極めてヒステリックな状態の現れと言えた。提唱された民間警察の主な内容は、労働者たちがブーツ、バッジ、ラバーコート、トレンチハットなどを身につけてピストルを携帯し、緊急時にはこん棒や手錠の携帯を呼びかける警戒体制であった。ミルウォーキー市長のダニエル・ホーンは、「この計画は政治的なダイナマイトを抱き合わせたようなもので、全米を通して強力な反動を奮い起こし、結局政府は悲惨な結果を招くことになるだろう」と警鐘を鳴らした。一方、ナチス・ドイツにおけるファシストは、警察力を支配するための中央集権国家を築き上げており、ホーン市長は「もし米国がナチスのような政府を選ぶのであれば、それはヒトラーに戦争をしかけるという馬鹿げたことを選択することになる」と明言した。[39]

１９４１年4月、市長たちは民間防衛組織の創設をうながす最終的な主張をワシントン政府に伝えた。4月21日、ラガーディアはホワイトハウスに電話をかけ、エドウィン・ワトソンに、来るべきカナダ訪問について大統領と話し合う機会を持ちたいと告げた。翌日、ＦＤＲに面会したラガーディアは、民間防衛のプランにいくつかの修正があることを説明し、その修正案を採用して公表することを提案した。その月、ラガーディアが待ちに待った消防隊の報告書（彼の側近が英国を視察してまとめ上げた報告）ができ上がった。それは米国市長会によって出版された80ページにわたる報告書で、地図や写真・図面などが多数添付されており、米国が戦争に臨んだときに、市長たちが住民の生命を守るための手引き書として使用できるようになっていた。各市長は、その報告書を機密扱いにするように指示されている。それと言うのも、内容が公共の安全に関わるものであり、市責任者としての守秘義務が求められていたからである。英国の実例を引用したその報告書は、「英国本土航空決戦は、英国の都市や民間の人々に多大な負担を負わせている」と告げていた。「欧州の悲運は、米国の悲運の先例になりうる」というラガーディアの言葉に、他の市長たちは首を縦に振ったのである。シカゴ市長のエドワード・ケリーは英国将校の話として、「ナチスのパリ侵攻の前夜に、パリ市民が彼らの運命をいかに無視して、ナイトクラブでパーティーにふけっていたことか」という苦言を紹介している。この話は、「米国は、そのような過ちに陥ってはならない」という警鐘であった。[40]

4月を通して、「ファシストは、如何にして米国を攻撃することができるのか」という議論が国中に広がった。ある陸軍大佐は「ニューヨーク・タイムズ」紙に、「敵は10人以下であっても都市に潜入できる能力を持っており、ラジオ局への急襲や地下鉄の破壊、また発電所の機能停止や都市の指導者の暗殺を敢行することができる」と書いている。彼はまた、「敵の飛行機は、都市を破壊する前に、ボストンやニューヨークに降伏をうながすパンフレットをばらまくであろう」という考えも披露した。そして、「自分の考えは、マンハッタンのようにどこでも安全にカクテルティーを楽しめている所では、大いに失笑を買うことになると思うが……」と釈明している。しかし、欧州の戦争では日々新たな事態が起きており、大佐の考えを無視する人々は自らの生命を危機にさらしている状況と言えた。ニュース週刊誌の「タイム」誌は、米国への攻撃は火星人の侵攻のような非現実的な話ではない、と考える国民がいることを認めている。このような中で、米軍の指導者たちは外国からの攻撃は夢ではなく、たとえ小規模の攻撃であっても、それが米国に悲劇的なパニックを引き起こすことを懸念していた。もし米国民が、3年前にオーソン・ウェルズが演じたラジオの60分番組を覚えていたとすれば、敵の攻撃で何が起きるかを容易に想像できたはずであった。

1941年5月、FDRはラガーディアが唱える国家的な民間防衛機関の問題に決着をつけた。英国を規範にし、国民の生命と財産を守って、集団パニックの発生を未然に防ぐ構想が、その決着の根底にあった。米国によるロンドン大空襲の分析と、市長や警察・消防幹部が一体になった政府への請願により、FDR政権は、この月にラガーディアを初代局長とする「市民防衛局（OCD）」を創設したのである。これは、外国の攻撃から国民の生命と財産を守るために政府が設けた、二十世紀初の連邦機関であった。[41]

〈1941年5月27日、FDRは国家非常事態宣言を発令した〉。

第七章　燃え広がる狂気の炎

ナチスに告ぐ――どうぞ、勝手に機甲師団を持つがよい。持てば罪のない女性や子供まで殺《あや》めることになるだろう。しかし、我々は決して降伏しない。カム・オン（さあ来い）！　カム・オン！　カム・オン！　我々はいつでも準備ができている。

――フィオレロ・ラガーディア「自由を守る集会」　フィラデルフィア　1941年5月28日

1941年5月20日、FDRはますます高まるリベラル派の主張――本土防衛はもはや選択肢の範疇《はんちゅう》をこえ、国家にとって必要不可欠な体制である――を受け入れた。FDRは、米国初の市民防衛局（OCD：Office of Civilian Defense）を創設する大統領令に署名し、フィオレロ・ラガーディア（ニューヨーク市長）をその初代局長に据えたのである。

ラガーディアはリベラルな国際主義の中にしっかり腰を据えており、誰が見ても彼が市民防衛局の職務に精通していることは明らかであった。ラガーディアは米国に差し迫るナチスの脅威をリベラリストとの間で共有しており、本土防衛が数百万人の一般市民を動員する有効な布石になると考えていた。彼が目指すところは大都市が空襲に対する備えを促進し、近代兵器やファシストの戦略に直面したときに、市民が勇気を持ってそれらに対応できる体制を整えることであった。

ラガーディアは、当時反ファシズムを唱えるいかなるメンバーよりも、リベラル国際主義派の中で最も好戦的な立場を取っていた。新設の市民防衛局の局長として、彼は軍事的な価値を民間社会に吹き込むよう力を尽くしたのである。ところが、公共安全を目指して規律の維持をあまりにも厳しく追及したため、多くの米国民がそれまで重んじてきた個人の自由の価値を薄めることになった。1941年の春から夏にかけて、ラガーディアの旗振りの下で、共和党のリベラル層と民主党員との間に論争が生じている。その争点は、「ラガーディアの方針は敵攻撃からの物理的防護の面に重点が置かれており、長い間リベラル派が目指してきた労働組合の権利や失業者の救済、それに医療介護の利用や人間の保護などが軽んじられている」ということであった。本土防衛体制構築の責任者であるラガーディアは、二分したリベラル層をそれぞれのグループに仕分けしたが、国内を軍事的社会に変えようとするリベラル層は、確固とした社会保護を求めるリベラル層と対立した。これらの対立はFDRの政治的な連携にまで影響を及ぼすことになったが、一方のラガーディアは、市民防衛局の局長としての立場をさらに強めるよう力を入れた。

さて、話は一旦市民防衛局（OCD）が設立されるまでの経緯に戻る。1941年5月、FDRにとって連邦の本土防衛機関を組織する絶好の機会が訪れた。同年3月の英国などへの武器貸与法成立とともに徴兵制の準備が進んでおり、これらによってFDRがその他の戦争関連の構想に集中できる条件が整ったのである。中でも彼が最重要点に挙げたのは、「いかにして国民の生命を守るか」という使命であった。FDRはいくつかの手立てを講じたが、その手始めに軍隊の主導者たちが求めたのは、「侵略を含む敵の攻撃があった場合に、国民が精神的打撃を受けないための政府による教育支援」であった。陸軍首脳部は国民の軍事的能力の向上を望んでおり、軍隊の負担を軽減するために国民が本土防衛の先頭に立つことを要望した。一方の海軍の首脳部は、空襲や敵国の妨害活動、それに集団パニックを防ぐ責任を民間機関に割り当てることを求めたのである。[1]

また、その他の影響力も本土防衛問題を前面に押し出す効果をもたらしている。大統領アドバイザーのユージン・ケーシーはＦＤＲに、「本土防衛機関の創設は、大統領の国際干渉主義に反対する孤立主義者たちの力を抑えることに繋がります」と助言した。それは同時に、ＦＤＲが軍事的・経済的に英国やその他の同盟国を支援する政策を快く受け入れる国民の数を増やす手段にもなる、ということであった。同様に重要であったことは、ＦＤＲ自身が「空襲、敵方協力者、その他の脅威は米国の危機の源であり、国民の混乱を巻き起こして、数百万人の人々の日常生活を崩壊させることに繋がる」と考えていたことである。ＦＤＲはラガーディアに向かって、「ナチスはニューヨーク州東部のスケネクタディ市と、当地の軍需工場を空襲できるであろう」と語っている。米国に対するナチスの脅威は確証のないものであったが、それを無視することはさらに難しいことであった。すべての政府高官の脳裏にナチスへの恐怖は浸透していたのである。大統領府で世論調査を担当したハドリー・カントリルは、「米国の高学歴層は、ナチスが英国に勝利した場合、ドイツが１９４０年代の後半までに米国を攻撃する公算はかなり高いと答えている」とＦＤＲに報告した。またカントリルの調査によれば、「本土防衛プログラムは高学歴層の懸念をそれなりに和らげ、一般国民に対しては、攻撃を受けたときに、家庭にいる人々を防御するにふさわしいプログラムであることを認識させている」とのことであった。同時に彼は、「低学歴層はナチスの脅威をあまり身近に感じていない」と報告し、「これらの人々には、ヒトラーが民主的な生活スタイルから完全にかけ離れていることを理解させるべきである」と付言した。[2]

FDRにとっては米国の貴重な文化財も敵の攻撃から保護する価値のあるものであった。議会図書館長（後に国務次官補）のアーチボルド・マクレイシュがFDRに、50万部を超える書籍や書類等を空襲に備えて耐火箱に保存することを進言したとき、FDRは「その箱には、上等な木材を使用するように」と助言している。またFDRは、マクレイシュの提案である図書館から連邦最高裁判所へ繋がるトンネルを造り、緊急事態の際には人々をそこへ避難させるという方策を受け入れた。日ごとに悪化する事態にリベラル派は、取りも直さず大恐慌時のような経済的大混乱が暴動や社会の大波瀾を引き起こしかねないことを恐れ、都市の秩序を維持してきた文明の礎《いしずえ》が空襲によって崩壊するかもしれないことを憂慮していた。１９４１年5月に新設された市民防衛局は、これらの脅威をかなり和らげる存在となったのである。[3]

ＦＤＲと彼の側近たちは、政府は社会的混乱に対して正面から立ち向かわなければならないことを実感していた。陸軍の宿営地（一部は新設された基地）には１００万人に及ぶ男性たちが居住しており、この年の12月にはさらに１００万人余りの入営が予定されていた。当時、その数２００万人に近い人々が軍需産業の仕事を求めて国内を移動しており、それを受け入れる地域社会は彼らの住宅やレクリエーション施設や衛生管理体制確保などの負担を背負い、さらには移住者に対応する様々な能力を求められていたのである。本土防衛当局は、戦争経済に向けて厳しい対応を余儀なくされるこれらの社会に対して、少しでも安定をもたらす方策をＦＤＲに進言している。[4]

ＦＤＲの支持者で本土防衛の強化を求める人々は、国内全域の防衛活動を連携する組織を立ち上げるよう大統領に請願していた。ペンシルベニア州エリー市からコロラド州クレストン市に及ぶ地域の退役軍人や女性たち、それに事業経営者や市民団体のリーダーたちは、国家の防衛プログラムを支えるための具体的な役割を要求する嘆願書をFDRとエレノア夫人に送っている。ところが皮肉なことに、全米の地方で急増した未組織のボランティアの勢いが、連邦の総合的な本土防衛プログラムの進行を妨げる兆しを見せるようになった。この状況を懸念したFDRは、これらの新興グループの人々に対する指導教育の必要性を実感したのである。そこで、中央の本土防衛ボランティアたちがこれらの問題を取りまとめて判明したのは、新興グループの人々が極めて愛国的であって、本土防衛のための軍隊式訓練を強く要求しているということであった。至って情熱的な彼らは、自分たちのグループから疑わしい人物を排除するために、連邦捜査局（FBI）に自らの写真や指紋を送っている。シカゴ市では、民間保護グループに対して敵の侵略に対応する教育訓練を実施した。連邦政府の担当者にとっては、こうした草の根の情熱は感動的とも言えたが、一方でそれらが担当者たちを悩ます要因にもなった。ヒトラーの強力な武力に対する米国の組織的な防衛にとって、秩序に欠けた集団はかえって足手まといになったからである。1941年春の記者会見でFDRは、記者たちに「本土防衛を正確に定義することはほとんど不可能に近い」と述べた。彼は「本土防衛は、それぞれ異なる分野をカバーするものである」と付け加え、「まだ十分とは言えない行政上の枠組みの中で、それらをまとめ上げることは極めて困難なことである」と言い添えた。[5]

FDRは、本土防衛に関する新組織の草案について、次のような難しい質問を受けている。

- その組織は、軍事的な脅威に対して、国民の生命を守ることを主眼とするものなのか？
- その組織は、疫病から国民の生命を守り、ニューディールの目標でもある人間の保護を促進させるものなのか？

・その目標は、枢軸国に対する戦争を目指して、国民の情熱を盛り上げるために宣伝活動として活用するものなのか？
・その組織は、数百万人の国民をボランティアとして本土防衛の任務に編入させるものなのか？

ＦＤＲはこれらの質問に対する明確な答えを持っていなかった。そこで予算局長のハロルド・スミスに対して、「我々は、本土防衛問題について主体的に取り組む必要がある」と告げている。ホワイトハウスの側近たちは、この新しい組織・市民防衛局の大筋について前向きに取り組んだ。一方のエレノアは、長期にわたって「第二次世界大戦に対するいかなる市民防衛の組織においても、社会防衛《ソーシャル・ディフェンス》がその基本になければならない」と主張していた。しかし、リベラル派のハロルド・イッキス内務長官はエレノアの考えに同調せず、この度彼女が手がけた「健康・福祉サービス防衛局」の草案は、「連邦の本土防衛の組織化を妨げる要因になっている」と反論している。１９４１年４月、ＦＤＲは本土防衛機関を創設する大統領令の原案の起草を、元フランス大使のウィリアム・ブリットとホワイトハウス側近のウェイン・コイに依頼し、ハロルド・スミスがそれを文章化することになった。主要事項については政府高官の意見を多く取り入れ、ヘンリー・ウォレス副大統領やフランシス・パーキンス労働長官の考えが反映された。ＦＤＲと彼の側近たちは、敏感な戦争プログラムが議会で熾烈な論争を招かぬよう、議会をうまく回避する道を採択して、大統領令を下す方法を選んだのである。ロバート・ジャクソン司法長官は、大統領令によって本土防衛機関を設立することは憲法上認められたものであり、大統領の権限にかなうことを確認した。[6]

保守派の孤立主義者は、本土防衛プログラムの創設に先行して妨害を試みた。彼らは「このプログラムの導入を進める民主党員や共和党員は、米国が関わる正当な理由もない欧州の悲惨な戦争に国を引きずりこもうとしている」と主張したのである。また議会下院の孤立主義派は、国の首都において必要とされる灯火管制訓練の法制化に反対した。ニューヨーク州選出で共和党のハミルトン・フィッシュ下院議員は、「行政府はかなり大袈裟に脅威をあおっている。おそらく連邦議員はガスマスクの携帯を強制されて、ホワイトハウスの周辺は土嚢《どのう》が山積みとなり、ワシントン・モニュメントでは爆撃機の監視が常態化することになろう」と酷評した。

しかし、保守の国際干渉容認派とリベラルの国際主義派の声は圧倒的に大きく、彼らの本土防衛論に説得力があったため、孤立主義者の批判が日の目を見る機会は失われた。「ワシントン・ポスト」紙は、「ハミルトン・フィッシュ議員の主張は、空襲の現実的な見通しを国民から削《そ》ぐものである」と批難した。また首都ワシントンの指導者たちは、議会投票を前面に押し出すことなく、市内の40ヵ所の公立学校でボランティアの受付を開始した。[7]

ラガーディアの本土防衛プログラムに関わる見解は、最終的にホワイトハウスの中で最も注目を浴びることになった。大統領に向けた4ページにわたるメモの中でラガーディアは、陸・海・海兵隊に次ぐ4番目の組織として、国民の生命を守るための強力な連邦部局の創設を提言している。ラガーディアの発想は、軍事的な異変やファシストの蛮行、それに市民を対象にした空襲などに対して、その新設の連邦部局が「民間防衛の新しいノウハウ」を国民に教育することであった。彼の構想は遠大で、その部局の局長は全米を通した物理的な市民防衛策を策定する権限を持ち、同時に数百万人の市民を準軍事組織に所属させて、彼らが知事や市長の下で本土防衛計画を支援する仕組みになっていた。

ラガーディアは「欧州の戦争ではかつてない事態が生じており、我が国に長期的な危機を及ぼす可能性が予見される」と訴えた。彼は自身のメモに、「これまでの戦争では、女性たちは地域で合唱会を開いたり、セーターやバスケットを編んだりするという、優しい仕事が要求されてきた」と書きとめている。その一方でラガーディアは、男性たちは今回の大戦に備えて彼らが住む都市への空襲に対応できる訓練を受けなければならないと強調し、国内のすべての地域において本土防衛の命令を遵守させる政策を連邦政府が立法化するよう提言している。

そのメモの彼の提言は、次のようなものであった。

・徴兵法で不合格になった男性は、地方の防衛組織に加わること。
・市民防衛に加わる者は市民防衛局に宣誓し、定められた帽子と腕章を着用すること。
・焼夷弾によって引き起こされた火災への消火活動を学ぶこと。
・戦意喪失を狙う敵のいかなる行為にも耐えられるよう、市民を支援すること。

ラガーディアは、大統領が望むいかなる職務も受け入れる覚悟があることをFDRに告げた。[8]

FDRの側近は、市民防衛に関わる大統領令の草案をラガーディアに提示した。それには、法律の次にラガーディアの持論が広範囲にわたって反映されており、取りも直さず大統領案の提示はラガーディアの承諾を求めるものであった。予算局長のハロルド・スミスが5月17日に大統領に提出したこの草案は、すでに大統領の最終的な署名を得る段階にあった。それから三日後にFDRはその大統領令第８７５５７号に署名し、市民防衛局（ＯＣＤ）が発足したのである。戦時リベラル構想に関わる妥協案とも言えるこの命令書には、国内社会に対する軍事的保護の必要性（ラガーディアの主張）と、戦争の混乱により生ずる国民のニーズ――政府主導で民間のボランタリー活動が主体となる取り組み（エレノアの主張）――が共に反映されていた。また、その命令書には関係者それぞれの考えに基づく、次の四つの目標が明記されている。

・戦時における市民の生命の保護（ラガーディアの関心事）。
・ボランティアを採用して訓練を施し、銃後の市民部隊に彼らをうまく適応させること（エレノアとラガーディアの共通目標）。
・連邦政府の最新のコミュニケーション・ツール（意志や情報の伝達手段）を活用し、国民の士気向上を図ること（イッキス内務長官の意見）。
・陸軍基地や軍需工場や戦時生産体制の移行に強い抵抗を示す地域に対して、米国民としての共通認識を養成すること（エレノアの意見）[9]。

以上が、1941年5月20日にFDRが市民防衛局運営の第一歩を踏み出した背景であった。これは、米国民1億3000万人の身体的保護を、連邦で唯一の部局が担当するという史上初めての試みであり、48州ならびに米国領域・占有地のすべてに明確な防衛体制を構築するものであった[10]。

FDRは、新設した市民防衛局の初代局長にラガーディアを任命した。ラガーディアの支持者の一人は、「ラガーディアは、市民防衛について一貫した考えを持っている」と書いている。しかしその一方で、ラガーディアの就任を疑問視する人もそれなりにいた。イッキス内務長官は、ラガーディアがあらゆる場所で自分の考えを押し通す癖《くせ》を憂慮し、大事な二つの役職（ニューヨーク市長と市民防衛局局長）に同時に取り組む能力があるのかを案じている。エレノアが心配したのは、ラガーディアが多忙なニューヨーク市長の役職と、この度の新しい職務を首尾よく兼務できるのか、ということであった。しかし政府のリベラル層の間では、新しい職務を遂行するためにラガーディアは最も適した人物であるという合意が生まれていた。大統領顧問でスピーチライターのサミュエル・ローゼンマンはラガーディアを「狂った天才」と表現したが、FDR自身はラガーディアに様々な特質──勇敢な軍人であって大都市の指導者、それに本質的なリベラリスト──が混和していると理解しており、それが、この度の変革を伴う重い任務を彼に託した主な理由であった。第一次大戦で操縦士として戦争に参加したラガーディアは、空軍力による惨禍について彼独特の見解を持っていた。またニューヨーク市の市長として、有効な本土防衛プログラムを確保することは、彼自身の役職にも関わることでもあった。ラガーディアは、ロンドン大空襲（ザ・ブリッツ）から様々なことを学んでいた。FDRもよく知る通り、ラガーディアは全米の市長たちから大いに信頼を得ており、本土防衛に十分な情熱を傾けて、それらが彼の成果の源になっていた。ラガーディアのリーダーとしての評価は、お役所的な形式主義を毛嫌いして問題を手早く処理する能力を携えているというものであり、ホワイトハウスは、彼の巧みな弁舌と国家的な視野が国民の本土防衛への関心を高めることを確信していた[11]。

市民防衛局長の席を熱望していた競争相手は、そのリトル・フラワー〈ラガーディアのニックネーム、フィオレロはイタリア語で「小さな花」の意〉の巧みな才能によって影が薄れている。例を挙げれば、州政府協議会のフランク・ベイン事務局長は政治的な迫力に欠けていたし、大統領側近のウェイン・コイは自身も認めた通り、そのような地位を効果的に運営するためのコミュニケーション能力を持ち合わせていなかった。また1940年の大統領選でFDRに対抗したウェンデル・ウィルキーは、戦時に求められる組織を主導するために不可欠であった「ニューディール」の本格的な擁護者ではなかったのである。[12]

当時、ラガーディアの局長任命は最も的確な発令であり、進取的な選出でもあった。事実、彼が市民防衛局長に就くという噂は、FDRが大統領令を出す前から広まっていた。5月17日、ラガーディアは彼の二人の子供を連れて市庁舎の階段を下り、ニューヨーク・ヤンキースの観戦に向かった。そこで報道記者たちが彼らの足を止め、ラガーディアに本土防衛の局長職に就くのかを問うと、彼は口をすぼめて記者の腕を払いのけ、「天気予報は雨の予報を出しているか？」と話をはぐらかしている。5月19日、ラガーディアはFDRと面談した後に、外の芝生で記者から「市民防衛局長に就くために、ニューヨーク市長を降りるつもりですか？」と質問された。ラガーディアは、「それを決めるのは市民だと思わないか？」と謎めいた回答をしている。[13]

FDRは市民防衛局の局長に強固なリベラリストを望んでおり、ラガーディアはまさにその要望にかなう人物であった。初代局長は労働者階級やアフリカ系米国人、また退役軍人や都会の住民たちに受け入れられなければならなかったが、その理由は、これらの人々がFDRの大統領選での主要な有権者であったからである。FDRは、ラガーディアがニューヨーク市の交通網を整備し、失業者を援助して、スラム街を汚れのない町にしたことをよく知っていた。「ワシントン・ポスト」紙の報道によれば、「ラガーディアはまさに力強いニューディーラーであり、信念の固い社会改革者」であった。エレノア夫人の反対もなく、FDR自身もかねてからラガーディアを連邦政府の要職へと考えており、その候補の一つは陸軍長官であったが、ラガーディアを連邦最高裁判所へ推薦する人々の要望書も彼の下に納まっていた。[14]

当時、ＦＤＲとラガーディアが独裁的国家主義《ファシズム》に対する脅威を共有していたのと同時に、両者とも、ドイツ国家社会主義《ナチズム》を米国民の生命や西側民主主義に対する目前の脅威として捉えていた。ラガーディアは外交問題において、国際干渉主義（反孤立主義）を目指すＦＤＲの支持者として積極的に振る舞ってきたのである。例えば、「大統領の武器貸与法案《レンドリース》を全身全霊をもって支持する」と彼は議会で証言している。また、「ヒトラーの居場所は、国際万博の恐怖の部屋が最も似合っている」と冗談をとばし、ドイツ派遣団の護衛にユダヤ人の警察官をつけたりした。さらに、ＦＤＲの主張である「近代の軍事技術の進歩は世界を狭くしており、米国は外国勢力の攻撃に極めてもろい状態にある」という言葉を人々に投げかけた。[15]

ラガーディアは、自身がリベラル派の国際主義者であることを誇りに思っていた。ニューヨーク市港湾管理委員会《ポート・オーソリティー》の創設20周年記念では、ヒトラーがニューヨーク市を爆撃の視野に入れていることを述べ、「もし市民がその災難をかわすことを望むならば、国家による準備が必要不可欠となる」と告げた。彼はニューヨーク市民に、「もし摩天楼で働いている人々が建物から一斉に逃げ出して地下鉄に押し寄せたら、市庁舎の下の区域で何が起きるのかを想像してみて下さい」と問いかけ、「通りに8フィート近く重なりあって先を争う人々のパニックと混乱は、敵の爆撃機よりも多くの犠牲を強いることになるでしょう」と述べている。さらにＦＤＲの言葉を借りて、リベラル派が主唱する脅威への運動を一緒に支えるよう市民に呼びかけたのである。[16]

多くの男性たちは、ラガーディアと同様に治安強化について共感を示した。時の流れとともに、市民は致命的な災難や脅威に対する社会的対応への関心を高め、ニューヨーク市や首都ワシントンの警察当局は、市民にふりかかる危難への支援体制を固めた。フーバー長官が率いる連邦捜査局（ＦＢＩ）は、米国内の治安維持を担ってきた。１９３０年代末から１９４０代初頭にかけて、ＦＢＩ当局はナチスの信奉者とおぼしき人物を追跡し、米国内で脅威を及ぼす可能性があると思われるドイツ系やイタリア系の人々の膨大なファイルを作り上げた。フーバー長官とラガーディア市長の補完関係は、ＦＤＲ政権が国内治安の脅威を抑えるための、重石《おもし》の役目を果たすことであった。１９３９年、ニューヨーク市の警察当局はＦＤＲ政権下のＦＢＩに対して、国外追放の６００人のドイツ人船員に対する市の警戒体制を伝えた。その返礼としてＦＢＩは、ニューヨーク市周辺の軍事基地で写真撮影をしたドイツ人と東欧人写真家の情報を、ニューヨーク市警察に送っている。一方のＦＤＲは本土防衛の問題点をさらに掌握するために、ニューヨーク市警察の責任者をしばらくの間ホワイトハウスに送って欲しい、とラガーディアに要請した。そのラガーディア自身はニューヨーク市街を黒いフェルト帽を被って闊歩《かっぽ》し、火災現場で消防士たちを指揮したり、転覆した電車の事故現場で救助員と共に負傷者の救出活動などを行っていた。ホワイトハウスを含むリベラル層の間からは、ラガーディアはこの上ない危機管理者《クライシスマネジャー》であると高く評価され、彼の公用車には常時無線通信機が装備されていた[17]。

　ＦＤＲからの要請に、ラガーディアは迷うことなく応じている。なぜなら、これらの対応に対して、彼には正当に委託されてきた立場があったからである。市民防衛局の初代局長としてラガーディアは、その後の国家安全保障の活動や政策論争の中にしっかり身を投じることができた。また米国で先陣を切るニューヨーク市長として、多くの市民の安全の確証を得るために本土防衛プログラムとは直接的な関わりを持っていた。さらに市民防衛局長の立場は、市民軍の創設に積極的な市長たちと緊密に活動する機会を与えたのである。改革運動者として熱意に燃えるラガーディアは、ナチスの軍靴によって崩壊したフランスや、その他の欧州の国々と同じ轍《てつ》を踏まないために、市民防衛局の局長としての権限を最大限活用することを固く誓ったのである。当時ラガーディアが思い描いていた米国民の戦闘能力は、残念ながら、電撃的な侵略を受けて民主主義を一挙に失う寸前のフランスの状況に重なるのであった。情熱がほとばしる彼の前には、膨大な仕事が待ち受けていた。そして、ラガーディアがニューヨーク市長を務めながら市民防衛局の局長を兼務すること自体に、矛盾する根拠は何もなかった。ＦＤＲの戦時政権の時代、財界首脳たちはいわゆる「年俸1ドルの働き手」として米国の防衛を担い、ボランティアとして奉仕しながら、連邦職員たちの給与の支給に貢献した。ラガーディアは、自分の兼務はそれぞれが補強し合い、ニューヨーク市をはじめ、その他の都市においてより効果的な本土防衛体制の構築に寄与することを確信していた[18]。

　市民防衛局を運営するにあたり、ラガーディアは自ら思い描いていたプログラムをＦＤＲに打ち明けた。ラガーディアはニューヨーク市の３００名以上の職員に対して、いかなる緊急事態においても市民に食料を配給する活動に参画するよう指示していたが、市民防衛局の職員にも同様な活動を行わせることをＦＤＲに誓約したのである。さらに、市民の緊急避難や防衛区域の住宅を整備する計画も伝えている。しかし、ラガーディアの構想を解読する者たちにとっては、彼の発想の焦点を見定めることは容易なことではなかった。果たしてラガーディア局長は、飛行機から降下するナチスのパラシュート部隊を射撃する軍事目標まで見据えているのであろうか？　それともまた彼は、国民の健康管理や住宅状況の改善など、社会防衛の約束を果たそうとしているのであろうか？

等々……[19]。

FDRは、ラガーディアの市民防衛局に可能な限りの権限を与えた。また彼は記者団に対して、「市民防衛局は国内の軍需工場や交通網を守り、国民に対しては身の安全を支援して士気の高揚を図り、子供たちの食料が十分確保されるような社会的に有意義な仕事を企画している」と述べた。FDRは徴兵されていない若者たちをボランティアとして召集することを市民防衛局に要請し、陸・海軍省にはラガーディア局長を可能な限り支援するよう指示した。このようにしてFDRは、米国大陸に一歩一歩戦争が近づきつつある状況に国民が関心を高めるよう努力したのである。5月下旬、ナチスは軍事力によってバルカン半島を制圧した。この情勢を境にFDRは、「米国は無期限の国家緊急事態に突入した」と宣言し、その中で、「敵国は西半球における冷徹な封じ込め作戦によって関係国の国民を脅かし、外敵組織の略奪的侵攻の脅威が我々の領域と社会に押し寄せている」と述べている[20]。

ラガーディアの市民防衛局・局長任命については、すべての人々が望んでいた訳ではなかった。それは「才気みなぎるラガーディアとはいえ、ニューヨーク市長と連邦機関の局長を同時にこなすことは不可能である」という理由によるものであった。それぞれの役職に求められる責務は重いばかりでなく、役務があまりにも幅広かったからである。「ザ・モンタナ・デイリー・ミズーリアン」紙は紙面の漫画に3台の事務机を描き、その市庁舎・市民防衛局・常設統合防衛委員会のそれぞれの机の絵には「ラガーディア・現在執務中」と書き込まれていた。また、孤立主義者たちもFDRの任命に不満を表明し、「新局長は国民を戦争に駆り立てて、全米に彼のような独裁的市長を立てようとしている」と批判した。ある孤立主義者は「ワシントン・ポスト」紙で、「ラガーディアが市民防衛局の制服を身につけて連邦消防隊のヘルメットをかぶり、消火栓開閉ハンドルを操る身振りを見せた時、国民の恐怖をあおる政策が暴発しつつあることを国民は察知すべきである」と書いている。[21]

とは言え、1941年5月時点におけるラガーディア批判は限られたものであった。多くの国民は、ラガーディアが本土防衛計画を率いる指導者として最適であることを認めており、その主な理由は彼が実直で手腕があり、さらに軍人の経歴を持つことであった。もしラガーディアに対する称賛が、FDRの任命責任の非難を凌《しの》いでいなかったとしても、おそらく結果は変わらなかったことであろう。ニューオーリンズの報道機関は、ラガーディアを「本土防衛のボス」と呼び、第一次大戦では空で戦い、今なおホワイトハウスの懸案事項を取りまとめているとして、二つの職務を同時にこなすことができる逸材という評価を読者に提示している。ブルックリンの新聞は、「ラガーディアは、人間の耐え得る限界をものともしない」と紹介した。また「ニューヨーク・タイムズ」紙は、彼に敬意を表して「本土防衛の総責任者」と書き、大統領の戦時政権の閣僚として国民の食糧を担うことを期待すると共に、「英国のハーバート・モリソン内相に匹敵する権限を持つことになるだろう」と報じている。全米の各紙はラガーディアを、「強健な戦士」（ワシントン・ポスト紙）とか、「力強いリーダー」（ロサンゼルス・タイムズ紙）、また「本土防衛の規律正しい市民兵士を育てることができる監督者」（AP通信社）などと、様々な表現を用いた。これらの評価は各社の自発的なものであり、民主主義を守るための重要な組織を導く、リベラルな先導者への大衆の期待の表れと言えた。全米から届いたラガーディアへの手紙は彼の局長就任を祝福するものであり、その中の一つは「貴方こそ、適任です!!」と賛美している。ニューヨーク市議会の有志は彼らなりの支援体制を立ち上げ、全米93都市の市長たちからは祝電が相次いだ。また、ラガーディアの主唱する市民軍への参加を希望するボランティアも続出した。黒人の労働組合指導者で寝台車ポーター労働組合（BSCP）の会長であったA・フィリップ・ランドルフは、ラガーディアをFDRの戦時内閣に加わった優れた政治家と称え、雇用促進局（WPA）のフローレンス・カーは、彼を数百万の米国民を動員できる有能な人物として称賛した。[22]

この時点のラガーディアは、市民防衛局の運営方針についてじっくり考えるだけの時間を持てていない。彼は、この時に定義づけた公共防衛を整えるために、政府の活用と市民の協力を得る先駆者としての意欲に燃えていた。同時にラガーディアは、FDRがそれまでおよそ期待していなかった地域への本土防衛プログラムの投入を始めている。「タイム」誌はラガーディアを「熱いフライパンに注がれた水のような」と表現し、「彼は本土防衛の問題をマニ教の二元論――民主主義に徹する雄々しい米国民（善）と、転覆寸前の政府を熱狂的に支えるファシストたち（悪）――の枠で捉えている」と書き表した。ラガーディアは、マンハッタンのセントラルパークに集まった67万5000人の群衆を前にして、「この国で唯一問題がある米国人の一団は敵国を支持する集団であり、彼らは間もなく一掃されるでしょう」と宣言している。市民防衛局本部（ジェイムズ・G・ブレーン上院議員が住んでいたワシントンDCの赤レンガの館）の高い所から首都を見渡したラガーディアは、間髪を容れずに100名の男女からなる市民防衛局の組織を立ち上げた。新しい組織の編成は幸運に恵まれ、在郷軍人会や社会福祉に関連する数百の団体からボランティアの提供を受けている。ニューアーク市では40万人以上が灯火管制訓練に参加し、彼らの社会を守るために多くの市民がボランティアを希望した。新局長のラガーディアは、200万人の退役軍人や、1000万人の男性と2700万人の女性が、ボランティアとして市民防衛局に志願すると見込んでいた。ラガーディアは市民防衛の定義に関する草案（連邦政府の活動の下で、外国の敵から国内社会を物理的に保護すること）に着手したが、これはそれまであった国家保護についてのいかなるリベラル的な概念よりも、より具体性に富むものであった。[23]

ラガーディアを第一級の先鋭的な指導者に仕立てた背景には、彼特有のオーバーな表現や態度をはじめ、目的や理想を積極的に実現させようとする構想力があった。彼の言葉自体は、遅かれ早かれファシストの脅威に立ち向かう全面対決の考えを示していた。国際主義を支持するフィラデルフィアでの集会でラガーディアは、ＦＤＲと孤立主義（アメリカ第一主義）を唱える大統領批判者の間の論争に強硬に立ち入っている。翌日の5月28日には同じ会議場でアメリカ第一主義を唱えるチャールズ・リンドバーグの「対外戦争反対集会」が予定されており、ラガーディアは1万人の男女の前で自らの考えを訴えたのである。会場ではアーヴィング・バーリンが指揮するコーラスで集会参加者たちが「神《ゴッド》よ、アメリカ《アメリカ》に祝福《ブレス》を」（バーリン作）を斉唱し、退役軍人や看護婦たちが本土防衛を誇示して会場内を行進、ウィリアム・ブリット（フランス大使）が「ヒトラーは、必ずや西半球を侵略しようと目論んでいる」と激しい口調で聴衆に訴えた。ラガーディアは後述の宣言のように、彼の心の底から大衆に呼びかけ、孤立主義者への怒りをはじめとして、戦争の脅威を熱情をこめて参加者に訴えた。そこで彼は「米国の反戦派はただただ『注意をしよう』とか、『我々はナチスを恐れている』などと、何もせず漫然と米国民に呼びかけている」と断言している。ラガーディアはこのような反戦派の腰の引けた姿勢を、自らの意気込みや米国民が潜在的に持つ真の勇気と対比したのである。さらに、「自分は1億3000万の国民より勝《まさ》っているわけではなく、また誰かを恐れていることもない」と彼の思いを率直に述べた。そして、次のような力強いメッセージをヒトラーに宣言したのである。

「ナチスに告ぐ——どうぞ、勝手に機甲師団を持つがよい。持てば罪のない女性や子供まで殺《あや》めることになるだろう。しかし、我々は決して降伏しない。カム・オン（さあ来い）！ カム・オン！カム・オン！ 我々はいつでも準備ができている」と。

会場では参加者の歓声が沸き上がり、ラガーディアの残りの話が聞き取れないほどであった。[24]

ラガーディアは「戦時リベラリズムは、総力戦の最中にある世界の苦難に立ち向かう方策を、1億3000万人の米国民に講じなければならない」と明言した。これは「教育訓練の実施や軍事的な心構え、それに精神的な強靭性の育成」を意味していた。さらに彼は、「リベラル層は、この期に及んでそれらを遂行する精神力と力強さを持っている。彼らは国民と政府の間のかけ橋になり、リベラルの発想に基づいて国民がファシストの横暴に立ち向かう態勢を整えている」と告げた。

ラガーディアの予見は、多くの国民に強い衝撃を与えた。その理由は、彼が「ナチスの爆撃機はすぐにでも米国都市への侵入が可能であり、近い将来5～6％の確率で米国本土を空襲するであろう」と警告したからである。現代の人々から見れば信じ難いことであろうが、1941年当時はかなりの国民が驚くほどその可能性を信じていた。「ワシントン・ポスト」紙は1939年に米国が空爆を受ける確率を1％と推定していたが、1941年にはその確率が高くなり、ラガーディアの予見が国民に受け入れられる状況になっていた。また同紙は、「このような状況下において、国民は何の対策も取らずに米国を危機に晒《さら》すわけにはいかない」と論じ、さらに「空襲の脅威を軽々しく取り扱うことは、我々がかつて経験したことのない破局を招く以外の何物でもない」と付言した。

そして、本土防衛に極めて前向きな関係者はラガーディアの推定を甘すぎると捉え、ブロンクス自治区委員会の議長は、「ラガーディアの低めの見積もりは、必要以上に国民の安心感を招くためのものにすぎない」と非難している。[25]

ラガーディアの過剰な警告は、6月上旬にボストンで開かれたニューイングランド州の行政官との会見で頂点に達した。「ボストン・イブニング・アメリカン」紙は、「飛行機でボストンに着いたラガーディアは空港を一気に通り抜け、ロケットのような勢いで仕事に突進した」と書いている。市長たちとの会談では、第一次大戦時に米国民が行った「歌う、セーターを編む、バスケットを作る」を引合いに出し、第二次大戦の空襲の脅威に対しては「空爆の防御、規律ある行動、軍事的な心構え」が最も望まれる対応であると告げた。またラガーディアは、市長仲間の一人一人に市長ではなく、一人の兵士として考えて行動するよう呼びかけ、「もし、ナチスが英国海軍を打ち破った場合、彼らは次に米国の都市を攻撃範囲に入れる基地を獲得することになる」と伝えている。それは極めて憂うべき事態、すなわち空襲による制御不能な大火災や米国民が懸命に応戦する姿、そして空爆で多くの市民の命を奪ったヒトラーが米国民の士気をそいで米国全土に恐怖を巻き起こす有様を意味していた。第一次大戦時の初期の爆弾に比べて、現在ファシストが落とす爆弾は空中で爆発し、雪のように上空から都市の人々に降りかかることになる。このような爆撃の下で市民は無秩序な群衆と化し、例えば、ボストンの行き止まりの路地で人々が激しくぶつかり合うことが容易に想像された。目前に迫る脅威に対応するためには、「確たる組織の創設と、規律や訓練、士気の向上が不可欠となる」とラガーディアは告げたのである。また彼は、「市民軍に所属する民間人は命令の受け方を学び、いかなる命令であっても、それを遂行しなければならない」と述べ、「今回の戦争は、海浜パーティーやピノクルパーティー大会のようなものではない」と釘を刺している。[26]

ここで、ラガーディアの国家安全保障リベラリズムはもう一つの物議を醸した。戦時においては、国民は共同防衛の精神に基づいて平和時よりもより高い義務を遂行することになる。ところが、ラガーディアが推奨した政策は、公共安全を守るための団体行動において、個人の良心に基づく自発的な権利を大きく切り詰めていたのである。例えば、パニックで人々が街路に飛び出すことを防止するために、摩天楼で働く人々は建物の中に留まることを余儀なくされた（1911年のトライアングル・シャツウェスト工場の火災では、そのほとんどが若い女工である146人の仕立て人たちが、ドアを閉められたために焼死した事故があった。ラガーディアの構想には、明らかにこれらの事例が反映されていなかった）。ラガーディアは、ニューヨークでの講演と同じようにボストンの聴衆に対して、「地下鉄の入口への殺到は、8フィート近く重なり合った大勢の瀕死の人々を置き去りにすることになる」と警告した。それらに加えて、「空襲時に、道路を空けずにシェルターへ逃げ込む市民がいたならば、彼らは起訴されて、罰金刑か入牢の罪を負うべきである」と告げている。他にもラガーディアは様々な内部情報を持っており、それらはすべて、一般国民の生活を軍事化するために、政府と市民の共同体制を構築するものであった。ラガーディアは、大都市の労働者に消防訓練の自主的参加を課すことをはじめ、化学兵器への対処法を彼らに教育するよう提唱している。また5000万人余りの市民にガスマスクを配り、都市の区画には消防ポンプを配置して、各都市の消防団に5隊のボランティア消防隊を組織することを提言した。ラガーディアは公共からの支援を求めるにあたり、「ボストン・グローブ」紙に「私のために祈りを！」と訴えている。彼は、すべての目標が8月中旬（とても無理な期限であったが）までに達成されなかった場合、市民防衛局の局長を辞任すると宣言した。[27]

ラガーディアは国内をくまなく巡回し、彼の考えをいっそう情熱的に国民に訴えた。ボルティモアでは、警察当局が監視員を教育訓練する能力を持つように市のリーダーたちを説得し、鉄道・街路・道路・給水システムなどの防衛についての議論を重ねた。オハイオ州の州都コロンバス市では地方の役人を対象に、彼らの問題点を自分に書き送るよう要請し、「オハイオ州は枢軸国側の空爆範囲内にあり、中西部においても物理的に安全でないことが立証されている」と伝えた。ラガーディアはコロンバス市の消防隊員を2倍に増員することと、本土防衛メンバーを活用して市の周辺の社会的基盤を守るよう提言している。すでにコロンバス市では市民の食料補給体制やデイケア・プログラムが開始されており、オハイオ州においても本土防衛プログラムのために２０００人以上の要員採用が計画されていた。[28]

１９４１年の夏、ラガーディアはリベラル派の政治家ばかりでなく、軍隊の司令官や法執行の幹部、それに国民と政府の間に立つ指導者たちを加えた連合体を結成した。その目的は近代戦争の問題に対する対応であった。ラガーディアは、意図的に脅威を誇張するどころか、脅威は現実的にますます悪化をたどっていると考えており、民主主義がこれらの試練に耐え抜くためには、現在実行している活動が最善の策であると信じていた。ワシントンにいる同僚たちとの「秘密」と記された往復文書を見ると、彼らは米国内外の軍事情勢を、あたかも防衛戦略を練る軍事の専門家のように語り合っている。ラガーディアは海軍長官に対して、米国における最も危険な海域について問い合わせており、ある陸軍准将はラガーディアに、「米国はナチス・ドイツによる包囲網の危険性に直面している」と告げた。それは、ナチスがラテンアメリカ諸国を占拠して、アイスランド、グリーンランド、ニューファンドランド、それにブラジルやカリブ海、東西アフリカなどに、米国本土を攻撃範囲に入れる軍事基地を創設する可能性を示唆していた。同時にその准将は、「日本がアラスカの西海岸を攻撃するかもしれない」と警告し、「いかにして米国の銃後の社会を守るかという、きわめて難しい問題が残されている」とラガーディアに書き送った。[29]

これらの警告を通してラガーディアは、ファシストが米国の領域に挑戦する場合、幾つかの選肢があることを確信した。それらの脅威は、彼の頭から片時も離れることはなかった。政府高官は市民防衛局の補佐役たちに、「メキシコの国民はナチスに共鳴《きょうめい》している」と通告し、局長のラガーディアはコーデル・ハル国務長官に、「ヒトラーはラテンアメリカを介して米国に侵攻する可能性がある」と伝えている。ラガーディアはその脅威は本物と信じており、これを否定する根拠は何もなかった。ＦＢＩはラガーディアに、「敵はナイアガラの滝にある発電所の爆破を企んでいる」という情報を伝え、調査のために補佐官を派遣するよう促した。市民防衛局の発足以来、ラガーディア局長の本部には軍隊調の文化が浸透し、本土防衛が軍事面の主たる課題であるかのような風潮が加わった。事実、現役将校や退役将校たちが市民防衛局の中心メンバーになっていて、ロレンツォ・ガッサー元戦争部参謀総長代理が市民防衛局の執務室に入ると、職員たちはあたかも高官に敬意を示す兵士たちのように一斉に起立したのである。[30]

この夏にロンドン市民が被った恐怖の知らせは、米国の本土防衛に軍隊的様式を吹き込もうとするラガーディアの願望に火を付けることになった。その軍隊的様式とは英国の民間保護プログラムを模倣しつつも、それらを更に上回るものであった。英国にいたラガーディアの派遣団は空爆の恐ろしさを彼に報告し、火炎に包まれる中で、汚水に首までつかった作業員たちが電話線を回復させる作業の実態を生々しく伝えた。またある報告はナチスのチフス菌による細菌戦計画を指摘し、さらにナチスの爆弾はフットボール場の半分ほど離れた距離に落ちたとしても建物を破壊する威力があることを報じた。このような中で、ラガーディアと英国のハーバート・モリソン内相の絆はいっそう強まっていった。ラガーディアは、モリソンが数知れない英国民の命を救っていることを心から称賛した。一方のモリソンはラガーディアが米国で自分と同じ仕事をしていることを知って光栄の至りと語り、英国も米国も一緒になって「ファシストの狂暴から国民の命を守りましょう」と伝えた。[31]

この夏、ラガーディアは新しい広報体制を採用し、本土防衛プログラムの支援体制と、国民をボランティアとして募集する多難な業務に取り組むことになった。それは米国が交戦国となる見込みを国民に認識させようとする、いわゆる政府の取組みを支援することでもあった。ラガーディアは、大統領と心が通じ合ったアンナ・ローゼンバーグ女史を市民防衛局に迎え入れている。彼女はFDR政権の社会保障委員会における唯一の女性支部長であり、彼女に求められた任務は、「フォーチュン」誌の編集長やCBSラジオの副社長らと共に広報活動を行うことであった。その後しばらくして、彼らは「空襲の際に、国民は何をなすべきか」という小冊子を発行した。[32]

大衆心理学の最新技術の修得を目指すラガーディアは、精神科医や心理学者のもとを訪れて、戦争に関する彼の考えを大衆に吹き込むための識見を高めようとした。しかし、彼らから得られるものはほとんど無く、ラガーディアは失意のうちに彼らのもとを去っている。FDRに宛てた手紙の中で、ラガーディアは「精神科医はくだらない」と書き、冗談をこめて、彼ら全員を5年以内に追いだすことを提言した。[33]

FDRは、同盟国のために積極的な介入を目指す戦略構想を持っていた。しかし中西部の不干渉主義派の姿勢は歴然としており、それをぬぐい去るために、ラガーディアと彼の市民防衛局の活用に疑問を抱く政府高官はほとんどいなかった。海軍省のアドレー・スティーブンソン特別補佐官は、「中西部の凝り固まった孤立主義者たちへの対抗策として、大統領の外交方針を支援する一連の集会では、ラガーディア市民防衛局長の活用が大いに役立つでしょう」と提言している。スティーブンソンはまた、「それらの集会では、ラガーディア局長は聖職者や労働組合役員、それに著名なスポーツマンなどを活用してFDR政権の支持を盛り上げることになるであろうが、対抗相手と言えば、旧態依然としたアメリカ第一主義者のチャールズ・リンドバーグをはじめ、マサチューセッツ州民主党のデヴィッド・ウォルシュ上院議員、それにロバート・ウッド将軍やシアーズCEOのローバック氏などという、そうそうたる顔ぶれである」と述べている。[34]

世界大恐慌時代の社会保障派のリベラル層は、政府を慈善的精神の下で活動する人権主義派の勢力と捉えていたが、ラガーディアと彼の側近たちは、「政府は1億3000万人の国民の身体的安全をしっかり保証する唯一の存在である」と考えていた。1941年6月、ラガーディアは彼の政府活動に関する構想をニューヨーク市警察本部での声明で強調し、そこで6万人以上の監視員の採用計画を発表して、「募集には市の82ヵ所の警察管区を使用する」と発言した。またニューヨーク市議会はワシントン政府に対して、港を防衛するための警備員の配置と、敵を迎え撃つための邀撃《ようげき》機の配備、それに大西洋沿岸にかけて侵入する飛行機を目視できる場所に1万人の防空監視員を配置するよう働きかけている。[35]

こうしたラガーディアの挑戦は順調に展開していった。この夏、1日平均200人余りのニューヨーク市民が監視員になるための登録を行い、1週間ほどで2万5000人が監視員としての契約を済ませている。その後8月までには6万4000人の監視員がラガーディアのプログラムに加わり、当初の目標が達成されたのである。さらにラガーディアは、ニューヨーク市を警備するための1万8000人の警察官を動員し、医師や看護師の医療チームを結成した。また危機に備えて1万台の車両を準備し、攻撃を受けた場合に備えて毛布や担架を備蓄した。このように政治体制を利用して準軍事体制の組織化を目指すラガーディアに対して、それを抑えようとするニューヨーク市民の動きはほとんど見当たらなかった。さらに加えてラガーディアは、他の市長に対してニューヨーク市と同様に職員たちが本土防衛の任務に加わることを奨励し、空襲の際には警察本部が市議会を統括して、一時的に主要都市は警察の配下に入ることを提唱した。また連邦政府の市民防衛局長の立場から、ラガーディアは退役軍人ならびに徴兵制にもれた若者たち、それに労働組合員や聖職者層のメンバーたちの採用も始めた。彼の呼びかけに呼応した米国愛国婦人会や同盟国支援委員会は、彼らの17万5000人のメンバーに対して市民防衛局のプログラムに参加するよう働きかけたのである。[36]

この気運に乗じたラガーディアは、市民防衛局局長とニューヨーク市長の権限を最大限に活用し、彼の熱狂的な言葉と併せて、攻撃や非難を一手に受けて立つ、真夏の避雷針のようなイメージをしっかりと固めた。このように市民防衛局の初代局長として大いに期待されたラガーディアであったが、その一方で彼がその期待に応えられるかどうかを疑問視される側面もあった。その後のある政府報告では、ラガーディアが部下の仕事の極めて重大な詳細を見逃したことや、その際にアドバイザーが受け持つ権限を無視したことなどを批判している。また、市民防衛当局との面談を試みた政府の広報担当官は、「ラガーディアの組織の入口は固く閉ざされている」と不満を述べた。ラガーディアは市民防衛局の責任者であったが、彼自身の居場所を正確に捉えるのはかなり難しく、会談の設定が思うように行かない状況であった。ある記者はニューヨーク市にある3ヵ所のラガーディアの情報センターを訪れたが、いずれにおいても、空襲時に市民が身を守る方法を記したパンフレットや小冊子を目にすることはできなかった。[37]

ラガーディアはあまりにも忙しく動き回らなければならなかったので、目の前にある問題に集中できないのが実情であった。ラガーディアの中途半端な姿勢もその一例である。市民防衛局内の政府高官フランク・ベインに、「自分は、ある筋から、貴官が60日間ほど私の業務を代行していただけるかもしれないと聞いております」と話しかけた。しかしベインは、「そのような話は初めて聞きました」と応じ、「局長は、私が何をすることを望んでいるのでしょうか。そして、その時期と方法は？」という具体的な質問をしている。ラガーディアは、それに対する答えを持ち合わせていなかった。彼は「今、カナダ人が来ていて手が離せません」と語り、「後日、また電話いたします」と対応している。ベインはあたりさわりなく「それで結構です」と答え、「それでは、都合がよい時に電話を下さい」と会話を終えた。ラガーディアの電話が再びあったか否かは不明である。[38]

大統領特別顧問のバーナード・バルークは、「ラガーディアのやり方はあまりにも慌《あわ》ただしかったので、結果的に地に足がつかなかっただけのこと」と語っている。ラガーディアはほとんどの火曜日と水曜日をワシントンＤＣで過ごし、木曜日と金曜日をニューヨークで過ごすという繰り返しであった。さらには国内中を回って、各市長たちに彼の消防計画の採用を訴え、国民には軍需資材の節約を説得、またガスマスクや消防用器具などの数千万ドルに及ぶ予算を連邦議員に絶え間なく陳情したのである。一方のFDRは、ラガーディアの熱狂的な振舞いや、大統領執務室と市民防衛局の仲介をアンナ・ローゼンバーグ女史に絶え間なく依頼する状況に嫌気がさしていた。夏が過ぎるにつれて、市民防衛局長に対する風当たりはますます激しくなった。保守の孤立主義者や一部のリベラル層までがラガーディアを大統領の独裁官として酷評し、「国外の不必要な戦争へしきりに旗を振り、自由を愛する米国民を軍隊化させている」と批難したのである。[39]

しかしラガーディアは、ニューディーラーや孤立主義者からの中傷を払いのけ、「米国が受けるかもしれない攻撃の混乱や恐怖を誇張していることはない」と言い切っている。また8月には「ロサンゼルス・タイムズ」紙を通して、「総力戦時代の空襲による爆撃は、台風と大火災が重なった上の、連続する100回の大地震に匹敵することを、我が国民は肝に銘じるべきである」と明言した。さらに紙面には、「米国が攻撃を受けた場合、喉をかきむしる粉塵《ふんじん》と息詰まる煙雲《えんうん》が市中を覆い、建物は崩壊して瓦礫の山となり、半狂乱で歩き回る恐怖に打ちひしがれた人々の姿は、見る人々をうろたえさせるであろう」と書き記されている。ラガーディアは、国民がパニックの中で圧死したり、友人や隣人が乗り物をめぐって争ったりする姿や、バァーンとはじけ飛ぶ爆弾の破片や崩れ落ちる瓦礫などを頭に浮かべていたのであろう。彼は新聞を通して、今まで目にしたこともない無残な場面、すなわち路上で手当ても受けずに血を流して死んでいく人々の姿や、乗り物を止めるためにどなり合う人々、また荒廃と死による錯乱状態が陰の破壊活動家を扇動し、パニックで怯える人々を狂気と大混乱に落とし入れることなどを予測して、国民が精神的に身構えておくことを警告したのである。

ラガーディアは、「社会秩序の崩壊が、最終的にポーランドやベルギー、オランダ、その他の友好国の降伏を招いた」と信じていた。彼は自らを奮い起こす原動力として英国を取り上げ、「巻き返す力と生存は、かならず実現可能である」と断言している。そして、英国民は英国に爆弾が雨のように降り注ぐ前から十分に備えていたのであり、それは「我々への道標である」と述べている。ナチスの影が日ごとに世界を暗闇に陥れることがあっても、我々が民主主義の炎を絶やさないことを願うのであれば、今すぐ我々が発揮しなければならない戦時リベラリズムの真価は、「鍛錬と情熱、そして政府当局への心からの恭順である」とラガーディアは強く宣言した。[40]

第八章　全身全霊をかけて

人が自ら命を危険に晒さなければならないときには、その根拠が重要となる。
——エレノア・ルーズベルト　1941年5月31日

1941年の春から夏にかけて、ファーストレディーのエレノアはFDRと共に国民から厚い信頼を得ていることを確信した。彼女はニューディール・リベラリズム〈社会福祉・保障サービスや公民権、人種差別撤廃や失業者救済対策などを促進する社会自由主義〉の良心に基づいて力を尽くすと共に、FDR政権の三期目において、彼女自身の課題を全うすることを決意したのである。エレノアは、彼女の後ろに米国民がついていることを信じて疑わなかった。そして大衆の言葉から勇気をもらい、自らの展望が国民の思惑と一致しているという確信を得ている。すべての国において最も大切な社会の基本は生活共同体であり、米国においても国民は公共の福祉と結束に前向きであった。エレノアはことさらその重要性を言葉に表している。1940年のFDRの三選にあたり、彼女はニューディール・リベラリズムの基本理念をまとめ上げ、FDR三期目の基礎を固めた。1941年に入ると、エレノアは戦時への対応を念頭に置くようになり、ニューディールの更新に力を注ぐようになった。そしてこの年の9月、彼女は最大のチャンスを迎えることになるのである。

5月の市民防衛局(OCD)の開設以降、「ファシズムに対抗する最善の方策は何か」という課題は、エレノアとラガーディアの間で熾烈な論争を呼び起こすことになった。軍事と民生(国民の生活)の両立をめぐって、エレノアはボランティアが社会保障の役割を担えるようラガーディアを説得したが、両者の対立は基本理念や政治、政策などに根ざしたものであり、彼らの論争は夏にかけてますます深刻になっている。9月に入ってその限界を感じたラガーディアは、エレノアに市民防衛局の副局長(ボランティア担当)の職務に就くよう要請した。しかし、副局長に就任したエレノアとラガーディアの間の溝はさらに深まっている。二人の主張は単なるライバル的な個人攻撃の域を超えており、さらにファーストレディーとしてのエレノアの影響力は(その多くが非公式であったとしても)ラガーディアが全米で発揮してきたものを凌《しの》ぐようになり、彼女の支持層もラガーディアの後ろ盾を上回る状況になった。エレノアと彼女の同志たちは、「米国民は単なる抽象的な言葉よりも、政府主導による自由の恩恵を求めている」と結論づけている。1941年の中頃に至って、政治的な激しい風がエレノアに吹き付けるようになった。しかし、その中には彼女自身が関連していないものも多く含まれていた。ホワイトハウスや連邦議会は、貧困や失業などの問題が国家の最優先の命題になることを避けており、大統領を囲む多くの閣僚からニューディールの企画がますます遠ざかる状況になっていた。のみならず、FDR自身からもかつての情熱が消え失せ、ニューディール・プログラムへの挑戦はもはや過去のものになっていたのである。

米国民が戦う体制を整えるために、エレノアが当時行われていた選抜徴兵制度を支持していたのは確かなことであった。彼女の姿勢は終始一貫しており、兵士の存在を大切にして、自らの目で選抜徴兵体制を確認している（最終的に、エレノアの4人の息子たちは全員が軍人として国に奉仕した）。4月2日午前4時45分、兵士たちに敬意を表するためにエレノアは、特別護衛官が運転する車でアラバマ州南部の港湾都市モビールを出発した。ノースカロライナ州フェイエットヴィルにあるフォートブラッグ基地に到着した彼女は、基地を巡閲して兵士たちを激励し、若い兵士たちのはつらつとした顔に接して、彼らの愛国心と進取の精神を褒めたたえた。[2]

危機に際して決意を固める必要性を米国民に訴えたエレノアは、米国が崖っぷちに立っていることを認識し、国内を巡行するたびに空に危険が迫っていると考えていた。4月にロサンゼルスで行われた長男ジミーの結婚式に出席した際、息子に与えられた休暇はわずか48時間であった。すぐに駆逐艦に帰艦して、危険な航海に出なければならないことを知らされた彼女は、悲しい思いをしている。エレノアの国内巡行には予測できない死の危険が付きまとっていたため、彼女を守る特別護衛官の体制が強化されていた。その年の後半にメイン州の沿岸を車で移動したエレノアは、「輝く青空とロブスターの広告掲示板は、いつ空爆されるかもしれない住民たちの恐怖を覆い隠している」と言い表した。[3]

エレノアは、数年前から共和党の保守派や左翼の孤立主義者（不干渉主義者）を批判してきたが、1941年の中頃になると、それらの主義を唱える人々に対して、彼女はさらに痛烈な非難の声を浴びせるようになった。「もし米国民が砂の中に頭を隠すようになれば、それはナチスの攻撃を手助けするようなものだ」と警告している。同時期に、ハミルトン・フィッシュ共和党議員の「欧州の戦いは、本質的に米国民の生命に何の衝撃も与えない」との発言に対して、エレノアは「彼は分別に欠ける人」と批判をぶつけた。その上エレノアは、「もしヒトラーが英国海軍を壊滅させることになれば、米国はまさにナチス・ドイツに単独で戦うことを余儀なくされるであろう」と言葉を返している。[4]

1941年6月、ヒトラーは「バルバロッサ作戦」を開始してソビエト連邦に侵攻した。7月、FDRは在米日本資産を凍結することを宣言したが、石油輸出制限に関するFDRの穏当な制裁措置は、政府官僚が大統領の命令を曲解して、日本への全面的な石油禁輸へと拡大した。米国での石油の窓口を失った日本の軍首脳部は──国内の石油が枯渇し、海軍力を増強した米国が太平洋の制海権を確立する前に──石油が豊富なアジア諸国へ侵攻する作戦変更を余儀なくされた。その当時のエレノアは、米国の多くのリベラル層は国の戦時体制を目指して前向きに対応している、と受け止めていた。彼女自身も、国の防衛に貢献することは、1930年代の改革に取り残されてきた人々への社会的・経済的恩恵につながるものと捉え、国民と共に歩むことを決意していた。エレノアは、軍事的な準備の目標をより鮮明に社会の発展と結びつけ、国民の勤労意欲を脅かす栄養不足・性病問題や粗末な住宅の問題、それに国の工業生産力や陸軍の戦闘即応能力などについての議論を深めた。当時、すでに数百人の若者たちが選抜徴兵制の身体検査で不合格になっており、彼女がノースカロライナ州青少年管理局（NYA）の出張先で見た青年たちの3分の2以上が栄養不足の状態で、このような虚弱な青年たちがいかにして屈強な軍隊への挑戦が可能となるのか、エレノアは大いに疑念を抱いたのである。[5]

その夏、エレノアのこの疑問に対する特別な対策が講じられることになり、彼女はそれらに全力を傾けることになった。エレノアは、軍事施設のある地域に小学校やレクリエーション・センターをはじめ、そこで働く人々の住宅や上下水道の敷設を提唱し、彼らが必要とするものをすべて用意させた。また、軍需工場の従業員から「いかにして適正な民主制を達成するか」という論争が持ち上がったとき、エレノアは「民主制の追求」を、政治的により好ましい方向に向けていく流れに身を入れている。彼女は「すべての女性は国家に奉仕することが必要です」という自らの考えを再び提唱し、その構想を、第三代大統領トーマス・ジェファーソンの「すべての子供の義務教育」の概念に関連づけて主張した。エレノアの企画が目指すところは、例えば法律や政治社会のような男性だけが占める専門分野に女性が取り組む能力を教育したり、女性たちを貧困から解放して、母親たちの仕事は単に幼児にパンケーキと冷えたコーヒーの朝食を与えることだけではない、という社会を女性たちに認識させることであった。評論家がそれを準ファシスト思想と呼ぼうが、（たとえ彼女の提言が暗礁に乗り上げたとしても）エレノアは痛烈な誹謗者たちの反論をまったく無視することができたのである。彼女は、それらの誹謗者を「狭量な世界観の波に乗って進む反動主義者たち」と呼んで退けている。[6]

エレノアが選挙に立つことは勿論なかったが、この春までに、彼女は自分自身の政治的後援者の幅を広げていた。エレノアはその後援者たちと共に、ＦＤＲとラガーディアが進めていた一連の国家安全保障リベラリズムとは異なる、彼女自身が目指した運動を開始したのである。エレノアの目標達成に最も重要だったのは女性たちのグループであった。彼女がホワイトハウスで行政府の１７５０名の女性職員と握手を交わした際、国民の日常生活向上のために尽くしてきた女性職員たちの献身を心から称賛した。エレノアを支援する女性たちは、国家防衛プログラムの下で女性たちの役割を求める嘆願書を彼女に手渡している。ある女性は、「私の夫はすでに軍隊に入隊しました。

私自身は今までこなしてきた主婦業や、ただ家庭にいることだけに、もはや満足できる状況ではありません」とエレノアに告げた。[7]

市民防衛局開設時の大統領令には、エレノアとニューディール派のフローレンス・カーが待ち望んでいた「社会防衛組織」が組み込まれていなかった。とは言え、その大統領令は一部の新聞の「ニューディールは生活支援のためにあるものだ」との意見に反して、社会防衛を完全に打ち消す文書でもなかった。その命令書は、市民防衛局が数百万人の米国民をボランティアとして召集することを求めていたのである。事実、国家防衛上で人間の安寧《あんねい》を保証する人間の安全保障《ヒューマン・セキュリティー》は極めて重要なことを認めており、戦時プログラムの中でリベラル層が社会福祉の場を設ける機会を与えるものであった。言い換えれば、全米社会を通して社会防衛を充実させるために、大統領令の文書をはじめとして、市民防衛局の組織をいかに取り扱うかは、エレノアの裁量に任されているということであった。

「社会防衛の最適任者はルーズベルト夫人」と認める彼女の同志たちは、戦時の閣僚として大統領夫人に正式な役職を与えるようFDRに進言した。彼女たちは、民主主義のために女性たちを改革運動に参画させることができる唯一の救世主《きゅうせいしゅ》として、エレノアに大きな期待を寄せていたのである。その一例としてフローレンス・カーは、市民防衛局ボランティア委員会の女性指導者の地位をエレノアに与えるようFDRに提言した。さらに局長のラガーディアには、「ルーズベルト夫人ほど女性たちが畏敬《いけい》する女性はこの国にいない」と訴えている。またカーは、大統領夫人の活動や彼女の貢献、それにあらゆる社会や人々への奉仕の実績と数々の模範的な事例を多々挙げて、「すべての地域社会における社会防衛の問題点に挑戦できる最適の人物はエレノア夫人である」と強調した。

さらに国防評議会の消費者保護を担当していたエレノアの親友、ハリエット・エリオットも、エレノアが市民防衛局ボランティア参加委員会の地位に就くことを大統領に進言している。FDRはエリオットに、その考えをラガーディア局長に伝えるよう提案したのである。[8]

ラガーディアは、エレノアを支える後援者の規模が並大抵ではないことを理解していた。そのため市民防衛局開設時の5月に、彼は当局の女性ボランティアを募る推進役をエレノアに要請したのである。しかし、その要請をエレノアが受けることはなかった。彼女は、市民防衛局がそれなりに業務をうまく舵取りすることを望んでいたのである。もしエレノアが市民防衛局に加わった場合、ニューディールの批評家層にFDRを攻撃する口実を与えることになり、さらには米国軍隊の位置づけを政府の試行機関の下に置くとして、自らも批難を招くことを懸念していた。さしあたりエレノアが選んだ道は、彼女のホワイトハウスにおける基盤を利用して、社会活動を支えている国民の草の根運動をラガーディアが取り入れられるよう支援することであった。エレノアは、大統領の記者会見を通して「自分が、いかにして市民としての役目を果たさなければならないかを認識させられたか」と語っている。さらに彼女は、「我々すべてが生きる望みを持って、それを向上させる自由を持っていること、そして国が軍事的防衛の準備に取り掛かった場合でも、それについての自由の追求を十分理解していることがリベラリズムの目標である」と強調した。[9]

この頃から、エレノアの発想に政治的な局面がにじみ出るようになった。彼女は「民主主義の戦争に相応するためには、社会防衛こそがこの時点における最も重要な課題である」という構想を推し進めている。エレノアを敬う後援者たちは彼女のその考えをさらに加速させ、「これまでに蓄積された米国の偉大な民主主義を守ろうとするルーズベルト大統領の信念を満たすために、市民防衛活動を一層前進させなければならない」と声を上げた。「フィラデルフィア・レコード」紙は、「一般家庭にとって市民防衛は社会保障政策に他ならない」と論評している。このような流れの中でホワイトハウス秘書官のH・H・マッキンタイアは、「女性に市民防衛の要職を与えることをラガーディアに伝えるよう」知人に依頼したのである。その一方でモンタナ州のジャネット・ランキン議員は、「保障のない仕事に、多くのポストを女性たちに与えるつもりなのか」とラガーディアに問い正した。FDR自身も、戦時召集の一対の目標として国民の士気やレクリエーション、また必要な福祉などを配慮し、それが軍事と結びつく体制を考えに入れていた。FDRは、英国女性たちの銃後の貢献を記した書簡をエレノアに手渡し、読後にラガーディアに送るよう伝えている。またフローレンス・カーのような政府内のニューディーラーたちは、ニューディール・プログラムが国家の安全保障に役立つよう、体制の改革に力を注いだ。カー女史は、学校給食や家事の支援体制が米国家庭に大いに貢献していることや、公共プログラムが社会を安定させることで、戦時における経済的不平等が敵方協力者の有効な活動に結びつくことを抑止していると述べて、エレノアの業績を高く評価した。[10]

市民防衛局の局長であるラガーディアの当初の言動は、エレノアの社会防衛の構想に彼が納得していないことを物語っていた。一方のエレノアは、ラガーディアが大統領令の最も進歩的な観点を無視し、社会民主主義を正視していないと捉えている。彼女は、ラガーディアやNAACP（全米黒人地位向上協会）事務総長のウォルター・ホワイト、それにBSCP（寝台車ポーター労働組合）の会長A・フィリップ・ランドルフと一緒になって、大統領令8802号（防衛産業における人種差別の廃止）の合同研究を主導していた。この大統領令は、防衛関連企業や政府機関における雇用の人種差別を禁止する公正雇用実施委員会（ＦＥＣＰ）の設立を定めたものであった。しかし、この画期的な法令の内容は、軍隊における人種差別の撤廃を含めて、市民権リーダーたちがそれまで求めてきたレベルに達するものではなかった。とは言え、この公正雇用実施委員会は、人権保護のための二十世紀最初の米国連邦機関であった。エレノアから見れば、ラガーディアが達成してきたそれなりの成果も、彼が社会防衛の観点から十分に貢献してきた証《あかし》とは言えなかった。その極めつけは、ラガーディアが市民防衛局の女子の制服の選定をエレノアに依頼したときのことである。数名のモデルがエレノアの前で制服を披露した際、エレノアはラガーディアが何を優先するかを考えていないように思えた。後に彼女は自身のコラムに、「市民防衛局の局長は、どのような制服を身に着けるかを決める前に、女性たちがどのような職に就くかを説明すべきである」と書いている。[11]

当時、多くの女性たちが民間防衛で果たす役割を求めていたが、彼女たちの要求を満たすためにラガーディアがエレノアと連携する意向は見られなかった。そのためエレノアは、市民防衛局のあるべき姿について、ほぼラガーディアと協同することなく自分の見解を前面に押し出すことになった。首都ワシントンでは、エレノアと財務長官夫人のエリノア・モルゲンソーが数千人のボランティアの登録を支援したが、ラガーディアは「彼女たちを採用する前に、彼女たちの役割を決めることが第一に必要なことだ」と苦言を呈している。そこでエレノアは、自ら進んで全米の会員に接する手立てを講じたのである。彼女は家庭菜園の推進や英国民への食料支援、また消費者教育や節約運動などをはじめ、民主主義の草の根運動の真価として実質１５００万ポンドのアルミニウムの資源管理運動をテーマに取り上げた。また、彼女自身も兵士の息子を心配する米国の典型的な母親であり、全米のすべての母親たちと同じ存在であることを打ち明けた。同時にエレノアは、当時問題化しつつあった国民の士気に配慮し、追い詰められた不安に対して希望の精神を吹き込むために、今こそ民間防衛を国民に浸透させる絶好の機会と捉えたのである。エレノアは夫のＦＤＲに、ナチスの強権体制下に置かれている人々への民主主義の宣伝活動《プロパガンダ》として、新設の市民防衛局（ＯＣＤ）を活用するように提言した。[12]

１９４１年の夏、ラガーディアはエレノアの考えに応じて暫定的な対応を行ったが、エレノアはその進め方に難色を示した。そのためラガーディアは、エレノアの希望に沿って市民防衛局内にボランティア参加委員会を立ち上げ、エレノアの同僚である新聞編集者のジョナサン・ダニエルズや大統領の社会保障評議会委員のエレン・ウッドワードを委員に指名した。しかし、ラガーディアがボランティア参加委員会のメンバーたちをうまくリードできるとは思えないエレノアは、７月24日にそれらの委員をホワイトハウスに招いて会合を持った。彼女は同席したＦＤＲに、「このメンバーの委員会参加を歓迎し、全国民に対する社会防衛の役割を支持するよう話をしてほしい」と要請した。「もしＦＤＲの説得がなければ、ラガーディアがボランティア参加委員会の人々と共に作業をすることは期待できない」というのがエレノアの本心であった。[13]

当日の会合でＦＤＲは下準備もなしに話を進め、エレノアの考え方に道筋をつけた。その話の中でＦＤＲは、「市民防衛局は米国軍隊にとって重要な存在（建物を守る土嚢を積み上げたり、危険に際して市民に警報を出すなどの任務の遂行）であるばかりでなく、民主制に基づいた民兵を補充する礎《いしずえ》になるものです」と告げた。これらはまた、「全米からホワイトハウスに送られた数々の国民のご意見に応えるものであります」と続け、「有事の際、国民は自らの役目を果たすことを望んでいるのです」と述べた。最後にＦＤＲは、「すべての事をワシントンで行うことはできません。海外の戦争がいかに我が国民の生命に関わっているかを、ボランティアのリーダーの皆さんから、国民の皆様にぜひ伝えていただきたい」と言葉を結んだ。この席でラガーディア局長は、「私はボランティア参加委員会の皆様に敬意を表すると共に、とりわけエレノア夫人のリーダーシップには感謝しているところです」と挨拶した。それでもエレノアの不信が解けなかったのは、ラガーディアが「米国の民主主義を強化するために市民防衛を活用する」と確約したように思えなかったからである。「彼は単にリップサービスをしているだけだ」というのがエレノアの思いであった。[14]

ボランティア参加委員会の気運が高まるにつれて、ボランティア・プログラムは一段と勢いを増した。夏までに2500余りの防衛評議会が開設され、90を超す訓練プログラムが企画された。フロリダ州は25万人のボランティアの採用を計画し、サンフランシスコ市は緊急時のために公共食料補給センターを設立する計画を立てた。これらの動向から励みを得たエレノアと同僚たちは、社会防衛が国家意識の向上に繋がることを確信したのである。広報担当のアンナ・ローゼンバーグは、エレノアが国民の国家意識を高めていることを絶賛し、エレノアの盟友ギフォード・ピンショー夫人は、ニューディーラーのオスカー・チャップマン（内務省の補佐官で後の内務長官）を市民防衛局の士気向上プロジェクトに採用することを推奨した。[15]

当時のリベラル派は、引き続きラガーディアに圧力をかけている。市民防衛局の支援を申し出たカー女史は、彼女に何一つ手伝わせなかったラガーディアに苦言を述べ、彼の妥協しない態度に失望した。また中西部の一部の人々はその地域の特殊性を挙げて、空襲に対する社会的な活動を強めるようラガーディアに要請した。報道メディアは、「女性ボランティアの採用において、ラガーディアが遅れを取っている」と報じている。8月のあるファーストレディーの記者会見において、ラガーラガーディアに対する不満が表面化した。それは市民防衛局について意見を求められたエレノアが、「国民が求める役割を、市民防衛局が満たすことができるのはまだまだ先のことです」と答えたことによる。記者たちは、ここぞとばかりにその発言を激しく追及した。エレノアの説明には彼女の主張が少なからず含まれていたが、その多くはラガーディアの指導力へのたび重なる幻滅を鮮明にしたものであった。エレノアはその場を何とかうまく収めようとしたが、結果的に禍根を残すことになった。彼女の「マイ・デイ」というコラムには、「ボランティア・プログラムが強化されなければならないことを、ラガーディアに対して、「私は、私たちがまだ本格的なプログラムに十分手を付けていないことをお話し致しました。私たちの行く先には大きな仕事が控えています。私たちはそれらを始めたばかりだという思いを、局長もお持ちのこととお察し致します」と釈明した。[16]

しかし、進展が見えないラガーディアの活動への批判は収まることがなかった。「ワシントン・ポスト」紙のアーネスト・リンドリーは、「ファーストレディーのコメントが、政府高官の間にラガーディアへの不満をつのらせた」と書いている。エレノアがホワイトハウスの若いリーダーたちの会合でラガーディアを批判したとき、ラガーディアはついに彼女の絶え間ない中傷を容認できないと決断した。その会合を終えた後、ラガーディアはホワイトハウスの前庭でエレノアを呼び止めた。背丈のあるエレノアが背の低いラガーディアの前にそびえ立つような様相であったが、彼は拳を空に向けて「1億3499万9999人の批評家たちが私を動かすことはなかった。しかし、貴女たちはそれをした！」と声を荒らげたのである。ラガーディアは、エレノアに市民防衛局のボランティア参加部門の責務を負うように申し入れ、その職務の認可を大統領に申し出ると告げた。[17]

エレノアがこれまでに、政府内の公式な役職を望んできたことは事実であった。しかし、5月の市民防衛局の創設時にラガーディアの申し入れを断った経緯もあり、公職に就くことを控えてきた。このような中でラガーディアの強い要求があり、また市民防衛局内の実情も熟慮した上で、それを受け入れる覚悟を決めたのである。エレノアはこれまでラガーディアの市民防衛局の運営に疑問を投げかけてきたが、彼の組織に加わることによってその欠陥の補正が可能になり、しかも権威のある立場から主要な戦時プログラムを全うすることができるようになると踏んでいた。その一方でエレノアが心配したのは、夫の大統領という立場とともに、彼女の同僚たちがその役職に疑念を抱くことであった。そして、すべてを乗り越えてエレノアが気持ちを新たにし、新しい職務に力を尽くす覚悟を固めたのは、彼女がその仕事をよく理解していて先行きを見通すことができたこと、また国民の意欲を高めて新たな戦時体制の創造を求めたからであった。当時、反ニューディールの批評家たちが彼女の新しい地位を非難して、大統領の外交政策を妨害することも予想された。しかしエレノアは、自分の努力を反動主義者たちの政治や政策に利用させてはならない、と心に誓ったのである。

エレノアは、ラガーディアの申し入れを回避することなく受け入れた。その際ラガーディアは、彼女が担当する部門についていっさい干渉しないことを約束している。広報担当のアンナ・ローゼンバーグが書いているように、リベラル・プログラムの遅れに気を揉んでいたエレノアは、それらのプログラムを国内論争に引き出すために、市民防衛局の職務が最適の方策と考えたのである。彼女が友人に宛てた書簡には、「私は、あらゆる方面からラガーディア局長のやり方に進展がないという苦情を受けてきました。そのため、私の仕事はまず物事を推し進めることから始まります」と書かれており、それは彼女の当時の心境をよく表していた。ところが、FDRは立場上エレノアと姿勢を共にすることはなく、「エレノアの役職の指名は純粋に私自身への便益と、戦争プログラム遂行上の便宜のためである」と公言している。言い換えれば、「エレノアができることは、ある一つの課題に全力を尽くすことであり、すべての問題に関与するものではない」ということであった。FDRは、たとえ人々がニューディールの社会福祉政策の不履行に幻滅していたとしても、エレノアがニューディールの先導者として、彼女の支持者たちを自分（FDR）の戦争政策の下に結集させてくれることを望んでいたのである。[18]

エレノアの大きな目標の一つは国内の人々の生活スタイルを変えることであったが、その点ではラガーディアの考えも同じであった。すなわち、市民防衛体制による国民生活の転換が、米国の民主主義の真価をさらに高めることを望んでいたのである。そこでエレノアは、ラガーディアと共同して達成する目標は二つあることを彼に申し出た。その一つは「国を通して、ボランティアができる人々をすべてボランティア活動に参加させること」であり、二つ目は「そのボランティアの仕事を社会的に有益なものにしていく」ことであった。また彼女はラガーディアに対して、「私のスタッフにおいては私の指示が最終的なものであり、局長の認可は不要であることを告げて欲しい」と申し入れた。当時、市民防衛局におけるエレノアの役割を定めたものは何もなく、それは軍事的な危機の際のリベラルのあるべき姿について、その後の二人の論争を引き起こす要因となった。[19]

9月14日、ニューヨーク州ハイドパークの私邸で孫と遊んでいたエレノアは、息子のフランクリン・ジュニアから電話を受けた。それは彼が乗る駆逐艦が祖国に無事帰港したという知らせであった。翌朝、エレノアはアルコール依存症で肝機能障害のあった51歳の弟、ホールの容態が悪化したという連絡を受けた。彼女は急いで電車に乗り、弟が入院しているワシントンの病院に向かった。その電車の中で目にしたある新聞の見出しで、ラガーディアがエレノアを正式に市民防衛局（OCD）に任命したことを知ったのである。ファーストレディーのエレノアは、この任命によって引き返しのできない道に足を踏み入れることになった。彼女の同僚たちはそれを大いに歓迎し、後援者でカリフォルニア州の女性議員ヘレン・ギャーギャン・ダグラスはエレノアに、「貴女が任命されたニュースは米国の民主主義の希望を私に与えました」と伝えている。エレノアは9月22日に仕事を始めることになっていたが、弟ホールの容態の悪化と、9月25日の彼の死がそれを遅らせることになった。エレノアは「弟は人生からもっと得られるものがあったはずだ」と悼《いた》んだが、彼は病《やまい》によってその機会を奪われてしまった。彼女は、弟のためにホワイトハウスのイーストルームでささやかな葬儀を営んだ。それも終わって、いよいよ市民防衛局の仕事に打ち込むことになったのである。エレノアは、「身近な人を失った時に最も癒《いや》されるのは、やりがいのある仕事に専念することですね」と語っている。悲しみを和らげて目標貫徹の気概を取り戻すために、エレノアは全身全霊をかけて仕事に打ち込むことになった。[20]

大統領府内でファーストレディーが公式な職位を得るという画期的な出来事は、現実面から見るとかなりの厳しさを伴っていた。エレノアが市民防衛局の仕事を始めるにあたり、そのマニュアルやガイドブックの類は何もなく、政府もその指名により彼女に負担がかからないように極力配慮している。ホワイトハウスの緊急事態管理庁はファーストレディーに任命書を送付したが、それには彼女の仕事の開始日と固定給（ゼロ）、日当（10ドル）などを含んだ通知が記載されているだけであった。エレノアはその書類への署名を求められて、仕事始めには市民防衛局で宣誓が行われた。9月17日付の市民防衛局職員の登録簿を見ると、「ミセス・エレノア・ルーズベルト」、「アシスタント・OCD・ディレクター」と手書きで書かれており、局の担当者が、エレノアをそれから加わる職員たちと同様に取り扱おうとしていたことが分かる。市民防衛局で働くエレノアにとって、平時の業務はそれほど難しいものではなかったが、戦時機関で副局長を務める重要性を自覚せざるを得なかった。[21]

当時、エレノアが彼女の職務について話すとき、彼女の顔に長い間見ることのなかった目の輝きと活気が溢れていたと、彼女の娘の夫が述べている。新しい職務を通してエレノアは、国民の公平を前進させる民主主義の機会と、経済的発展に貢献できることを実感したのである。同時に彼女は、第一次大戦時に米国の社会的発展を達成するために行った大衆動員のような斬新的な夢に繋がることも期待したと思われる。政治歴史家のリチャード・ホフスタッターが『改革の時代』に描いた事柄が、エレノアの指導力の下で着々と進み、リベラル層は国民の活力を躍動させて革新主義の前進を図るために、軍事政策の態勢を着実に進めたのである。[22]

9月22日午前3時に起床したエレノアは、3時間かけて新しい職責の目標を文字にした。立ちはだかる妨害を最小に抑え、彼女の目標の達成期限を11月中旬に設定している。エレノアは連邦組織をよく調べた上で女性や若者、そして社会的少数者《マイノリティー》の人々を市民防衛局の職員に採用することを決断した。補佐役のジェーン・シーバーには若者の役割を検討させ、エロイーズ・デビソンには女性の参画について相談、そして友人のエリノア・モルゲンソー夫人にはボランティア部門の長になるように要請した。市民防衛局の職場では、全職員に対して彼らの資格や任務、給与を報告するよう指示し、すべての草案はエレノアの秘書が検閲して、新規の計画はエレノアの認可が必要となった。このような手続き上の変革は、彼女が目指す戦時ニューディール体制をすべての社会に適用させるために、その力を自ら掌握することを目的としたものであった。[23]

市民防衛局の職員は、エレノアの就任を期待をこめて歓迎した。9月27日、広報担当のアンナ・ローゼンバーグはエレノアに、南部の州で政府の社会事業が間もなく開設されることや、不毛の地域で集中的にボランティア活動が行われていること、そしてすべての人々の生活向上を達成するためにリベラル層の積極的な参加が推進されていることを報告した。その報告は、エレノアの今後の歩みに明るい光が射しているように思われた。登庁初日の朝、エレノアがデュポン・サークルの市民防衛局の本部に向かって歩いているとき、彼女はカリフォルニアから来たという若い女性に呼び止められた。その女性は、「ずっと前から、貴女と握手をしたかったのです」とエレノアに告げた。エレノアが握手をすると、その女性の顔に満面の笑みが浮かび、エレノアは自分の選択が国民から温かく迎えられていることを悟ったのである。黒色の服に真珠の首飾りをつけたエレノアは、本館に入って彼女の執務室がある9階へ向かった。室内には床に書類やファイルが山積みになっていて、二つの机（その内の一つはエレノアの側近であるエリノア・モルゲンソー用）と暖炉があり、床には赤色のカーペットが敷かれていた。

彼女にとってその朝は目が回るほどの忙しさであった。ラガーディア局長の面前で職務の宣誓を行い、彼女のスタッフたちと顔を合わせた後、急遽ホワイトハウスに戻って記者会見をこなすという具合であった。記者会見では、消費者監督官のハリエット・エリオットと共に公衆衛生管理や老齢者支援・未就学児政策への挑戦など、社会問題の主要課題が取り上げられた。エレノアは同僚のエロイーズ・デビソンやウィルマ・シールズ、また信頼のおける秘書のマルビナ・トンプソンと昼食を取りながら、市民が力を発揮する大衆動員と社会防衛プログラムの構想、また草の根運動が立ち上がって、それらがFDR政権によって先導される見通しを話し合っている。[24]

しかし、エレノアの新しい職務は時間と体力の面でかなりの重圧となった。ホワイトハウスにひとかかえの郵便物を持ち帰り、それらを夜遅くまで読み通して、余白に走り書きを付け加えるという日々であった。翌朝、彼女の秘書たちがそれらを処理したのである。ある日、FDRは秘書からファーストレディーの部屋が夜通し明るかったことを知らされ、睡眠時間がすでに限界であることを彼女に尋ねるよう促されることがあった。FDRはエレノアに、「昨夜は一晩中起きていたのでは？」と声をかけている。当時のエレノアは戦時体制における国民の士気や動員の問題、それに公共利益などを追及する業務を担っており、それまでニューディーラーたちが経験してきた様々な難問に直面していたのである。その一例として、「ワシントンの市民防衛局のオフィスが、どのようにして地方の社会と一体になるかを解決しなければならない」と彼女は書いている。また戦時体制の手続きが必要な場合に、エレノアは各省庁間と協同作業を行わなければならず、各省の主張や省庁間の不和に加えて、国家の戦争目標に益のない権力闘争などに愛想を尽かした。ボランティアの役割や、協力体制の定義づけなども必要であった。さらには、ラガーディア局長から無視されることを避けたい州のリーダーたちとの調整も求められている。そして陸軍がすでに決めていた9ヵ所の本土防衛担当部署は、エレノアの指針によってニューイングランド州の責任者が定義した「総合的な精神的高揚の考察」という条項も重要視しなければならなかった。そのニューイングランド州の責任者は、「問題は、ワシントン政府の関係者たちが対話と責任の所在をあいまいにし、社会保障問題に協力しないことである」と指摘している。[25]

エレノアはまた、ニューディールの優先事項に対して、地方の関心事が対立する事態に直面した。ある議員は市民防衛局に対して、「ロサンゼルス防衛評議会の委員の一人は、私の知る限り最も反動的な人であり、ファーストレディーの目標達成には大きな障害となるでしょう」と忠告した。さらにラガーディアの補佐官T・S・ウォルムズリーはエレノアに、「ある州（アリゾナ・ペンシルベニア・フロリダ）では社会保障問題に貢献する女性たちを探しているが、その他の州（アイダホ・ノースダコダ・アーカンソー）ではまだ手が付けられていない」と報告している。[26]

エレノアは数々の障害を克服するために利用可能なすべての手段を活用し、目標達成のためには、これまでにない画期的な策まで打ち出した。紙面の連載コラムや毎週のラジオ放送、また週ぎめの定例記者会見や彼女の後援会、さらには大統領執務室との繋がりを通して彼女の役割は極めて価値あるものと位置付け、米国で議論を醸す女性リーダーとしての立場を取ったのである。その結果、彼女の活発なコラム活動の影響や後援者たちの支援もあって、エレノアは政治的にラガーディアを凌ぐ存在になった。その年の秋に至って、ラガーディアはあたかも彼女の脇役のように見られることになり、一方のエレノアは国民の間で最も期待される人物となっている。彼女の側近ポール・ケロッグが、「ファーストレディーは市民防衛局を社会進歩の活発な原動力に変え、絡み合った市民防衛のもつれを正常な形に改善しようとしている」と評価しているように、エレノアが新規に採用した人々——リベラル派のヒュー・ジャクソン（元ニューヨーク市公共福祉リーダー）やメアリー・ダブリン（防衛社会の需要問題専門家）、モリー・フリン（福祉支援指導者）やジャスティン・

ポリエ（貧困家庭支援問題でエレノアを援助するために裁判官を休職）――がニューディーラーの多方面にわたるチームを反映して、エレノアのビジョンを実行できるよう彼女に決意させている。エレノアはボランティア参加委員会を激励し、職員たちがさらに多くのボランティアを採用して、市民防衛局の幹部たちがより一層効果的な運営ができるよう支援した。一方で、彼女は多方面にわたって物事を急激に進めたために、彼女の部署が連邦保障庁が作成した書類をコピーして栄養摂取一覧表を作り上げた時には、他の連邦部署がこぞって狼狽《ろうばい》した。またエレノアに忠実な支持者たちがいた一方で、気まぐれなラガーディアは彼のチームメンバーを解雇したり、補佐役を厳しく非難することが日常化し、時には局員の目が届かないところに出かけたりすることもあった。エレノアは市民防衛局の幹部たちをホワイトハウスに招いて映画観賞会などを行い、局が一体となって働く重要性を説いて、局員たちの意欲向上を図っている。[27]

このようにして自信を深めたエレノアは、彼女の考えを積極的に行使するようになった。政府に対して妊婦や児童の健康管理に関わる予算編成を要求し、また政府内で大衆動員を組織するように活動して、自ら率先するボランティア運動の中から市民防衛局の支部長を選出した。彼女は執務室の壁に地図を貼り、そこに小さなピンを刺して九つの区域にセンターを新設し、各センターにボランティア支局を立ち上げる計画を作成した。さらに「大きなプロジェクトを成し遂げようとするならば、価値あることに立ち向かうことが肝心です」と述べ、「市民防衛に加わるすべての若者たちは、それが自らの将来を築き始めていることを自覚しなければなりません」と言葉を添えた。彼女のメッセージは、戦時ボランティアとして奉仕したい数千人の女性たちを含む多くの支持者たちの共感を呼んだ。ニューヨーク州のある議員は、エレノアが市民防衛の一環として女性たちに経済的機会を与えようとしていることを称賛している。[28]
1941年の秋までに、国民に提言する彼女のメッセージの要旨が整えられた。10月2日、広報顧問のジョージ・ライアンはエレノアに対して、「健康管理と経済的安定は米国を強化するための必須条件であって、すべての国民はボランティア活動に参加する権利があり、自ら望むボランティア内容を選ぶことができるということを、国民に理解させることが重要です」と伝えた。ライアンは「大衆の心をつかむためには……」と話を続け、「映画やパンフレット、ポスターなどを活用することも有効です」とエレノアに提言している。エレノアと彼女の補佐官たちは、数百万人の国民に社会活動の参加を呼びかける方策として、主要メディアに重点を置くことも怠らなかった。[29]
エレノアは一部のメディアを信頼していなかったが、その一方で彼女とモルゲンソー夫人は、出版物が自分たちのメッセージを能動的かつ感動的に国民に伝える媒体であることを認めていた。モルゲンソーは、エレノアに三名の社会的良心を持つ新聞記者を紹介している。彼らは大衆動員が招く社会生活上の不具合を積極的に取り上げ、「なぜ防衛の分野に更なる娯楽やレクリエーション、住宅施設や健康管理や学校などが必要なのか」の記事を書いた。記者たちは独身女性たちの状況、特に職を失って軍需関係の仕事に再就職したものの、自分たちの住む所がないという窮状を紹介している。モルゲンソーがメディアに求めていたのは、共同体の調理施設や学校給食制度、公園施設やレクリエーション・センターなどの必要性を取り上げて記事にすることであり、エレノアは国民の情熱を揺り動かすことで政治家や国民が、悪化する社会的弊害に一層目を向けるようになることを認めていた。[30]
エレノアは彼女の企画を国民に周知させるために、メディアや広報の宣伝効果を活用した。また彼女の同僚のエロイーズ・デビソンは、集会に音楽や映画を活用したり、聴衆に美容体操を教えるラジオの有名人などを特別出演させたりして、国民をボランティア・プログラムに呼び込むことを提案した。ここで、自己啓発コースなどの第一人者、デール・カーネギーが市民防衛局の宣伝情報編集のために局の広報部署に呼ばれたが、その広報部署の活発な活動は単にエレノア個人のためではなく、ラガーディアや１９４１年の秋における同僚たちのためでもあった。[31]

この頃になるとエレノアは、ラガーディアが彼女の企画に大きな障害を与えていると思うようになった。エレノアはラガーディアを悪意に満ちて傲慢《ごうまん》、かつ狂信的で冷淡な人物と見たのである。ラガーディアのほうは気に入らないプログラムをエレノアの部署に押しつけ、とりわけ彼がエレノアの市民防衛活動を「バスケット編みや、町でのダンスや合唱大会」と表現することに我慢ができなかった。その一方でラガーディアは、エレノアの補佐官であるデビソンの「女性ボランティア採用の重要性を強調した数々のスピーチ」や、「人種に関係なく女性が市民防衛局の草の根運動に加わることを支援した活動」を称賛している。また、ラガーディアは英国女性が懸命な勇気を発揮していることを絶賛し、エレノアの活動や発言が自分の意にかなっている場合は、自らの言葉で彼女を引合いに出すこともあった。しかし、お互いが和解に達するためには両者の考え方や流儀、それに気質が余りにも違い過ぎたといえる。エレノアはＦＤＲと彼の側近ハリー・ホプキンスとの会食で、冗談まじりにラガーディアの消防活動への子供じみた情熱を取り上げ、彼は「あたかも戦争ごっこに興じる少年みたい」と揶揄《やゆ》した。彼女はラガーディアをメロドラマ的な思考の人物として捉え、独断的な彼の仕事ぶりに不快感を抱くようになったのである。二人の関係がまだ比較的良好だった頃は、両者は市民防衛局において熱心に議論を重ねていた。そこで明らかになったことは、ラガーディアの市民防衛に関する考えで重視するのは貧しい人々への社会的活動ではなく、軍備そのものによってヒトラーの狂暴な力を抑えることであった。[32]

エレノアは、自らの考えに基づいて米国社会に求められることを幅広く実践する活動に専念した。彼女は自身の考えを大衆に伝え、ボランティアがいかに民主主義を支える力になるかを訴えた。エレノアがシカゴにある軍人募集施設の娯楽センターを訪れたとき、そこで社会事業とボランティアを募集する取り組みを目にして感激した。またミネソタ州セントクラウドにある8ヵ所の小学校を訪れた際には、地面に湿った雪が積もっているにもかかわらず、児童たちが彼女を一目見るために列をなしているのを見て感動している。このようにしてエレノアは、限られた時間の中でやらねばならないことが山ほどあることを痛感したのである。

エレノアは疲れをものともせずに働いた。ある晩ニューヨークから夜行列車に乗り込んで首都ワシントンのユニオン・ステーションに到着した彼女は、そこで友人と朝食を共にし、ホワイトハウスではFDRと言葉を交わさぬまま市民防衛局本部の執務室に直行した。それは、エレノアの部署が抱える問題解決のためであり、彼女は女性たちを主とする大衆動員の分野に力を注いでいたのである。地方の支部長たちはボランティアを自由に採用することが任されており、これによっておよそ400万人の退役軍人たちの市民防衛参加が可能になって、ボランティアへの参画が政治的文化の根幹になりつつあった。「ワシントン・ポスト」紙は、「数千人の女性たちが、首都の住民たちの福祉を支える勤労奉仕に登録した」と報じている。そのような中でエレノアは、ボランティアの中心的な女性たちの制服と記章のデザインを手掛けたのである。[33]

エレノアの運動が最高潮を迎えたのは、11月上旬の彼女が創り上げた67組織の女性団体（会員数は2500万人〜3000人）の代表者たちの会合であった。エレノアは後に、「あの会合は私が出席した中で最も力が入ったものであった」と語っている。それは女性の動員を呼びかけて、社会防衛を立法化するための会合であったからである。労働省の公会堂が会場となり、参加した人々は、「ボランティアは、自らが属する地域社会に公益をもたらさなければならない」というエレノアの主張を聞いた。エレノアと広報担当のアンナ・ローゼンバーグは「疾病《しっぺい》や栄養失調、それに劣悪な住宅状況」などをナチスの兵器になぞらえてラガーディアを納得させ、ボランティアへの参画を「我々国民の住まいは良好で、食料は足りているかを見守る日常の仕事」と特色づけたのである。この会合で基調講演をした議会図書館長のアーチボルド・マクレイシュは、「国民は、労働者の保護をはじめ、より良い栄養摂取や健康管理体制の目標を共にし、当世の民主主義の信条を一体になって追及しなければならない」と述べている。同時に、消費者監督官のハリエット・エリオットは消費者問題を呼びかけて、マーサ・エリオットは児童の健康問題を討議、続けて農務大臣が栄養の安全問題の詳細を参加者に語りかけた。このときエレノアを国政上是非とも守りたい同僚のエロイーズ・デビソンは、ファーストレディーのエレノアが労働組合員や有色人種、それに米国女性ボランティアサービス・グループの代表者と共に写真に納まることを避けるよう進言している。それは反ニューディール層からの攻撃を回避し、彼らが左翼の急進主義者を市民防衛問題に関連づけることを避けるためであった。デビソンは、この会合を純粋に「女性パワーの示威運動《デモンストレーション》」と位置づけたのである。[34]

エレノアたちの運動は、11月中旬の市民防衛週間を通じて勢いを増した。FDRがその国家的な行事を後押ししたのは、ボランティアを介して市民防衛の利点を国民に広めるためであった。エレノアは、市民の参加は「米国民が、恐怖からの解放を実現するための活動」と位置づけている。彼女は首都ワシントンのダンバー・アンド・ウッドロウ・ハイ・スクールでボランティアの市民防衛の参画に署名し、市民防衛に関する講演会を各地で行いながら、50万人の看護婦と30万人の栄養士たちを含む、４５０万人の女性ボランティアの参加を要請した。一週間に及ぶ野外講演でエレノアは、「第一次大戦の時は女性の皆様の協力を何とかお願いしなければならなかったのですが、この度は、我が国のすべての地域をより良い場所に変え、この国を守る価値を高めるために、女性の皆様の積極的な参加をお願いしているところです」と訴えた。軍隊の本土防衛の分野でも女性のボランティアを必要としており、それらは「自動車・トラック・救急車の運転手や、防空監視センターでの電話交換手や飛行機監視活動など、総合的な治安プログラムに従事するボランティアであった」とエレノアは後述している。[35]

当時の資料を見ても、エレノアの運動がまぎれもなく前進していたことは明らかであった。11月中旬になると各州で少なくとも一つの防衛評議会が組織され、全米にわたって州や地域の５５００以上にわたる防衛組織が立ち上がっていた。市民防衛局は、軍事や非軍事の分野（看護師や栄養士など）において80万人以上の人々の訓練を支援し、（人種差別撤廃と戦争努力をより促進するために）アフリカ系米国人の参画を勧めた。エレノアの努力がはるか遠くまで届いていたことを、次の手紙がよく示している。それはジョージア州の山奥にあるクレイトンという町から届いた手紙で、それには「ここでは二十数人の女性たちが集まって、地産のカブやトマトやポテトカスタードなどを楽しみながら、自分たちがファーストレディーの草の根の防衛運動に参加できる道を議論しました」と書かれている。クレイトンの人々の「ジョージア州の主婦たちは、心からファーストレディーの運動を支持しています」という言葉は、エレノアの心を大きく奮起させた。クレイトンの女性たちの情熱は「自分のメッセージがそこまで届き、ボランティアへの参画はファシズムから民主主義を守るための戦いに不可欠であることが理解された証」と、エレノアは捉えたのである。折しも、エレノアの活動をさらに強めるかのように、米国の有名人たちが彼女の仕事に新たに参画した。テニス・チャンピオンのアリス・マーブルや、ハリウッドスターたちが体力向上運動に貢献している。その上、4000余りのガーデン・クラブが移動式の飲食施設を設営して食料に困っている人々に食べ物を与え、人口の1%の人々に十分な野菜を供給するために、25万人の女性たちを雇用して植物を栽培したのである。[36]

これらの活動のすべてがエレノアの精神力を強靭にし、企画をさらに推し進める大きな原動力となった。11月22日、エレノアは補佐官のポール・ケロッグに軍需工場と陸軍基地が地方社会に与える影響について調査させ、公共サービスの現状が人々の要求に応えているか否かを確かめさせた。また米国の戦争参加に備える一方で、エレノアは英国の女性たちがどのように民間防衛に従事しているかを調べるために、市民防衛局の14名の女性たちの英国派遣を企画し、局長のラガーディアの説得に力を注いだ。それが実現すれば、帰国した彼女たちは全米で、英国の実態を知りたいグループに拠所をもって説明できるであろうし、同僚のエロイーズ・デビソンを爆撃機で英国に送ることにすれば、それはマスコミの注目を浴びて市民防衛局の宣伝に繋がることになるだろう、というのがエレノアの考えであった。その結果、デビソン自身が今後協力を依頼する全米の多くのグループと接触できることも期待できた。英国の厳しい試練から多くを学びたいラガーディアはエレノアの要求を受け入れ、デビソン女史の飛行にかかるおよそ1000ドル〜1500ドルの支出を認めた。

エレノアは「英国の庶民が直面する危機の中でどのように時を過ごし、いかに民主的な社会を支えているか」を米国民に知って欲しかったのである。[37]
ラガーディアは、エレノアのいくつかの申し出については同意した。しかし、市民防衛局の運営や展望、それに市民防衛計画の先行きについては、二人の間に大きな溝が生じていた。エレノアはラガーディアに対して、ボランティアをラジオ出演させるために6千ドルの予算を要求したが、彼は、それらの活動は地方組織に任せた方がよいとして支出を拒否した。一方、エレノアと側近のケロッグはニューディーラーの女性の一団を採用し、エレノアの社会運動の先頭に立たせた。これに対してラガーディアは、社会防衛は軍隊の要求に厳格に従わなければならない、と述べて反対を示した。エレノアは書面で、「市民防衛では一般国民は軍隊と共に仕事を遂行し、一般市民としての任務を果たすのです」と、ラガーディアに反論している。
１９４２年1月中旬、エレノアは彼女の部署を可能な限り迅速に活動できるように設定した。米国の民主主義に対するファシストの脅威はエイブラハム・リンカーン以来頂点に達しており、エレノアは、彼女が考える市民防衛はほとんど達成されていないと考えていた。彼女は、社会防衛への一般国民の参加が、ラガーディアのひたすらな軍国化への追求の犠牲にならないよう、市民防衛局に対する自身の目標をしっかり守ることを心に誓ったのである。[38]

第九章　我々全員がセントラルパークに逃げ込めるわけではない

ラガーディア市長は小柄で高慢な人物、おどけを交じえて大げさな物言いをする……。年に700回ものスピーチをこなして、時折オーケストラを主宰し、また時々市議会の議長席について、火災があればすぐさま駆けつける。市長は七つの言語を操って文書を書いたり、暴言をはいたりしながら幅広く対応し、日に一度は彼の補佐官や部下を怒鳴りつけている。

――タイム誌

1941年秋、ラガーディア局長は市民防衛の活動を新たな段階へと進めた。国民を平和ボケから目を覚まさせようとするラガーディアは、民衆の戦争心理を刺激して、自分と連携した行動を取るよう国民に呼びかけたのである。その働きかけは並大抵のことではなかったが、当時のジャーナリズムの抵抗や、それ以降の歴史家の記述に反して、彼の活動はその秋にかなりの前進を遂げている。ラガーディアは、数十万人の国民を動員して緊急時の演習に関心を向けさせ、東海岸の住民に対してあり得る敵の侵攻や空襲をはじめ、各種の妨害工作などへの対応を指導した。この秋、ラガーディアの独特の活動がますます世論を沸かす一方で、彼は米軍やFBIをはじめ、政権内の有力者や全米市長たちとの連携を深めていった。しかし、ラガーディアは国民の一部から見れば英雄であったが、多くの理想主義の評論家たちは、彼を民主主義に脅威を及ぼすうとましい人物と見なしている。

ラガーディアの当時の目標は、リベラリズムと言えば、それが米国民にとって第二次大戦の参戦に刻々と近づいていることを意味する風潮を何とか変えることであった。彼は、リベラル派の指導力が、これまでになく窮地に立たされていることを実感していた。そして、当時のリベラル派に求められたのは、エレノアが専心していた社会保障プログラムの上に米国の地域社会の軍事化を優先することであり、取りも直さずラガーディアは、それを土台にしてニューヨーク市長として名声を築いてきたのであった。

ラガーディアは、「新たな脅威に合わせて、国は限りなく軍国化しなければならないのか」という問題に深入りすることはなかった。しかし、その一方で彼は弁論や政策の場において、「民主主義への脅威が実在する中で、リベラリズムに求められる使命は国民を物理的に守ることである。そのためには政府の力を活用して、空襲時の爆弾や国内スパイの謀略宣伝《プロパガンダ》などから身を守る方策を国民に教えることが重要であり、パニックや暴動や革命につながる動きを抑えなければならない」と主張している。ラガーディアはリベラル派の体制の中にいて、その組織化に力を注いでいた。しかし、１９４１年後半の彼の言動を見るかぎり、当時の多くのリベラル層よりもはるかに大げさな表現を駆使して地方政府に軍事の優先を説き、国家活動の中では連邦政府の主要事項に軍事的な要素を強めるよう提言している。ラガーディアの理念は、１９３０年代初頭から中期にかけてのニューディール政策の最盛期よりも、さらに強引になったと言える。

1941年の後半になると、ラガーディアとエレノアの考え方の違いが表面化した。両者とも米国の沿岸に戦争の危機が迫っていることを実感していたが、それぞれが異なる考え方を前面に出し、そのため問題の大小に関わらず両者の衝突が生じている。12月上旬には、二人の確執がリベラル派の中でよりはっきりした分裂にまで進展した。ラガーディアの強引さは彼の政治的な強みであったが、逆にそれは大きな短所でもあった。彼の派手さや雄弁さ、それに闘争的な気質が保守派の孤立主義者ばかりでなく、社会防衛派のリベラル層をも疎遠にさせたのである。ところが、このような中にあってもラガーディアが持つ流儀や人間性が、誰もまねのできないほどの迅速さで彼の主張を大きく前進させた。彼の並々ならぬ人間味が人々の関心を呼び寄せ、米国内における戦時のリーダーとして期待される人物の一人になったのである。

1941年秋、ラガーディアは直面する脅威について、米国民の理解が得られるように力を尽くした。9月下旬には、陸軍の指導層から「米国防衛上の重要地点は、国内25州の要所もしくはその全域と、首都ワシントンである」と知らされている。軍隊が明言するこれらの地域は、米国の西海岸や東海岸をはじめメキシコ湾や、米国とカナダの国境から300マイル内側の領域であった。これらの地域にはおよそ5000万人の国民が居住しており、ラガーディアは、危険にさらされる5000万人の住民たちを守ることに焦点を当てたのである。[1]

ラガーディアはすぐさま軍事演習をニューヨーク市で始めたが、これは合理的な選択であった。彼の目標はニューヨーク市を市民防衛のモデルにすることであり、言い換えれば、ニューヨーク市は彼の実験場として、どの活動が有効あるいは無効かを知る絶好の場となったのである。そこでは英国が開拓した民間防衛プログラムの試行ができたし、選出議員からの説得に相変わらず慎重な国民に対して、米国防衛の考え方を広める上でうってつけの場を設けることができた。

9月、ラガーディアはニューヨーク市を米国のモデルとする改革に着手した。彼は三つの緊急命令に署名し、敵の侵攻からニューヨーク市民を守るための消防隊と空襲対応部隊を創設した。補佐役のレスター・ストーンはロンドンの現地報告や、ニューヨーク市に国民を守るための具体的な手段を提言した消防士と警察官たちの働きを称賛した。それと同時に彼は、ニューヨーク市民が市民防衛の先駆者であることを誇りにしている。ラガーディアはニューヨーク市の進捗状況を通して展望を見出し、市民は彼の物々しい振舞いによって大いに関心を高めた。9月12日にはマンハッタン近郊のロングアイランド・ポートワシントンにおいて、およそ2万人の人々に灯火管制訓練を行い、集合住宅の住民や事業主などの積極的な協力を得て、人々は家屋の電灯や街灯を暗くした。自動車の運転手は車を停車してヘッドライトを消し、緊急車両だけが通行を許されている。また監視員たちが家から家へ、通りから通りへと巡回して灯火管制を確認し、うろつく人や見物人を歩道から一掃した。監視員の役目は避難所を求める人々を支援することであり、彼らの一部は超高層ビルの屋上に立って空を警戒し、ドイツの爆撃機を注意深く監視している。[2]

これらの訓練を通してラガーディアは、各地域の国民が民主主義への脅威をそれなりに理解し、もはや無関心は許されないと認識し始めたことを実感した。テキサス州とルイジアナ州での軍事演習は、大衆運動が全国的に受け入れられていることの証《あかし》であり、参加した人数の多さは感動的であった。およそ1000機の飛行機が上空を飛行、1万2000人の監視員が町を巡回して、50万人の兵士が演習に参加し、80万台の電話が演習に使われた。これらの数は、ラガーディアの活動にいかに国民が情熱を注いでいるかの表れであり、かつてない規模の大演習であったと彼は誇らしげに語っている。陸軍当局によれば、これらの演習は空襲が迫った時に家屋を守る人々が数分でも早く対応ができるための訓練であり、この貴重な数分が復元力のある国家であるか、あるいは恐怖で破滅してしまう国家かの分かれ目になるということであった。[3]

こうした最中に、米国の軍艦が大西洋を巡る戦争に巻き込まれる事案が発生した。9月11日、FDRは米国民に対して「アイスランド駐留の、我が国の海兵部隊に郵便物や補給品などを輸送する駆逐艦『グリーア』が、ナチスの潜水艦によって不名誉な攻撃を受けた」と告げたのである（事実は、ドイツ潜水艦に最初に発砲したのは英国の軍用機であり、それが米国駆逐艦『グリーア』に対するドイツ潜水艦の攻撃を誘発した。『グリーア』は応戦したが、双方の砲撃は外れて、いずれの艦もまったく損傷していない）。ナチス潜水艦の攻撃を「大西洋の毒ヘビ」にたとえたFDRは、米国の海域でドイツやイタリアの軍艦を発見した場合、ただちに砲撃を開始する対応に同意している。ヒトラーの目標は遅くとも10月中旬までにソ連侵攻を完了させることであり、大西洋における米国との敵対行動については、いかなる場合もそれを避けようとしていた。ところが10月17日、ドイツ潜水艦のUボートが米国駆逐艦「カーニー」を魚雷攻撃し、11人の米国水兵の命を奪ったのである。FDRは再びラジオ放送を通じて、「ナチスが我が国の軍艦を攻撃した。私は、南米がドイツの五つの従属国に分割された秘密の地図を目にしている」と国民に伝えた。しかし、その南米地図の話はFDRのでっち上げにすぎなかった。さらに10月31日には米国軍艦の「ルーベン・ジェイムズ」が魚雷攻撃を受け、115名の水兵の命が奪われた。これによって、米国とナチス政権との緊張が一気に高まることになった。[4]

米国民は、ますますラガーディアが率いる市民防衛局（OCD）の政策に目を向けるようになり、彼らは全面的にそれらの政策を支持した。ニューメキシコ州の指導者層は灯火管制の訓練を実施し、各家庭や商店・事業場などが一斉に消灯して、辺り一帯を暗闇にした。マサチューセッツ州のニュートン市は１５００名の防空監視員を養成し、「クリスチャン・サイエンス・モニター」紙は、その周辺部は最も進んだ市民防衛組織の一つであると報じている。またニューヨーク州のシラキュース当局は、「もし敵がこの町を攻撃した場合、市民防衛隊は敵を撃退するために立ち上がる」と公言した。さらに、「ライフ」誌は差し迫る敵の脅威の緊急性を報じ、市民防衛が米国を安全に守ることを述べて、民主主義が維持されることに確証を与えた。ギャラップ世論調査によれば、9月下旬には70%の国民が、戦争を回避するよりもドイツを倒す方を優先すべきと答えている。また、ほぼ同数の人々が、大西洋で発見した敵の軍艦に、米国の軍艦が発砲することを認めたＦＤＲの政策を支持した。10月上旬の同世論調査は、69%の国民が高校において男子生徒は軍事教練を受けるべきである、との結果を報じている。[5]

ラガーディアは自分の主張に追い風が吹いていると感じていたが、民間防衛の進捗については満足ができず、残された課題の多さを痛感していた。しかし、ここで無頓着な態度を取れば、後々禍根を残すことになると彼は考えていた。時には誇張した物言いも国民に安心感を与えるための一つの方策であり、その他、国民に空襲の脅威を植えつけるために挿画などの媒体も活用している。9月23日、マンハッタンのマディソン・スクエア・ガーデンにおいて、第5回年次ポリスショーが行われた。そこでラガーディアは、2万人のニューヨーク市民を前にして、「米国の各都市はさらなるガスマスクと消防器具の必要性に迫られている」と訴えた。同時にラガーディアと彼の部下たちは、映像を活用して彼らの説明内容を補足している。また７００人のボランティアが爆弾や焼夷弾の破壊力を展示する演習に参加し、マディソン・スクエア・ガーデンの大スピーカーから、ロンドン空襲の実際の爆撃音が会場に響き渡った。「タイム」誌はその状況を、「恐ろしい爆発音が体内に響き渡り、それは何にも例えようがないものであった」と伝え、「ニューヨーク市民は、ラガーディアの見世物で大いに肝を冷やした」と報じている。その報道にラガーディアはまんざらでもなかったようである。[6]

ニューヨーク市のこのイベントは大成功を収め、ラガーディアは「もし国民が恐怖心を覚えることになれば、むしろ彼らは民間防衛の活動に参加するようになるだろう」と判断した。近代戦の空襲の脅威は、スペイン・フランス・英国・中国などで前例が示されていた。ラガーディアは、同様な惨禍が米国の都市でも起こり得ることを国民が理解し、街をなめ尽くす火災や瓦礫の山、それに交通機関の停止や公共サービスの停滞などを、いまや認識すべきときであると考えたのである。これらの惨禍が、人々の狂乱状態を引き起こすことは言うまでもなかった。ラガーディアが期待していたのは国民がこれらの事態を真剣に考えることであり、「それによって国民は集団パニックを最小限に抑えることを学ぶことになる」という効果であった。国民の危機意識を高揚させた彼の秋のキャンペーンは、その他の面でも効果を上げている。例えば、ラガーディアの国民への呼びかけが、米国に広く浸透した孤立主義者たちの抑圧を払いのけたのである。国民は戦争について前向きに語るようになり、彼らの活動に拍車がかかることになった。

ラガーディアを抑制しようとする動きは鳴りをひそめ、彼独特の直観力を駆使した劇的効果が功を奏して、彼のメッセージは国民の間に広がった。ラガーディアが想定した「ニューヨーク市侵攻の模擬訓練」はその準備に8ヵ月という時を要したが、目指すところは侵攻に対応する人々や組織の準備状況の確認であり、加えて市民に刺激を与えることが一つの目標であった。この大演習はメディアの記者や、民間防衛の担当者たちに大きな影響を与えている。10月10日の演習で、敵役に扮した1500名の兵士がニューヨーク市クイーンズ・ロックアウェーのティルデン要塞を襲い、上空では数十機の軍用機がその支援をした。一方、この演習に参加した3000名の民間防衛隊はラジオや双眼鏡を持参し、監視所を守るために大鎌まで準備していた。また600名余りの女性ボランティアが、鉄骨ビルディングの7階から敵の飛行機の航跡を追った。この演習は単なる模擬訓練の域を超えたものとなり、市民たちは町への攻撃の現実味を身に染みて感じたのである。夜空をサーチライトが照らし、防空用のバルーンや対空砲の部隊は実動開始の一歩手前まで迫っている。ニューヨーク市の新聞は、ヘルメット姿の兵士たちがブルックリンのマリーン・パークウェイ橋を守るために空に向けて大砲を構えている場景を報じ、また他の新聞は、車両を使った地上の兵士が敵兵に銃を向けている姿を報じた。これらの写真が意味するものは、戦争がニューヨークに近づいており、市民はコンクリート・ジャングルの中の市街戦に備えなければならないということであった。[7]

米国東海岸では他の都市にも演習が広く行き渡り、その規模は演習ごとに拡大した。例えば、陸軍と市民防衛局が協同した演習では、4万人の監視員がマサチューセッツ州のコッド岬の砂丘や、エンパイア・ステート・ビルディングなどの展望所に配置された。空では数百機の飛行機が編隊を組み、かつての『火星人襲来ドラマ』の混乱を恐れたラジオのアナウンサーは、リスナーに向かって「これは単なる演習であり、パニックを起こさないように」と呼び掛けている。演習はマサチューセッツ州のアン岬からノースカロライナ州のルックアウト岬まで広がり、ジョージア州やフロリダ州、サウスカロライナ州でも実施された。[8]

それでも、ラガーディアが「意図的に脅威をあおって米国民を惑わしている」という非難はたびたび生じていた。しかし、彼にしてみれば、脅威は非現実的なものではなかった。ロンドン視察中のラガーディアの部下たちから内密の情報が絶え間なく届き、米軍関係者と情報部員たちは、「米国領への空襲の危機はますます高まっている」と彼に伝えた。ラガーディアは独立戦争時に伝令として活躍したポール・リビアの二十世紀版を演じ、全米を走り回って「敵がくるぞ」と告げ回る役目を果たしたのである。彼のこの行動は、米国民に今その危険を知らせなければ、フランス国民の前例のように、ナチスが強国に侵攻することはありえないと米国民が思い続けることを懸念したからである。自信過剰は時には悲惨な状況を招くことになり、ラガーディアはこうした傾向や、自信過剰の根底になる誤りを正そうとしたのである。

ラガーディアが意図したロンドン視察団は、広報活動のためというよりも、事実の確認を主たる目的としていた。彼は補佐役に命じてロンドンでの市民の避難方法を学ばせ、英国の軍医長の助言を取り入れるように伝えた。これによってラガーディアは、空襲の際に発生する集団パニックへの対策を、米国都市の指導者たちに伝えたかったのである。米国の指導者たちは民間防衛政策の詳細な問題に大きな関心を寄せ、ラガーディアに独創的な発想を提言した。ある補佐官は、空襲の惨禍の中で人々を容易に識別できるように、全市民の指紋の採取を提案した。またニューヨーク市・住宅アドバイザーのハリー・プリンスは、米国内で防衛当局が目をつけている疑わしい人物の身元調査を要求し、各建物で自衛プランを実施するためには、少なくとも50人以上の住民の協力が必要になると助言した。ラガーディアの側近たちは、折に触れてラガーディアよりもさらに軍国主義的な姿勢を見せた。ロンドン視察の経験を持つニューヨーク市警察のある担当官は、ラガーディアが全米の警察官たちに捜査・証拠押収・逮捕などの新たな権力を与えること、また軍需工場付近に置かれた不審物への市民防衛局による取扱い指示などを提言した。[9]

ラガーディアは、彼らの意見に応えるよう努力している。連邦準備制度理事会（ＦＲＢ）の議長に秘密文書を送り、「埠頭や造船所、波止場や水路の内陸側、電気設備や火力発電所、電話線・電話設備や無線施設、貯水池・導水管・給水本管・ガス本管、それに工場・倉庫群・トンネルや駅をはじめ、その他の補給・生産・貯蔵・輸送・通信センターなどの施設のすべてが、枢軸国の視界に入っている」と指摘した。またラガーディアは、ジェイムズ・フォレスタル海軍次官に対して南カリフォルニアの港が攻撃された場合の脆弱性《ぜいじゃくせい》を訴え、自らの側近に、ロサンゼルスを訪れて港の安全性を高めるために現地の関係者と協同するよう指示した。[10]

この頃、ラガーディアは三期目のニューヨーク市長を目指していたが、国の民間防衛も彼には欠かせない課題であった。事実、ラガーディアにとって二つの役職は切り離せないものであり、これらの役職を通して、敵の計略から国を守る方策のすべてを国民に伝える決意をしていたのである。ＦＤＲに対しては、連邦の財源で国の基幹施設を守るための大統領令の制定を求めた（しかし、大統領はおそらく孤立主義派の反動を案じたのであろう、署名は行われなかった）。ラガーディアは、時を移さず民間による防空監視隊を創設し、自家用機で米国海岸の警戒を行うために数千名のパイロットを募集した。さらに、民間防衛が当局に従うことの重要性を強調し、個人の自由を追求する願望にくさびを打ち込んで、国民を守るための集団行動に勢いをつけた。言い換えれば、ラガーディアは民間防衛を各人それぞれの安らぎや満足よりも優先するということであった。その裏づけにラガーディアは、連帯意識の高い陸軍を好んで引合いに出している。彼が自らの目標を実現するためには、米国の国民社会は軍事社会の高度な特質を備えなければならないということであった。ラガーディアは、議会とホワイトハウスに対して国民用の5000万個のガスマスクの予算を要求し、その内の200万個は幼児や子供たち用にミッキーマウスを形どるように要請した。また、都市には担架や病院のベッドや消火器具がさらに必要であることを主張している。このような背景を通して、米国の戦時体制化が前例のない規模で進展することになった。市民防衛局は敵の目標となる300マイルの海岸線を検討し、50万街区の場所に民間防衛の責任を課したが、その中の1228街区はホノルルであった。さらに、市民防衛局は各々の町に梯子《はしご》やバケツ・水ポンプなどの配備を求めている。ラガーディアの考えでは、海岸区域の500人当たりの住民にそれぞれ1名の監督官を配置し、これらの領域に住む5000万人の人々に対して300万人の兵士が必要となり、その数はその地域の住民のおよそ6%に相当した[11]。

ラガーディアと彼の側近たちは、米軍当局と密接な関係を築いた上で、市民防衛局が基本的に第4番目の軍隊部局になることを望んでいた。市民防衛局の指導者層と軍隊の司令官たちは、実際のところ、考え方や利害を共有していたのである。軍事計画担当者たちは、西半球の防衛よりも、攻撃作戦を優先するために陸軍の負担軽減を考えており、その点で市民防衛局の存在は重要であった。また、軍隊の高官たちが懸念するファシストの脅威については、ラガーディアもまったく同様の考えであった。もし米国がファシストの空爆を受けた場合、国民は心身共にそれに対応しなければならなくなるであろう。人々は心の底に横たわる恐怖心を抑えて、錯乱状態に陥らないことを求められるのである。併せて、米国にとって極めて重要であったことは、国民が爆弾や戦車を生産する軍需工場で働き続けなければならないことであった。何故ならば、これこそが欧州やアジアの戦闘で米軍が勝利するための絶対条件だったからである。ラガーディアは、陸軍長官のヘンリー・スティムソンに「爆撃をはじめ、毒ガス攻撃や妨害工作、敵方協力者の活動などが米国内で予想される」と伝えたが、陸軍長官と彼の側近たちもまったく同じ考えであった。その際ラガーディアは、退役軍人が市民防衛局のボランティアとして復帰するように、陸軍長官の指示を要請している。その理由として彼は、「我が部局が、指揮を執る有能な人材を確保するため」と説明した。スティムソンはラガーディアを陸軍にとって貴重な存在と褒め称え、陸軍の指導者たちも、市民防衛局の軍事演習が地域の役人と軍隊のリーダーたちを共同の命令系統に統合させたとして、彼に感謝の言葉を送った。米軍のある高官は「我々は一瞬たりとも無駄にできない」と、民間防衛のリーダーたちに熱い思いを伝えた。このようにして軍の高級将校たちは民間防衛への関心を深め、ある高官は「市民防衛局は隊員たちに高度な訓練を教え込み、ナチス体制と張り合うまでになった」と語っている。[12]

　市民防衛局と連邦捜査局（ＦＢＩ）は、視点と価値を共有する面から協力関係を結ぶことになった。ラガーディアと同様に、ＦＢＩのＪ・Ｅ・フーバー長官はロンドン住民の体験から集めた市民防衛の情報に着目していた。ＦＢＩ職員の数名は、空襲時とその後の警察力を視察するためにロンドンを訪れている。米国の民間防衛プログラムの強化が必要な場合、ラガーディアとフーバーは関連する分野で協同する関係を結んだのである。彼らは警察部門の訓練プログラムを作り上げ、ラガーディアはＦＢＩ捜査官の申し入れである「国内の軍事的危機に対応する際の、公安上の探究はフーバー長官の担当機関に委任すること」を承諾した。またラガーディアは、空襲時に都市防衛を担う警察官の教育に、フーバー長官が前向きに協力してくれたことを感謝した。10月までに、市民防衛局とFBI合同の講習会が数百回にわたって開催され、警察官には6日間から3週間にわたる受講が義務づけられた。ラガーディアとフーバーは、「空襲時に米国の都市でパニックが起きた場合、警察当局がそれらに対応することが肝要である」という考え方にためらうことなく同意している。[13]

市民防衛についてのFBIの提言は、フーバーとラガーディアの連携による新しい局面を推し進めることになった。それは、国民社会に軍事教育を実施するという企画であった。予備警察官にスミス・アンド・ウェッソン社製の38口径ピストルを携帯させるというFBIの提案に、ラガーディアは署名している。また市民防衛局とFBIは、沿岸地域の市民防衛局のボランティアが敵の侵攻を防ぎ、空襲時とその後の地域の規律を維持するために、およそ25万丁の銃が必要になると試算した。さらに、中西部ならびに非標的地域に住む7700万人の住民を守るために、控えめに見ても、ボランティアに30万丁の銃を与えることが必要であった。しかし、このような推移の中で市民防衛局の内部を見渡すと、局員たちの一部の間に重苦しい雰囲気が漂っていた。あるメモには、「我々にどの程度の時間があって、いかに短期間で成さなければならないのか、という裏付けがまったく見通せず、我々はやるせない思いで日々作業を続けている」と書かれており、これは局員たちへの具体的な対応が提示されていない不安な気持ちの表れであった。[14]

FDRは、ラガーディアの強硬なリーダーシップに多少戸惑いを感じていたが、ニューヨーク市長のラガーディアはリベラル派として強力な同胞であり、国家安全保障チームの一員でもあった。言い換えれば、FDRは彼の政権においてラガーディアの力量を少なからず期待していたのである。米国の参戦についてラガーディアほど力強く前進させる実力者は他に見当たらず、また市民防衛局長の立場からFDRの発言や英国支持を表明する人物として国民からの関心も高かった。「米国はすでに領土保全を維持できる要塞ではなくなった」というラガーディアの主張は、「米国に恐れるものは何もない」という孤立主義者、チャールズ・リンドバーグ発言の論破に値するものであった。孤立主義派が、ラガーディアをFDRの宣伝員として激しく非難すればするほど、FDRとラガーディアの絆は強くなった。「シカゴ・トリビューン」紙は、「ラガーディアは大統領の命令を実行する戦争屋である」と書いているが、FDRにとってラガーディアは存在感のある支援者であった。[15]

三期目のニューヨーク市長選においてラガーディアは、ルーズベルト大統領の外交課題を主題に取り上げた。彼は演説の要所要所でFDRの英国援助プログラムを支持し、もし米国が戦争に参加した場合、敵国を倒すためには13ヵ月の月日がかかるであろうと予言した。一方のFDRも、「私の知る限りニューヨーク市議会は最も誠実で……、最も能力の高い市議会である」と述べてラガーディアを支援した。大統領の側近たちも揃ってラガーディアを称賛し、彼の三期目の市長選を応援している。その中でFDRは、「ナチス・ドイツが中央アメリカ・南アメリカ諸国の分割を記したマップを所有している」と語り、ラガーディアが主張する米国への侵攻は考えられないことではなく、民間防衛こそが最良の防波堤であるというラガーディアの主張を裏づけた。[16]

このように、FDRとラガーディアは世界観や政治的・政策的な考えを共有していたが、ラガーディアの極端な物言いが両者の衝突を招くこともあった。さらにラガーディアによる恐怖をあおる政治演説が大統領に対する孤立主義者たちの批判を一層強めることになり、それがFDRを悩ませる要因となった。このような中でFDRは、ラガーディアの国民に対する厳しい警告が、自分の政治生命を脅かすのではないかと考えるようになったのである。しかし、政権に対するラガーディアの貢献が著しいだけにFDRの心の負担は並々ならぬものがあり、一方のニューディール批評家たちからは、「リベラル派には全体主義的な傾向があって、政権を使って個人の権利を踏みにじっている」と批判される始末であった。当時の「タイム・マガジン」誌は、「ラガーディア氏は世界で最も忙しい一人であるが、この小柄で丸々として傲慢な人物は、独裁者のように振る舞いながら大声を発する紳士である」と書き、「全米を遊説しながら人々の怒りを駆り立てている」と書き添えた。さらに同誌は、「ラガーディア氏は、年に700回ものスピーチをこなして、時折オーケストラを主宰し、また時々市議会の議長席について、火災があればすぐさま駆けつける。市長は七つの言語を操って文書を書いたり、暴言をはいたりしながら幅広く対応し、日に一度は彼の補佐官や部下を怒鳴りつけている」と書いている。一言でいえば、ラガーディアはFDRさえ抑えることができない熱狂的な人物であった。ラガーディアが、彼の批評家たちを「地震の際に、自らの懐を肥やす盗人」に例えたとき、リベラル派の同僚でさえも「その例えは道理をわきまえたものではなく、政治的にふさわしくないものだ」と本音を漏らしている。[17]

ラガーディアの構想は相変わらず多方面にわたっていた。ニューヨーク市長選への出馬に加えて、市民に戦争の脅威を経験させて軍事教育を受けた国民を増やし、その上10月の四日間を通した大衆動員の実施計画を表明するという具合であった。市民防衛局幹部たちとの会議をはじめ、エレノア大統領夫人とは国家防衛を論議し、またホワイトハウスの閣議に出席して担当者と市民防衛局の予算を詰め、FDRとは防衛プログラムにおける農家の役割についての意見交換を行っている。また、各都市が焼夷弾攻撃に対応する消火装備を調達するために、十分な国家予算を議会が承認することを求めて、下院軍事委員会に出席する機会を企てた。ラガーディアは戦時の緊急事態の際に、ニューヨーク市の全ラジオ局を通して市民に呼び掛けができるか否かを確かめている。[18]

この頃、ＦＤＲは市民防衛局の局長であるラガーディアに複雑な思いを抱いていたが、ラガーディア自身は、彼の軍事的目標の支援を期待できる国内全域の協賛者を結集させていた。協賛者たちはラガーディア局長の展望を見すえて、彼の絶え間ない要請に応じた活動をしている。この秋、市民防衛局の指導者たちは多忙の状況にあり、デトロイト、スプリングフィールドやマサチューセッツ、フィラデルフィアの責任者たちは、彼らの地域の住民に対する民間防衛の講演をラガーディアに依頼した。あるラガーディアの支持者は、市民防衛局におけるラガーディアの役割を「市長による防衛プログラムへの素晴らしい協力体制の証」と高く評価している。この支持者はまた、「ラガーディアの仕事は、ニューヨーク市と米国の両方において二重の価値を発揮している」と熱い気持ちを送った。また他のラガーディアの支持者は、「我々全員がセントラルパークに逃げ込めるわけではない」と述べ、「ニューヨーク空襲の際は、警察が富裕層の建物の地下を確保し、市民の避難場所として使用できるようにすべきである」と提案した。一部の記者や編集者はラガーディアを「民主主義の救世主」として祭り上げ、彼を「米国民間防衛の先導者」とか、「国民の安全を守る男」と呼んで称賛した。ある雑誌は「ラガーディアの存在は、この時代における政治的な奇跡の一つである」と書き、「彼は短身で日に焼けた丸々太った紳士であり、がんばり屋ではったり屋、そして約束を固く守る人」と好意的に紹介している。このようにラガーディアは民間防衛への対応をうまく成し遂げて、国民の情熱を燃え上がらせたのである。[19]

ここで、ラガーディアの活動に妨害が立ちはだかったとしても、彼がそれに動じることはなかった。ラガーディアは厭戦《えんせん》気分に満ちた国民を動員させるために、敵の攻撃をもって国民に恐怖心をあおらざるをえず、国民に市民防衛局と共に歩むことを説得したのである。これに反して政権の中には、「恐怖心はいとも簡単に操られる感情であり、それをあまりに強調することは、かえって市民社会に混乱や神経過敏を招くことになる」という意見もあった。同様に市民防衛局の内部にも、「ラジオ対談やドラマをはじめ、新聞報道による市民防衛の過大な呼びかけが、集団パニックを呼び起こすのでは……」と懸念する指導者層もいた。[20]

しかしラガーディアは、彼の活動を抑止しようとする人々の意見を聞き入れなかった。何故なら、「より大きな危険は、差し迫る危機や世界の現実を国民が知らないことである」と彼は信じていたからである。国民に「米国はヒトラーの双眼鏡の十字線内にある」ということを知らせるために、ラガーディアは海外の出来事を積極的に取り上げた。ブルックリンのボランティア防衛本部で講演した時は、ドイツのUボートによる米国駆逐艦「ルーベン・ジェイムズ」の撃沈を例に上げている。「沈みゆく米国艦の姿は、欧州の戦争が西半球に移っている証である」と彼はボランティアに語りかけ、「我々が英国の防衛体制を検討し始めた頃は、戦争はまだまだ他国の話であった。しかし、今や我々の軍艦が沈められる事態が起きており、いかに我が国に日々危険が差し迫っているかをよく考えていただきたい」と説明を加えた。この講演後に民間防衛協議に出席したラガーディアは、1500名の女性たちを前にして「米国駆逐艦の『ルーベン・ジェイムズ』が大西洋の底に沈み、その艦には120名の水兵たちが乗っていた」と話しかけ、彼女たちを驚かせている。さらに「その艦が沈没したことは、我々米国民にじわりじわりと恐ろしい瞬間が近づいていることの証である」と強調し、「それに対する解決策は一つだけで、我々の郷土や人々を守るために必要なのは、国民への訓練の実施に他ならないのです」と言葉を重ねた。[21]

ラガーディアは、少なくとも国民のある層が彼のビジョンを理解し、彼と志を同じにしていることを知って意を強くした。ＦＤＲ政権の分析によれば、イリノイ州の住民は6月のナチスによるソ連侵攻もあって、「英国とロシアへの武器貸与法やその他の支援は、米国の安全を保つための賢い選択である」と表明している。ユタ州のある新聞編集者は、米国の都市攻撃を可能にする、アイスランドのナチス空軍基地を奪回する活動を支援するためにワシントンを訪れている。

１９４１年秋、ラガーディアは自分の講演活動が功を奏していると感じつつも、それに甘んじることなく、なお一層戦争の準備に邁進した。市民防衛局は民間防衛週間の際に、国家の祭日で司祭やユダヤ教の指導者が訓話で用いる言葉の「フリーダム・サンデー」を使っている。当然のことながら「フリーダム・サンデー」は宗教の自由を称える日を意味しており、ラガーディアの民間防衛を呼びかける言葉の使い方が、教会や寺院の尊厳を踏みにじったとして、聖職者たちから厳しい非難を浴びた。ある評論家は「ラガーディアはこの国の司祭や牧師やユダヤ教の指導者たちを軽率に取り扱った」と批判し、またある人は「訓話に対するラガーディアの姿勢は、まったく例えようのない侮辱に値するものである」と語気を強めた。これに対してラガーディアは、「私がしていることはこの国の安全を守り、自由についての神の全知全能に感謝の意を表すこと以外の何ものでもない」と応えたが、批評家たちの非難が和らぐことはなかった。[22]

評論家たちの非難や疑問がますます激しくなる中で、ラガーディアの活動は、別の面において第二次世界大戦に対する米国民の論争の火種となった。ある一部のリベラル層の間では、彼らの忠告に対応するラガーディアの傲慢な姿勢に混乱が生じた。ラガーディアに市民防衛局の広報支援を依頼された陸軍省の「事実と統計」室長・アーチボルド・マクレイシュは、それらの問題を話し合うためにラガーディアを昼食に招いたが、ラガーディアがそれに応じることはなかった。相談や協調体制、同僚や側近からの意見の反映などのすべてが、ラガーディアの市民防衛局の運営から欠落しており、マクレイシュははなはだ困惑している。ラガーディアは連邦政府を通じて親善関係を築くというよりも、激しい言葉で部下たちに命令を下し、側近に対しては自分の指示は神の言葉、あるいは最高司令官の命令であるかのように容赦なく課して、彼の意見に最大限注意を払うよう徹底させた。例えば、「民間航空部隊については正規・非正規を問わず、すべての情報について局長の私の署名がない限り、いかなる人物、あるいは連邦政府の省・局・委員会・評議会・協議会など、また何処においても、誰に対しても、それらを伝えることを固く禁じる」という通達を局内に出す始末であった[23]。

当時のラガーディアは、多くの地域で本土防衛の準備が遅れていることに気を揉んでいた。彼は地方の手ぬるい姿勢に加えて、民間防衛の目標が徹底されていないことにより、敵の攻撃を招いてしまうことを心配していたのである。１９４１年11月の末、彼の側近たちは米国の一部の地域で消防士や警察官の募集が遅れていることを報告した。ラガーディアは、14名の局員をそれらの地域に送って状況を把握させ、募集活動を活性化させるために自分に直接航空便の特別郵便で日報を送るよう指示した。さらには、現地での採用と訓練がしっかり実施されることを確認できるまで、現地に留まるよう命じている。世界的な危機が高まって、残す時間の余裕がないだけに、ラガーディアはまだ達成されていない米国の態勢を憂慮していたのである[24]。

米国北東部ニューイングランドの各州の準備状況は様々であった。ラガーディアの側近は、「この領域では実質的な躍進があり、１２００以上の防衛評議会が立ち上がっている」と報告している。

ボストンでは7000人の防空監視員が実地訓練を受けており、2000人以上の消防ボランティアと5000人以上の救急隊員が任務に就いていた。他の報告も同様で、ラガーディアの目指した企画を満足させるものであった。マサチューセッツ州では8万人の防空監視員を確保し、コネティカット州では50組の緊急チームを組織して、負傷者の治療や看護ができる体制を整えていた。[25]

しかし側近たちの報告によれば、残るバーモント州・ロードアイランド州・ニューハンプシャー州では民間防衛について連邦政府の役割を疑問視しており、「連邦政府の指示に従うよりも、それぞれの州が防衛責任を担うことを目指している」とのことであった。またメイン州の鉄道労働者たちは、FDR政権に裏切られたと考えていた。と言うのは政府が貨物輸送にカナダ鉄道を使っており、こうしたことが民間防衛プログラムに協力する姿勢を妨げていた。しかし、これらの州においても、民間防衛プログラムに対する方向性に誤りはなかった。ニューハンプシャー州では市民防衛局の幹部が当地の焼夷弾の模擬展示を視察し、その際に若者たちを民間防衛のボランティアに勧誘した。この州では、すでに1200名以上のボランティアが民間防衛の企画に参加していた。また、バーモント州では1500名余りが民間防衛の任務に就いており、州の民間防衛プログラムを先導する退役軍人の高官が、警察や救急看護員たちの研修会を立ち上げていた。ロードアイランド州ニューポートでは、毒ガスなどの化学戦に対応する監督者を育てるために訓練施設を創設していた。[26]

しかし、この時点においても、ニューイングランド地方ではラガーディアが求める市民生活の軍事化へのハードルはかなり高かった。ニューハンプシャー州では民間防衛の効果的な運用に必要なボランティア数が不足していた一方で、ワシントンDCの赤十字社本部は市民防衛局が推奨するボランティアの訓練を受け入れていない。11月の末、市民防衛局のT・S・ウォルムズリーは彼の同僚に対して、「脅威は差し迫っており、今や一刻を争う時である」と伝えている。ところが、最も進んだニューイングランド地方においても、市民防衛はもはや十分であるという認識であった。11月27日から12月1日にかけてのギャラップ調査では、西海岸の49％と東海岸の45％の人々が「自分たちが住む都市は爆撃を受けるかもしれない」と答え、一方でそれぞれの40％と44％の住民が「それはあり得ない」と答えている。また多くの国民は「空襲を受けた場合は、屋内に留まるか、あるいは大きな公共施設に避難するか、または地下に逃げる」と答え、一方で12％の人々が「街路か野原か地下鉄に避難する」と答えた。その他の12％の人々は「どうしたらよいか分からない」と回答している。このように人々の意見はまちまちであったが、彼らは空襲がいかに恐ろしいものであるかをよく認識しており、実際に攻撃を受けた場合の対応について、大多数の人々がそれなりの対策を講じていた。[27]

　12月を迎える頃になると、ラガーディアを批判する人々の予想に反して、市民防衛局が国民生活に与える影響ははるかに大きくなっていた。市民防衛局は大統領の非常予備金から90万ドルの予算を獲得し、ワシントンの本部では３００名の職員が任務に就いていた。市民防衛局の目標を達成するために１０００万人余りの人々が訓練を受け、そこにはそれぞれ20万人以上の空襲警戒員や消防士、また５万人の警察官が含まれていた。ラガーディアが目指した６００万人には達していなかったが、彼はその目標達成に相変わらず固執していた。同時に彼は、その他の活動についてもその進捗を叱咤激励《しったげきれい》している。ラガーディアは、連邦政府の同僚たちと国民の避難手順に関する会議を持ち、市民防衛局の幹部は市民や財産の緊急保護施策を採用しているシアトル市を、米国の都市の模範として着目した。その後も、ラガーディアは休むことなく議会に働きかけ、彼が主張していた地域の住民が必要とするガスマスク・金属ヘルメット・シャベル・バケツなどを購入する数百万ドルの予算を要求した。「シカゴ・トリビューン」紙のような批判勢力は、「ラガーディアはいたずらに国民を戦争に向けてあおっている」と非難し、ラガーディアの目標達成に対する成果をほとんど評価しなかった。[28]

12月初旬にラガーディアがかなり心配したことは、オーバートン・ブルックス下院議員が市民防衛局の副所長・コリントン・ギルに忠告したように、議会の二大政党が共闘して市民防衛局の予算を削ろうとしていることであった。市民防衛局の指導部もまた、海岸区域の社会に必要なガスマスクや重要資材の予算要求に対する議会の反発に直面していた。これに対してラガーディアは、彼の方針が州の利益に反すると主張する知事たちが、ホワイトハウスに苦情を申し入れる動きを食い止めなければならなかったのである。そのためラガーディアは、12月に州知事たちとフェニックスやシカゴ、ニューオーリンズ、シンシナティの各都市で会談を持つ計画を立てた。特に中西部の孤立主義者たちはラガーディアの民間防衛の拡大策に大反対で、ネブラスカ州のドワイト・グリスウォルド知事は、「中西部が爆撃されつつある」という市民防衛局の見解は現実味がないと反論した。あるイリノイ州の住民は、「ニューヨーク市の学校で行われた避難訓練は馬鹿馬鹿しい限りだ」と非難した。勿論、これらに対してラガーディアがたじろぐことはなかったが、12月上旬の講演では、「シカゴやデトロイトは敵の空襲を受けやすい都市であり、そこに住む人々は安全を過信して、誤った解釈をしてはならない」と述べている。しかし、ラガーディアは様々な批判に晒《さら》されて、その矢面《やおもて》に立ったというだけの人物ではなかった。実際のところ、彼は多くの国民から敬意を表されており、シカゴ在住のある建築家は、ラガーディアの言葉である「敵の第一撃をいたずらに待つだけの人々には、死がそこに待ち受けているだけのことである」を多くの人々に語り聞かせている。この建築家はラガーディアを予言者と崇《あが》め、「現在という時代を厳しく捉えて、将来を見据える大きな力を持つ先駆者」として称賛した。[29]

しかし、FDRがラガーディアに懸念を抱いていたように、エレノア夫人も自身の社会防衛の考え方を追い詰めるようなラガーディアの押しつけに不快感を覚えていた。一方のラガーディアは、エレノアは女性の手編みのような穏やかな活動に焦点を当てており、自分が目指す軍事的な民間防衛プログラムと足並みが揃うことは決してないと考えていた。言い換えれば、二人の方向性は実体も形態もまったく異なるということであった。

12月2日、エレノアとラガーディアの二人は、フィラデルフィアで採用問題を検討する予定になっていた。ところが、その日の午後のニューヨーク便が突然欠航になり、ラガーディアは早い時間の飛行機に乗るために急遽空港へ向かったため、その会合への出席を見送ることになった。彼はその会合の要旨を書いたメモを側近のコリントン・ギルに託し、エレノアが到着した時にそのメモを手渡して、欠席した詫びを彼女に伝えるよう言付けた。もしその時、エレノアが彼女自身の考えに固執することはないだろう、とラガーディアが期待していたとしたら、それは大きな間違いであった。エレノアは、これまで東海岸のすべての訪問先で、彼女の構想と展望を広めてきた。彼女はフィラデルフィアで若者たちと会合し、国家防衛週間を祝うその町の若者の運動能力を視察したあとで、「私たち国民は食事管理をしっかり行って、十分運動に励まなければなりません」と訓示している。エレノアは、詩人のカール・サンドバーグがボランティアたちのために書いた「自己修養の価値と、自由を探求するための犠牲の必要性を国民に思い起こさせる誓い」を称賛した。サンドバーグの第二の誓いには、「私は自己修養の必要性と、かつてない国家の危機において国民としての自分の権利がいかに制限されて他の人々の権利と融合するのか、そしてその一体となった権利がどれほど気高い尊敬に値するものかを、日々少しでも考えることを誓約する」と書かれている。ニューヨークに赴いたエレノアは、移民に関する会議に出席して、女性労働組合連合の手助けに顔を出し、さらに看護婦と視覚障害者が組織する会合を主催した。[30]

このような中でエレノアとラガーディアが共有していた考えは、自分たちに残された時間がほとんどないということと、大衆動員の進み具合があまりにも遅すぎるということであった。エレノアは、彼女の側近エリノア・モルゲンソーに最新のボランティアの採用状況を報告するよう依頼し、同時に国民に対して、「各々のボランティアが実行できる役割を、間もなく拡大する」と告げている。[31]

時は1941年の第1週を間近に控えていたが、エレノアとラガーディアの関係は相変わらず冷えたままであった。12月1日、エレノアはラガーディアに、「私は支持者と共に健康と福祉の問題を討議する計画である」と伝えた。彼女はアラバマ州をはじめルイジアナ州やニューヨーク州が、「人間の安全保障」をどのように進めてきたかを調査する予定であった。またエレノアは、「大統領令は、社会防衛を市民防衛局の任務の中枢に据えており、局のその重要課題を簡単に無視することはできない」とラガーディアに告げて、彼に批判の矢を向けた。彼女はラガーディアと距離をおく補佐役を集めて市民防衛局の運営を進め、ホワイトハウスにおいて民間防衛の会議を開催している。エレノアがラガーディアを批判したその週に、彼女は民間防衛補佐のポール・ケロッグやジャスティン・ポリエとホワイトハウスで会談を持った。その後、エレノアは彼らを別の部屋に招き入れ、そこでFDRが彼らに話をしたのである。大統領は彼らに対して、「人間の子〈である私〉はたった今、神の子孫〈昭和天皇〉に宛てて最終的なメッセージを送ったところです」と告げた。これは、日本の昭和天皇に親書を送ることにより、それが、FDRが考えた日本との戦争を回避するための最後の試みであることを意味していた。おそらくFDRは、エレノアと彼女の側近たちに、警戒心を抱かせる見通しをそれとなく伝えたのであろう。米国の参戦は、多くの国民が考えていたよりも身近に迫っていたのかもしれない。FDRは、米国の民間防衛プログラムの準備はすでに整っていなければならないことを示唆したのである。[32]

〈1941年12月7日午前7時49分（ハワイ時間）、日本海軍機がオアフ島真珠湾に停泊する米国海軍太平洋艦隊を奇襲攻撃した〉。

第十章　人々は安全を保障されなければならない

デモクラシーは立ち止まるわけにはいかない。静止するものすべては姿を消していく。
――エレノア・ルーズベルト　1942年1月

日本軍の真珠湾奇襲に対してフィオレロ・ラガーディアとエレノア・ルーズベルトは、それぞれ異なった反応を示した。まさにこの時、米国はファシズムの打倒に向けて大きく舵を切ろうとしていた。真珠湾の惨劇を、ラガーディアはリベラリズムが戦時の現実に向けて路線変更すべき実証と捉え、さもなければ、米国は打ちのめされるであろうと考えたのである。彼にとっての路線変更とは、あらゆる敵の攻撃から国民を守るための確固とした政府の対応であり、国土防衛を目指して米国民に準軍事的な組織への参加をうながし、彼らに教育訓練を施すことであった。ラガーディアの頭には、数百万人の男女が金属ヘルメットを被ってガスマスクを着け、空襲の際には人々を動員して町の消灯を率先し、避難所において負傷者たちに応急手当をする姿が浮かんでいた。彼はファシズムを嫌悪する一方で、リベラリズムに対して社会秩序や集団の規律、それに国民の安全を守るために国内の軍事化された集団行動の重要性を吹き込んだ。真珠湾が攻撃を受けてから数日後には、国の安全に献身的なラガーディアの評判が大いに高まっている。しかし、１９４１年12月には民主的な地盤で彼の軍事的な安全確保に関する考え方が受け入れられ始めたものの、空襲の準備を怠ったことへの厳しい非難や、国民のパニックを招いた社会的混乱の責任から、ラガーディアは疎《うと》ましい人物と見られるようにもなっていた。

それとは対照的に、エレノアの信条である「人間の安全保障《ヒューマン・セキュリティー》」が、民間防衛構想の柱に据えられなければならない」という考え方が、真珠湾奇襲後の数日間でクローズアップされるようになった。12月8日、シアトルの町をあげての灯火管制実施の最中に、消灯を拒んだ住民を巡って１０００人以上の人々が騒動を起こした。米国駆逐艦「ケイン」の機関兵を夫に持つ女性は、その大騒ぎする人たちに対して「町の人々の命に関わるときに、灯りを点け続けていたら私たちはどうなるの」と呼びかけ、「電灯を消させなさい」、「消灯させなさい」と叫んでいる。敵襲の噂の脅威によって生じた東西両海岸の集団ヒステリーは、エレノアのニューディール・リベラリズム〈社会福祉・保障サービスや公民権、人種差別撤廃や失業者救済対策などを促進する社会自由主義〉の展望を強化させる決定的な要因となった。[1]

もし、国民が街中で暴動を起こしたり、噂によってパニックを起こしたり、社会の不公平に絶望したり、経済参入への機会をそがれたりしたら、ルーズベルト大統領の米国を民主主義の宝庫にしようとする呼びかけは無に帰することになるだろう。その結果、国民は政府に反抗するようになり、民主主義は優れた体制で将来の希望を与えるものという信頼は失われて、枢軸国〈独・伊・日〉に立ち向かう態勢が崩れることになる。それらを防ぐ手段は連邦政府に導かれた確固たる社会防衛リベラリズムであるが、その連邦政府は社会の要求を十分理解し、それらの要求がいかにして満たされるかをよく知る数百万人の国民と共に歩むことが前提であった。エレノアは、人々を民主主義社会に直接関与させ、人種や主義・宗教などに関わらず、すべての人々の生活を改善させることによって、戦時リベラリズムは危機をチャンスに変え、より良い国家と豊かで平和な社会を創造する大きな力になることを強調した。真珠湾空襲から数週間の間で、エレノアの主張は人々の間に感銘を与えている。しかしその反面、彼女が唱える改革構想への反対意見が高まったのも事実であった。エレノアが彼女の戦時ニューディール政策を遂行するために、市民防衛局を通して後方支援活動を行おうとしているにもかかわらず、社会防衛そのものが軍事的な安全対策の後回しになりつつあった。

ラガーディアが真珠湾奇襲を知ったのは12月7日の午後のことで、その時彼はニューヨーク5番街の自室にいた。ラガーディアはこの瞬間を前々から予測していたこともあり、すぐさまニューヨーク市の民間防衛に着手することを宣言した。彼はサイレンを響かせたパトカーで市庁舎に駆けつけ、市の監督者たちに内々に策定してきた計画の実行を命じて、摩天楼《まてんろう》や船着場・水路などの警備を固めさせた。またホワイトハウス、ＦＢＩや陸軍と連絡を取り、ニューイングランドの民間防衛責任者に対しては興奮冷めやらぬ大声で、翌日のボストンにおける大々的なパレードを予定通り実施することを伝えた。それに対して地方防衛責任者は、「私の部下たちはパレードどころではありません。パレードの手立てさえ、まだ準備されていません」と答えている。[2]

ラガーディアは、迷わず実質的な民間防衛の態勢を敷いた。その第一の対象は、米国に住む日系人の裏切り行為への対策であった。日本の奇襲攻撃をナチスの集団殺戮《さつりく》と同様に捉え、すべての日本国籍者と日系米国人の集会を禁止し、彼らの身柄は当分の間、連邦当局からの指令待ちと伝えて、それぞれの家に留まるよう指示したのである。

ラガーディアがニューヨーク市内の日本レストランやクラブを閉鎖する一方で、FBIや司法当局は多くの日本人や日系米国人を一斉検挙し、彼らをエリス島に幽閉《ゆうへい》した。ラガーディアのこうした言動は日本人に対する嫌悪感をむき出しにしたものであり、ある歴史家は、「日本人は悪質な人種である」というラガーディアの言葉を引用している。それでも満足できないラガーディアは、「民間防衛を軽くあしらい、邪魔までしてきた我が国の輩《やから》は、今回私がその連中のために決断した保護政策を、今は有難く思っていることだろう」と自画自賛し、長い間彼を批判してきた人々に刺激を与えた。その上で、「今後の反対は、もはや許されることではない」と釘を刺したのである。さらに、「これは戦争であって、ピノクル・パーティー（トランプ遊び）ではない」と声を張り上げ、それはカード・ゲームのように軽薄と捉えてきたエレノアのニューディール対策を皮肉った言葉でもあった。その後ラガーディアは、ニューヨーク市に起こりかけているパニックの解消に力を注いだ。警察の車に乗りこんだ彼は、町中を巡回しながら拡声器で「冷静に！　冷静に！　冷静に！」と呼び掛けている。そして、ラジオ放送を通して「我々は決して危険な領域から外れているわけではない」と警鐘を鳴らした。[3]

一方のエレノアは、真珠湾での出来事に大きな動揺を見せることなく、ラガーディアがエレノアの構想を――今や米国は戦争状態に入ったという土壌の中に――いち早く刻み入れようとしていることに素早く対応した。エレノアは、米国民に対して国内は安全でないと度々警告してきたが、今回の真珠湾奇襲によって米国民が現実を十分認識することになり、彼女は決意を新たにしたのである。

真珠湾という言葉がエレノアの耳に入ったのは、彼女がホワイトハウスの玄関にいたときであった。大統領の側近たちが二台の電話機を取り囲み、軍の関係者たちが慌ただしく行き来した。後にエレノアは、その時のことを「大打撃を受けた」と表現し、「暗黒で不鮮明であった雰囲気が、民主主義を堅持するための総力戦に移行した」と回想している。執務室にいる夫のＦＤＲの姿を見たとき、彼の沈思黙考する様相から、大統領が奇襲攻撃への対応をしなければならない段階にあることを直感した。[4]

歴史家のスティーブン・ギロンは著書の中で、日本軍による真珠湾攻撃後の数時間の状況について、「情報が乏しく、その収集は困難であった」と書いている。当初、ＦＤＲは日本の攻撃部隊の規模や、真珠湾海軍基地の被害の程度がよく分からなかった。彼が最も恐れていたのは日本軍がハワイに侵攻することであった。夕食時、ＦＤＲは日本軍が西海岸に上陸する可能性を語り、その場合、シカゴまで侵攻するかもしれないと述べている。ホノルル市民は、エレノアとラガーディアがもともと欧州の都市に降りかかることを憂慮していた脅威や衝撃を、身をもって味わったのである。戦争の脅威がいよいよ米国の領土に降りかかり、多くの軍人と市民が殺傷される被害を被った。ホノルルでは２４００人以上の命が奪われ、１０００人を超す人々が負傷している。多くの女性や子供たちが戸惑い、商店街は瓦礫の山と化した。また、18隻の米国船と３００機近くの飛行機が大破あるいは損傷を受けて戦力外となった。住民の規律の崩壊と、さらなる攻撃を恐れた米国政府は、奇襲後数時間の間にその領域に戒厳令を敷き、この体制はほぼ3年後の１９４４年10月24日まで継続した。[5]

真珠湾の余波はエレノアの社会問題を棚上げするのではなく、むしろ社会防衛の必要性が今までにないほど彼女に迫ることになった。エレノアは、真珠湾奇襲から数時間後にファーストレディーとして多岐にわたる役割をこなし、とりわけ米国の典型的な女性の重要な役目を果たしている。彼女は「すべての女性の皆様が感じている脅威は、私も例外ではありません」と国民に話しかけ、「私の息子の一人は駆逐艦に乗っており、二人の子供は西海岸の危険な所に住んでいます」と不安な胸中を母親たちに伝えた。さらに彼女は、「皆さんと同様、私もいくら頑張ってみても、心に潜む一連の脅威から逃れることはできません」と付け加えた。

エレノアは幾つもの重要な役目を担っていた。速やかな軍事態勢の確立を唱えるかたわら、ニューディールの社会防衛目標を保つことによって、この戦争で戦う精神を支えることが極めて重要であると信じていたからである。言い換えれば、戦争で闘いながらも、それは同時にニューディールの目標に向かって突き進んでいることを国民に認識させることであった。また、この戦争は枢軸国の軍隊を打ち破ることばかりでなく、それが国民の健康増進やより良い生活につながるということを国民が理解することでもあった。もしFDRや側近のハリー・ホプキンス、またその他のリベラリストたちが、真珠湾への対応を軍事動員だけと捉えていたとすれば、エレノア自身は、「戦争勝利を左右する国防の柱は、社会防衛である」という考えを貫いていた。[6]

エレノアの戦時におけるリーダーシップを挙げてみると、彼女のニューディール・リベラリズムのビジョンが、えり抜きのリベラル層の間で、歴史家がこれまで定説としてきたものよりも積極的に支持されていたことが分かる。真珠湾の衝撃は彼女とリベラル層にとって、彼らの目標を明確にさせるはずみとなった。１９４１年12月７日以降の数週間で、社会的公正を重視する社会自由主義《ソーシャル・リベラリズム》はしっかり基盤を固め、国家安全保障の重要性に次ぐものになろうとしていた。エレノアは改革の課題を常に国民の目に触れさせ、国民全体の生活改善を行いながら、民主主義の防衛を一般大衆の社会活動につなげようとしたのである。[7]

12月8日午前9時、エレノアは市民防衛局に出むいて彼女のスタッフと会談の後、企画していた14名の女性によるロンドン視察を取りやめた。民間防衛調査の機会を失ったエレノアは、「我が国は、軍事的にも社会的にも国民を防衛する方策を速やかに実行に移さなければなりません」と宣言した。民間防衛のポール・ケロッグ補佐官は真珠湾奇襲の数時間後に、社会防衛政策をカバーする声明文をエレノアのために作成した。その折エレノアに、「市民防衛局は社会の要求を推し進め、国民生活に利益をもたらすための社会工学《ソーシャル・エンジニアリング》に取り組むことを国民に公示する」よう進言している。[8]

真珠湾の受難から24時間も経たない間に、エレノアはケロッグの進言に同調することを明らかにした。それらは、高校生以上の学生に栄養食品と朝の健康食を与えて、若者たちにより良い健康管理の窓口を開くとともに、軍需工場で働く労働者の子供たちのために、良好な日中の保育所を創設することであった。エレノアは時を移さずこの案を国民に提示している。[9]

真珠湾をめぐる一連の出来事が、「エレノアを米国における最も力強いニューディールの擁護者にした」と言っても過言ではない。彼女ほど自身の広範囲にわたる見解を国家の信頼や優れた啓発、それに労働倫理や政治力と結びつけた米国人はいない。エレノアは、海外からの脅威が危険極まりないほど米国民に迫っていることを的確に訴えた。12月8日、彼女は市民防衛局のある地方区域の責任者に、敵の攻撃に備えるよう指示している。その責任者は、自ら担当する州の知事に対して、市民防衛計画を直ちに実行するよう文書で伝えた。またエレノアは、「ファシストの国々は自暴自棄の状況にあり、安全な我が国民にとって無謀とも思われることに挑んでいる」と国民に告げた。さらに彼女は、「人は死が避けられなくなったとき、その人は大々的な行動をとって死を選ぶことになる」と、米国内への自爆攻撃を例に挙げて注意を喚起した。エレノアは側近に命じて灯火管制用のカーテンを購入させ、ホワイトハウスの窓を覆わせている。そして、「国外からの攻撃を心配する必要はないという国民は、例外なく空想の世界に生きている人たちである」と言い添えた。[10]

しかし、当時の市民防衛局におけるエレノアの明確でない立場が、戦時ニューディールの遂行にあたって人々に誤った印象を与えることになった。エレノアは自分の持ち場が判然としない執務室(書類上は931号室)を持ち、市民防衛局職員の名簿には数十名の中の一人として「副局長エレノア・ルーズベルト」と記載されている。勿論、エレノアの立場が他の職員と同じでないことは明らかであった。彼女はホワイトハウスの聖域に自由に出入りし、市民防衛局の高官が通常知りえない情報にも接していた。FDRは、「真珠湾の空襲で米国海軍の三分の一が破壊された。日本の機動部隊は西海岸を攻撃する能力を持っている」と彼女に語っている。[11]

真珠湾奇襲の数時間後には、「サンフランシスコ周辺の海域で日本軍が活動している」とか、「西海岸を目指して爆撃機が突進している」などの噂が飛び交い、エレノアは厳しい現実に直面した。エレノアが長い間大切にしてきた「開かれた民主主義の象徴としてのホワイトハウス」の維持にも変化が生じた。真珠湾での出来事は、ホワイトハウスがあるペンシルベニア大通り1600番地を秘密諜報員や特別警察特務員、それにバリケードなどで溢れた砦に変えてしまった。1941年12月7日以降、「国民の家」であったホワイトハウスの存在は消え、ホワイトハウスの開放か、あるいはその安全保護かの綱引きが、保安重視の方向へ急速に移り変わっていったのである。

これらの変化は、真珠湾以前にエレノアが意識していた自由な世界の考え方に大きな打撃を与えた。ホワイトハウスの開放性について、エレノアほどそれを大切にしてきた人はいなかったと言える。1930年代にエレノアは、ホワイトハウスの新しい彼女の住まいを大衆的なリビングルームに改装し、そこで米国民が会話を交じえて、大きな問題を議論する場所に変えた。当時のホワイトハウスの警備はそれほど厳しくなかったため、1938年の大晦日に二人の高校生が冒険的にホワイトハウスに侵入し、大統領と大統領夫人にサインをリクエストしたことがあった。ホワイトハウスの住人になったルーズベルト夫妻は、そこで堅苦しくない雰囲気を保つように努め、それが大統領夫妻の政治姿勢のトレードマークや、一般国民への思いやりの象徴となった。人々は夫妻が自分たちの要求を理解してくれると信じるようになり、それによって二人への親しみが増したのである。ルーズベルト夫妻は、二人の信頼を大衆の中に映し出すためにホワイトハウスを最大限活用し、1939年だけでもホワイトハウスの館内で1万4056人の国民と握手を交わした。[12]

当時の米国民も、ホワイトハウスを自分たちの家のように考えていた。人々はエレノアに、「もしご都合がよければ、挨拶のためにホワイトハウスへ立ち寄ることができますか」と尋ねている。またある四人組は、ホワイトハウスのプールとレクリエーション施設の見学をエレノアに尋ね、まさかのために水泳パンツを持参すると伝えた。ある男性記者は大統領の住まいに入る許可を得るためには、ホワイトハウスから届いた手紙を午前10時から正午までの間に門衛の主任に提示すればよいことを知った。ホワイトハウス裏庭の南芝地で行われる「復活祭の卵転がしゲーム」には、13歳以下の子供を連れていれば誰でも参加できるという具合であった。あるホワイトハウスの案内状には、「南芝地に入るための招待状は不要です」と書かれている。[13]

真珠湾に落とされた爆弾（この爆撃では2001年9月11日の米国同時多発テロ事件の規模を超える

飛行機が関与した）は、ホワイトハウスや首都ワシントンを開放された場所から警備の場所へと変えた。エレノア自身も、この国の首都は真珠湾の影響を受けて完全に様変わりしてしまった、と嘆いている。ある警察関係者によれば、「あの空襲の数日後、狂信者による爆破を避けるためにＦＢＩと私立探偵が日本大使館を防護した」という。また、多くの武装した警備員が首都の橋と発電所に配備された。ホワイトハウスには箱に収納された多数の機関銃が届き、ＦＢＩや私服の警察官たちが町中を巡回した。当時の様相を「ワシントン・ポスト」紙は特報で、「ホワイトハウスの館周辺は赤橙で囲まれて、一般大衆を遠ざけている」と報じた。さらに同紙は「差し迫る首都への空襲に備えよ」と、ワシントンＤＣの住民に警告している。[14]

　こうした状況を目のあたりにしたＦＤＲとエレノアは、時を戻すことはできないことを知った。そして、恒例の南芝地における「復活祭の卵転がし」は中止となった。これまで国民を迎え入れたホワイトハウスの門は固く閉じられ、ある記者は「戦争が終わるまでその門が開かれることはない」と予言している。シークレット・サービス〈財務省傘下のホワイトハウス警察隊〉は、３５０人の外国人留学生をホワイトハウスのお茶会に招こうとするエレノアの企画をキャンセルした。恒例のクリスマスツリーがラファイエットパークや楕円形の広場に飾られず、それらは、その明かりを灯す祭典を楽しむ人々のために、警備員が監視できるホワイトハウスの空き地に置かれることになった。[15]

　エレノアは、彼女が目にする保安当局の過剰な反応に反感を抱いたが、それらが新たな現実であることも認めざるをえなかった。彼女の側近によれば、エレノアは腹立ちまぎれに「保安当局はワシントン記念塔《モニュメント》が敵機の目標になり、その塔がホワイトハウスまでの距離の測定に使えるという理由で、取り壊しまで考えるのでは……」と皮肉っている。しかしその一方で、安全確保の必要性がますます高まっていることを、彼女が受け入れたのも事実であった。ある錯乱した女性がホワイトハウスの警備員の親指を噛んで傷つけたとき、エレノアはホワイトハウスがもはや国民の家ではなくなったことを痛感したのである。真珠湾奇襲後に強化された警備体制について、彼女は回顧録の中で「フランクリンは、米国大統領でいる限り守られなければならない」と述べている。[16]

物事が移り変わるのは、常にそれらを動かす要因があってのことである。この時期に至って、警備がさらなる警備を呼び起こす状況になっていた。真珠湾直後にシークレット・サービスが敷いた警備レベルは、現在と比べて桁外れに高かった。ホワイトハウス1階への訪問は決められた人以外は認められず、ホワイトハウス住人や職員は全員指紋を取られている。また職員たちにはガスマスクが配られて、空襲の訓練を受けた。ＦＤＲとエレノアは、ホワイトハウス屋上に配置された警察隊の狙撃手たちに戸惑い、エレノアは「可能なら、ホワイトハウス上空の飛行を禁止すれば、夫の夜の睡眠は妨げられないでしょう」と語っている。

ＦＤＲは保安当局の提案――敵の爆撃機の目をくらますためのホワイトハウスのカムフラージュ――を認めなかった。シークレット・サービスは、（大統領を仮定した）車椅子の男性を最近できた財務省の防空壕まで運ぶ訓練を、ストップウォッチを使って度々実施している。ある時、かねてより計画されていた大統領と閣僚の夕食会の会場を、保安当局が警備の薄いホテルからホワイトハウスに無理やり変更した。ＦＤＲはそれを、「ヒトラーにとって、またとない好機である」と皮肉っている。それは、もしナチスの爆撃機がホワイトハウスを爆撃した場合、彼らは一挙に米国政府を消滅できるという意味であり、冗談ぎみに「フランシスを除いて、もし我々一同があの世に行ったら、初の女性大統領の誕生ということになるな」と口にしたが、これは米国初の女性閣僚である当時の労働長官、フランシス・パーキンスを引合いに出したものであった。[17]

このように、ホワイトハウスが国民から隔離された状況にあっても、エレノアは大統領夫人として集団ヒステリー発生の抑止に努めた。さらに国民の目を戦争の勝利に向けさせ、社会的発展を保つことによって、国民の恐怖心を和らげるよう力を尽くした。当時、首都ワシントンは脅威に包まれていたが、ラガーディア自身は、差し迫ったリスクは西海岸の大都市にあると信じていた。彼はエレノアと共に早期に航空便で西海岸へ赴き、各都市を巡回して、日本軍の侵攻に対する国内の守りを支援することを誓約した。12月8日、彼らは夜間便でロサンゼルスへ向かっている。

戦時における空の旅は、二人に改めて新たな恐怖を身をもって感じさせた。飛行機が乱気流に遭遇し、乗客の飲み物や夕食や雑誌などが機内に散乱、エレノアは天井に頭をぶつけ、ラガーディアのスーツにはミルクが飛び散った。このフライト中に、操縦席のクルーはサンフランシスコが攻撃を受けているという報告を受信した。エレノアは、その不吉な報告をラガーディアに知らせるために就寝中の彼を起こした。その時エレノアは顔色を失っていたが、状況を知ったラガーディアは冷静で力強い対応をしている。もしその報告が真実ならば、「我々はすぐさまサンフランシスコへ直行しよう」というのであった。ラガーディアは、燃料補給地のナッシュビルでワシントンに電話を入れて、その状況を確認するようエレノアに依頼した。結局、その報告は事実でないことが判明し、二人はナッシュビルからロサンゼルスに向かったのである。[18]

そのときエレノアは、ラガーディアのような決断力があって豪胆なリーダーのそばにいることを頼もしく思った。彼女はラガーディアを、「かつてない軍事的危機の中で、すばらしい謙虚さと勇猛さを発揮した」と称えている。二人が乗った飛行機は、小雨が降るカルフォルニア南西部のバーバンク空港に着陸した。その空港の雰囲気は何となく神秘的で、エレノアに不思議な感じを与えた。真珠湾の惨劇以来多くの旅客便が休航しており、バーバンク空港に旅客の姿はほとんど見当たらなかった。そこでカルバート・オルソン知事とフレッチャー・ボウロン市長が市民防衛局のリーダーたちを出迎えたが、エレノアは、この期に及んでもボウロン市長が市への脅威をまったく感じていないことに気づき、そののんきさにあきれた。そんな中、エレノアから見て幸いであったことは、カリフォルニア州の他のリーダーたちは脅威が現実であることを認識し、すでに市民の危機を和らげる策を講じていたことであった[19]。

　カリフォルニア州は、空襲に対する対策をこれまでまったく講じてこなかった訳ではなかった。１９３０年代の中頃、米国陸軍はカリフォルニア州への敵の攻撃を想定して秘密訓練を行っている。また１９３９年には、州の各市長と警察は彼らの市が空襲を受けた場合の訓練を実施した。オルソン知事は、敵方協力者《フィフス・コラムニスト》〈本来味方であるはずの集団の中で敵方に味方する人々〉の脅威に対してＦＢＩと共闘体制を組んでおり、破壊活動組織のメンバーの疑いがある人物が州防衛部隊に加わることを禁じていた。真珠湾奇襲の数週間前、オルソン知事はホワイトハウスに対して、カルフォルニア州が軍事的見地から最悪の事態に直面する状況について問い合わせている。また知事は、橋や鉄道の駅を守るために州兵部隊を配置し、サンフランシスコとロサンゼルスにボランティアの募集センターを創設した。エレノアは州の代表者たちに、「我々ワシントンにいる者が、皆さんのためにできる最も重要な支援は何でしょうか？」と尋ねている[20]。

　この西海岸の訪問では、当初からエレノアとラガーディアの間に微妙とは言え、考え方や活動方針の相違があった。そんな中でも二人の考えが一致していたのは、「日本軍が海岸の都市を攻撃する能力を持っている」ということであった。そこで二人が直面した課題は——どれだけの脅威を人々に感じさせたらよいものか、またその脅威の見通しを人々に自覚させるために、二人はどの程度まで関与したらよいものなのか、そして、すでに混乱した人々の神経をなだめるためには、どこまで説得を試みるべきなのか——ということであった。当然のことながら、それらの答えを導き出す方法や手引き書などは何もなかった。

二人の最初の訪問地はロサンゼルスの連邦ビルディングで、そこで民間防衛についての市民集会が開かれた。空港から会場までエレノアはボウロン市長の車に同乗し、ラガーディアはオルソン知事と同行した。結果として、エレノアは集会で人々の恐怖心を抑えるように努めたが、ラガーディアは逆に人々の恐怖心をあおることになった。彼女は市民に対してそれぞれの心配事にしっかり取り組むことを助言し、ラガーディアは人々の自己過信が準備不足を招いて、かつてない惨禍や死の報いを招くという懸念を述べている。エレノアは、自らが成すべき重要な任務は人々を落ち着かせることであると捉え、一方のラガーディアは、空襲に備えるために軍隊的な秩序を人々が守り、市民を反ファシスト体制の情熱に巻き込むよう檄《げき》を飛ばしたのである。[21]

不安に駆られた人々で混み合う集会場で、ラガーディアは彼らの目を開かせる言葉を使って、自らの信条である西海岸の総動員体制の話を始めた。彼はだしぬけに「戦争がロサンゼルスに近づいている」と語りかけ、海軍は大打撃を受けてロサンゼルスが爆撃される可能性が現実的に高まっている、と話を進めた。エレノアはラガーディアの不屈の精神を称える一方で、市民が自分の言う通りに行動すれば、市民をはじめ国も都市も安泰であると説得し、彼女自身の考えを訴えた。その話の中でエレノアは、ロサンゼルスの市民が恐怖心を抱いていることを認めて、それは自分自身も同じであると伝えた。彼女は聴衆に対して、「強いて言うなら、我々は恐れていない態度をとることも重要です」という考えを述べ、「祈ることは素晴らしいことですが、それだけで十分というわけではありません。皆さんは思考停止に陥ることなく、社会のためになる仕事をすることが求められています」と話を結んでいる。[22]

エレノアはロサンゼルスの市民から恐怖心を取り除くために努力を重ねたが、思うように進まなかった。「ロサンゼルス・タイムズ」紙は、「我々が住む都市は、クーデターにより市議会を打倒しようとする敵方協力者たちで溢れた危険な社会である」と警告している。米国の連邦・州・市のリーダーたちは、カリフォルニア州の住民たちに脅威に満ちた警告を盛んに言いはやし、厳しい運命が差し迫っていることを示唆した。カリフォルニア州のアール・ウォーレン司法長官は、いかなる不審な行動もFBIに連絡するよう住民たちに告げ、陸軍は西海岸のほとんどすべてのラジオ局の放送を中止させた。FBIは警告に続いて日系人の家屋を捜索し、日本商店への立ち入りを禁じて、米国に有害と判断した日系人を捜査官が検挙した。[23]

西海岸の住民たちの日本軍侵攻に対する恐怖は深刻であった。エレノアとラガーディアは、市民防衛局の方針をロサンゼルス市に課すために当地を訪れていたが、12月10日の夜に市内に大混乱が生じた。その夜は真珠湾が攻撃を受けて以来の、雲のない美しい夜空であった。そのような中で、軍当局は飛行機の大編隊がロサンゼルス市に向けて直進中という報告を受けたのである。陸軍は直ちに灯火管制を発令し、警察は町の車や通行人を退避させた。併せてエレノアとラガーディアは、市民に対して公共の建物から遠ざかるよう注意している。結果的にその報告は誤報であったが、エレノアやラガーディアの懸命な働きかけにもかかわらず、その後、同じような誤った警報が全米で繰り返された。人々の根拠のない噂が町全体を機能停止にさせる灯火管制を招き、米国の空の防衛の欠陥が明確になったのである。[24]

敵国の攻撃に対する西海岸の人々の恐怖は、ウイルスによる伝染病のように広まっていった。危機感に満ちた軍隊は沿岸海域の哨戒飛行を行い、太平洋沿岸都市のカーメルやモントレーやサンタクルーズでは、1000名余りの市民が避難を余儀なくされている。サンフランシスコ市では太平洋電信電話局の建物の周囲に土嚢《どのう》が積み重ねられ、あたかも要塞都市のような様相になった。FBIはサンフランシスコ湾近郊の閃光灯の消灯を検討したが、それは敵機の有効な目印になるからであった。シアトル市の住民たちの動きには、さらに厳しいものがあった。12月8日、暴徒化した市民たちが電灯をつけている店々の窓を叩き壊し、クリスマスの赤色や緑色のろうそく灯をともす宝石店までもがその対象となった。ある場所では、暴徒たちは愛国歌「ゴッド・ブレス・アメリカ」の斉唱を中断させて暴動を始めた。[25]

このようなヒステリックな騒動は、やがて陰謀説を駆り立てる事態となった。ワシントン州の一部の住民は激しく燃える山火事を見て、「あれはシアトルに向かう爆撃機を誘導する矢印に違いない」と叫んでいる。あらゆる場所で人々に恐怖心が浸透し、西海岸の保安当局は公共イベントを危険とみなすようになった。そのためサンタアニタパーク（西海岸の三大競馬場の一つ）の競馬が中止となり、恒例のパサデナ・ローズボウル競技場でのアメリカン・フットボールが、ノースカロライナ州のダラムに変更された。さらに、ラジオ放送局は彼らの支局の責任者に対して、「恐怖を引き起こすような番組を控えるように」と通達している。[26]

エレノアとラガーディアの二人は、民間防衛や戦時リベラリズムの根本的な理念で折り合いがつかず、ロサンゼルス訪問後は、それぞれ別の都市へ歩みを進めた。それはラガーディアが北へ向かい、エレノアは南へ向かうという具合であった。両者は国民の間に多くの後援者を擁する著名人であったため、行動を別々にした方が、お互いの目標達成に有利であると考えた結果といえる。ラガーディアは、12月10日の午前9時過ぎにサンフランシスコ市に到着し、そこで市民たちを前にして、「皆さんは、真珠湾の悲劇の前に貴重な時間を無駄にしていました。今や、皆さんの家庭に戦争が近づいていることを、しっかり認識しなければなりません」と訴えた。ラガーディアは自らの言い分を幅広い見識を交じえて強調し、「私は、大多数の国民が知らない情報をふんだんに持っています。私の言うことをしっかり聞いて、注意を心に留めなければなりません」と呼びかけている。さらに、「私は真珠湾奇襲の数週間前に、ハワイが爆撃を受ける恐れがあることを実際に予言し、当局にそのような攻撃に備えるよう忠告していました。私は、このような情報をいい加減に述べているわけではありません」と話を続けた。彼の話はかなり教訓的なものであり、「私の指示に従って下さい。そうすれば、あなたたちは自らの命と愛する人たちの命を救うことができるのです」という感じで人々を諭したのである。[27]

ラガーディアが彼特有の言動で人々の不安を駆り立てていた頃、ロサンゼルス市の民間防衛体制に気落ちしたエレノアが、メキシコに接する大都市・サンディエゴに到着した。振り返ってみると、ロサンゼルス市当局は様々な計画書を持っていたが、それらのほとんどが実行されていなかった。彼女は、「ロサンゼルス市にはさらなる医薬品の供給や病院用ベッドの追加、それに緊急医療チームの訓練が必要である」と結論づけている。またエレノアは、「空襲時に、もし児童や保護者たちが速やかに帰宅できるならば、その方がはるかによい対応です」と主張し、ロサンゼルス市のパニックの対応策である「児童たちを学校内に留めておく方策」には反対であった。エレノアは市民防衛局の側近、コリントン・ギルに内々のメモを書き、「保護者たちは、看護学校や幼稚園や軍事地区の託児所に出入りできることが必要で、またある特定地区の保護者たちは看護技術を身につけ、市民防衛担当者の要請で召集できることが極めて重要です」と伝えた。これらの点について、ロサンゼルス市は明らかに後れを取っていた。

ロサンゼルス市当局の対応に落胆していたエレノアであるが、サンディエゴ市の市民防衛体制に接して希望を見出した。彼女は、ワシントン本部の局員に、一連のメモを通して訪問先の情報を提供してきた。例えば、サンディエゴ在住のエレノアの支援者・シュライナー夫人が、この地で8ヵ所のボランティア募集センターを作り上げていたことが書かれている。シュライナー夫人がサンディエゴに不在のときは、有能な女性たちのグループが彼女の代理を務め、しっかりしたボランティア・プログラムを繋いでいた。また、サンディエゴ市は医薬品を備蓄して緊急時対応の医師を養成し、空襲の後には1000食の温かい食事の供給と、200台の介護ベッドを設置するプログラムを整えていた。カリフォルニア州全域では、「救急車と輸送車の女性部隊」に間もなく数千人のボランティアが加わることが予測された[28]。

サンディエゴ市のボランティア・プログラムの状況に一安心したエレノアは、電車でサンフランシスコ市に向かった（この時期、民間機の多くが地上で足止めされていた）。北への旅の道筋にあるロサンゼルス駅で夕食を取っていたエレノアは、拡声器から流れる「只今、陸軍が西海岸の灯火管制を発令しました」という音声を耳にした。人々が冷静に行動する中で、鉄道職員が手提げランプを持って乗客たちを誘導する姿を彼女は目にしている。[29]

サンフランシスコ市に到着したエレノアは、彼女のこの1週間におよぶ旅程の中で最も好ましくないと思われるリーダーシップをそこで目にした。市民たちは市民防衛局の幹部の訪問を心から歓迎しているように見えたが、アンジェロ・ロッシ市長や警察長官、消防長官は愛国者ぶりを大げさに表現している反面、エレノアの目には、彼らは民間防衛について単にリップサービスを振りまいているようにしか見えなかった。また市の意見交換会では、市民防衛支部のリーダーたちが胸を張って説明を加えたが、彼らはエレノアの社会防衛計画の重要な方針を十分実行しておらず、市の軍事的な防衛を支える能力が低いように思われた。エレノアはその場で消防長官に対して、「市が消防器具を購入するための連邦予算は、すぐには調達できそうもない」と告げたところ、消防長官に住民を焼夷弾爆撃から守るための構想がまったく欠けていることを知って唖然とした。エレノアは「ロッシ市長の無能なチームは、言う事とやる事がほとんど一致しない」と彼女の随行員に語り、「とにかく実行することが基本です」と述べている。サンフランシスコに滞在中、エレノアはあらためてラガーディアとの見解の相違をはっきり認識した。その第一は、ラガーディアが広く先を見通した組織の指導能力に欠けていることであった。差し迫る脅威についてのラガーディアの説得は、市の一部の民間防衛支持者たちを奮い立たせたが、エレノアが推し進めてきた社会防衛の目標については一言も触れておらず、その無頓着さに彼女は失望したのである。またラガーディアは、「(市が禁止していた）女性による防空監視員の任務を可能にさせる条例」についてまったく手を付けていなかった。加えて、社会福祉や公共健康管理に対するより多くの女性ボランティアの必要性についても、ラガーディアは見向きもしなかったのである。[30]

エレノアの挫折感は募る一方であった。そこで彼女は、ワシントンの市民防衛局本部のリーダーシップを強化することに力を注ぐことにした。彼女が見たサンフランシスコ市の地域性への危機感や、ラガーディアの民間防衛に対する狭い視野への嫌悪感は彼女の気持ちを重くさせたが、その一方でボランティア参加による草の根運動の進展に大きな希望を見出していた。そしてこの時こそ、ワシントンの本部が直接この運動に関わることが重要であると考えるようになったのである。エレノアは地方の民間防衛をさらに組織化するために、制服や記章の資金を連邦政府のモルゲンソー財務長官に要請した。またワシントンの局員に対しては、赤十字の救護訓練や夜間の防空監視のボランティアの募集を行うよう指示し、米国民のボランティア活動の土台を築くために力を入れた。

各団体の多様な要望や方針を尊重してきたエレノアであるが、もし民間防衛の勢いが増した場合、彼女は「ワシントン本部は、各社会への支援を強化して、明確な方針を打ち出す必要がある」と考えていた。本部スタッフへのメモの中で、「数多くのボランティアが社会防衛活動に参加するようになったが、一般国民の情熱と意欲はまだまだ十分とは言えません」と述べている。また、エレノアのチームは市民防衛局とリベラル組織の協力関係を深める必要性に迫られていたが、そのリベラル組織には大学や女性有権者同盟、それにＹＭＣＡやワシントン本部をリードするグループなどが含まれていた。

エレノアが市民防衛局の本部スタッフに指示した事柄は、様々な方面に及んでいる。彼女は、民間防衛についての国民の疑問に地方の担当者が答えられるよう、本部スタッフにさらなる取り組みを要請した。国民に栄養学と戦時の必需品についての詳しい情報を伝え、地方社会と一緒になって、ボランティアによる情報センターを強化することもその一つであった。これらはエレノアが当初から目指してきた構想であり、「すべての大都市は、町の各部署に市民防衛局の支部を置くことが重要である」という考えに基づくものであった。エレノアは、「市民防衛局の一貫性は、地方の自治をしのぐものです」と述べている。彼女はラガーディアに「米国全土の空襲警報方式の統一」を訴え、「防空監視員の主要な活動の一つは、彼らの共同生活体への社会奉仕でなくてはなりません」と付け加えた。市民防衛局本部の活動はあまりにも広範囲にわたっていたため、エレノアの側近であるケロッグは、エレノアの西海岸訪問中に「全米の各州や都市における市民防衛局の社会活動計画を実行する準備が整っています」と伝えている。[31]

次の目的地である太平洋沿岸の北西部への旅で、エレノアは戦時下ならではの緊張感に満ちた出来事を体験した。オレゴン州に向けての夜行列車は、空からの攻撃を避けるためにライトを消して運行していたのである。勿論エレノアは列車の消灯に抵抗はなく、彼女を含めて同乗する旅客の安全を考えれば、その運行方法は当然の対応であると納得した。[32]

ポートランド市に着いたエレノアは、現地の役職者たちと非公式の会合を持ったが、彼女が望んでいたのは単なる見せかけではない公式の集会であった。その非公式の会合でエレノアは、「もし大災難がポートランドを襲った場合、それらに対応する準備がまだ整っていない」という報告を受けた。エレノアは彼らの包み隠しのない姿勢に感心し、州や市は正しい方向に向けて前進しているものと判断した。西海岸最後の目的地であるワシントン州では、多くの人々が民間防衛にボランティアとして参加していた。エレノアはこれに満足し、シアトル市の住民たちの快活さを称えた。実は、この日本に最も近い都市にエレノアの娘と孫娘が住んでおり、エレノアは「ダンスパーティーに行くのに孫娘は綺麗にドレスアップしており、これは彼女の平常心がヒステリー気分を乗り越えている証です」と語っている。[33]

シアトル市で、エレノアは日系米国人への対応に心を痛め、いかに立ち振る舞うべきか苦慮した。彼女は「少数グループに対する集団ヒステリー」を公然と非難し、日系米国人の傍らに立つ自らの写真を公衆の目にさらして、「寛容の価値こそは、ナチスが行っている人種差別に対する、我が国の民主主義の歴然とした相違である」と訴えた。またある記者に対して、「米国民は、日本人の子孫の権利を保護する道徳的な義務がある」とアピールしている。さらに「いかなる国民も、突然、米国民であることを取り上げられるような思いを持つことがあってはなりません」と呼びかけ、反ユダヤ主義と人種差別は米国民主主義の障害であって、その改善は「今後に残された大きな希望の一つである」と付け加えた。当時、日本人問題は厳しい争点であったため、首都ワシントンにいた彼女のスタッフは、日本人問題についてエレノアが記者から質問を受けた際に、その返答には言葉を慎重に選ぶよう、彼女に要請している。最終的にエレノアは、日系米国人の権利を保護する論理的な解釈を考え出した。エレノアは財務長官のヘンリー・モルゲンソーに手紙を書き、「日系の農夫は、この国の冬季野菜の75％の収穫を受け請っており、もし彼らが隔離された場合、それほど多くの野菜のロスを補う手段はありません」と訴えたのである。[34]

エレノアはドイツ・イタリア・日系の米国市民は、米国の法律のもとで公平な扱いを受けるべきと主張してきたが、国民の間で吹き荒れていた国内に存在する敵性市民への恐怖については、心が動かされざるを得なかった。エレノアは疑わしい行動はＦＢＩに連絡するよう市民に訴え、反日感情が起きるのは真珠湾奇襲に対する国民の自然の反応と捉えていた。彼女は一部の人々が敵方に加勢していることを認め、ＦＢＩは「早期にそれらの疑わしき人物を検挙しており、その数は少なく下のＦＢＩはドイツやイタリア系の敵性外国人を一斉検挙した。事実、真珠湾以降の民間防衛活動の一端として、フーバー指揮下のＦＢＩはドイツやイタリア系の敵性外国人を一斉検挙した。しかし、これらは一見すると危険排除のための国内の治安対策に見えたが、スパイ活動を実証する事例はまったく見出されていない。事実か否かは関係なく噂が恐怖を巻きおこし、その恐怖が集団ヒステリーにつながって、この集団ヒステリーが敵性外国人への虐待を導いたのである。[35]

エレノアにとってもう一つの大きな関心事は、市民防衛局とＦＢＩの絆が次第に強まっていくことであった。この協力関係の急速な進展は、日系米国人の強制収容問題を政治的に国民が受け入れる状況を創り出した。国家治安を謳《うた》うリベラル組織は憲法による保護を無視し、何の根拠もなしに「日系米国人や日本の移民は天皇に忠実で真珠湾攻撃を幇助《ほうじょ》した」という大衆向けの説得力を行使し、結果的に日系人に対する強制収容所が設置されても仕方がない、という雰囲気を醸し出した。年頭のラジオ演説でラガーディアは、民間防衛に対する彼の批判者たちを「ジャップ」や「ジャップの仲間」と呼び立て、反日感情を掻《か》き立てた。オアフ島の市民防衛責任者がＦＢＩに援助を申し出て、市民防衛局とＦＢＩの共闘を称えたとき、ラガーディアはフーバーに「このような共闘関係は自分にとって特別なことではありません。私たちは良好なチームを率いて、米国民が直面する脅威に見合った支援を行うために、私はＦＢＩの能力に全面的な信頼を置いています」と告げている。[36]

日系米国人の問題で複雑な流れを抱えていたエレノアは、枢軸国の外国人に共鳴したという疑いで彼女の対抗者から厳しい批判を受けた。「ロサンゼルス・タイムズ」紙は、エレノアが公の仕事から退くことを要求し、その理由として「彼女は、日本人と呼ばれる卑怯者の窮状に同情する罪を犯した」と書いている。しかしエレノアは、西海岸訪問の結論を「西海岸に広がっていたヒステリックな脅威を、自分の訪問によっていくらか冷静に収めることができた」と主張した。その一方で、西海岸の遊説はニューディール反対派の反撃を呼び起こし、「エレノアの軍事的な防衛策は甘過ぎて、米国民の生命を守るべき組織を率いる能力に欠けている」という批判を招くことになった。[37]

ラガーディアは米国の民間防衛において、彼の批判者も認めるほどの大きな功績を収めた。彼の大胆で怖さ知らずの姿勢がエレノアをはじめ、数多くの米国人たちを奮い立たせたのも事実であった。国民の目を軍事的防衛に向けさせるラガーディアの才能は、彼のプログラムに大きな活力を吹き込んでいる。ある関係者は、市民防衛局のボランティアに腕章をつけさせた彼のアイデアは見事だったと語る。彼が企画した広報の推進力についても、「空襲時の身の守り方に関する市民防衛局からのお知らせ」を、ある有名紙が国民に紙上で伝えたことで効果を発揮した。ホワイトハウスは、戦争内閣の会議でラガーディアがFDRの近くに座っている写真を公表したが、これはラガーディアがホワイトハウスの奥まった部屋まで進出したことを示していた。彼の長年の信条である――最も危険にさらされるのは海岸から300マイルまでの領域で、民間防衛はまずこの領域に重点を置くべきである――に異論をはさむ軍人や文官はほとんどいなかった。ラガーディアとエレノアの西海岸の遊説後にはっきり表れたのは、民間防衛プログラムへのボランティアの参加人数が目に見えて増加したことであった。それはかつて過激的として避けられてきた民間防衛プログラムが、ここに至って国民の道義心に強い影響を与えた結果と言えた。ニューイングランドの州で1250を超える防衛評議会が立ち上がったのも、その一例であった。ラガーディアは、12月7日の真珠湾奇襲の前に数千人の防空監視員の採用を支援してきたことを高く評価され、引き続き彼は、民間による航空監視のための3万人のパイロットを任務に就かせようとしていた。ある報道機関は、「ラガーディアは、彼が民間防衛にフルタイムで専念するときに備えて、ニューヨーク市議会の彼の職務を市評議会委員長が代行するよう準備を依頼した」と報じている。[38]

しかし、たとえいかなる人物がラガーディアの市長代行を果たすことができたとしても、ホワイトハウスは彼の処遇について異なった構想を持っていた。ラガーディアが民間防衛体制の多大な進展を成し遂げてきたのは事実であったが、彼が市長を務めるニューヨーク市は、彼が西海岸の視察に出ている間に空襲に対する準備の遅れを大きく取っていた。ラガーディアの不在は、その問題の一端に過ぎなかった。陸軍の司令官たちは空襲にかなり敏感になっており、例えばロングアイランドのミッチェル飛行場の陸軍基地が、市民の一人から敵の爆撃機についての問い合わせを受けたとき、彼らはそれを実際の警報と勘違いして、数百機の敵の飛行機がマンハッタンに向けて飛行中という誤った判断を下すほどであった。そこで陸軍は、ニューヨーク市警察に敵の爆撃機が接近中と伝え、警察は防空監視員に対して無線機とテレタイプで連絡を保つよう指示した。市当局は100万人に及ぶ学校生徒を自宅に退避させることを決め、秩序を欠いた人々の群れが、ニューヨーク市に大混乱を引き起こしたのである。叫び声を上げる子供たちがタイムズ・スクエアを走り回り、摩天楼の従業員たちは地上に避難を求めて、街の通りは人々で溢れかえった。航空会社の定期便はキャンセルされて、ラジオ放送局の多くは放送を取り止めた。そんな状況の中、ニューヨーク市民の一部は空襲警戒報に逆らって町の通りから上空を見上げ、ウォール街の株価は1940年6月のフランス陥落以来の安値をつけている。

この空襲警報の誤報は、全米に大きな波紋を巻き起こした。陸軍はその責任をラガーディアに押しつけようと画策し、市議会がパニック状態になったことを非難している。また、その時ラガーディアがニューヨークに不在であったことが彼の立場を一層悪くし、ニューヨーク帰還後の彼の性急かつ調和を欠いた態度が市民の反発を招いた。そのためラガーディアは市議会の幹部と会談を持ったが、彼らは結果的にラガーディアの断固とした指導力を支持している。しかし、その後の記者会見で見せたラガーディアの姿勢は、傲慢さと不適切さに溢れた不遜な態度に他ならなかった。上着なしのワイシャツ姿のネクタイにはしまりがなく、椅子にふんぞり返って両手を広げたラガーディアは、灯火管制を発令する責任はすべて陸軍にあると公言した。彼はまた、この警報誤報の際のニューヨーク市民の規律違反行為にふれ、公的な場を妨害して避難する市民は、結局自らの生命を危険に陥れることであり、法的裁きを受けることもあり得ると勧告した。しかし、それにもかかわらずラガーディアは、ニューヨーク市民に簡単な避難方法をうまく説明することができなかった。彼は、「警報が聞こえたらそれは停電が間近であることを意味し、もし警報が聞こえなかったとしても町は停電に陥ることがある」と市民に伝えている。[39]

その後、ラガーディアのニューヨーク市民に対する注意喚起は激しさを増した。ラガーディアは、「これまで我々は、外国勢から我が町の通りや住み家に直接の攻撃を受けたことがなかった」と前置きし、「ガラスの破片が雨のごとく街路に降り注ぎ……、パニックで高層建築から逃げ出そうとする住民たちは、玄関で粉々になって命を落とすことになる」と警告した。また、「大混雑の地下鉄駅に入り込んだ敵の破壊活動員が、『爆弾だ！』と騒ぎ立てるだろう」と語り、「我々市民の間には、ドイツやイタリア系の米国人スパイがうようよしている」と告げている。ラガーディア市長は、もしニューヨーク市民が市長の指示を守らなかった場合「恐怖や規律違反、そしてパニックが引き起こされることになる」と説明し、「空襲時の市の命令に違反したすべての者に、6ヵ月の拘留と500ドルの罰金を課す」という厳しい条例に署名したのである。[40]

ラガーディアはまさしく米国の民間防衛の先頭に立ってきたが、ここにきて陸軍当局が、彼に代わって人心をあおり立てるような警告を発するようになった。スティムソン陸軍長官は、ラガーディアに対して「米国陸軍は灯火管制の発令と、ラジオ放送局を中止させる責任を持っている」と書面で伝え、「戦時体制下にある現在、このような事例は今後とも増加することになる」と告げた。さらに陸軍は、空襲警報を色分けで知らせる方法を採用した。黄色信号は敵機が都市に向けて接近中であることを民間防衛担当者に内々に知らせるカラーコードであり、青色は市民に空襲への準備を知らせる信号であった。また赤信号は空襲の脅威が差し迫っていることを意味し、即座に避難を要する警報であった。民間防衛の担当者からその情報を得た「ニューヨーク・タイムズ」紙は、「それらの警報が我々に知らされる前に、米国東西の沿岸はすでに空襲を受けているだろう」と報じ、ラガーディアの現実的な対応を支持している。[41]

このような中でラガーディアは、彼の大袈裟な言動や演説に加えて、「市民は自分の指示に従うべきで、さもなければ死の危険が待ち受けている」という過剰な警告を行い、民間防衛責任者としての適性を人々から問われるようになった。当時は真珠湾の惨劇後でもあり、ハワイの防衛がまったくなされていなかった責任を巡って、国民は責任者の追求に紛糾していた。ハワイの守備が手薄であったことについて、ラガーディアが責任を問われることはなかったが、彼は「民間防衛が失敗し、政府が攻撃に対処していなかったために多くの米国民が亡くなった」と捉えていた。ラガーディアの西海岸遊説中に、地元のニューヨークで大混乱が生じたこともあり、「市長と民間防衛の責任者を同時に果たすことは難しい」という議論が呼び起こされた。ある記者は「我々は、ニューヨーク市のためにあなたを選んだのであり、国全体のためではない」とラガーディアに迫っている。またあるコラムニストは、「自分の市の空襲準備さえできなかった理不尽な市長」とこき下ろした。コラムニストのレイモンド・クラッパーも、時折みせるラガーディアの大げさな仕草と、これ見よがしの虚勢を激しく非難した。政治評論家のウォルター・リップマンは、国民の脅威を掻き立てるラガーディアの感情むき出しの演説や、机をドンと叩く彼の野卑な態度などを指摘した。さらにリップマンは、「米国民が真に望んでいるのは、海岸から300マイル内の危険領域における限定的な戒厳令であり、市民が国内の軍事的任務に就くために必要な法律と、民間防衛を担当する陸軍副長官の存在である」と声を高くした（リップマンはまた、エレノアの活動を「気まぐれで空想的、それに説教は退屈で、村社会の改善活動プログラムの先駆けみたいなもの」とけなしている）。ある漫画家は、ラガーディアを一人で取扱いできないほどの楽器を演奏するバンドリーダーとして描き、「ドラマーに徹すべき」と言葉を加えているが、それは「ニューヨークの市政に専念すべき」という意味であった。また「タイム」誌は、「ニューヨーク市の建物で、空襲に対応できる設備を備えているのはわずか2%以下である。にもかかわらず、ラガーディア市長は女性たちに制服を着用させて、彼に敬礼させるような無駄な日々を費やしている。これではニューヨーク市民の一人さえ守ることは難しい」と酷評した。[42]

ラガーディアの選挙区民は、民間防衛を実を結ぶことのない無駄な努力と批判し、市庁舎におもむいてラガーディアを追及した。このように、地方の民間防衛に対する反動は政府の活動を複雑にさせたが、それは上辺だけで固めた政府の指針よりも、市民たちが自らの目を通して民間防衛プログラムを意識し始めたことに他ならなかった。ある一通の手紙――「私たちには空襲の避難所も、ガスマスクも、適切な防護用品もありません……。夜は床に就くのも恐怖です。私たちは日本やドイツの攻撃の的で、彼らはこの国の海岸に……。追伸：私たちの周りはスパイで溢れています。それはロングアイランドでも同様です？――がそれをよく表している。またあるニューヨーク市民は、「民間防衛は十分成されていません……。何故ガスマスクが私たちに配給されないのですか？　今や、空襲の可能性は現実になっています……。ニューヨーク周辺の橋塔《きょうとう》に対空砲がないのも理解できません。それらは防衛の基本と私には思えますが……」と怒りをぶちまけた。

しかし、すべての人々がラガーディアの民間防衛を批判したわけではなかった。ラガーディアを支持する人々は、「民間防衛は防衛手段として不可欠なものである」と明言し、「ラガーディアは、国民の心をこの国や社会、それに個人の人権の尊重に向けて結束させている」と称賛した。ニューヨーク市の「テナントの会」は、市民防衛プログラムを、「ニューヨーク市民は、隣人グループを単位として共存している。アパートのテナントの会合には多くの人々が参加するし、これまでエレベーターの中で挨拶を交わす程度だった人々を団結させ、社会を守るために短時間で一体化させた」と評価した。しかし、[43]一般市民のラガーディア市長に対する不満は、彼の支援者たちの称賛をはるかに上回るものであった。

同時に、連邦議会の議員たちもラガーディアに対する批判を強めていた。議員たちはラガーディアを権威主義的で空威張りの人物とか、自らを重要人物として偉ぶる手に負えない指導者、また国の安全保障を固めることができないリーダーであると批判し、市民防衛局の局長には適していないと評価したのである。議会下院は、米国の民間防衛を担う責任者としてラガーディアに確信が持てないと宣言し、市民防衛局の局長を解任する案に賛成票を投じた。大統領夫人のエレノア自身も、このラガーディアの局長解任議決の舞台裏で一役買っていた。彼女はホワイトハウスの補佐官ウェイン・コイ、ハロルド・スミスと会談し、二人の補佐官はラガーディアを市民防衛局から外すよう進言したのである。FDR自身も、ラガーディアに対する認識は彼らと同じであった。ラガーディアを批判する人々の評価は、彼は無能で側近を遠慮なく解雇し、職員の勤労意欲を傷つけて、いざ米国が正式に戦争に突入したとき、ニューヨーク市と市民防衛局の両方を管理することは無理ということであった。補佐官のコイとスミスはFDRに、「市民防衛局は6000人以上の住民がいる都市に1万8000枚のポスターを送った。しかし、その反応を誰もフォローしていない」と話している。大統領がラガーディアの件で頭を痛めていたのは、これだけではなかった。FDRは、妻のエレノアがラガーディアを相手に論争する騒ぎに辟易《へきえき》していたのである。「それぞれが、それなりの話を私に持ちかけてくる。両者の話はともに正しい。そして二人は私に迫るのだが、私にはその対処が難しい。私が願うのはあなたが二人を私から遠ざけて、二人の相違を都合よく調停してくれることだ」と、FDRは側近のアンナ・ローゼンバーグに頼み込んでいる[44]。

12月中旬、FDRはラガーディアに対して、「これ以上市民防衛局の局長を続けるのは難しい状況にあり、今後は全力でニューヨーク市の安全に専念していただきたい」と告げた。ラガーディアは、「国はまさに自分の指導力を必要としており、この期に及んで重要な民間防衛の職を辞することは……」と自問し、しばし返す言葉を失った。その後彼は、現在民間防衛プログラムは社会的にも軍事的にも順調に進んでいることをFDRに伝え、同時に、このような状況に自分を追い込んだ報道機関に対して非難の言葉を浴びせたのである。しかし、ここで第三者が公平にラガーディアを見極めた場合、彼にＦＤＲとエレノアの後押しがなければ、市民防衛局の局長を続行することは無理と捉えるのは当然のことであった。[45]

ラガーディア自身が招いた彼への批判は多方面にわたり、それらは彼の無鉄砲さが職員に与えた恐怖心や、人々の不安を和らげるというよりも、むしろ人々に恐怖を抱かせるような彼の姿勢に基づくものであった。もし他の人が市民防衛局の局長であったとすれば、ラガーディアほど物議をかもしていなかったかも知れない。しかし、そうは言ってもその人物による民間防衛の進展は大方期待外れで、人々の採用も小規模となり、市民防衛の活動はラガーディアほど人々の関心を集めなかったであろう。ラガーディアの幅広いリベラリズムは、彼自身の強靭さとは裏腹に、彼の決定的な弱点を浮き彫りにしたが、緊急時の社会安定のために政府の権力が不可欠と考える安全保障リベラル層の支持を強固にしてきた。しかしその一方で、孤立主義者や社会防衛リベラル層、そしてラガーディアの命令が個人の自由を侵害すると考える市民たちの対決意識を高めたのも事実であった。真珠湾の惨劇以降、国内に恐怖や精神的不安が広がる中で、誰もが彼らの仕事に自信を持つことは難しい状況にあった。しかし、ラガーディアはここでマッチをすって火を起こし、そこに烈火を巻き起こす役割を見事に果たしたのである。

ラガーディアが市民防衛局長の退任を迫られていた12月15日、エレノアは首都ワシントンに帰着して、彼の空席を補うために奔走した。それは、彼女の信条であるリベラリズムの社会防衛構想の好機が訪れた時でもあった。エレノアは時をおかずに彼女の目標を全米の社会に広げようとした。

彼女が飛行機を降りて数時間後にはモルゲンソー夫人や側近たちが彼女のもとを訪れ、最新のボランティア活動の状況を報告した。そこでエレノアは、「私の目標は、米国にかつてない強力な社会組織を作り上げることです」と彼らに伝えている。「真珠湾以降、ニューディール・リベラリズムにとっては決して穏やかな日々ではありません」と語る一方で、エレノアは「社会福祉が国家防衛の第一歩です」と呼びかけ、自らの目標達成に全力を尽くす決意を披露した。

側近のジェーン・シーバーは若人たちを採用する市民防衛局の活動を一歩推し進め、故郷を離れて首都ワシントンに移住した独身女性たちの新しい生活を支援した。エレノアは「プリンの味は、それを食べてこそ分かるものです」と、彼女が実践している責務をプリンになぞらえたが、それは「彼女の活動を通してより多くの米国民が快適な生活を送ることになれば、それで社会防衛の価値が証明される」ということを意味していた。米国の経済大恐慌から10年後、エレノアは「国家の防衛とは国民の身体の安全を守ることばかりでなく、経済的繁栄や良好な健康状態、それに芸術との触れ合いや活気溢れた国民生活などに基づく安定した社会を意味している」と訴えた。彼女は「防空監視員はその役目を自分のためばかりでなく、その任務を達成できない人々のためにも行われるべきものです」と述べているが、一方で、「これらの活動は防衛とは関係ないと言う人たちもいます」と付け加えた。それらの人たちとは、「政府が言う防衛活動とは単なる見せかけで、疑いを持たない国民を安心させておくだけのものである。それはニューディールという名目の下で行われる大変間違った活動の一つである」と唱える反ニューディール派のことであった。エレノアは、「これらの人々の主張は本末転倒そのものです。もしニューディールが無かったとしたら、私たちは彼らの言う防衛の概念に従っていたことでしょう。我々がロンドンの事例から学んだことは、空襲時に多数の人々が同じ避難場所へ集合するのは大変危険であるということです。人々は安全を保障されなければならないし、さもなければ人々の恐怖心が一大騒動を招くことになるのです」と切り返している。[46]

リベラル層はエレノアを、第一次・第二次世界大戦の展望——戦争はリベラリズムを強化する機会を与えて、すべての国民の生活を向上させるものである——を強力に推し進める先導者として前面に押し出した。ある市民防衛局のスタッフは、「エレノア副局長は国民の社会防衛の中心的存在であり、彼女の叡智《えいち》と独創力は、大衆が戸惑う中で人々が真に求めるものを認識させる能力を与えている」と書き表した。エレノアは連日18時間を費やして資料を整理し、カバンの中のすべての書類に目を通して、彼女の目標を達成するために専門家の協力を得た。彼女はクリスマスには讃美歌を歌い、救世軍を訪問して、英国救援のための会議に出席し、欧州の戦況をFDRと話し合うためにワシントンを訪れていた英国首相のウィンストン・チャーチルと晩餐を共にした。[47]

しかし、太平洋方面の前線から届く戦況は厳しいものであった。12月には日本軍が香港やグアム島、ウェーク島を占領している。日本軍がフィリピンに上陸したとき、極東のマッカーサー軍は兵員・物資共に不足しており、米軍はバターン半島のコレヒドール要塞に後退を余儀なくされた。これらの後退にもかかわらず、エレノアの新年に対する希望は萎《な》えることがなかった。彼女は数々の根拠をもとに、多くの米国民が道義心や精神力、また経済的な向上心をもって軍事的な動員に参画し、彼女の考えに賛同することを確信していた。またエレノアは、ワシントン政府が全米の州や都市のリーダーたちをはじめ、彼女の社会変革に貢献しようとする数多くの国民たちと協同することを思い描いていた。12月下旬、エレノアは市民防衛局で彼女の任務を引き続き継続し、民間防衛に尽力する考えを固めた。エレノアは１９４２年の市民防衛局の予算を政府担当者と協議し、民間防衛活動に貢献することを当局に伝えている。同時に、エレノアのニューディール・リベラリズムの目標が全米の社会に定着するまで、彼女は市民防衛局の副局長の任務を続ける意志をここで表明したのである。[48]

第十一章　エレノアが批判のまとに

真実を求める自由、仕事をする自由、政治に関与する自由、自分の考えを述べる自由……、これらは米国が国民に与えてきた希望の源である。私は全米社会全体における市民防衛の一端として、これらを不断の決意で守り通していかなければならないと考えている。

——エレノア・ルーズベルト　1942年1月

1942年が明けて2ヵ月の間で、エレノアは自らの展望をしっかり認識するようになった。米国民は国民としての責任や民主主義を守るために、彼女の民間防衛のもとにボランティアとして参画し、ファシズムに対する戦争の行方に強い関心を示すようになったのである。民間防衛の影響力は国民の士気の高揚はもとより、天災による被害者の救助や工場で働く女性たちの子育て支援など、様々な方面における前進の原動力となり、国民全体の安心感を一層高めている。その結果、ボランティア団体は国民に対して生活必需品や健康促進のための新鮮な野菜の補給をはじめ、体力増進の指導や、運動ができない人々への健康管理の促進などを行った。ラガーディアが真珠湾奇襲によって威信を失ったとき、エレノアは大衆動員の流れや士気の向上に沿って、新たなニューディール・

リベラリズムの活動を強化した。さらに連邦政府の幅広い協力をきっかけに、米国民の社会的公平を一段と前進させている。しかし、それらも当時の東アジアにおける対日戦の厳しい戦況がブレーキとなり、国民の精神的動揺と相まって、戦時ニューディール・リベラリズムへの反動を招くことになった。その結果、人々の関心が社会保障リベラリズムというよりも、むしろ軍事的な安全保障の必要性に傾き始めたのである。こうした国家的な出来事はファーストレディーの失脚を招く要因となり、ニューディール・リベラリズムを安全保障リベラリズムと同じ基盤にしようとするエレノアの努力に、くさびが打ち込まれることになった。[1]

一方のラガーディアにもほとんど時間が残されていなかった。1942年初頭、評論家たちは相変わらずラガーディアに圧力をかけていた。ラガーディアはニューヨーク市長の職務をよそに過激な演説をたびたび行い、戦争への微妙な対応が求められる中で、国民を団結させるというよりはむしろ敵の攻撃による国民の不安をあおり立てた。その結果、国民の多くが根拠のない恐怖心を抱くようになったのである。ワシントンのFDRは、連邦事業管理総局のカーモディの後任者、フィリップ・フレミングに対して、市民防衛局と協同しながら連邦議会議事堂や財務省、スミソニアン博物館などの保護を強化するよう指示している。と言うのも、FDRは米国の伝統的な建物を空襲時の避難所に加えたかったからである。しかし、市民防衛局本部ではラガーディアが誇張する恐怖の意識が急速に高まっており、副局長のT・S・ウォルムズリーは空襲で傷ついた市民に祈りを捧げるために、牧師を雇うことをラガーディアに進言した。また同局防衛部担当のL・D・ガッサーは、多くの防空監視員が銃を携帯して任務に就くことを知ったとき、彼は監視員たちが敵に発砲することを控えるように指示を下した。それは監視員たちが向こう見ずになることを危惧したからであり、ウォルムズリー副局長も同僚に「この時点で彼らを武装させることは好ましくない」と語り、ガッサー局員の指示に賛同した。[2]

　国民も民間防衛に関する彼ら自身の考えを市民防衛局に提案している。ところが、その中にはかなり奇想天外な意見が入り混じっていた。あるニューオーリンズの男性は、「市民防衛局は民間の決死隊を募り、35歳から45歳の男性を採用して、国内の敵に攻撃をかけるべきだ」と提唱した。防衛部担当のガッサーはその男性の考えを同僚たちに紹介し、提唱者の情熱には感謝の意を述べている。エレノアも副局長として本土空襲の可能性を強く意識していたが、問題は「もし空襲があるとすれば、それはいつか？」ということであった。彼女は、重要施設に迷彩を施して建物を敵の操縦士から守るよう政府に提案した。また彼女は、「これまで冬の不順な天候が米国民を空襲から守ってきた」と考えており、「春になれば、防空監視だけが敵の攻撃から我々を守る防御手段になるだろう」と警鐘を鳴らしている。[3]

　このような世相の下で、国民の過度の恐怖心が民間防衛体制に大きな影響を及ぼすようになり、ＦＤＲに残された唯一の解決策は、ラガーディアの解任であった。しかし、ラガーディアがそれを容易に受け入れる気配がなかったため、12月中旬にＦＤＲは彼をホワイトハウスに招いて「市長と市民防衛局の局長を兼務できる人はまずいないと思われますが……」と、婉曲的に話を持ちかけた。それに対してラガーディアは、「自分を批判する者たちは、もっぱら政治的問題に振り回されており、特に新聞報道は自分を不当に取り扱っている」と反論した。しかし、ＦＤＲがラガーディアの言い分に手心を加えることはなかった。ＦＤＲとエレノアは、すでにハーバード大学の学部長、ジェイムズ・M・ランディス〈1899年、ミッションスクール教師の息子として東京で生誕〉をラガーディアの後任に考えていたのである。そのランディスは証券取引委員会の前委員長で、ニューディールに基づく有能な管理者として好評を博していた。また彼は、ニューイングランドの民間防衛の責任者として防御の具体的な体制を築き上げてきており、その体制は数万人のよく訓練された防空監視員や消防士たちをはじめ、戦争に向けて鍛え上げられた警察官たちで構成されていた。これらの功績に加えて、エレノアが目指す社会防衛の観点から見ても、ランディスは一本気のラガーディアよりもはるかに好ましい人物として期待されたのであった。[4]

1942年1月2日、FDRはランディスにラガーディアの後任を打診した。その翌日、ランディスはラガーディアに声を掛けている。そしてランディスはFDRに、「私たちは今後の引継ぎについて大統領を交じえて早期に話し合いを持ちたい」と伝えた。しかしその一方で、この時点においてもラガーディアはエレノアの温情をあれこれ模索していた。彼は栄養学のパンフレットをエレノアに送り、それには軽いユーモアが添付されていた。その添付とは、「市民防衛局の局長はこのパンフレットに大変感銘を受けたので、ニューヨーク市長は貴女もそれをぜひ見たいだろうと考えて発行したところです」という洒落であった。エレノアはこのパンフレットを高く評価し、栄養学委員会に紹介することを約束している。[5]

こうした温かい思いやりの陰で、エレノアとラガーディアの関係はますます冷めていったが、ラガーディアの民間防衛に対する方針と姿勢は相変わらず物議をかもしていた。コラムニストのドリュー・ピアソンとジャック・アンダーソンが述べているように、ラガーディアはエレノアの改革をたびたび妨害していた。一方のエレノアも、ラガーディアの企画――ニューヨーク5番街のパレードにおいて、特製の制服をまとった小柄で均斉のとれた女性だけが行進してラガーディアに敬礼をする――に異議を申し立てた。エレノアの指摘は、「一般の女性たちはそのような制服を買う余裕はなく、貧しい女性たちのボランティア参加の道が塞がれる」ということであった。[6]

ラガーディアはワシントンの同僚たちから反感を買い、政府のかつての仲間たちからも冷たい目で見られるようになった。ハロルド・イッキス内務長官は彼の日記で、「ニューヨーク市長は落目になっている」と打ち明けている。1942年1月9日、ジェイムズ・ランディスは市民防衛局長の業務を引き継ぐことになり、ラガーディアは現場での役目を果たすことを誓約した。それは職位を奪われた人間が面目を保つための言葉であった。ラガーディアは、彼が熱意を込めてきた閣僚会議への参加を取り止めたが、報道機関は相変わらずラガーディアの批判を続けていた。その後ニューヨークに戻ったラガーディアは、市民に対して「間もなく市民防衛局長を辞任するだろう」と打ち明けた。「ニューアーク・イヴニング・ニュース」紙はラガーディアの煮え切らない姿勢を取り上げ、彼が飛行中の航空機に指先でしがみつく漫画を載せて、「ラガーディアはいつ手を離すことになるやら」という言葉を添えた。[7] 1月上旬、ラガーディアは市民防衛局の責任を負わない役職に就いている。

エレノアはその穴埋めに奔走した。と言うのも、彼女は米国が確固たる民主主義国の一員であることを世界に示したかったからである。国民のラガーディアに対する信望が失われた反面、エレノアの評価がそれまでになく高まることになった。エレノアは自らの考えを一段と前面に打ち出し、「社会防衛の概念が、1941年1月6日の一般教書の中で大統領が宣言した『四つの自由』を創出する基盤になった」と明言した。戦後になってエレノアは、「米国民は手を取り合ってさらに寛容で豊かな生活を求め、安定した経済の成果を分け合わなければなりません」と国民に語り掛けている。エレノアは自身への評価の高まりを受けて、自分とラガーディアが真珠湾奇襲の前に主導した、進取の気性に富んだ目標の一部が実を結びつつあることを実感したのである。ボランティアの動きに合わせて国民の愛国心が燃え上がり、目を見張るほど彼らが民間防衛に参画したことを、エレノアは「感動した！」と打ち明けている。真珠湾被災後の3週間で250万人もの国民がボランティアに登録したが、この数は必要なボランティア数の3倍に達した。1942年1月に限っても、200万人を超すボランティアが登録し、ボランティアの総数は560万人に達した（これに比べて、正規軍の現役数は400万人ほど下回っていた）。国の安全確保と社会防衛計画を志すボランティアの数は、いずれも急激な展開を示したのである。1月に軍事面へのボランティアが60万人ほど増えたのに比べて、社会防衛のボランティア数は25万人の増加であった。エレノアが手をつけたボランティアの流れは大衆の巨大勢力へと拡大し、エレノアは大いに勇気づけられている。[8]

2月末には全米で2000ヵ所を超える民間防衛のボランティア・センターが立ち上がり、それらはそれぞれの市庁舎や消防署・赤十字社事務室などに設置された。12月中旬から1月中旬にかけて、およそ1万人の米国人が市民防衛局の民間航空警戒部隊に加わり、各州の活動も強化された。ルイジアナ州当局はボランティアが続々登録したことを市民防衛局に伝え、ペンシルベニア州では1942年初頭までにその数617の地方防衛評議会が立ち上がっていた。退役軍人や労働者、それに市の職員たちは軍隊の防衛部隊を志す傾向があり、一方で主婦や市民団体のメンバーやニューディール関係の職員たちは社会防衛プログラムに加わる傾向があった。[9]

ボランティアたちは、社会に役立つ様々な課題に手を付けている。彼らは消費者に賢い買い方を教えたり、技術が求められる産業の労働者たちの教育訓練を支援し、廃物利用の運動や軍用タイヤのゴムを確保するための輸送手段の効率化や、戦時国債と引換券の売却、それに軍需工場で働く主婦のためのデイケアセンターの設立などに力を尽くした。またヴィクトリー・ガーデンでの植物栽培とその促進をはじめ、栄養学の基礎教育や、すべての人々の健康改善を目指す医師と看護師の組織化などを行っている。エレノアのプログラムは面談や手紙や電話連絡、それに各種委員会をはじめとして政府や産業・市民団体、州や地方の関係者との協同関係に基づいていた。

　ボルティモア市では、一般市民の生活を変えようと努力するエレノアのたくましい世界を実現させた。銀行家や都市計画関係者、製造業者やこの都市の有力者たちによって導かれた社会保護政策は、1回の会合に1000人余りの女性たちが集まる機会を作りだしている。そこで女性たちは、「さらに数百人のボランティアを参画させること」を誓い合ったのである。ボルティモア市の社会保護政策は、ネズミの繁殖を防ぐ公共健康管理運動をはじめ、栄養価の高い料理情報の提供やヴィクトリー・ガーデンでの植物栽培、さらに重要物質の節約や子供の古くなった靴を新品と交換する取扱所の開設などを展開した。地区のリーダーたちは社会福祉事業担当指導員《ソーシャルワーカー》として「何でも屋」を自称し、地区の人々の士気を高めるために、隣人たちの間で起きる諸問題に積極的に取り組んだ。市民防衛局のボランティア人材課は、ボランティア活動の高揚を目指して、作家や画家を大いに活用している。担当者は数千枚のポスター・冊子・パンフレットなどを配布し、社会的にたくましい男性や女性たちをはじめ、主婦や労働者、商人や専門家たちがそれぞれ協力支援を行うよう運動を推し進めたのである。[10]

ラガーディアが人々の非難の的になっていたころ、エレノアは彼女のボランティア・プログラムを新たに練り直して、国民の結束をさらに強めるよう努力していた。エレノアは自らが担当する部門の名称を「ボランティア参加部」から「地域社会計画部」に変更し、地方の社会計画の推進を計ったのである。また彼女の影響力を強めるために、市民防衛局の主要ポストに彼女の同僚を就けた。判事のジャスティン・ポリエは社会問題の責任を担当し、エロイーズ・デビソンがモラルの高揚と社会福祉を担当、またウィルマ・シールズがボランティアの調整役になって、ジェーン・シーバーが若者の育成役、そしてクリスタル・フォーセットはアフリカ系米国人の問題を担当した。その一方で、ベティー・リンドリーとエリノア・モルゲンソーがエレノアの計画を実行に移すための中核として働いている。補佐役のポール・ケロッグは、市民防衛局の日々の業務を取り仕切る役職を全うした。エレノア自身は、さらなるボランティアの拡大を図るために地域の職員を採用する許可を模索していた。[11]

エレノアの執務室は、戦時体制下の部局として活発な動きを見せていた。彼女の補佐役たちは市民防衛局のためのラジオ放送の原稿を作成し、国民に訓練マニュアルを配布したり、ボランティア募集事務所の設立に力を注いだ。エレノアには6人の秘書をはじめ、山積みされた書簡類の処理を補助するベテランの補佐役がついていた。エレノア自身も交渉活動や彼女の目標を達成するために、忙しく立ち回っていたのである。エレノアは彼女のチームを力強く盛り立てる一方で、社会が必要とする有益な情報の収集や、地方のリーダーたちとのより良い関係の維持に力を注いだ。また彼女は側近に対して、市民防衛局が社会防衛の意義を広報するために、米国の標準的な市民の家庭を選出するよう要請している。それは、市民防衛局の位置づけを高めて、エレノアが力を注ぐ社会防衛の考えを広めるために、当時ニューヨーク市で試験発信していた最新機器のテレビジョンが、その目的に役立つかどうかを見定めるためであった。[12]

エレノアは、米国が突入した戦争が長引く現実を目の当たりにした。これらの現実を通して、彼女が夢見ていた女性のみによる民間ボランティアの創設は戦時対応の面からしても困難があり、このプログラムに男性を加えることを考えるようになった。さもなければ民間防衛は閉鎖社会となり、女性たちの役割がかえって狭まってしまう、と考えたからである。彼女はそれを市民防衛局のコリントン・ギル副局長に説明し、「もし、地方の女性責任者にボランティアを組織する全権が任された場合、それは女性だけが関連する事業になってしまうでしょう。また、女性の活動がその他の活動と競合することになれば、かえって良くない結果を招くかも知れません」と述べている。心機一転したエレノアは、ここで男性の採用を指示したのである。

エレノアはまた、国民の権利を民間防衛の要《かなめ》にする取組みに着手した。彼女はボランティア採用委員会にアフリカ系米国人を指名するよう働き掛けている。と同時に、アフリカ系米国人が軍需工場で働く機会を作るよう申し入れた。さらに差別を無くすために、ボランティアの形態から人種や宗教の問題を一掃するよう地方の責任者たちに伝えた。エレノアは、戦時にアフリカ系米国人がいかに米国に貢献したかを常々人々に伝えてきた。しかし、彼女の同僚の一人はエレノアにメモを送り、そのメモには「もしアフリカ系米国人が急遽献血者として認められた場合、陸軍内で混乱が起きることを市民防衛局の職員は危惧しています」と書かれていた。NAACP（全米黒人地位向上協会）のワシントンDC支部は市民防衛局に対して、「町のアフリカ系米国人の士気は底辺にある」と報告し、その理由として地域の警察による虐待や、民間防衛の黒人差別へのこだわりがある、と説明を加えている。エレノアは、ほとんど法的執行力を持たない市民防衛局を介して、米国に根づいたそれらの実態を変革する力を持ち合わせていなかった。[13]

こうした状況の中でエレノアは、若い人々の動員に力を入れた。若者育成役のジェーン・シーバーと協同し、カレッジ・キャンパスや若者組織における民間防衛の認識を高めるために、二人はパンフレットや広報を作成した。また、ラジオ放送を通して若者たちの民間防衛における役割を伝えた。ところがここで、彼女の努力は複雑な結果を招くことになった。ホワイトハウスが彼女の広報に横槍を入れて、若者の勧誘を難しくしたのである。[14]

1942年が明けて数週間の間、エレノアはかなりの時間を社会防衛の問題に費やすことができた。民主主義の将来に危機感を持ったエレノアは、拡大するファシズムとの戦いの中で、国内における重要な役割を果たしている。彼女は国民を大衆動員するための旗振り役となり、ボランティア活動を広めて国民の士気の高揚を先導し、精神的にも肉体的にも国民を鍛えることによって空襲への対応を充実させたのである。言い換えれば、民主主義の礎《いしずえ》を守ることに精一杯力を注いだのであった。エレノアは、国民が彼女の目標に向かって全力を尽くすよう努力を積み重ねた。その結果、彼女の執務室に数千通の便りが届くようになり、エレノアはさまざまな階層からの手紙に興味をそそられながら目を通した。造船技師で、エレノアのプログラムに熱心なボランティアの一人は、「大統領夫人に対する国民の信望は米国社会の冠たるものです」と書き、児童教育専門の男性は、「貴女の活動に奉仕することを心から望んでいます」と書いている。またシアトルに住むある男性は、国民の士気高揚の活動でエレノアを補佐したいと伝え、ミズーリ州の女性は彼女の娘が民間防衛の職に就けるよう、エレノアの助言を要望した。エレノアはこうした国民の熱意に感動し、自分の活動に対する彼らの信頼を実感したのである。エレノアは、彼女を称える人々との間に一心同体の関係を築いた。「国民の愛国心と情熱は、私の市民防衛局副局長としての仕事を奮い立たせる心の源になっている」と、彼女はある記者に語っている。エレノアは自分を応援してくれる人々にぜひとも返事を書きたかったため、短時間の汽車旅で彼女の秘書に書き取らせた多くの手紙は、その秘書が一日がかりで清書するほどの量であった。[15]

また、エレノアはファーストレディーとして、ナチス・ドイツの全体主義に対する心構えを国民に伝えた。彼女は総力戦下において国民が目指すべき方向性を明らかにし、集団の利益は個人のニーズよりも重要であると述べて、社会的活動や共同体への関心を高めるよう先導している。エレノアは社会保障制度の充実を通して、民主制資本主義に人間性を加味しようとしたのである。彼女はホワイトハウスのリンカーン大統領の肖像画の下で労働者のリーダーたちと会見し、欲求の自由や思考の自由、そして国民を代表する政治への参加の自由を米国は保障しなければならないと訴えた。[16]

この頃、ボランティア活動は急速な展開を見せていたが、エレノア自身は民間防衛体制の核心的な矛盾を解決するために苦心していた。それは、「大衆動員における連邦政府の役割はどうあるべきなのか？」という課題であった。彼女はあえて大衆の言葉で国民に話しかけ、「社会制度の変革は、ある部分は下から上に向けて発せられるべきものである」と述べている。つまり、地方自治体は、地域のニーズを遠く離れたワシントンよりも明確に把握しているはずであり、社会的公正の論争においては、現地の人々の方が隣人たちをより適切に支援できるということであった。エレノアは、市民防衛局の本部を様々な計画が生み出される「素晴らしき象牙の塔」と表現し、実際の仕事はそれぞれの社会で展開されるべきであると考えていた。言い換えれば、すべての第一線で相手とやり合う能力のある人々が、社会的公正の運動をリードすべきであるということであった。しかし現実を見てみると、地方組織の民間防衛の動きは焦点が定まりにくいのが実態で、時には紛争にまで発展していた。それは、強力な指導力が働かないかぎり、現地組織は寄せ集めのプログラムを創り上げる傾向があったからである。とりわけそのプログラムがニューディールの主旨に基づいていて、地方組織や個人の能力でまかなえない問題は、中央組織が解決しなければならなかった。また地方防衛局の上部からの指針が特にない場合、地方組織における規則や標準や価値観などが連邦政府の方針を制約する傾向があった[17]。

しかしエレノアは、大衆動員プログラムが抱えるこれらの根本的な問題の解決策を見出すことができなかった。そのため彼女は、社会保障の拡大や組織労働者の法的保護の実施をはじめ、新しい経済支援や景気回復問題などの法律の成立を大幅に見送らざるをえなかった。エレノアは、米国議会がそれらの改革に、もはや関心がないことを実感していた。またFDRや彼の側近にしても、ニューディールの発想に新たな展開をもたらす余裕は持ち得なかった。エレノア自身も、民間防衛に対する国民の多様な考え方や、それが国民生活に何をもたらすかなどについて、再度問い直す余裕を無くしていた。あるオレゴン州ポートランドの男性は、「軍隊の先鋒に立って銃を取らなければならないのは、ハンターか退役軍人か、それとも農夫たちなのか」と尋ね、「庭に野菜を育てるのは隣人たちのためか、それとも軍の兵舎のためなのか」などという市民の疑問がエレノアに届いたのである[18]。

ラガーディアの後任者であるジェイムズ・ランディスが市民防衛局に足場を固めたとき、エレノアは自分の存在がランディスにとってかなり微妙であり、負担になっていることを理解した。知人の助言を受けたエレノアはランディスに対して、「もし私が、大統領夫人として部門委員会に干渉すれば、多くの人たちをやりづらくさせるでしょう」と告げている。エレノアは、ランディスが責任者であって自分ではないことをよく認識していた。両者が市民防衛局で面会する機会があったとき、エレノアは「私の方からあなたの執務室にうかがいますので、局長自ら私の部屋を訪れる必要はありません」と伝えた。しかし、現実的にはエレノアがランディスよりもはるかに豊富な知識を持っているのは明白であった。そのため、彼女は臆することなく大統領夫人の役割を駆使し、自らの意向を実現するために人々との接触を重ねた。一方のランディスは、「彼女は自分よりもはるかに大統領に近いところにいるため、自分の思うことをそう簡単に実行できる状況にはない」と心の内を語っている。もしエレノアが自らの考えを表に出した場合、それは自然に大統領を巻き込むことになり、内務長官のイッキスは、エレノアはランディスを市民防衛局に呼び寄せておきながら、かなりきつい主張をランディスに押し付けていることを認めた。[19]

しかしその一方で、ファーストレディーが市民防衛局にいることにより、ランディスはその恩恵も受けている。そこで、ランディスはエレノアの仕事分担を設定し、彼女が国民の教育に焦点を当てるよう要請した。具体的には、彼女の仕事はＦＤＲの「四つの自由」を実行に移すことであり、国家の政策を支援することであった。ランディスは「行政命令第22号」に署名するにあたり、エレノアを新設したボランティア参加社会部門の責任者に指名した。この部門は若者や労働者たちの社会的・経済的な問題に対応して、彼らを支援することが主な仕事であった。エレノアはランディスを支えて、この仕事を進める心構えを新たにしている。いくつかの会合に出席した後のある晩、二人は演劇鑑賞を楽しむ機会を持った。これは、市民防衛局における両者のプロフェッショナルな関係が芽生えたことを示していた。[20]
　エレノアは記者たちに対して、「市民防衛局の指導部が私を求めるかぎり、私は現職から退く考えはありません」と明言した。またランディスには文書を送り、「自分は現職に留まるつもりでいるが、もし最適な後継者がいるならば、職を辞するのはいとわない」と伝えた。当然のことながら、エレノアは彼女の大きな目標である「国民すべてのために民主主義を強化する」という意図を諦めたわけではなかった。当時、後に国務次官補となるアーチボルド・マクレイシュは、「ファーストレディーによる社会保護活動への幅広い関与自体が、ニューディールの宣伝工作と疑われる源になり、結果的に社会の摩擦や分断を引き起こす要因となり得る」と警告したが、エレノアは「その指摘には同意できない」と答えている。彼女が目指す活動には「後退という言葉」は存在せず、2月の前半は相変わらず多忙な日程をこなした。民間防衛を進めるために中西部や南部に足を運び、フロリダ州ペンサコーラではアフリカ系米国人の女性たちの役割を論じて、防空監視員の訓練を視察した。エレノアは、国民生活の中に民間防衛を浸透させる体制を整えていたが、まさか自分が、第二次大戦における米国社会の最初の大きなスキャンダルに巻き込まれるとは夢にも思っていなかった。[21]

　長期間にわたってエレノアは、国民が身体を鍛えて精神を育む運動を、国民個人の問題として捉えていなかった。特に戦時においては、すべての米国民が身体的に健康でなければならないと考え、その有益性を数多く列挙していた。その主なものは陸軍で活躍できる若者たちの育成をはじめ、多くの銃砲や戦車を製造できる心身共に健康な労働力や、空襲で被災した都市の復元能力の維持などであった。エレノアは、運動と健康を実例をもって示している。市民防衛局の屋上では、職員の健康のために昼食後の柔軟体操やスクエアダンスを実施した。エレノアにとってのリベラリズムとは、労働者や貧しい人々に対する経済的な機会のみならず、芸術や娯楽や基礎体力の増進、それに民主的文化の創造力の育成を進める総合的な論理的思考であり、さらに大衆の満足感につながる自由主義的な政策であった。しかし、このようなエレノアの考え方は、当時の米国の世相の中でほとんど定着することがなかった。ある記者はエレノアに対して、「数えきれない程の人々が、それらをさておき映画観賞やビンゴゲームやお茶会などを楽しみ、身体的な活動には参加していない」と告げている。米国医学学会誌の生理学者が記したように、「休養と良質な食料、そして健康によいレクリエーション」は、戦争を勝ち抜くための要点であった。あるカリフォルニアの住人は、エレノアに「ダンスは人々の心をいやします」と書き送り、オクラホマの男性は、「娯楽は、空襲のショックで防空壕にうずくまる子供たちへの対応に役立つことになるでしょう」と伝えた。[22]

このような社会状勢の中で、エレノアは断固たる決断を下した。1942年初頭、彼女は芸術活動を前進させて、市民防衛局の課題を実行に移すために二人の知友を採用した。その内の一人、ハリウッド男優のメルビン・ダグラスは芸術家委員会の立ち上げに賛同し、民間防衛を促進するために芸術家や作家をボランティアで集めることに貢献した。報道機関は、ダグラスがその仕事で高額の報酬を取得したと報じたが、彼は無償でその役を引き受けていたのが事実であった。ボランティアたちはラジオ放送の台本を書いたり、スピーチの原稿を作成したりして、戦争を支援する映画などを制作した。ダグラスも戦争勝利のために努力を重ねたが、彼のカリフォルニア州の友人たちが、枢軸国による米国民への脅威を認めなかったことに落胆している。このような中でハロルド・イッキス内務長官や、後の国務次官補で詩人でもあるアーチボルド・マクレイシュはこの芸術活動プログラムにエールを送ったのである。波に乗ったダグラスは2万人余りの作家や俳優、音楽家や脚本家をボランティアとして採用し、当時機能停止していた連邦政府の劇場プロジェクトを陰で支えると共に、不安の虜になっていた国民の意力を高めるために、米国の芸術家たちによる積極的な役割を実現させた。[23]

さらに国民の関心を引く企画として、エレノアは子供たちの意欲を盛り上げるためにダンスプログラムの採用を行った。そのためエレノアは、彼女の友人でダンサーのメイリス・チェイニーを年俸4600ドルで採用したのである。そのチェイニーを、エレノアは「発想が豊かなダンス界の逸材」として高く評価しており、ホワイトハウスやハイドパークの自宅にも招待している。

一方のチェイニーは、エレノアを称えて「エレノア・グライド（すべるように動くステップダンス）」を編み出し、それをニューヨークにおけるリハーサルでエレノアに披露した。チェイニーは男女の平等についてエレノアと意気込みを共有しており、男性を対象にした民間防衛の教育訓練を、希望する女性に道を開くよう提唱している。エレノアは、英国ですでに行われている「閉じ込められた防空壕内で、最適な活動を人々に教える能力」をチェイニーが持っていると確信していた。さらに危機に瀕した時の先導者として、女性も男性と同じ様に働けることをエレノアは信じていたのである。チェイニーは自身が持つ経歴によって、いつ、どこでも多額の収入を得られる女性であったが、エレノアは年収2600ドル以上のスタッフを最終的に17名採用したため、チェイニーの所得も彼らに合わせて調整した。当時、エレノアの75名余りのスタッフはある程度の年収を得ていたが、まじめによく働く彼らが政府からそれなりの報酬を得ることに、エレノアは何の疑念も抱かなかった。しかし、標準的な陸軍兵士の報酬を見てみると、彼らの週給は21ドルか年収252ドルということで、チェイニーの所得は当時の陸軍大佐の年収をはるかに上回っていた。[24]

エレノアは極めて思慮深い女性であったが、その頃、チェイニーの採用がそれほど厳しい結果を招くことになるとは夢にも思っていなかった。その非難の一つは、チェイニーがかつてナイトクラブでセミヌードのダンサーをしていた過去への追求であった。さらにチェイニーがエレノアの友人であるために、彼女の特別待遇を市民防衛局が認めたという批判であった。これらの非難の声は、当時民主主義を守るために、国民動員に応じてほぼ無償で時間や危険を顧みずに働こうとしていた人々の怒りを暴発させた。ハロルド・イッキス内務長官は2月5日の彼の日記に、「ああ、何とかこの場から抜け出したいものだ……」と書き記している。[25]

イッキス内務長官のこの嘆きは決して大袈裟《おおげさ》ではなかった。大手の新聞と連邦議員たちが揃って、「大統領夫人は彼女の友人であるダグラスとチェイニーに、政府から年収4600ドルを支払って優遇している」と報じたのである。これによってエレノアは、全米を通して話題の人となり、ファーストレディーとしての行為の妥当性や、民間防衛における彼女の言動などについての問題が表面化された。あるコラムニストは、「エレノア夫人は民間防衛とはほぼ無関係と思われる様々な社会福祉の活動を繰り広げ、国民意識の中に大きな反感を呼び起こしている」と指摘した。これらの報道や指摘は、米国政治の中で「避けて通りたい議論」にまで伸展し、それらは「戦時における倫理的行動とは一体どういうものなのか？　政府はどのようにして国民の士気を高めようとしているのか？　また、総力戦における女性たちの役目は何であるのか？」というような厳しい追及を深めた。さらに、あるエレノアの批判者が述べているように、「彼女はファーストレディーとして公正な仕事に取り組んでいるのだろうか？　あるいは、彼女は触れてはならぬ存在なのであろうか？」という問題にまで及んだのである。

　エレノアはまさに渦中の人であった。またこの状況は、ダンスの専門家たちの怒りまで呼び起こすことになった。ドレーク大学のあるダンス専門家は、「チェイニーは、ダンスのプロフェッショナルの社会では取るに足らない人物である」とエレノアに書き送っている。チェイニーのナイトクラブの踊り子のようなイメージは、エレノアが受けた傷にいっそうの痛みを加えた。エレノアを敬う後援者の中からも、「セミヌード・ダンスなどは道徳上もってのほか」と非難する声が上がった。チェイニー自身はそれらの批判者たちに対して、「自分の目標は、子供たちの生活にリズム感を育成することです」と応じている。しかし、彼女のその言葉が人々の支持に繋がることはなかった。[26]

　この時期、戦時対応に追われる連邦政府は、このような問題に本腰を入れる余裕はなかった。２月には日本軍がシンガポールを攻略し、ビルマを侵略して、インド方面に軍を進めていた。そして、太平洋方面の引き続く同盟軍の敗退は、すでに身の危険を感じていた米国の沿岸地域の人々の懸念をさらに深めたのである。国内では、すでに述べたスキャンダルがニューディール批判者たちの口火を切らせ、ＦＤＲ政権の戦争指導と、社会自由主義《ソーシャル・リベラリズム》への不信感を高めるきっかけとなった。南部の民主党保守派と共和党議員は、「大統領夫人が、友人たちを豊かにするために国民の税金を使っている」と非難した。彼らはニューディール政策そのものを、国の防衛活動を後退させた無駄な公共事業として指弾していたのである。２月５日、共和党のリーランド・フォード議員は「エレノア夫人の事業部の17名のスタッフは、年収５６００ドルの報酬を得ている」と非難した。批判者たちは、彼らの非難をエレノアのリベラルなスタッフにぶつける一方で、それらのスタッフの多くが女性であることを確認した。フォード議員はダンスや歌唱を「客寄せの余興」と呼び、「国民は血税や財産を民主主義のために注いでいるのであって、人寄せや娯楽、ローマン・ホリデー（他人の犠牲において楽しむ娯楽）のためではない」と述べている。さらにフォード議員は、「エレノア夫人の活動は同盟国の目標に負荷をかけており、議会は公式の調査を開始すべきである」と主張した。他の議員たちも、「チェイニーは戦死した大佐の2倍の報酬を得ている」とエレノアを責め立て、「戦争を利用して、彼女の友人たちが大きな利益を得ている証拠がある」と明言した。共和党のR・B・ウィグルスワース議員はエレノアの補佐官ポール・ケロッグを敵方協力者《フィフス・コラムニスト》と呼び、反体制的活動を取り締まる下院非米活動委員会の議長を務めたテキサス州選出のマーティン・ディエス民主党議員は、「今後6ヵ月以内に、米国は東西の両方の海岸から侵略され、ワシントン政府の軽率な行動が、米国をさらに不安全な状況におとしいれる」と訴えた。議会下院は、市民防衛局のダンスによる健康管理や娯楽・演劇・大道芸、それに娯楽一般に関する出費を禁ずる法案を可決する一方で、その法案によって1億ドルに及ぶガスマスクやその他の装備に関する予算を求めた。ゴシップ・コラムニストのウォルター・ウィンチェルは、「議会は枢軸国に対する戦争を可決した上で、ファーストレディーにも戦いを挑んでいる」とはやし立てた。[27]

　当時、強力な情報源であった各新聞はファーストレディーへの非難をあおり立て、エレノアは全米社会の注目の的になった。エレノアの友人たちは、「エレノア夫人はマスコミからそれほどひどい評価を受けていない」と擁護するが、反ニューディール派の面々にとっては、まさにこの上ない機会であった。右派のコラムニストのフランク・ケントは、エレノアは自身の戦時ニューディール対応のために数百万ドルの財源を求め、「選挙で選ばれていない身であるにもかかわらず、いつの間にか国政に入り込んだ」と非難した。さらに、「エレノア夫人はこの国の誰よりも広い領域に入りこんでいる」と言い添えている。またジャーナリストのウェストブルック・ペグラーは、「共産主義者の共鳴者《シンパ》が、市民防衛局副局長のエレノア夫人を操っている」と責め立てた。真っ向からニューディールに立ち向かうペグラーばかりでなく、ニューディール支持派の一部も、エレノアの物議をかもした活動に難色を示した。ニュース解説者のレイモンド・クラッパーは、たびたびエレノアの市民防衛局を「ペットや秘蔵っ子のための個人的な駐車場」にたとえている。社説や漫画、それにニュース報道が尽きることなくエレノアの問題を取り上げた。「サクラメント・ビー」紙はその社説で、「エレノア夫人の活動は、第一次大戦時の国民生活がどん底の中で、私的利益をむさぼった役人たちを思い起こさせる」と書いている。同紙はまた、「米国の国防においてチェイニーは憂慮すべき障害であり、エレノア夫人には抗議の手紙が続々と届いている」と報じた。さらに同紙は、「ＦＤＲは、妻のコラムの編集さえ始めていた」と書き添えた。[28]

その他の新聞も、芸術家やダンサーの高い雇用料を根拠にして、「ワシントン政府は一般大衆への社会工学的な働きかけを、軍事的な勝利よりも優先してきた」と指摘した。バージニア州シャーロッツビルの反政府系新聞「ザ・デイリー・プログレス」紙は、「エレノア夫人は市民防衛局を、国民は生活面のすべてにおいて州政府当局の指示に従わなければならないと考える、理論派エリート層の社会実験場に変えている」と指摘し、それは「ワシントン、フィラデルフィア、ニューヨークのティーパーティー（茶会運動）を目指す指導者たちの独裁体制への第一歩である」と批判した。また「ボストン・ヘラルド」紙は、「市民防衛局のエレノア夫人の部門は、国民の士気高揚のために巨額の財源を消費する組織である」と非難した。複数の新聞紙上には、チェイニーが鏡を覗き込みながら顔に白粉《おしろい》をぬる辛辣な絵が掲載され、その見出しには「チェイニーはエレノアの秘蔵っ子」と書かれていた。「カンザスシティ・タイムズ」紙は、チェイニーの「エレノア・グライド」ダンスの様相を描いているが、それはチェイニーが片手を上げて、一方の手で彼女のスカートをしっかりつかんでいる姿であった。ある風刺漫画は、いかにも風変わりなダンサーや芸人や音楽家が、市民防衛局の窓口で報酬を受け取るために列をなしている様子を描いている[29]。

これらのスキャンダルは市民防衛局の名誉を傷つけたばかりでなく、FDRの大統領としての統率力にまで疑問を投げかけるようになった。その反響があまりにも激しかったため、FDRが信頼する側近のイッキス内務長官までが渦中に飲み込まれることを憂慮している。イッキス長官は、自分の友人が市民防衛局で勤務できるようラガーディアに頼み込んでいたため、もしこれがマスコミに洩れれば疑いを招くことは避けられなかったからである。ラガーディアの後任のジェイムズ・ランディスはエレノアの善意を信じていたが、市民防衛局への影響を考えると、エレノアの退任は免れないものと考えていた。まさに民衆の怒りが、ファーストレディーの行く道を塞ぐ流れとなったのである。エレノアを支持するグループも数多く存在したが、多くの国民は、彼らから見て戦争準備にほとんど関係がないと思えるプログラムに多額の資金がつぎ込まれたと捉えて怒りを露わにした[30]。

このように、エレノアに対する非難はマスコミ報道に留まらず、国民の間にまで広がった。インディアナ州テレホート市のボランティアはエレノアに手紙を送り、「芸術やダンスに比べて、ハワイ基地の実戦で戦う私の息子の月収はわずか21ドルです」と訴えた。またミシガン州ランシング市の住民は、「怒りのあまり、もう戦時国債は購入しないことに決めました」とエレノアに伝えた。

ピッツバーグ市の住民たちは、スキャンダルのために2万5000ドルの戦争貯蓄スタンプの購入を控えている[31]。

　この時期、エレノアに届く手紙の多くは彼女を痛烈に批判するものであった。エレノアのスタッフは、それらの手紙を――肯定的なもの、好ましくないもの、否定的なもの――に分類している。ある記録によれば、厳しい内容の手紙が238通、否定的なものが106通、そしてわずか62通がエレノアを援護するものであった。ニューディール政策を長い間敵視してきた民主党と共和党の保守層の一部は、「リベラル派は国の危機を社会実験の場として取り扱ってきた」と批判した。特にチェイニーの起用を政治的に悪しき振舞いとして前面に押し出し、「同盟国が勝利を収めた暁には、リベラル派はニューディールを断念しなければならない」と釘を刺している。これらの反対派の主張は、「社会自由主義《ソーシャル・リベラリズム》政策と戦時の動員体制はもともと両立しない」というものであった。さらに彼らは「大統領夫人は国民の税金を無駄遣いし、国民の信頼を失わせて、国家のモラルを傷つけた」と詰め寄った。真珠湾の戦闘で息子を亡くしたペンシルベニア州の母親は「チェイニーの雇用には吐き気を催す」と述べて、怒りを露わにしている[32]。

　その他の多くの批判者たちも、「エレノア夫人のやる事は、一般の人々が求めることからかけ離れている」と指摘した。あるオハイオ州の女性は怒りを込めて、「国民は自分たちの息子の奉仕や長時間労働、そして戦時国債の購入などを見放してはいない……。それでも、ファーストレディーはコミュニストの俳優やダンサーたちにとんでもない高給を与え、ローマン・ホリデー（他人の犠牲において楽しむ娯楽）を楽しんでいる」と訴えた。またある記者は、「市民防衛局に加わったダンサーや芸術家たちは、局の内部を整えることに奮闘している中間管理者たちを惑わせている」と指摘した。また、「ファーストレディーがそのような多額の報酬をダンサーに与えている中で、どうして彼女は女性たちのボランティアに奉仕を依頼することができるのだろうか？」と疑問を投げかけた女性もいた。[33]

さらにエレノアは、「疑うことを知らない民衆の間で、ファーストレディーは不道徳な行動を先導するために政府を利用した」と非難された。ある聖職者は「この地獄はダンスの果実で満ちている」と諭して、エレノアを諫《いさ》めた。同様に、彼女の批判者たちは「エレノア夫人は男女の役割や、家庭の価値を見誤っている」と唱え、「女性のいる場所は家庭であって、政治の闘争の場ではない」と抗議した。カリフォルニア州のある女性は、「我々選挙民は、市民防衛局に男性職員を指名する」と訴えている。また「家庭に戻って、赤十字のために縫物でもして下さい」と声を高めたのは、ミシガン州の女性であった。あるウェストバージニアの女性は、「ファーストレディーはキッチンで時を過ごして下さい。男性の仕事は男性に任せましょう」と伝えている。さらに、「編み物に専念すべきです」という批判者や、「有色でリベラルな友人たちを支持するために、あなたが我々の税金を使う権利はないのです」と警告する女性もいた。[34]

しかし、ニューディール政策を信奉する人々は、なんとかエレノアに降り注ぐ非難を退けようと力を尽くしている。一方のエレノアは圧力に屈することなく、自分を支持する人々との良好な関係の維持に努めた。それは、人々を尊ぶエレノアの人柄に加えて、この戦争を通して社会改革を実現させようとするエレノアの考えに、多くのリベラル層が心から賛同していたからである。おそらく、エレノアが国民から確固たる支持を得ていた運動の一つである「隣人は、同僚の隣人たちを支援するために団結しなければならない」という活動が、その背景にあったのであろう。民間による防空監視はラガーディアの発想であったが、彼がそれを具現化するのに併せて、エレノアの展望もあらゆる面において具体化する流れになっていた。幾万ものボランティア操縦士たちが、敵の妨害活動を監視するためにジョージア州の湿地帯を偵察飛行し、イリノイ州では対空陣地の訓練で侵略機の役割まで演じた。さらに西部の山火事の消火活動にも参加し、ペンシルベニア州での貨物輸送の実施や、五大湖の流氷の観測なども行って貨物船の安全航行に寄与した。当時、メリーランド州の火薬工場で爆発が起きて十数名の労働者の命が奪われたが、民間防衛のボランティアたちが救援と救助活動を行い、エレノアの考えを実行に移している。さらに1万5000人を超すボランティアが洪水のインディアナ州とオクラホマ州で住民たちの避難を手助けし、これらの地域社会運動はエレノアが繰り返し推奨してきた活動であった。また民間防衛組織の警戒員は、フィラデルフィア近郊で数十人の死者を出した悲惨な鉄道事故の現場にいち早く駆けつけた。応急処置をして負傷者を救急車に運ぶボランティアたちの活動は、まさに「突発の緊急事態の際に、組織化された民間人が同僚の米国人たちを救援できる」というエレノアの考えを具現化したものであった。モンタナ州の炭鉱の近くに二人の女性ボランティアが救急施設を設置し、その手際のよい対応は人々から称賛されている。ピッツバーグからサンディエゴにかけての火災では、民間防衛隊が老人や子供たちを救助したことが称えられた。また「クリーブランド・プレイン・ディーラー」紙は、「民間防衛隊が竜巻から多くの住民たちの命を救った」と報じ、民間防衛隊員が全米を通して負傷者や児童を洪水や火事、その他の人災や自然災害から守ったことで、その勇敢さが国民の間に伝わった。同様に「ワシントン・ポスト」紙は、ボストンのナイトクラブの火災に対する民間防衛隊の組織化された活躍を、「災害時に発揮された民間防衛隊の模範例であった」と報じている。ミズーリ州カンザスシティでは、運転中に人をはねて逃亡していた運転手を民間防衛隊が探し出す支援も行った。「ボランティアの人々は、戦争が終わってもその存在価値を維持し、戦後における民主主義の未来に貢献することになるだろう」と、「スター」紙はその社説に展望を書いている。[35]

エレノアの活動への支援は彼女の知的成果にまで行き渡り、彼女に共鳴するあるコラムニストは、エレノアが形骸化した立場を振り捨てて、ニューヨーク州知事に立候補することを提言した。事実、1940年代の民主党大会におけるエレノアの弁舌は他の弁論者たちをはるかに凌いでおり、「女性が出馬して選挙を制することは前代未聞のことではない」と、このコラムニストは述べている。また、エレノアの後援者の一人は彼女を「長い間抑圧されてきた、大衆の真の友人」と呼び、次のように評価した。「エレノア夫人ほど民主的で我々を支援してくれたファーストレディーはいない。彼女は、ホワイトハウスを厳粛で貴族的な統治者のものではなく、国民が特別と考えることのない、真の民主主義のホームとして開放した。ここで信用と自信を誇りとする人々がホワイトハウスを創出し、エレノア夫人は『ホワイトハウスの人々は国民の指導者・擁護者であって、保護者かつ友人でもある』ということを、多くの国民に知らしめてくれた。国民には語られていない……、彼女が成し遂げた数々の業績に深く感謝する次第です[36]」と。

多くの国民や見識者たちは、エレノアを道理にかなった真の国家的指導者として支援した。一方、エレノアの批判者たちは戦時における国民の分断を大袈裟に取り上げ、ヒトラーの思うつぼなどと非難している。児童絵本作家のドクター・スースが「PMマガジン」に載せた漫画には、「エレノアに向けた取るに足らない銃撃」という、ヒトラーが米国民をあざ笑う説明文が付いていた。しかし、「コモンセンス」誌編集者のセルデン・ロッドマンはエレノアについて、「彼女は素晴らしい仕事をしており、今後の健闘を期待している」と称えている。さらに、次の号ではエレノアを応援する2編の記事を書くことを約束した。また、他のエレノア支持者は市民防衛局における彼女の進歩的なニューディールへの貢献を称賛し、エレノアのビジョンを彼女の存在如何にかかわらず実行することを誓約、8年間にわたる右派への嫌悪感と、彼らの腹立たしい社会変革の歩みを酷評した。エレノア支持者の一部は、保守派の指弾に関して「エレノアが女性であることが見え隠れする」と指摘している。「サンフランシスコ・ニュース」紙は、「エレノア夫人は権力の座についているために怒りに満ちた批判を受けるのであり、そのような立場にいる女性たちは、同様の批判に耐えなければならない」と報じた。オハイオ州アクロン市のある住民は、「米国の女性たちにとって大変貴重な人物の名誉を傷つけた」と述べ、連邦議員たちを非難している。エレノアの擁護者たちは、連邦議会を「太鼓腹で、器量に欠けた老人たちの集合場所」と表現し、擁護者の一人は議員たちを「頭でっかち」と呼んだ。議員たちの行動はあまりにも不条理であったため、エレノアを慕う人たちは、彼女をひどく取り扱った現職議員を追い出すための「選挙時の挑戦」を誓ったのである。[37]

このようなエレノア擁護の声が高まる中でも、エレノア批判者たちの声はそれにも増して凄まじいものがあった。その勢いは彼女の支持者たちの声をかき消し、エレノアの立場を受け身に立たせたのである。エレノア自身は、議会の強硬派メンバーたちを「ダンス嫌いのビクトリア時代の気難しい人々」に例えている。エレノアは自らの考えを他の観点から試みているが、それまでのスキャンダルへの批判が大きな重荷になった。エレノアは学生たちと民間防衛を討論したり、国防切手を売る新聞配達員などと昼食を共にしながら、市民防衛局の業務を続けた。補佐官のポール・ケロッグは、一般市民に民間防衛の公益を紹介するための映画や展示物の活用を、彼女に提言している。

チェイニーも精一杯エレノアを支援したが大きな効果はなく、政治的にも影響を与えることはなかった。チェイニーの故郷であるサンフランシスコ市の後援者たちは、チェイニーが第五世代目の米国人であり、同時に愛国者であるという姿を前面に出して、スキャンダルに立ち向かっていた。[38]

2月9日の記者会見で、エレノアは市民防衛局の13階に詰めかけた記者たちを前にして、その後の自らの運命を決定的にする発言を行った。黒いドレスをまとって白色の装飾品をつけたエレノアの姿には真に迫るものがあった。それは戦う準備をしているようにも見えたが、彼女の意気込みには限界が感じられた。信頼する秘書のマルビーナ・トムプソンとJ・S・ヘルムと共に、長い会議用のテーブルについたエレノアは、通常の会見では女性だけのところを、この会見では男性記者も参加させた。エレノアの意向はチェイニーとダグラスの名誉を守り、彼女への批判者に対して、自らの決断を説明することであった。彼女は、連邦議員に対面して真実を話すことを約束している。この会見でエレノアは、ノースカロライナ州で兵役検査を受けた若者の内、およそ60％が身体検査で不合格になったことを引き合いに出し、肉体の鍛錬は軍事的にも重要であることを主張した。しかし、彼女に反発心を持つ記者たちへの説得は容易ではなかった。コラムニストのヘレン・エセリーは、「エレノア夫人は神経過敏になってフォークダンスや野外劇などの話題に多くの時間を費やし、もし敵が来襲したときに、国民の生命を守るという現実的な話に欠けていた」と酷評している。[39]

歴史家は、エレノアの論争のすべてを、感銘的な彼女の経歴の中における不幸な出来事としてわずか数ページに簡略化してしまい、そのため真珠湾後に米国で起きた最初の政治的スキャンダルの流れや、それらが政治的に何を意味したかの核心に正面から取り組んでいない。エレノアの民間防衛に対するリーダーシップはだいなしにされ、国家的な批判を招く一方で、スキャンダルに付随する反動は権力を持つ女性たちへの敵対心として表面化した。それは大統領である彼女の夫の政権が、ファーストレディーに公式な任務を与えることの複雑さであり、事実、エレノアに対する激しい反発は反ニューディール派の共和党保守派や南部の民主党員ばかりでなく、戦争プログラムの中に社会改革を融合させようとするエレノアの考えに疑問を抱くニューディール派の中にも存在した。エレノアをめぐるスキャンダルは、ニューディール派が彼らの社会的理想を断念するところまで追いつめることになった。そして、その騒ぎが最高潮に達したとき、日系米国人の強制収容所問題に異論を持つエレノアの存在を表舞台から払い落とし、日系人収監に反対する潜在的な声を封じる議論が一気に勢いを増したのである。

当時、戦争の流れが芳しくなく、国民の士気が停滞する中で、FDRは2月10日にラガーディアの解任を公式に認めて、ジェイムズ・ランディスが市民防衛局（OCD）の新局長に就任した。この時の大統領の記者会見で、記者団からエレノアと彼女のスタッフの今後についての質疑に及ぶと、FDRは「新局長のランディスがすべての権限を持っている」と答えて即答を避けた。FDRはエレノアの解任をすでに意識していたが、チェイニーのスキャンダルは彼にとっても大きな痛手であった。この新しい展開は、FDRにあらがう反ニューディール派を大いに勇気づけ、FDRの米軍最高司令官としての能力にまで懐疑の目を向けさせた。エレノアは不本意ながらも潮時を自覚し、市民防衛局の彼女の部署を信頼できる同僚に譲り渡す準備を始めた。エレノアはランディス局長に書簡を送り、自分の後任にジョナサン・ダニエルを推薦している。新局長のランディスは、エレノアが勧めるポジションにダニエルが適していることを認めた。エレノアはコーネル大学での講演で学生たちに彼女の辞任の意向を伝え、「私のような脆弱《ぜいじゃく》な人間が政府の重要な仕事に就くなどということは、いかに思慮分別を欠いていたことだったでしょうか」と話を結んでいる[40]。

しかし、エレノアの辞任は単なる形式的な手続きだけでは終わらなかった。彼女の存在なき後に大きな空洞が生じ、すべての米国民の将来に共通した民主主義の目標に大きな打撃を与えた。そのため、彼女の同僚や支持者たちはエレノアの不在を深く悔やんだのである。エレノアのスタッフたちは、彼女の辞任を「甚大な損失」と認識している。エレノアが公式に辞任を表明した2月18日、彼女はランディスに書簡を送り、「市民防衛局を去るにあたって、完璧な能力を備えた人が後任に就いたことを確信しています」と伝えた。さらに「もし自分がこのまま仕事を続ければ、保守層は市民防衛局の評価を傷つけるために、私を避雷針として使い続けることになるでしょう」と付け加えた。同時にエレノアは、ラガーディア前局長に対する感謝の意も表している。ラガーディアは、彼が確信を持てないことがあっても、ある程度エレノアがチャレンジすることを容認していた。ラガーディアは、それこそ多くの企画を中止させたかったたであろうが、それをしなかった彼の忍耐に、エレノアは感謝の意を表したのである[41]。

2月20日、エレノアは、ランディスを含めて彼女のスタッフたちと最後の会合を持った。その後お別れのパーティーが催され、エレノアは彼女に別れの挨拶に来たすべてのスタッフと固い握手を交わした。それは市民防衛局のスタッフに対する彼女の深い親交の表れであり、エレノアの同僚たちは、社会問題に対する彼女の強力な指導力が失われることを心から惜しんだのである。エレノアの退任に合わせて、エリノア・モルゲンソー（財務長官夫人）やベティー・リンドリー、ジャスティン・ポリエも退任の道を選んでいる。[42]

自由の身になったエレノアは、臆することなく自身の考えを表に出して批判者たちを糾弾《きゅうだん》した。エレノアは新聞の一面が彼女を物々しく煽り立てたことを引合いに出し、マスメディアのセンセーショナルな偏向報道を冷笑した。また「ニューヨーク・タイムズ」紙に対しては、「私と単純に関わり合いを持つことは恐ろしいことですよ。なぜなら、私の友人や同僚たちは、彼らがエレノア・ルーズベルトのような人物と親しく交際しているというだけで、社会からの批判やいじめなどの的《まと》になるからです」と告げている。エレノアは文明社会のすべての芸術家やダンサーたちの役割を称賛し、彼女の中傷者たちを「富裕層の関心事の傲慢《ごうまん》な守護者」と称して見下した。そして市民防衛局補佐官のポール・ケロッグには、「私への敵対勢力は、NYA（青少年管理局）やCCC（市民保全部隊）、WPA（公共事業促進局）や農業保障局などに対抗してきた同列の一派です」という手紙を送った。エレノアが辞任したのは、彼女がそうしなければ市民防衛局の実効性が失われるという危惧からであった。メイリス・チェイニーについてエレノアは、「彼女は第一級のダンサーで、国民の士気高揚プログラムを先導する優れた技術と、そのバックグラウンドを持っていた」と擁護した。（またエレノアは、「チェイニーはもともとの彼女の仕事で、より多くの収入を得ていた」と言い添えた）。チェイニーをどのように評価するかは別として、「ダンスの問題を標的にしたのは、国民の関心を他にそらすためであった」とエレノアは述べている。ダンスはかっこうの運動であり、彼女は連邦政府がダンスを恒久的な社会プログラムに加えることを望んでいた。エレノアが目指した社会防衛は、すでに国民生活に画期的な貢献をしており、彼女は「今こそ、ニューディール派は後退してはならないときである」と心に誓ったのである。[43]

１９４２年初春、リベラル派の多くはエレノアの退任をきわめて遺憾に思い、彼女の構想を意欲的に受け入れた。彼らはエレノアが市民防衛局を去った後も、社会防衛を守り抜くことを誓ったのである。エレノアの補佐役であったポール・ケロッグは、厳しい戦時経済への転換による失業や家屋の問題、医療対応などに、誠心誠意取り組んできたエレノアのリーダーシップを称えた。また義務兵役担当の局長ジョン・ラングストンは、「エレノア夫人の批判者たちは、彼女の鮮やかな成果に目を向けるのではなく、偏りのある視点で彼女を評価してきた」と苦言を述べた。エレノアに共鳴する作家マーキス・チルズは、それらを「反エレノア派の魔女狩り」と表現している。市民防衛局のボランティア参加委員会にいたギフォード・ピンショー夫人は、「エレノア夫人に対する敵対意識は、彼女の一貫した民主的リベラリズムへの貢献に対する反動である」と彼女を擁護した。さらにピンショー夫人は、「この反エレノア派のグループは、この数週間の厳しい戦闘の写真や敵方協力者のプロパガンダを利用して、ひどく動揺した国民の心を巧みに引きつけ、その波に乗ってうまく立ち回っている」と語ってため息をついた。エレノアの退任を望んでいた内務長官のハロルド・イッキスさえも、リベラリズムの敵対者ができる限りの問題を引き起こそうとしていることを認めている。イッキス内務長官と同じサイドに立つ新局長のランディスも、エレノアの業績と、彼女が目標に向かって成し遂げた成果に対する称賛を惜しまなかった。その他、多くのエレノアの支持者たちが「彼女の目標は失われていない」と明言してエレノアを励まし、ある記者は「エレノア夫人は、輝かしい米国の未来に向けての実績を残した」と報じた。また首都ワシントンのボランティアの一人は、「ニューディールは我々にとって変わることのない、極めて意義深い政策です」とエレノアに伝え、アイダホ州選出の上院議員ジョージ・プラグマイアは、「チェイニー・スキャンダルがありましたが、私と私の家族はあなたの戦時ニューディールに忠誠を尽くしています」と彼女に告げた。さらに、プラグマイア議員の手紙には、次のような言葉が綴られていた。

「私と妻と我々の幼児《おさなご》は、これまでホワイトハウスの大統領一家とはお目にかかる機会もありませんでした。このような中で、貴女と大統領に懇意にしていただけたことを大変嬉しく思っております。この度のことは私たちを路頭に迷わせ……、貴女が、皆のために成し遂げてきた立派な仕事を妨げた一部の国民の卑劣さを考えるにつけ、私たちは苦痛と深い悲しみに暮れているところです。私たちはルーズベルト夫人の勇気を誇りに思い、ファーストレディーとしての米国の真の母親を我々が持てたことに深く感謝する次第です。我が国のこのような苦難の時期に、貴女と大統領に神のご加護がありますよう、心からお祈り申し上げます[44]」。

エレノアは自らの退任に際し、今後とも一歩も引かないことをリベラル派に誓約した。しかし彼女自身は、自らの大胆な試みの中にある一つの展望が失われることを悔やんでいた。そこでエレノアは、「ファーストレディーは、政権の中の公式な職位に就いてはならない」という批判が合法であるかどうかを問うたのである。2月23日付のコラム「マイ・デイ」にエレノアは、「たとえ大統領夫人であっても、個人の考えにおいて意見を表明することが許されなければならないことを、国民はいつか理解することになるでしょう」と書いている。しかし、ファーストレディーが政権に参加することを、今日に至っても米国民は認めていない。70年の時が過ぎても、ファーストレディーが政治や政治的論争に深く関わることについて、国民は慎重な態度を崩していないのである。

1942年2月、エレノアの市民防衛局の副局長としての立場は終わりを告げた。しかし、市民防衛局の組織の中に彼女の考えが消えることはなく、数百万人のボランティアの人々は団結してその業務を成し遂げたのである。[45]

第十二章　リベラルの軍事化への道

民間防衛は、民主国家の市民ボランティアが中核となった大衆動員の内で、かつてない大規模な動員例を示すものであろう。

——極秘報告「敵の軍事行動に対する民間人に託された防衛活動
米国陸軍憲兵隊司令官　１９４６年４月30日

１９４２年に入ると〈経済や社会改革などを目指す〉ニューディール・リベラリズムが、戦時の物理的安全性〈準軍事体制など〉の追求に引けを取るようになった。当時の市民防衛局は戦時においてもニューディールは守られるべきという、一部のリベラル層の意見を重視していた。しかし、もう一方のリベラル層は社会防衛の観念よりも国内の軍事的活動を優先し、これによって「国民をファシストの脅威から解放する」と主張したのである。１９４２年２月、ラガーディアに続いてエレノアが市民防衛局を退任したとき、ＦＤＲはラガーディアの後任にリベラル派の良識的な指導者、ジェイムズ・Ｍ・ランディスを起用し、エレノアはその人選に感謝した。市民防衛局の局長に任命されたランディスはハーバード大学の学部長を務めており、彼はラガーディアと同様に民間防衛の軍事化への意向を共有していた。局長に就任したランディスは、使命感にあふれた情熱と活動力を基に市民防衛局を運営し、１９４３年8月の退任まで誠心誠意任務を全うした。ランディスは在任中、戦時リベラリズムの哲学的な分野を進展させて、流動的な戦時リベラリズムの特質を明確にしたのである。[1]

新局長のランディスの下で、エレノアの社会防衛の考え方は国家の安全保障や警戒体制に次ぐものとなった。ランディスの警告は極めて厳しいものであったが、それらは決して道理に反するものではなく、むしろ多くのリベラル層の懸念を誠実に表したものと言えた。第一次大戦における初期の空爆や、スペイン、ポーランド、フランス、英国などで示されたファシスト国家による市民を対象にした空襲、それに予想を超える近代兵器の進歩が、１９３０年代の中頃に米国民の本土爆撃に対する恐怖心を倍増させた。安全保障の入り組んだ体系は大きく様変わりしており、かつて考えられなかった出来事が、今や一部のリベラル層の目から見て現実になっていた。真珠湾奇襲に続く大きな攻撃がなかったとしても、リベラル派の指導層は米国本土に対する攻撃への警戒を緩《ゆる》めていない。たとえそれが大袈裟であったとしても、リベラル層が抱いた恐怖心はそれなりに現実に即したものであり、単なる好戦的な世論を盛り上げるための宣伝工作ではなかった。

さらに彼らの絶え間ない警告の効果によって、リベラル派の国際干渉主義者が保守派の孤立主義に対して有利な立場を得ていたことは確かであった。国民に軍事的な脅威を強調することによって、リベラル派は米国の軍事的な体制の確立を容易に進めることができたのである。真珠湾の出来事以来、国民が生命の危険をはっきり意識したことは、戦争準備の段階で人々の団結力を強めたばかりではなく、長期戦に備えた各人の役割の重要性を認識させた。ランディスを筆頭としたリベラル派の脅威扇動の効果もあり、多くの国民が民間防衛のボランティアをはじめ、軍隊への入隊や軍需工場での就労を志願した。また個人に関わる自由の制限、例えば日系米国人などの強制収監は言うまでもなく、食料節約の必要性や、灯火管制や消灯の指示を国民は前向きに受け入れるようになった。結果論ではあるが、脅威を煽ってそれをさらに増幅させたことは、政治的な要請と国民の戦争に対する懸念を払拭《ふっしょく》させるという相乗効果を果たしている。またそれは、リベラル派の首尾一貫した公約を実現させて、彼らによる国際脅威の説得をより強固なものにしたのである。

ランディス新局長と側近たちはこれらの流れに機敏に対応し、国民が最も大切にしてきた個人の特質を含めて、国家権力による国民監視という民間防衛体制の強化に乗り出した。しかし、それらが民衆の個人主義を犠牲にして共同社会の責任遂行を優先したことや、経済的な不安定よりも軍事的脅威からの国民の保護を優先したために、国民の間にかなりの不安を招いている。第二次大戦初期の軍人指導者ではなく、国民から選ばれたか否かを問わない進歩派の人々が国家の安全保障の設立に責任を負ったため、それらは戦後の米国社会において、リベラル層の信条や思想をはじめ活動方針に大きな影響を与えることになった。

ランディスは、「国は軍事か民生かの、一方的な選択を迫られるべきではない」と主張した。しかし米国への深刻な脅威は、安全保障を第一の目標にせざるを得ず、彼は、然るべき時まで社会防衛への大きな動きを遅らせることはやむを得ないと決断したのである。そのためランディスは、ニューディールの主眼である経済的保護と社会改革を後回しにして、国民の物理的安全への構想を優先した。彼はまた、「大衆から成るボランティアの体制は、我が国の民間防衛プログラムが全体主義国家の強制的な体質とはまったく相反することを示している」と言い添えている。米国社会を守るために連邦政府と一丸になって活動する国民は、民間防衛を高いレベルで築くための重要な存在であった。総力戦の時代の中で、民主的な価値を犠牲にすることなく、国の安全保障をいかに達成するかに取り組んだランディスは、社会的目標と国民の安全とのバランスを追い求めたのである。

その結果、ランディスが出した方針は国民の安全確保をまず優先し、社会的目標はその後にすることであった。彼は、1億3000万人の国民の命と米国の存続が、自分の双肩《そうけん》にかかっていることを自覚していた。1942年の彼の言葉にあるように、国民に自らの手で敵と戦う覚悟を固めさせるのは自分の責務であると捉え、その全責任を負ったのである。ある記者は、「それは戦時のワシントンで最も厳しい仕事の一つであった」と語っている。ランディスは軍の情報部やメディアが伝える深刻な危機を正面から受け止め、自分が国民に訴えている警告は、現実離れした目標を達成するための政治的な宣伝でないことを確信していた。それは、彼自身が抱く脅威は真実に基づくものであり、当時のリベラル層もほぼ彼と同じ認識を持っていて、いわば「米国は俗に言う『いい鴨（格好の標的）』であって、捕食者の攻撃をただ待つだけの状況」ということであった。1942年2月、FDRは「今後48時間以内にデトロイトとニューヨークが爆撃を受ける可能性があり得る」と記者団に語り、当時のリベラル派の軍事的判断に基づく状況を伝えた。[2]

1942年の市民防衛局職員の大幅な増員に伴い、ランディスの声明は多くの国民の大きな反響を呼び起こすことになった。軍への入隊ばかりでなく、民間業務の最高の位置づけとして民間防衛を志す市民が急増したのである。2月1日までに560万人の志願者が民間防衛組織に参加し、8500の防衛評議会が活動している。1942年の年末までに、1000万人の国民が民間防衛のボランティアとして参加した。そのうちの700万から800万人の人々が防空監視員や消防士、準警察官として活動している。また300万人余りの国民が社会保護政策の業務に従事し、貧困者への食料の提供や病人の介護、看護学校の創設や住宅への入居支援などを行った。彼らはさらに天災に直面した共同社会の救援や、地区監視員としての業務をはじめ、隣人たちに食料・住居・衣服などの必需品を適宜まかなう奉仕を実践している。第二次大戦中、1700万人の国民が軍需工場で働き、1600万人以上の人々が軍隊で活躍した。市民防衛局のランディス局長の下に1000万人のボランティアが参画し、これによってラガーディアとエレノアが目指してきた、いわゆる民間による大衆軍隊が実現したのである。[3]

それでは、ニューディール政策の強力な指導者であったランディスが、第二次大戦初期のわずか数ヵ月間で米国社会の軍事化をいかに推し進めることができたのであろうか？　これについて「ニューヨーク・タイムズ」紙は、「ランディス局長は、民主主義社会の指導者としての容貌……、それに信念のある改革者が持つ思想とアイデア……、そして、いかにしてより良い生活が得られるのかを人々に問いかける能力を持ち合わせている」と書いている。また記者たちは、細く引き締まった体格で、過敏な神経を隠しきれないランディスの様相を「有刺鉄線の人」と表現した。ランディスは、「私の名誉を傷つけないように」という顔も一面で持ち合わせていたのである。

1942年に43歳を迎えたランディスは気概と情熱に満ち溢れていた。彼は市民防衛局に早朝に登庁し、昼食はサンドイッチとリンゴという軽食で、土曜日の午前中には2時間におよぶミーティングを開いている。1899年に米国人宣教師の息子として日本で誕生したランディスは日本語が堪能で、プリンストン大学を首席で卒業し、将来を嘱望される卒業生に贈られるフェイメダルを受賞した。さらに1924年、ハーバード・ロースクールを優秀な成績で卒業したランディスは、最高裁判所陪席裁判官のルイス・ブランダイスの法律秘書官となった。彼はブランダイス裁判官の、「国民は、民主主義をさらに開花させる生き方を共有しなければならない」という信念を受け継いだ。[4]

陪審裁判官の秘書生活を終えたランディスはハーバード大学の教授に就任し、行政管理と労働法を担当した。1933年、彼は米国青年賢人会のメンバーとして、FDRのニューディール政策を支援するために首都ワシントンへ移動した。そこでランディスは証券法の企画作成で頭角を現し、証券取引委員会初代委員長ジョセフ・P・ケネディ（ジョン・F・ケネディの実父）の上級補佐官となり、証券取引委員会初期の主な決議事項の多くを起草した。1935年、FDRはケネディを退任させてランディスを後任にすえた。ランディスはニューディール政策を「避けて通れぬ時代の要請であり、失業と経済問題の守り」と捉えている。また彼は、ニューディール担当者は「一般市民の民権擁護者」であって、「拘束力のない産業資本主義から国民の経済的保護を擁護する民主主義の砦」と考えるようになった。[5]

ルーズベルト大統領は、ランディスの学者としての専門知識が民主主義の円滑な運びに貢献していると評価し、彼を称えた。一方のランディスも、FDRは国民の要求を十分に受けとめ、経済的不安を緩和して社会崩壊を未然に防ぐ偉大なリーダーと位置づけて賛美した。FDRが大統領再選を果たした後、ランディスはハーバード大学に戻ってロースクールの学部長に就任した。そこで彼は法律に関する二冊の書物を書いているが、学問と大学の経営に留まらず、引き続き国の仕事を全力で遂行した。そのような中でランディスは、ハーバード・ロースクールにおいて顕著な業績を確立し、ロースクールの教育課程を改善したり、学生と彼らの両親に学生の成績を送付し、ハーバードの優秀な卒業生を米国の最も由緒ある法律関係の仕事に斡旋した。[6]

併せてランディスは、FDRの二期目の大統領時代に公共の事業に関わっている。その中で最も注目されたのは、労働運動指導者ハリー・ブリッジスの弁護であった。ブリッジスはサンフランシスコの港湾労働者のストライキを指揮し、当局は彼を急進党員として追放しようとしたが、不成功に終わっていた（この一件は、ランディスが共産主義者であるという米国保守層の非難を促した。これに対してランディスは、私に対して向けられた嘘の数々を私は100年かけても論破することは出来ない、と答えている）。皮肉なことにランディスは、これを機として、戦争初期の労働者たちに好ましい経済改革よりも、米国軍隊の必要性を重んじることになった。[7]

1940年、ランディスはFDRが大統領三選を果たす必要性を社会に訴えた。それは世界に脅威をまき散らすファシストの独裁政権から米国民を守ることができるのはFDRだけである、という信念に基づくものであった。同時にランディスは、「一般国民の日常生活を向上させるために、社会的な力を導くのは連邦政府の責任である」と主張した。彼は、学生たちが話題の種にするほど公共心に富んだ教授で、学生たちはランディスがハーバードの境界をはるかに越えて、彼の思惑を広範に広げようとする意向に肩をすくめている。その学生たちの皮肉な言葉を挙げると、「ジム・ランディスがロースクールを取り仕切っている（あるいは、それに似た噂話が広まっている）」とか、「一体、この人は何者なのでしょうか……、現時点では、誰もそれを窺い知ることができない」、また「あの先生が、鉄道を敷設している……、首都ワシントンのルーズベルト大統領の鉄道委員会のメンバーとして」とか、「地方政府を強化するプランEを、彼が成し遂げた実績はまったくない」

といった具合であった。[8]
　1940年に入るとランディスは、ニューディールの経済改革を離れて、国家の安全保障と民間防衛体制に目を向けた。彼は「リベラル層は、この戦争への対応が求められる時期に、米国を先導する役割を担わなければならない」と述べ、「リベラルが目指す基本的な信条」と彼が唱える方向に向かって、態勢を順次変えていく必要性を主張した。1940年12月を手始めに、国防委員会のアドバイザーを務めることになったランディスは、定期的にワシントンDCに出向いている。そして翌年の1月には、ルーズベルト大統領の外交政策を支援するために、ハーバードを基盤として立ち上がった米国国防組織の活動に力を注ぐことになった。[9]
　ニューディール改革と国の安全保障の狭間に立ったランディスは、米国民が直面する脆弱性《ぜいじゃくせい》を——チェンバレン前英国首相がミュンヘン会談で対独宥和政策を見誤り、その後彼が平和の時代を宣言して国を守る術《すべ》を失った——英国の状況に例えている。ランディスはまた、ナチスの爆撃機は貨車1輌分の爆弾を積んで、はるか米国まで飛行できる能力を持っていると訴えた。ランディスの伝記作家は、「民間防衛は、ランディスのかねてからの目標であった」と書き記している。第一次大戦の時、ランディスは高校時代の作文で受賞しており、その作文には「国民には、戦争に入るための態勢を整える義務がある」と書かれていた。1941年、ニューイングランド地方の民間防衛責任者に任命されたランディスは、すべての人々が民間防衛に携わる職務を模索した。彼は民間防衛の責任者として、リベラリズムの最高目標を社会改革ではなく、国家の安全保障におき、ひたすら民間防衛体制の促進に力を注いでいる。まずは爆撃機に対する防空監視員として10万人の要員を要求し、地域の消防隊員を3倍に増員した。また市民の団結を呼びかけて、市民はやじ馬ではなく、市民軍として活動するよう求めた。ランディスの地方におけるリーダーシップは、「全米の中で最も組織化され、訓練の行き届いた民間防衛の鑑《かがみ》」として国民の注目を浴びている。[10]

1942年2月、ランディス新局長による市民防衛局の統制が一段落したころ、彼はその一方で文化的な圧力と政治的な試練に直面していた。ランディスは全力を尽くしてそれらに対応したが、その第一は国民から疎《うと》まれた市民防衛局のイメージを払拭することであった。「クリスチャン・サイエンス・モニター」紙は、「市民防衛局の職員は、他の官庁のどの職員よりも煙たがられている」と書いている。国民は、市民防衛局をダンサーのメイリス・チェイニーや大統領夫人のペットとして風刺していた。ランディスは、チェイニーを他の健康増進部門の担当者と交替させたが、評論家たちは「市民防衛局は古代のジャックナイフ投げゲームを教えたり、サイコロのクラップス遊びやトランプのピノクルゲームの進行係を雇ったりして、象乗りや、ドーナツやコーヒーなどの飲食物を楽しんでいる」と批判した。ランディスはまた、ラガーディア前局長と懇意だったかつての市長たちを市民防衛局から解任し、局職員の本来の仕事や組織・活動に戻すことをFDRに誓約した。彼は大統領に対して、「市民防衛局は規則に沿った活動的な組織に変わりつつあり、民間の軍事的防衛が自らの展望や活力の大部分を占めている」と報告している。[11]

前任者のラガーディアとエレノアは、その他の面でもランディスに頭痛の種を残していた。ランディスは連邦政府や議会との関係を修復しなければならず、それらは「かつて経験したことのない、複雑な内容であった」と語っている。局長に就任したランディスは、彼の下で奉仕するボランティアたちに規律意識が欠けていることを知った。一部の評論家たちは「市民防衛局員に国を守ろうとする気概が感じられない」と批判し、市民防衛局が警察体制を確立して、軍法を課すことを求めている。さらにランディスは、反体制派から「市民防衛局が軍事化している」と非難され、一方の保守派からは「民間防衛は軍事的な位置づけよりも、〈大衆の姿勢への働きかけなどを研究する〉社会工学のためのトロイの木馬〈巧妙に相手を陥れる罠《わな》〉になっている」と指摘された。

このような中でランディスは、国民に対して今後いつ降りかかるかも知れないあらゆる事態に備えるよう、自らの考えを訴えた。それは、「戦場は急速に移動している」という警鐘であった。ランディスは、軍事的にしっかりしたプログラムが、攻撃による死傷率を90％削減している事実を引合いに出し、これらの企画は惨事があっても大虐殺を防ぎ、火災が起きても焼け野原を防いでいる、と告げた。また陸海軍の長官に対して、「西海岸の港では避難民への対応が迫られている」と書き送っている。こうしたランディスの警鐘は、「市民防衛局の主たる任務は国民の生命と財産を守ることである」という彼の強い信念を示していた。加えてロバート・パターソン陸軍次官には、「もし敵国が米国海岸の近くに基地を設けた場合、米国本土への持続的な爆撃の可能性が高まり、工場地帯のカモフラージュが必須となる」と伝えた。ランディスの見通しによれば、米国本土の北東の都市に続いて、西海岸の沿岸地域が特に危険であり、その次に米国中部のデトロイトやシカゴが深刻である、ということであった。そのためランディスは、それらの地域に住む５０００万人の人々に、空襲やその他の攻撃に対する準備を要請しなければならなかった。そして、彼の警鐘が必ずしも過ちでなかったことがほどなく明らかになった。１９４２年9月、日本海軍の潜水艦がカリフォルニア州サンタバーバラの沿岸を砲撃したのである〈訳注：１９４２年2月23日に日本海軍伊号潜水艦がサンタバーバラ郡エルウッド石油製油所を砲撃し、同年9月には日本海軍機がオレゴン州の森林部に焼夷弾攻撃を行った。Chronicle of AMERICA, DK, P701〉。ニュースメディアは、戦争が市民の生活の間近に迫ったということを大々的に報道している。[12]

ランディスが国民に脅威の警鐘を強く鳴らしたのは、単に彼が計画していたプログラムを実行に移すためのものではなかった。脅威はまさに多種多様であり、それらが国民に差し迫っていることを彼は確信していたのである。言い換えれば、それらの脅威がじかに国民の生命に関わっていることを、国民に周知させる責任を彼は負っていた。そのため脅威に無関心な人々の姿勢を改革することが第一の目標となったが、それが国民にパニックを起こす要因とならないよう、慎重にバランスを取ることが重要であった。しかし、このバランスをとる活動が極めて困難な状況にあることが判明した。

1942年2月、米国が戦争に突入して3ヵ月を経ていたが、海外における好ましくない戦況が西海岸と東海岸の人々の精神的な混乱を招いていた。真珠湾では2000人以上の米国民が犠牲となり、太平洋ではかなりの数の海軍艦船が海底に沈んでいた。その反面、日本軍は香港・マニラ・シンガポール方面で戦勝を重ねていた。米軍司令官たちは米国が再度攻撃を受けることを危惧していたが、同年3月の世論調査では、全米の三分の二の国民がこの戦争の重大な局面を認識していない、と答えている。陸軍参謀総長ジョージ・マーシャルはオアフ島への陸・海・空からの攻撃を警告し、ハワイへの攻撃を憂える陸軍司令官たちは、この地域防衛のための4万5000人を超す戦闘員配置と、10万人体制の防衛計画を作成した。[13]

ランディスの職務の引継ぎは軍隊の命令と相通ずるところがあり、彼自身の思惑に反して、本土防衛の流れに容赦なく引き込まれることに気がついた。このような中で2月25日の夜半過ぎ、ロサンゼルス西方120マイル付近における未確認飛行物体の侵入を防空レーダーが捉えたのである。海軍はグリーン・アラートを発して対空砲台に砲兵を呼集し、ある大佐は、「詳細は不明であるが20機余りの飛行機がロサンゼルス南方のロングビーチに向けて高度1万2000フィートで接近中」と警告した。海軍はロサンゼルス市全体に灯火管制を敷き、午前3時過ぎにサンタモニカ上空の飛行物体（実際は照明装置を運ぶ気球であった）に向けて対空砲火を開始し、各所の砲台を含めて1400発以上の砲弾を発射した。この騒動の中で一人の市民が心臓発作で死亡し、さらに数人の人々が交通事故で命を落とした。やがて夜が明けて一面が明るくなった後も、夜間にロサンゼルス上空で何が起きたのかは不明であった。陸軍当局は少なくとも1機、おそらく5機程度の航空機がロサンゼルス市上空にいたと発表したが、ノックス海軍長官は、ロサンゼルス市の上空に航空機はまったく存在しなかったと反論した。「ニューヨーク・タイムズ」紙は、これらの出来事を「とんでもない無能力と神経過敏の結末」と表現し、なぜ地上の対空砲火はまったく役立たずであったのか、また、なぜ我が国の戦闘機は敵に一撃を与えることができなかったのかを追究した。これらの一連の出来事は、「ロサンゼルスの戦い」として後世に伝えられている。[14]

米国の戦いはいよいよ本格的になり、ここでFDRとラガーディアが力を注いできた年月が実を結ぶことになった。ドイツ空軍によるスペインのゲルニカ空爆やフランスの陥落、そして米国CBS記者のエドワード・マローによるロンドン大空襲のラジオレポートから真珠湾奇襲に至るまで、米国民に鬱積《うっせき》していた恐怖心が一挙に表面化し、米国民の恐怖心を次から次へと燃え広がらせたのである。ある陸軍大尉は、「ナチスが米国東北部の州に疫病を拡散させようとしており、それを防ぐのはかなり難しい」と警告した。また、あるサンフランシスコの市民が「ロサンゼルスの戦い」を引合いに出して、「これは米国議員たちへの目覚ましコールである」と表現したり、コネティカット州の住民は有毒ガスへの対策が全くないことを憂慮している。同時に、「ニューヨーク州スケネクタディ市の軍需工場はナチスの攻撃目標になっている」という噂も広がった。ケンタッキー州レキシントン出身のある女性はシンガポールの陥落を知り、ランディスに対して、「私たちが防空壕を掘る前に、あなたはカリフォルニアや西海岸が陥落するのを待っているのですか？」と訴えている。元英空軍のパイロットはペンシルベニア州の住民たちに対して、「猛烈な攻撃を受ける日はそう遠くないはずだ」と警戒を促した。彼は、「ナチスは８０００マイル飛行できる爆撃機を準備しており、フランス南西部のボルドーから直接米国民の生命を脅かすことができる」と説明を加えた。その他、「たった今、メイン州の海岸にナチスのスパイが潜入し、彼らは目標物を爆破させて焼き尽くすつもりだ」という、同州の民間防衛責任者の報告などが出る状況であった。[15]

集団パニックは、「戦争に巻き込まれたら米国に死と破滅をもたらす」という恐怖心をもとに、その規模と範囲を広げて行く。当時の市民防衛局は、1機の爆撃機は15分間で１００件の火災を巻き起こすことができると見積もっていた。またランディスは、部下の幹部職員から「予測される化学兵器の攻撃から身を守るために、直ちに国民に対してヘルメットと防毒マスクを配布すべきである」と対応を迫られた。市民防衛局の医療の最高責任者であるジョージ・ベアは、有毒ガスが人体に与えた障害の程度に応じてカラーコードで区分けする対策を、大量死者を取り扱う葬儀社に指示することを考えていた（ベア医師は、来る米国医学界の会合でそれを提出するつもりであった）。そして側近の医師に、「爆弾で胴体や胸・背骨などに重傷を受けた患者は、訓練を受けた医師だけが治療すべきである」と告げている。一方のランディスは、建物のカムフラージュに関する知見を持ち合わせていないことを負担に感じており、パニックが従業員の勝手な避難行動を招いて軍需産業の妨げになることを危惧していた。

ここで特筆するべきことは、ランディスが彼の立場を利用して国内社会を警察国家へ移行させることに、前局長のラガーディアの先例を凌いでいたことである。市民防衛局の局長としての圧力を受ける中で、ランディスは総力戦にいどむ民主主義の答えとして、市民の軍事化に重点を置いた。その結果、国民の自由が犠牲となり、監視国家としての体制が日常化したのである。ランディスはまた、市民防衛局と軍隊との連携を強化し、国防の幹部から重要な情報を引き出すと共に、局内の要職に佐官級の現役軍人を配置した。さらに60人余りの将校を採用し、地方社会で活動させている。また米国在郷軍人会と会合を持ち、防空監視訓練の指導を要請した。市民防衛局の職員は、他の18人の連邦局職員と協同して空港・鉄道・通信網の防衛や、国の基幹施設の軍事化に力を注いでいる。ランディスは1歳から13歳までの児童の死傷に備えて1000万個の名札の配布を検討し、一方のFDRは、敵の銃撃で傷ついた国民の医療費として1日につき3ドル75セントを補填する大統領令に署名した。メイン州では、「敵は1分あれば橋を破壊したり、船を沈めたりすることができる」という名目で、住民は怪しい人物を警察に通報するよう示達している。[16]

国民のパニックを招く動きは国家の士気に関わることであったが、ランディスは直面する脅威を国民に警告して差し迫る現実を認識させ、その対応に拍車をかけた。当時、国民に広がった噂はあまりにも理不尽であり、多くの疑念が生じたために、ランディスはそれらを注意深く見守ることになった。その噂とは「米国は本当に戦争に勝つことができるのだろうか？　また、今まさに起きようとしている敵の包囲攻撃に、我が国は耐え得る対抗手段があるのであろうか？」などという国民の疑念であった。カリフォルニア州では日本軍が蚤《のみ》を使ってチフスを伝染させるという噂が広まり、他の州においてもナチスのスパイが毒薬を水源にまき散らすという風評が生じている。その他、イリノイ州の工場労働者は穴のあいた防毒マスクを支給されたとか、真珠湾が攻撃された翌日に、ニューヨークのミッチェル飛行場の上空で敵の爆撃機が数機撃墜されたが公表されていない、というニュージャージー州の住民の話などが持ち上がった。そして少数の国民による無視しがたい陰謀論が表面化し、市民防衛局のリード・ランディス少佐は、「爆撃機が目標を発見しやすくするために、スパイが屋根やトウモロコシ畑、森や壁などにペンキを塗っている」と当局に報告した。しかし、それらが実証されることはなかった。神出鬼没の敵の話にランディスや市民防衛局の一方的な話が加わり、国の脆弱性《ぜいじゃくせい》が表面化して国民の恐怖心が現実となったのである。[17]

このような国民の恐怖心や疑心暗鬼の中で、ランディスと市民防衛局の局員たちは主に西海岸に住む日系米国人と日本国籍者を収容する施設の設営に取り掛かった。真珠湾奇襲後の人種差別の高まりによって強制収容所の構想が表面化し、その構想を具体化する政治的背景や組織がすでに芽生えていたのである。その結果、民間防衛の論議の中で強制収容所に関する話が活発に行われるようになった。1930年代の後半、民主党のリベラル派と共和党の保守派は合同して敵方協力者《フィフス・コラムニスト》の問題を取り上げていた。ラガーディア前局長とランディス新局長は具体的な根拠を示すことなく、スパイや破壊活動家が国内の治安を危険に陥れていると語り、真珠湾奇襲以降、国内の日本人の存在が国民に最大の脅威を与えていると訴えた。その結果、日本人に対する不信がますます高まり、ランディス自身も、西海岸は敵が最も目をつけやすい目標であると捉えていた。このような世相の中で、強制収容所の創設は西海岸の多くの住民たちにとって安全確保の第一歩であるという考えが一般化したのである。それは、日系市民の人権を踏みにじることを積極的に進める人々が、ワシントン政府のランディスや同僚から正当性や合意《コンセンサス》を得た証であった。[18]

西部防衛司令官・ジョン・デウィット中将の下で内務省に戦時移住局（War Relocation Authority）が創設され、民間防衛で論議された強制収容所は市民防衛局の積極的な活動によって急速に話が進んだ。陸軍は、確たる根拠もなしに軍の高官や多くの国民が危険と考えた人々を第一段階として収容し、それらの人々の行動を抑制することを前面に打ち出した。統合参謀本部と軍の指導者たちは、ハワイ在住の10万人に及ぶ日系人の敵対行為を恐れ、真珠湾奇襲後に最も危険と思われる2万人の日系人を本土の強制収容所に隔離することを提言したのである。１９４２年2月、カリフォルニア州のカルバート・オルソン知事は、「私は、カリフォルニア州在住の日系人が反逆行為を準備していることを知っている」と発言し、ロサンゼルス市のフレッチャー・ボウロン市長は何の根拠もなしに、「もし日本軍の上陸や空襲があった場合、我が市の日本人たちはあらかじめ定められた役割に従い、しかるべき好機を見計らって行動することになるでしょう。そのような市民が我々の周辺にいるのです。我々は、南カリフォルニアで真珠湾の危険を被るわけにはいきません」と公言した。

ＦＤＲは、彼の大半の顧問が賛同した合意事項に従って、大統領令第９０６６号〈防衛のための強制移動の権限〉に署名した。これにより軍民の指導者たちに対して、米国在住の数万人に及ぶ日系米国人と日本国籍者の一斉検挙を可能にさせたのである〈訳注：大統領の署名を知ったエレノアは啞然とした。数週間にわたって沸き上がるヒステリー状態を見ていた彼女は、何かこのようなことが起きるのを恐れていたのだが……。大統領令は余りにも過激であったため、彼女は大きな衝撃を受けている。国家の危機にあっても、権利章典は決してくつがえしてはいけない、が彼女の思いであった。夫のＦＤＲに決断の真意を質したが、彼がそれに答えることはなかった。『Doris K. Goodwin, No Ordinary Time, P323』より〉。陸軍の役目は対象となる人々を家庭から収容所に連行することであり、集合センターに到着した人々の管理は戦時移住局が担当した。収容した人々の財産は連邦準備制度理事会が取り押さえ、収容所の健康管理や福祉については連邦保障局が受け持った。ランディスの市民防衛局はこの強制収容制度を支える代弁者であり、これを順調に進めるためのボランティアまで雇用している。[19]

3月2日、陸軍の指導者たちはサンフランシスコ市の市民防衛局の西海岸支部に対して、異国人排除の要請を申し入れた。支部長のジェイムズ・シェパードはランディスに「昨夜突然、陸軍の要請を受けました」と報告し、「当地域の民間防衛の担当者は強制収容の検討を行ってきており、日本人問題については全力を尽くしています」と付け加えた（シェパードの期待は戒厳令を早期に敷くことであり、民間防衛はその施行を支援することと捉えていた。彼は「いずれこの問題について考慮せざるを得なくなるでしょう」とランディスに伝えている）[20]。

敵方協力者に対する長年の運動は、強制収容を政治的に認めて、国民の共通認識として受け入れられる基盤を醸成してきた。市民防衛局は、破壊工作者の脅威に対応するために司法省の敵性外国人管理部門の実行部隊と連携し、さらに国の交通網・水源・電力・軍需工場などを守るためにＦＢＩと協力関係を結んでいる。「敵性外国人《フィフス・コラムニスト》」という言葉は当時の米国社会にすでに定着しており、民間防衛の教本には、敵方協力者の脅威と闘うために敵性外国人を詳細に調べる監督者の任務が書かれている。サンフランシスコ市は日系やイタリア系、ドイツ系の移民の制限事項を発令し、該当者が軍事・交通・産業の重要地点に近づくことを禁止した。さらに民間防衛のボランティアは、破壊工作の疑いがある人物の監視や情報の提供を求められた。ランディスは社会基盤を防衛するために、敵性国家系の国民が市民防衛局の民間防衛部隊のメンバーになることを禁止し、司法長官ビドルには「民間防衛のメンバーは、鋼鉄のような忠誠心を持たねばなりません」と告げている。[21]

ランディスは強制収容所の創設を支持し、日本国籍者の労働――例えばユタ州の銅山会社で働いている日本人労働者の取扱い――について司法長官の見解を求めている。西海岸にいるランディスの部下たちは、強制収容が順調に進んでいることに満足していた。また強制収容を積極的に擁護することによってランディスは、彼の組織の祖国防衛に対する軍事的な意義や役割を世に示すことができたのである。西部防衛司令部司令官のジョン・デウィット将軍が、ドイツ系とイタリア系市民の国内移動に関する制限プログラムの一時的な免除を市民防衛局に求めたとき、ランディスは「市民防衛局は、共通する戦争の負担には積極的に協力していくつもりです」と応じている。彼の意図するところは、強制収容プログラムへの協力の誓いであった。ある層のボランティアたちは「外国人認定員」としての誓約を市民防衛局と交わし、シェパード支部長は彼の部下たちに、民間防衛の名目の下で、即座にいかなる任務も果たすよう指示したのである。さらにシェパード支部長は外国人認定プログラムの最新の情報をランディスに伝え、両者は、ドイツ人とイタリア人の立退《たちの》き命令が下されない限り、いつまでこの認定プログラムが続くのか、についてを電話で協議した。この年の夏までに民間防衛プログラムに基づいた２３７名の外国人認定員が西海岸地域で公認され、その多くが法的執行力を持つ専門家たちであった。シェパードはランディスに、「もしこの地域で日本人が解放されることがあれば、無法な活動が活発化して、法執行者の負担が増すことになるでしょう」と進言している。[22]

ランディスは、FBIと連携してスパイや国粋主義者や共産主義者への対応をとり、また強制収容所の諸々の情報処理を行うためのボランティア監視員を養成した。市民防衛局の指導層は、不法行為の徹底調査と追及を基本にしながら、政府転覆計画の疑いがある人物たちの監視を続けた。その結果、強制収容所設立の風潮が一段と高まり、大量動員の論争に更なる拍車をかけている。これらの流れは、西海岸の少なくも5000万人の命が危険に晒されているという現実を浮き彫りにしたのである。1942年、ランディスとFBIのフーバー長官の連携により、国家安全保障《ナショナル・セキュリティー》リベラリズムの勢いが加速することになった。フーバーのために地域防衛グループに侵入した共産主義者をランディスが突き止める一方で、フーバーはニュージャージー州シーサイドパークの防衛委員会に所属する隠れたナチス協賛者の情報をランディスに送って、国内のファシストへの対応を市民防衛局の担当者に依頼している。そこで市民防衛局は、陸軍省に対してニュージャージー・ゴルフコースのナチスとの繋がりの調査を要請したのである。ニューヨーク市では、ある防空監視員がラガーディア市長のリーダーシップを批判しただけで、市の警察官から防空監視員の役務を外すと脅された出来事の訴えがあった。ランディスは、文民統制にからむ懸念事項の対応については、軍隊的な指揮の方針を選択している。軍隊の秩序に固執して市民を陸軍に従属させようとするランディスは、市民防衛局の第二管区を指揮していたウォルター・メトカーフ大佐にその方針を伝えた。ランディスは、2月末までに首都ワシントンと4州に8万5000人余りの警備ボランティアを配置し、その後の数週間の間に数万人の警備ボランティアを追加する計画を進めている。[23]

西海岸は米国内において最も緊迫感に包まれた地域であった。同時に、あらゆる層の役人たちが迫り来る脅威を煽り立てたため、その影響が周辺にまで及んでいる。数名のロサンゼルス市民が連邦政府に避難のアドバイスを求めたとき、市民防衛局の担当者は彼らにロッキー山脈の東側に移ることを勧めた。ボルティモア・ホテルで開かれた国防会議の席上で、ロサンゼルスのある消防署長は「ハリウッド・ヒルで発生する１４００件の火災は、とりわけ３分以内に一斉に火がつく大火災であり、我々はそれらに対応することが求められているのです」と発言した。ロサンゼルス郡は４月上旬までに１８０ヵ所の応急介護所と４５００台の病床を整えており、郡保安官はこれまでの洪水や地震、それに１９２８年のフランシス・ダムの決壊が大いに参考になったと告げている。西海岸が発信してきた数々の声明は絶えず付きまとうパニックへの対策であり、数年にわたって市議会や報道機関によって、冷静さを保つためのベストの方策として培《つちか》われてきたものであった。同時にその郡保安官は、「軍がそれぞれの市民の努力を統制しなくても、市民は総力戦を成し遂げる精神力を持っている」と述べた（これはまさに、ナチス体制と米国の民主的な民間防衛体制の相違であった）。また市民防衛局西海岸担当のジェイムズ・シェパード支部長は、西海岸が戦闘領域であることを述べた上で、真珠湾の生存者の言葉——民間防衛体制がなければ、火災や人的損害や大災害は市民の無秩序を巻き起こし、米国の破滅を招くことになる——を引用した。さらにシェパード支部長は、「噂によって、混乱をいっそうあおり立てるような行動を控えるように」と警鐘を鳴らした。それは、ロサンゼルス市が空襲のデモンストレーションとして模擬弾を爆発させた際に、恐怖に怯えた住民たちが絶望的な声を交じえて警察署や放送局に問い合わせをしたことに基づいていた。[24]

ランディスが市民防衛局の局長に就任したとき、彼は海岸地方の住民が恐怖心にとらわれている一方で、中西部の人々は連邦政府の民間防衛指示に反抗的な傾向があることを実感した。ある市民

えていることを市民防衛局は認識した。

防衛局の報告書に従って27州の現地調査を行った結果、それぞれの州はランディスと異なった考えを持っていることが判明した。海岸地域の住民たちは、白い帽子に腕章を巻いて笛を持つ監視員たちを「神聖の象徴」として敬っていたが、中西部の人々は、地域が違えばそれぞれ異なった状況と要求があることをワシントンの連中は分かっていない、という不満を持ち、民間防衛体制を非難する傾向にあった。例えば、内陸部のある地域の人々は空襲の可能性すら想定しておらず、コロラド州の住民が「もし敵がデンバーを空襲しようものなら、合衆国はこの地を見捨てるであろう」と考えていることを市民防衛局は認識した。

内陸部では民間防衛に抗う声が高かったが、1942年の春になると彼らも空襲の恐怖を表すようになり、当然のことながら沿岸地域の人々の恐怖心はかなりの域に達していた。ハロルド・イッキス内務長官は4月19日の日記に、英国を危うくする大西洋でのタンカーの損害について記しており、5月には軍の指導者層がハワイへの再攻撃を危惧している旨を語っている。また、「海軍の要衝地サンディエゴへの空襲は、この町を破壊することになるだろう」という警告が、カリフォルニア州女性救急輸送部隊に伝えられた。これらの脅威が民間防衛拡大に繋がると考えたランディスは、市議会や国防集会に参加して国民の警戒心を駆り立てている。同年5月のロサンゼルス市の集会において彼は、「米国はかってない脅威にさらされており、冷静にそれらを受け止めなければならない」と警告した。さらに「日本軍は太平洋沿岸へ容易に侵入することができ、西海岸の軍需工場がその標的となる」と告げ、「日本の空母艦隊は、我々が予測していた以上の規模と思われる」と付言した。[25]

ランディスは、南カリフォルニアの人々に対して情熱的に「訓練、訓練、また訓練」と訴え、

「我々は素手で敵と戦う闘志を鍛えよう」と市民を奮い立たせた。また化学兵器による攻撃の可能性を取り上げ、各家々は板囲いをして、毒ガス攻撃を受けた場合は上階に避難するよう指導した。ランディスは全米を巡って国民に戦況を訴え、ダラスのコットン・ボウル競技場では8000人の聴衆を前にして、「ファシストの爆撃機は脅威のばらまき機であり、米国の都市がロッテルダムやロンドンのような廃墟になることを考えれば、我々は爆撃による黒煙や砂ぼこり、またその他の惨事に備えなければなりません」と働きかけた。その競技場で行われた演習では、大型の拡声器からロンドンの実際の空襲音が流れて閃光が走り、公衆の面前でテキサス州兵がヒトラーやムッソリーニに似せた標的を銃剣で突いて粉砕するシーンが展開された。翌日の夜、ランディスはオハイオ州クリーブランドの1万2000人の人々を前に講演を行い、会場では椅子の数が少なかったために、多くの人々は立ったままの姿勢で彼の話を聞くことになった。そこでは焼夷弾攻撃に対する消防隊の模擬演習が行われ、ランディスは「クリーブランドの皆さんがニューヨークまで飛行するのと同じ位の時間で、ナチスの爆撃機はアイスランドやグリーンランドから五大湖の重工業地帯に飛来します」と警告した。また「クリーブランドは、潜在的にバターン半島で日本軍に降伏した米軍や、ナチスに征服されたフランスのようになる可能性がある」と告げ、「手遅れになる前に、すべての市民は戦争を意識し、寝ている時も食事の時も常に備えるように」と人々を激励した。[26]

1942年春、ランディスは国内全域で空襲の訓練を行い、参加した民間防衛のボランティアたちの規模やプロ並みの熟練度、それに整然とした規律の成果などを賛美して、灯火管制の下で行われた軍事演習に大いに満足した。一方の国民もこれらの演習に強い関心を寄せてランディスの知名度はひときわ高まり、市民防衛局は卓越した軍事組織であることを多くの国民に認識させた。ランディスの不屈の姿勢と、第一級の行政官という定評が国民の間に広まった結果、彼と大多数のリベラル層は米国の（精神的、経済的、社会的な防衛に対する）物理的な守護者として国民の間に定着したのである。ランディスのプログラムに対する国民の期待と、彼が育てた支援の輪を見れば、リベラリズムの国家安全保障への転向が、第二次大戦初期のわずか数ヵ月間で国民の感情的な共感を呼び寄せたことがうかがわれる。「ニューヨーク・タイムズ」紙は「ランディスの組織は即応体制ができている」と称賛し、国民の生命を守るために彼が局長席で執務している姿を国民に紹介した。また同紙は、ランディスが戦争プログラムの最も重要な任務を全うしていることをアピールしている。[27]

それでもランディスの活動に対する妨害は相変わらず続いていたが、それらは長期にわたってFDRのリベラル政策をくつがえそうとする、政治的な攻撃と密接に繋がっていた。FDR政権の不都合な面への反対意見が一点に集中し、反対派はそれを「大きな政府」の副産物として批判したのである。1942年の春にランディスが首都ワシントンで灯火管制を視察できる場所に立ったとき、報道記者はランディスの本部の照明が明るく輝いているのを見て驚いた。これは連邦政府の組織運営のミスが市民防衛局を困惑させた一場面であった。当時、空襲の演習が市民の命を奪うこともあり、その一例はサイレンに驚いた女性がアパートの4階から落下した件であった。また「ワシントン・ポスト」紙は、訓練とはいえ、本来ならば自らの大怪我や死を招きかねない空襲の最中に、大空を見上げる住民たちの姿勢を非難している。ニューヨーク市では、わずかな時間であったが敵の爆撃機が接近中という誤報が発令され、一人の防空監視員が死亡して、家の階段でつまずいた住民が命を落とした。その他、避難所に入ることを拒んだ二人の男性を補導しようとした非番の警察官が、頭を叩かれて瀕死の重傷を負う一件もあった。ランディスの国民保護政策に反対する一派は、国民が彼の進め方を必ずしも守っていないことを指摘し、厳しい訓練が人命を奪ったことを批判した。政府の多方面にわたる機能不全と、強制の責任に狙いをつけた反対派は、ランディスの国民保護政策に非難の焦点を当てたのである。[28]

国民の社会不安──その一部は政府の無策に根ざすもの、その他監視員や民間防衛指導員の一方的な進め方によるもの──は、中心都市のリベラル派の指導者層に向けた怒りに発展した。反対派は個人主義者たちのその義憤を褒めたたえ、ランディスを、国民生活に政府方針をうまく浸透させて、国民の権利を踏みにじろうとするリベラリストの典型として非難した。また民間防衛を担うニューディーラーたちは、一般国民の安全保護というよりは、自分たちだけの安全確保を目指した最適な方法を追求しており、それを政府が擁護しているようだ、と批判する人々もいた。ある評論家は、市民防衛局が灯火管制に使う用語の「光の掩蔽《えんぺい》」を冷笑し、ランディスがハーバード流の紳士気取りの言葉で大衆に話しかける姿勢を茶化して、マサチューセッツ州の学術都市・ケンブリッジに引き下がるよう進言した。保守主義者から見れば、ランディスは左翼的な存在であった。多くの評論家たちは「空襲の際に人々がどのように行動すべきかの指針を、当局が示していない」という認識で一致していた。彼らは、市民防衛局は国民を守るためにほとんど何もしていないと考えており、言い換えれば、リベラリズムは市民を守るために軍事的な防衛を十分に果たしていない、と捉えていたのである。ブルックリンのある女性は、ナチスが自分の町に爆弾を落としたら、「私は何はともあれ子供を抱いて走って逃げるしかない」と話している。また他の女性は、「ナチスの侵略に、私はどうしたら良いのかさっぱり分からない」と語り、不安と恐怖を隠さなかった。それは、彼らに対して政府は十分な指針を示していないということであった[29]。

連邦政府の失策論をはじめ、国民保護の消極性を唱える批判は、当初から市民防衛局を覆そうとする非難であって、ランディスはそれをうまく切り抜けている。彼は無駄な出費を抑制して、若者を対象にした運動や基礎体力増進プログラムを廃止し、前任者の同僚たちを解雇して、予算の削減を果たしたことを連邦議会の委員会で報告した。そして、国民保護の手始めに５万個余りのヘルメットと腕章を配備し、ガスマスクや消防器具・医療品などの財源として７４００万ドルを確保している。ＦＤＲは同年４月の大統領令によってランディスの権限を拡大し、ランディスは国防機関の一役を担うことになった。それに伴い、もし人々が市民防衛局の記章をつける規約に違反した場合は連邦の刑事責任を負う対象となった。市民防衛局から機材を受領するすべての自治体はランディスの命令を順守しなければならず、ランディスは市民防衛部隊のメンバーを解雇したり、連邦の訓練に合格した市民に記章を授与するなどの権限を与えられた。ランディスは軍事的に国民を守る力を得たことを実感し、それを早速実行に移している[30]。

ラガーディア前局長によって設立された市民航空偵察隊《シビル・エアー・パトロール》は、市民が参加する組織の象徴的な存在であった。そして、これらの組織はまぎれもなくリベラル派の影響力のもとで運営されていた。その市民航空偵察隊は、ラガーディアが真珠湾奇襲の一週間前に設立したもので、自家用機を操るパイロットたちはまさに軍事力の一翼を担っていた。彼らは海岸沖の敵の潜水艦の位置を見きわめ、それらを攻撃する爆撃機を誘導している。１万２５００機の飛行機を所有する市民航空偵察隊のもとに３万人のパイロットがボランティアとして参加し、その飛行機の数は全米の自家用機数の半数を占めていた[31]。

この春に行われた東西沿岸地域の大演習で、ランディスの安全に関する展望が見事な成功を収めた。国民の間に満ちていた恐怖心をやわらげ、国民が国内の守りをしっかり固めたという自信が、ランディスのリーダーシップの称賛につながったのである。20分間の灯火管制訓練でエンパイアステートビルの屋上に席を占めた「ニューヨーク・タイムズ」紙の記者は、マンハッタンのダウンタウンの明かりが完全に消された光景を声高に伝えた。マンハッタンを自らの専用車（平時のセダンを、よりスピードが出て小型化した車）で走り抜けたラガーディア市長は、アジア主義を高唱する層に唾をかけるような灯火管制訓練を絶賛した。戦争反対を前面に打ち出す組織は、これらの訓練が失敗することを期待していたが、その期待は見事に外れた。マンハッタンの５５００個余りの街灯が消えて３０００人の警官が出動し、「ニューヨーク・タイムズ」紙が英雄と称したボランティアの監視員たちが各家々の明かりを消す支援を行った。マンハッタン最南端のダウンタウン東側に密集した古いアパートの建物や、ニッカーボッカー・ビレッジのような広大な造成地、また小さく湾曲した中華街や、バワリー通りにある薄汚いバーや入れ墨ショップを見渡す二、三階建ての建物も、すべて消灯したと「タイムズ」紙は報じている。さらにニューヨーク市は6月5日にも非常訓練を実施したが、当日、市長のラガーディアは警察学校卒業生に対して、「ドイツと日本は我々に十分な予告を与えない」と注意を促した。訓練では8時間にわたるニューヨーク市の灯火管制が企画され、ラガーディアは７００万人の市民が照明を消して街が真っ暗闇になる様子をエンパイアステートビルの１０３階から視察した。監視員たちは笛を持って公園や街路を見回り、ブロードウェイの明かりはすべて消されて、４００人の警察官がタイムズスクエアから人々を追い出している。この訓練で、マンハッタン西側の共同住宅の住民たちは「米国に幸あれ」と声を張り上げた。ニューヨーク市の各新聞は、当日の訓練はほぼ完璧であったと報じている。[32]

これらの灯火管制訓練によって、ランディスは準軍事活動の中心人物としてさらに注目を浴びるようになった。4月9日のロサンゼルス市の訓練では、町の周辺が80キロにわたってほぼ真っ暗闇となり、ランディスの側近は「この訓練の成果は、市民の規律が社会全体にまで及んだ証である」と述べて、ランディスへの称賛を惜しまなかった（しかし、この訓練では一人の監視員が建物から落下し、5人が心臓発作で死亡している）。また、6月2日の首都ワシントンでの訓練も、昼間ではあったが同様の規模で実施された。民主主義の象徴で、敵国の最大の攻撃目標であるホワイトハウスでは各門が速やかに閉鎖され、正規兵が配置されて、職員全員にガスマスクが配られた。三名の大臣は急遽会議を取りやめて避難所に退避し、複数の救急車が大統領官邸に駆けつけた。「ワシントン・ポスト」紙と「ワシントン・タイムズ・ヘラルド」紙によれば、およそ5万5000人の市民が避難所に移動し、99のうちの98ヵ所の事務所が訓練を順守して、1万6000人の監視員が町の警戒を実施、バスの運行は完全に停止した。首都ワシントンにおける短時間の訓練では、3万人のボランティアから成る市民防衛部隊が市内を扇状に展開し、規則違反した場合は3ヵ月の入牢を課せられる不法行為者の行動を見守った。ここでも、ランディスは国内の守りを軍事化する訓練を確実に果たし、身近に迫った戦争の脅威を国民が克服する態勢を整えたのである。[33]

1930年代にニューディールの支持母体がFDRの国民的な人気を支えたように、1942年に創設された国家安全保障連合が、ランディスの組織が持つ準軍事体制に国民を引き入れている。この年の6月、日本海軍の潜水艦がオレゴン州の海岸にある町を砲撃、さらには国内で敵方協力者が散発的に見出されて人々を驚かせた。しかし現実を振り返ると、国内で行われた演習の規模やその回数、また精神的な効果は、敵の攻撃の規模や頻度を大きく上回るものがあった。国内での演習は多分に基本的なものであったが、国民の自律心や愛国心を奮い立たせて、人々が郷土防衛に参加する忠誠心を育成していたのである。ＡＰ通信は、演習の際はボストンの町からあたかもマジックのように人々が消えて、まるで廃墟のような感じであったと報じ、掲載された写真を見ると、新聞社街があるワシントン通りに走る車や歩行者の姿はなく、普段混雑する町の中心街が無人と化していた。シアトル市では5万人の人々が空襲訓練に参加し、ＡＰ通信は「この町は日本が占拠しているアリューシャン列島からわずか8時間の航程」と解説した。マサチューセッツ州スプリングフィールドでは人々がパラシュート爆弾による負傷者を口紅やケチャップを使って演出し、フィラデルフィア市では兵士たちが鉄道や郵便局を守る訓練を行った。さらに中西部においても、ランディスの民間防衛を支援するために軍事的な様相をかもし出している。シカゴ市の商業中心地区にある16階建てのオーティス社〈エレベーター製造会社〉では、２０００人の従業員が指紋や写真、市民権証明書の携帯が求められるようになり、それらのデータはすべてＦＢＩに送られた。[34]

１９４２年6月、米国海軍はミッドウェー海戦において大勝利を収めた。その結果、国民の意気は大いに高まっている。しかし、ランディスが「米国の市民社会に危険が迫っている」という警告を変えることはなかった。彼は枢軸国の進化した兵器の最新情報をもとに、「米国の東西両海岸は悲惨な爆撃を受ける可能性がある」と下院の委員会で明言している。ある委員がランディスに、「それらの空襲により、国民がパニックに陥ることはあり得るか」と尋ねたところ、ランディスは「国民は立ち上がって、それらに耐えるでしょう」と答弁した。その時、ランディスの主席副官であるバリー・ビンガムは、「もしカリフォルニアが空襲を受けた場合、連邦政府は間違った想定をしたとして非難されるのではないでしょうか」とランディスに進言している。当時、シアトルからサンディエゴまでの沿岸は戦闘領域と考えられており、全米で最も攻撃されやすい地域とされていた。そのため、爆撃を避けるために空には防空気球が配備され、サンフランシスコ市ではほとんど毎晩防空演習が行われた。5月下旬にサンフランシスコを訪れたランディスは、「この地は他に比べて最も空襲を受ける可能性があります。間もなく化学兵器から身を守る防具が到着するでしょう」と伝えている。日本軍は6月初旬にアラスカのダッチハーバーを爆撃し、次の攻撃は西海岸であるという恐怖が再び広がっていた。その数日後、サンフランシスコ市のサンサム通りで新聞を売る少年が、「スティムソン陸軍大臣が、今日にも攻撃があると言っている」と叫んでいた。[35]

各報道機関は、市民防衛局の安全保障体制を戦時における国民の偉大な活動として全米に報道した。ランディスの補佐官たちは、ニュースメディアをあたかも市民防衛局のプロパガンダ紙のように取り扱っている。新聞編集者たちは市民防衛局の発表を紙面に載せ、この局の多くの記事や訓令を公表した。中でもピッツバーグの新聞は、市民防衛局の教育宣伝活動に全面的な協力を惜しまなかった。市民防衛局のある局員は「ニューヨーク・タイムズ」紙の記者に対して、「敵の破壊活動や攻撃などに対して、救助活動をする看護ボランティアの参加がさらに求められており、しかも迅速な対応ができることが何よりも重要である」と述べている。その局員は、日本軍による奇襲以来、看護婦の養成が全米に急速に広がっていることを称賛した。[36]

しかし、これらのリベラル的な展望は社会の過剰反応を招く一因にもなった。1942年の後半に入ると、国民の精神的安定を保つための国内の守りが危機に瀕しているという情報や、それを反映した国民の動向が少なからず表面化した。その対応として、国民は準軍事的な集団の形成を求めるようになり、敵のパラシュート部隊を銃撃するために、銃器を携えた市民部隊の創設を大統領に申請するほどであった。また地域の警察官が、好ましくない市民の居場所を常に追跡する提案が連邦政府に届いている。その他アイダホ州のある男性が、海岸を守るためのゲリラ・ファイターズ団の創設を大統領が認めるか否かを、政府に尋ねる事例もあった。これらの過激な行動がランディスをはじめとする政府役人の苦労の種となったが、その一方で迫り来る脅威の重みを認識しない多くの国民も彼らにとっては困った存在であった。また、ビジネス界では安全よりも利益を優先する傾向があり、マイアミビーチの多くのホテルは、特別のシェードを使用して窓からの明かりを遮《さえぎ》らなければならないという政府の指令を無視している。[37]

これらのストレスは、ランディスに並々ならぬ負担を強いることになった。「タイム」誌は、ランディスは国内の体制を整えるために誠心誠意力を尽くし、彼は疲れ切ってひどくやつれたと報じている。公開討論会においてランディスが、ラガーディア前局長と焼夷弾による火災の消火方法について議論したとき、米国市民の安全に責任を負う二人は、安全保障の経済性を抜きにして、準軍事体制の技術論について意見を集中させた。この論争はリベラル層の内部の考え方の変動を明白に表していた。すなわち、彼らの取り組みの最大の主眼は、もはやエレノアが支えてきた社会的公正の視点ではなく、空襲で燃え上がる火の手をいかに喰い止めるかの問題になっていたのである。[38]

また「タイム」誌が指摘しているように、ランディスは民間防衛についての方向性を一年も待たずに固めていた。彼の目指した準軍事体制は、今や米国全域で受け入れられていたのである。それは10万着の消防服や10万8000足のゴム製の長靴、それに数百万にのぼる医療器具が各都市に支給されたことや、民間防衛用に500万個のガスマスクなどが製造されたことに示されている。「タイム」誌は、「市民航空偵察隊は、より確実な空襲警報を発するために、伝達や偵察飛行として一週間に50万マイルの飛行を達成した」と報じている。民間防衛部隊に携わる人数はすでに1000万人を超え、ランディスのもとで市民防衛局が彼らの統制を行った。真珠湾の惨事以来、数ヵ月にわたって本土への目立った攻撃はなかったが、爆撃がないからといって、それが人々の脅威を打ち消すことにはならなかった。デウィット西部防衛司令官は、日本の水上機がオレゴン州の森林を爆撃したと発言している（これはこの大戦を通して米国大陸に対する唯一の空爆であった）。ランディスはシカゴにおいて、「米国民は戦争をほとんど肌で感じていない……。しかし、間もなくそれを体験することになるだろう」と述べ、さらに「エジプトにおけるロンメル将軍の作戦の成否に関わりなく、敵は陸上のどこにでも自由に爆撃することができる」と警鐘を鳴らした。もしエジプトのアレクサンドリアや地中海が枢軸国に支配され、アフリカの海岸が彼らの手に落ちた場合、米国本土への空爆はまさに身近な問題として米国民に迫ることになるのである。ランディスはフランスの厳しい状況を例に挙げ（この時点から60日以内にフランスが陥落することを予想した米国人はほとんどいなかった）、我々が気づいたときには、ナチスはシカゴを危機に陥らせる空軍基地を近くに獲得しているかもしれない、と警告した。空に向かってタバコを突き上げたランディスは「戦争はいよいよ激しさを増していく」と予言し、「敵機はいつでも来襲する」と力説した。ロサンゼルスの高級ホテル・ビルトモアの会議室に入った彼は、外套の上に古びた帽子を無造作に置き、「ロサンゼルス・タイムズ」紙の表現によれば、「髪の薄い、タカのような鋭い顔つきをした局長は集まった人々に対して、この戦争は長引くことになると語り、贅沢な習慣は自己防衛にとって極めて有害である」と諭したという。この集会の参加者の一人は後に、ランディスと市民防衛局の局員は「〜でない」や「見事な」などという語句を繰り返し使って講演をひきしめ、この春以来の彼らの業務の達成に大きく貢献したと語っている。「パサデナ・スターニュース」紙は、ランディスと二人の部下がデスクで緊急事態計画を練っている写真を公開した。ランディスは平服のネクタイ姿であるが、唇を引きしめて全身から覇気《はき》が漂い、軍隊的な挑戦にみなぎった、いわゆる新時代のリベラリストを代表していた。[39]

それまでのニューディールの型を破ったランディスの評価は、東西沿岸地域の警戒灯火管制の徹底によってさらに高まり、戦時の軍事的な功績を揺るぎないものにした。1942年当時、ナチスのUボートは米国商船や貨物船を攻撃するために、海岸線の光の映像を利用していた。米国の多くの艦船が沈没し、多数の船員が命を落としている。特にニューヨーク市は煌々と輝く光を放っていたため、陸地から50マイル離れた海上でも艦船の姿が確認できるほどであった。それを「タイムズ」紙は、「光の中には危険がある」と警告している。連邦政府は昼間の旅客船の運航を制限しなかったが、友好国に向けた貨物船の数を半減させた。陸軍省と市民防衛局は、海岸都市の光を抑えることに力を尽くした。この年の2月、ランディスは西海岸における自動車や商店街や桟橋、それにネオンサインや家庭から出る光を暗くするように指示し、その一ヵ月後、ニューヨーク州が海岸線全域の光を抑えることに同意した。灯火管制の徹底はボランティアたちの最大の貢献であった。[40]

ランディスによる民間防衛活動は、まずまずの走り出しだったと言える。しかし、このような中で灯火管制の責任部署を知る国民はほとんどいなかった。コネティカット州のある住民は、一貫性を欠いた灯火管制の活動について苦言を呈したが、ランディスは「コネティカットでは灯火管制の体制が今、何とか整ったところです。間もなく軌道に乗るでしょう」と応えている。また連邦政府が命じた各家庭や自動車、それに商業活動などの照明制限への批判に対して、市民防衛当局は国民の私生活への政府の介入を明確にした。しかし、ランディスの活動は、国家の安全保障と経済的利益についての問題を呼び起こしている。フロリダ州当局が、東沿岸州の灯火管制が地域経済を衰退させることを懸念したのである。例えば、アトランティック・シティーは灯火管制が観光業に悪影響を及ぼすとして協力を拒否した。また首都ワシントンのリベラル層は1930年代の国の経済発展を支えてきたが、今や経済の発展や人々の仕事などよりも国民の安全に重点を置き換えていた。照明の制限は経済に影響を与えたばかりでなく、自動車事故や犯罪の増加、さらには工業生産力の低下にまで及んでいた。しかし、国の安全保障を第一に捉えるランディスが、それらの問題に目を向けることはなかった。[41]

1942年5月までには、ランディスが意図した灯火管制がかなりの成果を上げていた。大統領令9066号〈防衛のための強制移動の権限〉のもとで、当局は商店や遊園地の照明、さらにニューイングランド州の海岸線からおよそ5キロメール範囲内の街路の照明を制限している。また、灯火管制はニューヨーク市の町の活動や、人々の生活の流れを変えた。ブルックリン・ドジャースのエベッツ球場や、ニューヨーク・ジャイアンツのポロ球場でのナイトゲームは中止された。また日が落ちると市内の公園は封鎖され、コニーアイランド遊園地も閉鎖された。市民防衛局・西海岸支部長のジェイムズ・シェパードは、地域の照明を専門とする技術者たちを介して灯火管制を実施している。さらに監視隊は海岸での違反者を取締まり、海岸通りを走る車は迂回を命じられて、海岸線側の窓のシェードがすべて閉ざされた。[42]

灯火管制の重要性を認識させるために、数百万人の人々や事業主を協力させることは並々ならぬことであった。ランディスと軍当局は、彼らが時として灯火管制に従わないことに気を揉んでいる。国民の安全を懸念する市民防衛局と軍関係者は、市民に戒厳令の一部を適用することを前向きに捉えた。ジョン・デウィット西部防衛司令官はランディスの支持を基に、灯火管制の規則を強行する許可を市民防衛局に申請した。しかし、その結果に失望したデウィット司令官は9月中頃に、規則の違反者に対して法的処置を課す独自の計画を作成した。ランディスは違反者に対する告訴の可能性を目指して、司法長官に「違反に関する報告書」を提出している。そしてデウィット司令官は、灯火管制の違反者を西海岸の沿岸地域から追放することに併せて、軍事命令への反抗罪として告発することを宣言したのである。市民防衛局の幹部たちは、灯火管制の規則は軍事的に不可欠という軍の慣習法のもとで、それなりの法的拘束力があるだろうと考えていた。ところが西海岸地域の法律顧問団は、ランディスに対して「我々はそれらについての確信は持ち得ない」と応じている。[43]

灯火管制は権威主義の表れという苦情が相変わらず続いていたが、多くの国民はその統制の目標をしっかり守っていた。このような中でマンハッタン住民のシャーロット・ウィンターは、「街の明かりを灯すべきです。まず、こちらに向かってくるのは私たちの船や息子たちなのですから！」と大統領に訴えている。しかしその一方で、監視員たちは各家を巡回して消灯を徹底させた。バージニア州サフォークのある判事は、灯火管制を拒否した商店主に25ドルの罰金を課した（ちなみに違反への最高刑は５０００ドルの罰金と1年間の拘留であった）。８月中旬には、灯火管制キャンペーンによって、ニューイングランド各州の対象地域にある11万３０００個のうちの７万４０００個が照明を消し、ランディスは軍や警察の目覚ましい成果を称えた。10月に入り、ロサンゼルス市は10日間をかけて灯火制限を守らなかった違反者32人を逮捕している（罪状は、「明るい照明・非常に明るい照明の使用」であった）。また12月のサンフランシスコ市のベイ・ブリッジ上では、２週間で毎晩平均して25人の違反者が逮捕され、およそ１４００件の灯火管制違反が報告された。さらに12月15日から翌年の1月15日にかけて、当局は３０００件の案件にそれぞれ25ドルから２５０ドルにわたる罰金を課し、ある上訴裁判所はネオンサインを点けていた商店主に有罪の判決を下した。当該裁判所は「我々は現在交戦中である」と述べて、「戦争に直接関与しない経済活動や個人の自由よりも、国民の安全がまず優先されなければならない」と宣告した。灯火管制を守る遵法精神《じゅんぽうせいしん》が、ようやく多くの国民に定着した時期と言えた。この状況を調査したある工学専門家は、制限区域の90％以上の住宅地や商店の照明が減光し、95％の自動車が灯火の制限を守っている、と報告している。市民防衛局のシェパード支部長は、「全米の中で、西海岸がもっとも灯火管制の規則を守っている」とランディスに報告した。[44]

米国民は、安全の第一歩として灯火管制を順守するようになった。ニュージャージー州ハッケンサック市のある住民は、「我々は現在交戦中であり、ヘンリーハドソン・パークウェイや、近くの貨物置場の照明を落とすべきです」と民間防衛のリーダーに提言した。またあるバージニア州の住民は連邦政府に対して、「近くのホテル街のダンサーたちは道をふさいでまぶしい光を輝かせ、私の妻や家族、さらにはこの国を危険にさらしている。彼らのはなはだしい無神経さを、私は理解できない」と訴えた。さらに、「もし日本軍が我々の領域に侵入したり、あるいはニューヨークを爆撃したりした場合、町の明かりは我々の重要な拠点に敵を誘導する方位計の役目を果たすことになるため、断じて灯火を制限しなければなりません」と大統領に訴えたブルックリンの住民もいた。カリフォルニアのある住民は、「ハイウェイ101は、夜になると自動車の照明が敵のために光を灯す壁のようになる」と嘆いている。秋にはメキシコ湾岸部も東西沿岸部と同様に、灯火管制に加わるようになった。市民防衛局の積極的な軍への協力は、ワシントン政府の指示を受けることなく、「安全保障上の制限は、個人の生活権よりも優先する」という米国の社会体制を生み出したのである。[45]

1942年9月、ランディスはウェストバージニア州の民衆に、敵の攻撃の可能性が著しく高まっていることを告げた。同時に彼は、元駐日大使であったジョセフ・グルー氏の警告――日本側は、ホワイトハウス側からの和平の要求に強くこだわっている――に触れている。ランディスは、「この話はかなり常識外れに聞こえるかもしれないが、多くの日本人はそれが実現するものと信じている。私は日本に住んでいたからよく知っているが、日本人を見下すことは決して得策ではない。とくに軍人を侮ってはいけない」と警鐘を鳴らした。ランディスの役割は国民の準軍事体制を保ち、いざという時に国民が戸惑うことを避けることであった。ランディスはかなり厳しい口調で警告を発してきたが、この年の秋までにしっかりした防衛体制が確立したことを認識した。具体的には、国民の士気が向上して市民防衛局のボランティアに装具が届き始め、局のオペレーション・センターの機能は順調で、軍との連携もますます強化されたのである。10月下旬に至って市民防衛局に属するボランティアは950万人に達し、全国民の四分の三以上の人々の安全を支えていた。ランディスが当初から目指していたように、国民が民間防衛の重要性を認識すれば、国の防衛はさらに強化されるという態勢がここに整ったのである。民間の航空監視のパイロットたちは米国の海岸からナチスの潜水艦を沖合に追い出し、一方で敵の船を爆撃してUボートの攻撃から米国船を守った。当時、60機の飛行機を失って数十人のパイロットの命が奪われたことは、ランディスの予備軍が実戦に参加しているという証であった（ランディスはこれを「偉大なエピソード」として紹介し、目に涙を浮かべた関係者たちは、国民を救ったボランティアたちに深い感謝の意を表したのである）[46]。

その他のドラマティックなエピソードも、市民防衛局の民間予備軍としての局面を明確に表していた。それらはまさに、ラガーディア前局長の目指したところが端的に報われたことでもあった。メリーランド州で電車事故が起きたとき、腕章をしたボランティアたちが乗客の救出を支援し、事故で亡くなった11人の遺体を収容したのである。また、ナチスのロンメル装甲師団に属した捕虜4名がカリフォルニア州アルタモントで護送列車から逃亡を図ったとき、民間防衛の予備警官2名が、逃亡者の1人が自動車の中で寝ているのを発見し、民間防衛の活動家がナチス4名の捕縛の手助けをした。

民間防衛のボランティアたちはコネティカット州の火災消火でも活躍し、10万軒以上の飲食所を立ち上げたり、交通整理を行ったりした。その他ピッツバーグの大洪水では、被害を受けた石炭や鉄の生産を継続できるように支援している。首都ワシントンでは訓練校で発生した火災を、消防士が駆けつける前に2名の女性ボランティアが消火した。さらにボランティアたちはオハイオ州の洪水や、ボストンのナイトクラブの火災、それにシアトルのまれに見る猛吹雪などで人々を援助している。15人の死者と2000人のホームレスを出したバージニアの洪水に対応したのも、民間防衛のボランティアたちであった[47]。

ランディスは、米国の治安や国民の安全を目指した新しい場でリベラリズムを推進させてきた。

彼は民間防衛の在り方を考え、その延長線で地方社会のリベラル・リーダーシップのあるべき姿を追及したのである。また連邦・州・各地域の戦時規則の順守を国民に訴え、個人の権利や営業利益よりも社会の安全を優先させて、国防を支えるために敵の攻撃の脅威を市民に教育し、軍事面への大々的な参画の基礎を創り上げた。このような中においてもランディスは、戦時のニューディール政策への支援を惜しむことはなかった。そして、灯火管制や戦時決起集会、それに日系人の強制収容などによる暗澹《あんたん》とした1942年の日々の中で、彼の進歩的な安全保障への情熱が米国社会に対して最も躍動的に映し出されたのである。

第十三章　ＦＤＲの死、そして市民防衛局の終焉

来るべき時代における最も重要な課題――これは連合国をはじめ、全ての国々で論議されてきたものであるが、究極的に「安全《セキュリティー》」という一つの言葉でまとめ上げることができる。そして、その安全とは他国の攻撃から身の安全を守るということにとどまらず、国際社会における経済的安全や社会的安全、そして道徳的な安全をも意味しているのである。

――フランクリン・デラノ・ルーズベルト　１９４４年1月11日

市民防衛局の任務を堅持するジェイムズ・ランディス局長と共に、エレノア副局長の後任者たちは民間防衛の大きな柱である社会改革に力を注いでいる。ランディスの最重要課題は軍事的防衛であったが、エレノアの後任者は国家的な議論の中でニューディールを活かす方向で力を尽くした。ランディスは、国民に話し掛ける際には時折エレノアの市民防衛局時代の主題《テーマ》を流用すると共に、ルーズベルト大統領が１９４４年1月に議会で提案した「第二の経済権利章典〈雇用や所得、それに住宅・教育・医療・経済変動などの保護〉」が、新年の国民に向けた炉辺談話の核心であることを見通した。

地方改革におけるリベラリズムの取り組みも変化を遂げており、ランディスと彼の同僚たちは、連邦政府への溢れんばかりの数のボランティア参加者たちを草の根運動の協力者として注目したのである。これによって地方社会における生活状況の改善を図り、国民の深まる戦争への関わりを強化する構想がそこにあった。民間防衛の底辺からの押し上げは、ランディスのプログラムを民主主義の基本的な取り組みとして位置づけることになり、地方の重要性をまったく無視する全体主義の姿とは著しく対照を成すものであった。１９４２年にランディスは、悪夢のナチス帝国に服従するドイツ市民への力強い対抗策として、エレノアが育《はぐく》んだ主張――米国民の士気を向上させて、民主主義の価値を高めるために社会防衛（社会保障や福祉など）を実践すること――を取り入れた。端的に言えば、リベラリズムと民間防衛の軍事化がますます勢いを増す中にあっても、米国の戦時の安全確保という考え方を前提とした上で、ある程度は社会的公正や経済を追及する権利、そして社会的活動を推し進めていく余地があったのである。１９４３年、連合軍は太平洋西部のガダルカナル島で日本軍を打ち破り、北アフリカでは25万人に及ぶドイツ軍とイタリア軍を降伏させた。そして、英国のチャーチル首相が「柔らかな下腹部」と称したシシリー島への進攻により、多くの米国民は米国本土への直接攻撃という脅威から解放されることになった。しかし市民防衛当局は、社会防衛が引き続き重要な業務であることを国民に伝えている。[1]

メイリス・チェイニーのスキャンダルは市民防衛局の足枷になったが、それは局の社会改革の追及を完全に麻痺させることにはならなかった。エレノアが退任した後の最初の会議において、彼女の後任者ジョナサン・ダニエルズは彼の同僚に対して、「我々はルーズベルト夫人の精神を失うことなく、前進させなければならない」と告げている。さらに、「支援を求めている国民のために、これまで築いてきた成果は反対派によって妨げられてはならない」と言葉を続けた。市民防衛局の民間人動員部門（エレノア時代の「ボランティア参加事業部」）の副局長を務めるジョナサン・ダニエルズは、引き続きボランティアの採用に尽力し、そのボランティアたちは戦争によって被害を受けた人々や消費者や工場労働者、そして軍人やその家族の支援を訴えて、米国民の士気の維持と向上に努めている。エレノアの同僚であったウィルマー・シールズは市民防衛局に残り、エレノアの課題であった「米国女性に国へのサービスを課する案」を彼女なりに復活させようと努力した（しかし、この企画がその後どのように動いたかを示す確証はない）[2]。

　エレノアがランディスを市民防衛局の局長としてＦＤＲに推薦したのは、ランディスが彼女の戦時改革に同調するニューディーラーであったからである。しかしエレノアが市民防衛局を去った後、彼女はランディスのリーダーシップをかなり厳しい口調で「気の毒なジョナサン・ダニエルズは難しい局面に立っている……。ランディスはまるでラガーディアのようで、彼のやることが目に見えるようだ」と語っている。このときランディスが、民間防衛を単に軍事的な方向へ転換させようとしていたのであれば、エレノアは基本的なところで彼に失望したかもしれない。しかし彼女は、ランディスが微妙なやり方でエレノアの意図を遂行しようとしていることを、当時は気づいていなかった。ランディスが局長に就任したとき、彼は「戦時に民主社会が盛り上がるためには、まず共同社会の要求と必要性が満たされなければならない」と述べている。また、激しい嵐が世界の民主社会を崩壊させようとしているという見方においても、ランディスはエレノアとまったく同じ考えであり、それは「貧困と食糧危機はナチズム同様に、米国の戦争努力と平和時の社会的規律を危険にさらすものである」という認識であった。１９４２年２月、彼はマサチューセッツの同僚に対して、「そこを取り仕切る力強いリベラルを探すためには、並外れて過激な層は避けるべきである」と忠告している。リベラル派の間には、我々があまり接したことのない極端な左翼活動家と手を結ぶ傾向があるが、それは多くの国民に迷惑を及ぼす要因になるという意味であった。[3]

ボランティアに対してランディスは、現在市民防衛局が専念している米国社会への約束を果たすことと、戦争によって生じた混乱をいち早く正常な状態に取り戻すことを呼びかけた。それは国民が平和実現の道に参加しなければならないことや、目標への前進に向けて、ニューディールへの取り組みをさらに高める必要性を意味していた。市民防衛局の局長就任時に、アフリカ系米国人にかつてよりもさらに広いボランティア活動の門を開くよう、ランディスが担当者に指示を与えたのはその一例であった。[4]

そして、市民防衛局にエレノアの構想の具体的な進展が断片的ながらも認められるようになった。民間防衛におけるエレノアの非軍事的な構想が、国内の各地域において現実化したのである。1942年3月までには米国主要都市の市庁舎や消防署・赤十字事務所などに、その数2000に達するボランティア募集センターが立ち上がっていた。ランディスの市民防衛局にボランティア志願者が殺到したのは、国民の間で兵役につく以上の希望がそこにあることを意味していた。市民航空偵察隊には1ヵ月の間で1万人余りの志願者が応募し、多くのパイロットが軍隊外の使命を果たそうとした。大雑把に言えば、市民団体や主婦たち、それにニューディール組織の労働者たちの多くが社会防衛の役割に参画し、一方で退役軍人や組合員、市の職員たちが軍事的防衛の仕事に就くことを希望した。また米国各州に押し寄せたボランティアの数は、戦時のニューディール構想が軍事的な安全保障ほど目立たなかったとしても、国民の大々的な民間防衛への支援を反映していた。ルイジアナ州では特にボランティアの志願者が殺到し、ペンシルベニア州では１９４２年初頭に６１７ヵ所で国防評議会が開かれている。ボランティアたちは経済的な機会や権利の改革をめざす社会防衛や、国民の日常生活に安定をもたらす大切な課題に取り組んだ。彼らは国民に対して市民の権利を詳しく説明し、人々がより良い職業に就けるために、軍需産業で求められる訓練などを補佐した。また人命救助の部署や交通システムなどの支援を行い、デイケアセンターの創設や運営をはじめ、家庭の食料支援のためのビクトリア・ガーデンでの栽培（国家の食料の安定と、戦地の兵士たちに多くの収穫物を送る農作業を可能にする市民防衛局と農政部との合同プログラム）と、主婦たちに栄養食の情報を提供し、介護が必要な人々のために医者や看護婦たちを動員した。あるエレノアの支持者は、市民防衛局のボランティアを適切に働かせるためには、より積極的で革新的な目標が必要であると提言し、戦時下の３００万人余りの国民に戦時ニューディール構想を具体化させた。米国大学女性連合会は、民間防衛ボランティアの動きに合わせてアラバマ州モビール市に看護学校を創設し、一方でシアトル市民たちは彼らの家屋をデイケアセンターとして提供、市の１００名余りの女性たちが幼児保育の専門家としての教育を受けた。[5]

市民防衛局のボランティア訓練用の印刷物には、愛国心に富む献身的な防空監視員の姿が描かれている。また公共事業促進局（ＷＰＡ）で作成された手引き書の一つは典型的な男性市民のボランティアをテーマに取り上げ、社会性と社交性に優れて、緊急時にはとっさに負傷者の救急手当てを行う頼もしい人物像を紹介した。市民防衛局の印刷物に描かれた防空監視員たちの姿は勇気と冷静さを併せ持ち、市民たちの不安を受け止めて、潜在するパニックの脅威をうまく収めるボランティアたちであった。[6]

１９４２年、ランディスは「市民防衛局は、いわゆる飛べない片翼の鳥であってはならない」と語り、単に国民の物理的保護の面だけに止まっていてはならないと述べている。彼は国民を防護する方策に全力を尽くし、過去数週間を通して、いかに生産ラインからヘルメットや防毒マスクやその他の装備品を取得したかを国民に告げた。それと同時に、社会福祉事業や国民の生活向上の改革を民間防衛を通じて行うことは無意味な活動と言う声もあるが、ランディスは決してそうではないと断言した。戦時体制への突入により、ニューヨーク市で30万人の人々が失業することを彼が知ったとき、急激に変わりつつある米国経済の成り行きの中で、彼らが新しい仕事を見出すことができるよう提言したのである。[7]

ランディスは、国民の中に、軍事的な防衛に限らないボランティアサービスを望む人々がいることを理解していた。彼は、市民防衛局が戦争支援を希望する多くの国民の手紙を受け取っていることを説明し、その上でミラード・タイディングス上院議員に対して、「防衛事業に携わることが出来ない国民を、連邦政府や議会が、この戦争で彼らが働く場所はないと一括りすることは賢明でない」と告げた。また彼は市民防衛局の各支部長に対して、人々の生活を向上させるための社会的改善を志《こころざ》すボランティアの動員を呼びかけている。これを機に、九つの地方支部は彼らの地域の最も切実な要求を分析してワシントン本部に報告したが、その一つに軍需産業で働く女性たちのための託児所の問題があった。託児所の設置は幼児たちを世話する時間を保証し、女性たちの総労働時間の損失を防ぐ効果があった。ランディスはまた、身体的虚弱者は軍需工場の生産性を妨げる要因となり、その規模は４４８機の爆撃機や３２００輌のタンクの生産減に匹敵すると予測した。ボランティアによる里親やデイケアセンター、アフタースクール・プログラムは国民の務めであるとランディスは公言し、2年以内に450万人の女性たちが軍需工場で働くことが求められていると明言した。また彼は、民主主義はある意味で社会防衛からの恩恵を受けているとも述べている。それは社会のためになる職業にさらに多くのボランティアが参加することで、米国のボランティア体制はナチスのトップダウン型の強制労働とは明らかに異なるということであった。ランディスは、米国の民間防衛は国民一人ひとりの率先と、政府指導による協力体制のもとに成り立たなければならない、と結論づけたのである。[8]

ある会合の席でランディスは、彼の同僚たちに向かって「一般社会の社会防衛に対する反発は、全米にわたってほとんど無くなった」と誇らしげに語った。しかし、それはかなり現実からかけ離れた発言であった。1942年の中頃には、エレノアの後継者であったジョナサン・ダニエルズも職を退いており、あるエレノアの伝記作家は、「自主的に国民が動く市民防衛局の活動は終わりを迎えていた」と述べている。そのような中でもエレノアの精神が、ランディスの「地域ごとの方策」というプログラムによって社会に還元されていたのは事実であった。ランディスによれば、このプログラムは各地域の監督者が彼らの隣人たちを訪れて、この戦争の成否が関わる、国の様々な活動への参加をうまく導くという方策であった。そこでランディスは、「各家庭は戦争の最前線として、戦勝の最終的な栄光の場にならなければならない」と訴え、「一般の人々に対する有益な社会福祉事業は、我々の国民防衛政策と合わせて着実に計画されなければならない」と述べている。各種プログラムの活動範囲は、戦時国家の要求と同様に多岐にわたっていた。しかし、これらのプログラムは人種的問題をかなり見過ごす一方で、米国中西部の農民たちへの支援の強化や、受け入れ可能な人々に対する栄養学の講義や健康運動を促進し、全土にわたってデイケアセンターを創設して、文盲や栄養失調者、それにレクリエーションや家庭の保護などの問題をそれなりに前進させた。市民防衛局の職員による現地調査によれば、国民は民間防衛プログラムにかなりの情熱を燃やしており、爆撃や侵略に無縁と思われるアイオア州やノースダコタ州においても、住民たちは国家動員による混乱を和らげるためのさらなる社会防衛を望んでいた。[9]

ランディス体制のもとで、エレノア大統領夫人の社会防衛の目標を満たすために、全米にわたって数十万人の女性たちがそれらのプログラムに参加している。マサチューセッツ州の女性兵士養成学校を卒業したハリエット・ジャックという女性は、戦時の緊急対応から外された国民に食料を供給する方策を明示し、多くのボランティアがそれに参加している。とりわけ女性たちは、地方の主要なプログラムを遂行する上で重要な役割を担っていた。彼女たちは、都市の３万３０００人に及ぶ社会防衛ボランティアの内のおよそ2万人を占め、町の四分の三近くのボランティアセンターの先頭に立っている。デトロイト市では、2万人が携わるボランティアの約半数が女性であった。１９４２年、政府が数千人の国民に対して戦争への協力をさらに強化できるかを尋ねたところ、約25％の女性が民間防衛のボランティアに奉仕するつもりであると答えている。その時、ボランティアへの協力に応じた男性はわずか12％であった。エレノアは女性のボランティア参加をより手厚くすることにより、女性たちの専門職や産業取引への能力を高める可能性を期待していた。いずれにしても、彼女の目標は国内の経済活動に男性と女性が参加する場をさらに広めることであった。ある女性はＦＤＲに対して、「私たち女性や娘たちに、国のためになる仕事を斡旋して下さい」と直訴している。市民防衛局内の対応は、「その通り」という答えであった。[10]

ランディスが主導するボランティア・プログラムの広がりと、それに応えた国民の関心の高まりは、1941年12月の真珠湾奇襲の前から、社会防衛を働きかけてきたリベラル層の勝利と言えた。翌年2月に連邦統計局が4500人に対して行った非公開の調査によれば、「80％の人々がすでに防衛プログラムに参加する十分な機会を与えられたと思う」と回答し、さらに「70％の人々がすでに戦争への協力に貢献している」と答えている。また、この年の後半に行われた世論調査では、78％の市民が彼らの地域で民間防衛プログラムは「十分に実施されている」、あるいは「かなり実施されている」という結果が表れ、わずか8％の人々が「十分ではない」という考えであった（14％が無回答となっている）[11]。

確かに言えることは、多くのボランティアが空襲の脅威から目を背けなかったことである。しかしその一方で、国民自身の生命の危機に対する考え方や、民間防衛は本当に必要なのかという認識に、大きな溝が生じたことも事実であった。ある防空監視員はこの大衆の認識の相違について、「ロサンゼルス市の中心街で空襲警報が発令されたとき、商店主たちはそれらをまったく無視して商売を続けていた」と市民防衛局に報告している。さらに「もし7番街とブロードウェイに爆弾が落ちたら、多くの死傷者が出るでしょう」と述べて、「自分の命ばかりでなく、周囲のすべての人々の命が失われることを私は恐れています」と言葉を添えた[12]。

当時、戦争の行方は暗澹としており、国民の間で戦況への懸念が最も高まっているときであった。この時期のランディスの活動は、社会防衛の正当性と信頼性を人々に認識させる一助となっている。1942年の夏、彼は国民に対して市民防衛局の社会奉仕グループに参画することを要請した。このえり抜きのボランティア・グループは、50時間以上の地域サービスをこなした後に、公衆衛生や社会福祉などを含む社会的に有用な分野や、レクリエーション活動などに携わる奉仕集団であった。

1943年、ランディスは、シアトル市において軍需工場で働く主婦たちの幼児を世話する保育施設を創設し、米国の将来の繁栄のために、次の世代の若者たちを育成するボランティアたちを表彰した。また彼は、小・中・高校生を対象にした人命救助活動を先導するボーイスカウトや、その他の数千人に及ぶボランティアを組織したり、ニューディール連合を担う組合員たちが民間防衛の中心的役割を果たせるように、市民防衛局の労働部に働きかけている。シンシナティ市における集会では、1万3000人の工業労働者を前にして、「諸君の誠心誠意を込めた労働の成果によって、民間防衛は成り立っています」と労をねぎらった。労働の人手不足を補うために、市民防衛局は、生産施設が経験豊かな人材と未熟な労働者を共に受け入れられる体制を着実に固めている。オハイオ州では1万人近くの住民が国防評議会の要請に応じて軍需工場で働き、ミズーリ州では1000人に及ぶ鉄道労働者が、彼らの仕事を終えたあとに農場へ集まってオート麦や小麦の栽培に精を出した。ランディスは、これらのボランティア活動を「戦時における真の労働」として称えた。[13]

またロータリークラブ会員やキワニースクラブ員〈民間奉仕団体〉、その他の民間クラブの人々に対してランディスは、ニュースメディアに現れる反ニューディール論評への反論を要請している。そして、エレノアの娘アンナ・ボーティガーからの手紙に応えたランディスは、シアトルの防空監視員が、それまで実行されていなかった社会的ニーズに取り組むように指導したのである。[14]

1942年当時、年間を通した市民防衛局の精力的な取り組みにもかかわらず、エレノアが掲げてきた社会改革の前進は今なお道半ばであった。市民防衛局が持つ大きな力は、一方では大きな不具合を呼び起こす要因にもなっていた。例えば、社会的なニーズを重んじるために地方の権限を強化したが、それは地方局員の民間防衛に関する民主的な運営を可能にした反面、都市で影響力を持つ指導者層の市民防衛局に対する意見の分断を招くことになった。また地方局員への権限委譲により、市民それぞれが自らの希望によって民間防衛に参加する素地が生まれたが、ワシントン本部では、様々な面において、本来のプログラムが目指す一貫性を欠くことになった。あるインディアナ州の活動家は、「民間防衛は、米国を世界で最も強力なキリスト教国に至らしめる目標を掲げて、組織化されるべきではなかろうか」と述べている。またあるロサンゼルスの住民は、「民間防衛は、この町で最悪の状況にある自動車事故の問題に取り組むべきではないか」と提言した。さらに四歳児を持つピッツバーグの主婦は、「私の最大の努力目標は、何はさておき息子の糖尿病の治療です」という具合であった。軍事的な物理的安全の目的はそれなりに国民に浸透していたが、人間の《ヒューマン・》安全保障《セキュリティ》という目標ははっきりした姿が見えにくく、その定義が曖昧であった。局長のランディスさえ、明確な定義を示すのに苦心したほどである。[15]

　ランディスは「民間防衛は国民の健康や社会的保護を増進させている」と公言した。しかし、ある面で国民の生活を犠牲にしていることも事実であった。ある評論家は、「灯火管制の陰に、自動車事故の多発や犯罪率の増加が存在する」と語り、「それはまた、軍需産業の生産性を阻害している」と指摘した。大ニューヨーク安全委員会は、「灯火管制は、１９４２年に自動車事故やその他の要因によって８５７人の死亡事故を招いた」と報告し、当委員会はそれを「灯火管制に潜む死亡事故」と題して公表した。１９４２年の他の研究資料によれば、２万７８００人が自動車事故の犠牲になり、その原因として灯火管制が指摘されている。[16]

　多くのリベラル層は、ニューディール政策の経験を通して、社会的な風潮や自治体の条例などに盲目的に従う政策は、人種問題の改革を妨げる要因になることをよく理解していた。歴史家は、その一方でニューディール政策が人種平等を謳《うた》った建前を避けてきた事実を批判している。しかし、そのような中でもエレノアとランディスは、市民防衛局のトップとして、アフリカ系米国人に民間防衛の役職の平等な機会を与えるように努力した。二人は一貫してその考えを貫いたが、アフリカ系米国人がボランティアの活動から少なからず外されていたのも確かであった。ボランティア活動に参加が可能で、民間防衛に貢献できると考えたアフリカ系米国人は５％にすぎず、あるニューオーリンズの女性は人種問題改善への世間の反発を痛感し、「この地の反動的な男性たちは、南北戦争が終わったことを信じていない」とランディスに書き送った。さらに彼女は、「白人の住民たちは、周囲の黒人たちに命令を下すという古い考え方に固執しており、ボランティア・プログラムに入っていく余地が残されていない」と述べている。それに対して市民防衛局のある補佐官は、「我々ワシントン本部は、現地の社会が認めようとしないことを、強制的に現地の人々に強要する力を持ち合わせていません」と釈明した（この町では女性が防空監視員に就くことを禁止しており、ワシントン本部はその問題を解決する力を持ち得なかった）[17]。

１９４２年の後半期に入ると、一部のボランティアの間から市民防衛局に対して批判が生じるようになった。米国の国防体制の中で、彼らのボランティア活動は確固とした位置づけを与えられていないというのである。ニューヨーク市のある報告書によれば、真珠湾奇襲のあおりでボランティアに志願した人々の中には、その後何もすることがないことに嫌気がさして身を引いた人々がいる、ということであった。インディアナ州では、市民防衛局への評価は市民の間で二分していた。25％の住民が空襲に対応するボランティアに拒否感を示し、その一方で現地の軍需工場の安全は必ずしも万全ではないと主張する人々もいた。真珠湾の惨禍後、民間防衛プログラムには政治的な内輪もめが長くつきまとっていた。アイオア州ではニューディールに対抗する共和党の政策が民間防衛に転化され、市民防衛局の施策に難問を投げかけた。また、テキサス州の民間防衛プログラムは役に立たないことの寄せ集めと非難され、一方でウィスコンシン州のボランティアたちは民間防衛予算の不足に不満を募らせていた。また、ニューディール支持層が期待していた貧民層や低学歴層の経済を、市民防衛局が直接改善しようとする働きも精彩を欠いていた。事実、民間防衛の業務に参加したのは主として高学歴層で、裕福な人々が多かったのである。市民防衛局への奉仕で経済的な利益がもたらされたとしても、その実益を得たのは総じて貧民層ではなかった。[18]

1943年に入って、米本土にはほとんど被害のない小規模の攻撃（敵潜水艦の出現や、人口密集地から離れた場所への散発的な砲撃、それに国内のナチス・スパイの逮捕劇など）を経験した国民は、銃後の社会が大きな危機にさらされているという情報に疑問を抱くようになった。しかしそのような中でも、不安な気持ちや安全でありたいという人間の本能にからむ様々な声が、社会の混乱を招く一因となった。「タイム」誌や「ニューズウィーク」誌は、国家の脆弱性《ぜいじゃくせい》への懸念が頂点に達したと捉えていた。ランディスに続いてラガーディアは、長期にわたって国民が危機に対して鈍感になってきた実情を間を置かずに指弾している。

ランディスの市民防衛局による国民への呼びかけは、このような世相の中で、より声高で露骨なものになった。ナチスの宣伝相ヨーゼフ・ゲッベルスが自慢げに、「ニューヨークやボストン、ワシントンは、我が空軍の空爆範囲内にある」と公言したとき、ランディスは「ヒトラーは米国の都市が燃え上がる写真をドイツ国民に喧伝《けんでん》しようとしており、我々はそれに備えなければならない」

と応えている。しかし、１９４３年の春には北アフリカにおいて連合軍の勝利が決定的となり、戦争の勝利を確信した米国民は、ランディスの警鐘に耳を傾けなくなった。民間防衛から身を引く国民の動きを案じたランディスは、議会に働きかけて、国民が毎週決められた時間だけ防空監視任務や準警察活動、そして消防活動の任務に就く法律を制定しようと試みた（しかし、これが国民の関心を呼ぶことはなかった）。さらにランディスは、１９４３年5月版の「ザ・アメリカン・マガジン」に「空襲に備えよ」という記事を書いている。この記事に軍事専門家たちの意見を引用したランディスは、「本年中に少なくも米国の数か所で、また運が悪ければさらに多くの都市で、本格的に空襲警報が鳴ることになるだろう」と警告し、米国の6都市を空襲する枢軸国の攻撃ルートを公表した。これらは、ナチス空軍がノルウェーの基地を使用してデトロイトを空襲する計画や、フランスの基地から飛び立った長距離爆撃機がフィラデルフィアを攻撃する可能性、またグリーンランドが燃料補給基地として使われることなどを示していた。さらに加えてランディスは、航空母艦が新しい脅威になっていると述べ、アリューシャン列島にある日本軍基地からはミネソタ州のダルースが空爆圏内に入っていると指摘している。また、最近大型爆撃機が大西洋を横断して東海岸の上空を感知されることなく通過し、米国の音響探知装置にも探知されなかったと告げた。そして日本軍が、オレゴン州とカルフォルニア州の境界に焼夷弾を落としたこと〈１９４２年9月、伊号潜水艦の水上偵察機による爆撃〉を感嘆符（！）をつけて国民に伝えた。[19]

ランディスの支持者たちは、「米国民は厳重な警戒体制を維持しなければならない」と国民に呼びかけている。西部防衛部司令官のデウィット中将は、「抜け目ない敵は、我が国民の弱点を巧みに利用する」と語り、南北戦争時の北軍総司令官で大統領を務めたグラント将軍の孫にあたる陸軍少将ユリシーズ・グラント三世は、「北米大陸での真珠湾奇襲再来」を国民に警告した。また市民防衛局のジョージ・ベア主席医務官は、「日本軍は毒ガスで米国を攻撃しようとしている」と予告した。ジェイムズ・シェパード支部長は西海岸の住民たちに、「空襲は空言《そらごと》ではなく、敵は隙《すき》のある場所を無惨に襲う」と告げた。FDRは、「自己満足こそは、戦争勝利の最大の障害になる」と語っている。[20]

この頃ランディスは、彼の民間防衛プログラムが現実に即応するように地道な努力を重ねていた。一方の陸軍当局が市民防衛局に要請したのは、軍事基地周辺の社会の安定であった。それに対してランディスは、「ノーフォークやバージニアのように、戦時体制のために市民の移動を行わなければならない場合は、影響を受ける社会を政府が支援することが不可欠です」と応じている。さらに彼は、1942年に工場火災や妨害工作、産業事故などによって400人の死者と2000人余りの負傷者が出て、国民生産の10億ドルの損失が生じたことを指摘した。ランディスは資本家や労働者それに民間防衛のボランティアたちに対して、国の安全を図るためには生産体制の総合的な対策が求められていることを訴えたのである。[21]

1942年を通して市民防衛局の局員が差し迫る危機を国民に説得する努力を重ねた結果、民間防衛に対する人々の支援はおおむね良好であった。1943年に入って米軍が勝利を収めつつあるという現実が見えてきたが、米国社会が攻撃されるという政治家や軍人の度重なる警告のために、国民がその戦況を明確に認識するまでには至らなかった。国民の中には米国の安全を疑う人々もおり、その一方で危機はすでに過ぎ去って、米国の地勢が近代戦の惨禍から国民を守っていると考える人々もいた。国内各地では、町の指導者やボランティアたちが厳しい光景やドラマを人々に見せつけ、敵による攻撃の危険性を引き続き強調した。6月のある日曜日の夜、戦闘訓練を見るために3万人もの群衆がシアトルのワシントン大学のフットボール場に押しかけた。Ｐ－38型戦闘機の編隊が上空を爆音高く飛び、疑似爆弾の投下や空砲射撃を伴って、模擬した酒場や美容室、雑貨店などが火炎を巻き上げた。シアトル市長は、「我々が空襲を受けた場合、このような恐怖や惨事が実際に起きるのです」と群衆に訴えている。爆発物の展示がフットボール場内の人々の目をくらませ、白ヘルメットを被って腕章をつけた緊急事態対応の数千人のボランティアたちをはじめ、対空砲射撃要員や消防士や救助犬などが市民防衛隊として雄々しい姿を見せて、訓練を大いに盛り上げた。「シアトル・ポスト・インテリジェンサー」紙は、「その訓練で聴衆の目を引き付けたのは水着姿の二人の美しい女性で、厳しい空襲訓練の展示に花を添えた」と報じている。[22]

１９４３年当時、ほとんどのニュースメディアは米国が極めて危険な状態にあるという説を保持していた。市民防衛局のある報告書には、「3月21日から5月15日にかけての新聞記事や社説の２３９項目の中で、２１０項目が本土空襲を現実的な脅威として捉えている」と書かれている（そのうちの13項目は、市民防衛局が自然や非軍事的な災害に対して十分その役割を果たした、という記事であった）。さらにメディアは、「ナチスはフランスの基地を使ってハインケル１７７爆撃機を発進させ、ニューヨークを爆撃しようとしている」などと報道して国民の危機意識を高めた。[23]

１９４３年の中頃、ランディスは連邦議会のあるメンバーに対して「市民防衛局の仕事は、かつて私が経験した職責に比べてかなり複雑で悩ましい」と打ち明けた。彼のストレスは部下に対する対応にも表れていた。その一例として、市民防衛局の報道監理に失敗が生じたとき、ランディスは彼の部下の一人を厳しく叱責し、「その仕事は貴方のものであって、私の仕事ではない」と告げて、部下の失敗を重大な過失として取り上げている。連邦議会の共和党はランディスの目標達成に関する広報計画を大幅にカットしたが、ランディスは、「それは国民に対する食料事情の教育宣伝を含めて、我々共同体の戦時における情報業務を削除したようなものである」と抗議した。ランディスが親友の予算委員会委員の共和党員ルイス・ラドローに宛てた企画書は、アフリカ系米国人に対する重要な業務の任用に関することで、地方防衛員会の仕事や民間防衛の一般業務に黒人たちを引き入れる計画案であった。しかし、この計画案が後退したため、その後のアフリカ系米国人の社会的平等への道に大きなマイナスが生じた。さらに、その他の市民防衛局の課題の後退もランディスを悩ませている。民間人による航空パトロールはすでに陸軍省の管轄となり、ランディスの役務を縮小させた。1943年の夏に至って、それなりに活動してきた防衛委員会の規模も縮小の一途をたどり、例えば首都ワシントンでの登録者は2万人以上も減少した。それは、この状況を案じたFDRが「敵国が無条件降伏を受け入れるまで、民間防衛への努力を緩めてはならない」と警鐘を鳴らすほどであった。しかし、太平洋と大西洋における軍事作戦の戦果によって、国民に戦争初期の危機感を維持させることはもはや難しい状況になっていた。海軍長官のフランク・ノックスさえもFDRやランディスと異なる考え方を表明し、1500人を超えるカリフォルニア州の住民たちを前にして、「太平洋岸からの敵の空襲の恐れはかなり低くなった」と宣言した。カリフォルニア州ストックトン市の市民防衛担当者は、「海軍長官が太平洋岸からの敵の攻撃は無くなったと市民に宣言する中で、どのようにして民間防衛組織の働きを維持することができるのでしょうか」と、ランディスに訴えた。[24]

1943年中頃までの市民防衛局の活動が目覚ましかっただけに、その反動もまた大きかった。

ランディスが課した警戒灯火管制は商船や貨物船の多くの乗組員の生命を救い、潜水艦による攻撃の衝撃を緩和した。彼はフランク・ノックス海軍長官に、「灯火管制規則に対する国民の反感に並行して、国民の満足感は倍増している」と報告した。そしてこの夏を境にして、ランディスの組織の先行きに思わしくない噂がささやかれるようになった。国務省はランディスに、彼が中東の経済担当長官に就任する意志があるか否かを打診した。ランディスは、「もしルーズベルト大統領がそれに同意するのであれば、お引き受けましょう」と応えている。大統領は、「私は10分ほど、この件でジム・ランディスと話をしたい」と応じた。ランディスは直面する戦争に直接関わりたいと願っていたが、国民の民間防衛に相反する風潮が自分を割に合わない立場に追いやったと理解した。ランディスは財務省に、市民防衛局の予算を削ることまで提唱している（大統領のスピーチライターでアドバイザーのサミュエル・ローズマンは、戦争組織の縮小が国の戦意を大きく削ぐことを懸念し、市民防衛局を無傷で継続することをＦＤＲに進言した）。ランディスはエレノアの後継者であったジョナサン・ダニエルズに、「戦争の勝利のために、市民防衛局はすでに重要な位置にないことを知らされて大いに落胆した」と率直な気持ちを伝えている。[25]

９月10日、ランディスの市民防衛局の在任期間は人々の関心をほとんど引くことなく終了した。そしてルーズベルト大統領は、「ランディス氏は中東の経済活動の任に就くため、市民防衛局の局長を退任することになった」と公表した。ランディスはＦＤＲに、一年半以上にわたって国のために名誉ある役職を与えてくれたことへの感謝の意を伝え、「私は市民防衛局の任務に全力を尽くしてきました」と書き送った。さらに、「この二年間にわたって、民間防衛が私の心を独占してきました。民間防衛は国土防衛のお役に立ったばかりでなく、戦争遂行のためのあらゆる人的資源を動員する有効な手段であったことを確信しています。民間防衛の意義とそれが今後とも永続すること、また数百万人の国民の義務の遂行に基づいた大統領が求める平和の追及は国民の忠誠と不断の活力を生み出し、この戦争が自由を求める戦いであることを大統領が確信されることを信じてやみません」と書き添えた。

ＦＤＲは、「ランディス氏は困難な状況の下で立派に職責を全うした」と称えている。また「現在は、この戦争の勝利や市民防衛局の廃止を宣言する時ではありません」と述べ、続けて「この戦争を遂行するために、国の内外を問わず、またその大小にかかわらず、人々は課せられた任務を遂行する努力を軽んじてはなりません。米国社会を集結させた民間防衛の役割には計り知れないものがあります。この組織を通じて多くの国民が陸軍に入隊する道筋を見出し、数多くの前線で様々な戦闘が持続できる態勢を可能にしたのです。国外での戦勝が完結するまで、国内における戦闘が終わることはありません」と国民に告げた[26]。

ランディスの補佐役を務め、ローズ奨学金の受給者でニューディールの弁護士であったジョン・マーティンが、ランディスの後を継いだ。１９４３年の年末、ホワイトハウスは引き続き市民防衛局の重要性を唱えていたが、この組織の活気に満ちた活動はすでに過去のものになっていた。国民は海外での米国の優勢な軍事状況を見越して、もはや本土への攻撃はありえないと考えており、この数年間の絶え間ない警告は見掛け倒しのものとなっていた。言うなれば、市民防衛局の担当者が、かつてのように最終戦争《ハルマゲドン》の予告を唱え続けられる状況にはないということであった。しかし、このような状況にあっても、ＦＤＲは民間防衛プログラムの中止に踏み切ろうとはしなかった。完全な勝利を手にする前にボランティアの組織を解散することは、その後の戦争の行方に大きな影響を与えると考えていたからである。[27]

１９４４年の新年を迎えたＦＤＲは、前年末のテヘラン会談に出席したあとにインフルエンザをこじらせ、年頭の一般教書を文書で連邦議会に送った。そして1月11日の夜、その一部を全米向けのラジオ放送で読み上げている。ランディスとエレノアは民間防衛プログラムから離れて久しかったが、国内の守りに関する政府と国民の役割に向けた二人の主張は、国民の間から消えていなかった。大統領の一般教書は、「第二の権利章典＝経済的権利法案の成立」を議会に求めたものとして名高く、ある歴史家は、それは「国民の戦後の経済的権利に先駆けた、先進的な法案であった」と記している。多くの歴史家は、この演説は「ＦＤＲのニューディールに対する最後の花を飾るものであった」と書いている。彼の演説で表明されたＧＩ・ビル・オブ・ライウツ（復員兵援護法）は議会の圧倒的多数のもとで承認されたが、一方の彼の改革法案の主要部分は、保守党員の陰謀や、国家の戦争の勝利目標などの観点によって連邦議会で実を結ぶことはなかった。このような情勢の下で、ＦＤＲの国家安全の方針や、国民の責任を補強する政府の役割に関する目標は、ラガーディアやエレノアの戦時における論議を基に堅持されたのである。それらの社会改革に関する議論は、ニューディールの最盛期や、１９４４年のＦＤＲの経済的権利法案の提出時に橋渡しの役目を果たした。ＦＤＲは、「将来の主要目標の一つには、敵の攻撃から身の安全を守ることにとどまらず、経済的安全や社会的安全、それに道徳の安全などが含まれる」と国民に呼びかけ、エレノア夫人の目標を着実にくみ取っている。さらにＦＤＲは、「我々と対立する極めて破壊的な敵性国家は、自信過剰で自己陶酔的……」と非難し、「戦時の緊急事態においては、成人に達した国民が国に奉仕する義務を負うことを定めた法律を支持するように……」と呼びかけた。社会的・軍事的脅威に対する総力戦を果たすために、国民全体の動員をめざすＦＤＲの目標は、エレノア夫人の社会防衛のビジョンに相通じるものであった。[28]

ＦＤＲは、「経済的安全と独立性が保たれなければ、真の個人的自由を米国人が味わうことはできないであろう」と宣言した。彼が提唱した経済的権利とは、生活賃金や適切な住居、健康管理や教育などに加えて、老人の経済的不安や病気・事故・失業などへの保護を含むものであった。最後にＦＤＲは、「私の言うすべての権利とは、米国民と世界の人々の保護を意味するものである」と結論づけている。[29]

ＦＤＲは１９４５年４月12日、静養先のジョージア州ウォームスプリングスで脳出血により他界した。それは大統領四期目の最盛期を迎えた時のことであった。ＦＤＲ政権を継いだハリー・トルーマンは大統領令を発令して市民防衛局を廃止したが、当時それによる実質的な影響はもはや無く、言い換えれば、戦争はすでに終末を迎えているという表明であった。ランディスが市民防衛局の局長を退任したあと、国民はボランティア・プログラムに対するかつての情熱を喪失したが、民間防衛の考え方は引き続き力を失うことなく、これらは戦後リベラリズムに向けての土台となった。

物理的脅威が国家の安全に正面から迫り来るとき、果たして米国政府は、経済や社会保障の支援を国民に与えることができるであろうか？　また、核爆弾が数百万人の人々の命を脅かす時代に、民主政府は国家の安全をいかに定義づけるのであろうか？　ＦＤＲの時代が過ぎ去ったあと、戦後のリベラル層や米国の一般社会は、これらの問題の解決を目指して末永く努力を重ねていくことになるのであろう。戦前から戦中にかけて、米国のリベラリズムは総力戦を遂行することに展望をシフトさせた。しかし、それと同時にリベラリズムはより多くの米国人に経済安全保障や社会的利益をもたらす基本的な概念となり、その考え方が絶えることはなかった。戦後のリベラリズムにおいても、ＦＤＲ時代に国家への関心を大きく呼んだのと同じように、軍事防衛と人間の安全保障の争いは、今後も継続されていくことになると思われる。時代が冷戦からテロリズムへの戦いに変わったとしても、あるべき姿をエネルギッシュに求めていくリベラリズムの信条は、米国民主主義体制の基本的な特性として引き継がれていくことになるであろう。

エピローグ
国家安全保障自由主義《ナショナル・セキュリティ・リベラリズム》

我々は、一体どこからの危険の接近を恐れなければならないのだろうか？　大西洋を越えた巨大な軍事力がこの地を侵略し、一撃で我々を打ちのめすのであろうか？　いや、そのようなことは決してありえない。1000年かけたとしても、欧州やアジア……のいかなる軍隊も、軍事力によってオハイオ川の水一滴も奪うことはできないし、〈バージニア州からジョージア州に至る〉ブルーリッジ山脈へ侵攻できるはずもない。もし、国の崩壊の原因が我々のせいであるとするならば、それは我々が張本人であって、結果責任者であることに相違ない。すなわち、自由民からなる国として我々は永久に存在するか、さもなければ自滅する、ということになるのである。

――エイブラハム・リンカーン　1838年

エレノア・ルーズベルトは、国民が意識する前から米国に迫るファシズムの脅威を認識し、平和主義者や孤立主義者、反戦自由主義者などとの話し合いを深めていた。また彼女は、ルーズベルト大統領による国防動員こそが、ファシストの侵略に対する唯一の手段であることを主張している。そのような中にあってもエレノアは、ニューディール政策や米国社会が解決し得なかった貧困や栄養失調、そして人種や男女の不平等などについての課題を決しておろそかにしなかった。彼女は「信念を守り抜く人」として、米国のリベラリズム創設の中心人物となっている。彼女の信念は「戦時の民主主義においては、国民社会や経済的な問題が話し合いの中心になければならない」というものであった。また、世界に対して米国の価値を広めるリベラルの伝統を守り、一方で米国民が国民として恥じない行動を取るよう呼びかけている。エレノアは「米国は他の国民に対して、なぜ民主主義が全体主義よりも優れているかを示さなければならない」と訴える一方で、「米国の黒人差別と経済的不平等の問題が国際社会の心をとらえることを妨げており、我が国が独裁主義を打倒することをより難しくしている」と主張した。

　第二次世界大戦を通して、リベラル層の選択は米国のリベラリズムと国家の体制に大きな影響を与えた。その流れの中で、国家安全保障《ナショナル・セキュリティ》の政策が非軍事的な社会防衛《ソーシャル・ディフェンス》の考えを上回るようになった。民間防衛体制の進展に伴って、戦時社会における「防衛」と「安全保障」の考え方の選択肢が徐々に狭まり、「軍事体制の準備」が「人間の安全保障《ヒューマン・セキュリティー》」に先んじることになったのである。

　しかし、市民防衛局を去ったエレノアが、全米各地で起きたこれらの大きな論争を傍観していたわけではなかった。米国退役軍人会の会長はエレノアに、「この戦争が終わるまで、しばらく発言を控えるよう」申し入れた。それに対してエレノアは、米国が現役もしくは退役した将兵の要求に適切に応えているかどうかを問い返し、会長の意見を覆《くつがえ》している。彼女は記者会見で、「沈黙を保つことは自分の思うところではない」と述べた。１９４２年から４５年にかけて、彼女は休むことなく若者や女性たち、そしてアフリカ系米国人や貧困層、米国の兵士たちの権利を擁護している。同時にエレノアは、兵士たちと彼らの家族の苦情の言葉で埋めつくされた数々の手紙をジョージ・マーシャル陸軍参謀総長に送付した。これに応えた参謀総長は、それらの問題を調査・解決するために二名の補佐官を任命している。米国西海岸のほぼすべての病院を訪れたエレノアは、負傷兵士たちを見舞って彼らを励ました。１９４２年10月の訪英の際は、英国の軍需工場や病院をはじめ、ロンドンのイーストエンドの爆撃で崩壊した跡地を訪れ、英国の消防士や警察官に民間防衛の大切さを語っている。連合国の勝利の日が近づいたとき、エレノアは国民の全員雇用を追及し、米国の国家方針決定の場に女性が参画できるよう提唱した。[1]

市民防衛局の局長を退いたフィオレロ・ラガーディアは、ニューディール政策を支援すると共に、ニューヨーク市長の職務に専念した。ラガーディアは軍人として国外の戦争に直接関わることを望んでいたが、スティムソン陸軍長官は、ルーズベルト大統領の案である「ラガーディアを陸軍准将に任じて、連合国が占拠したイタリアを任せようとする計画」を阻止した（その役割でラガーディアがあまりにも政治的に振る舞うことを、スティムソンは危惧したのである）。ヨーロッパ戦線の将官の夢に代えて、第三期目のニューヨーク市長に就任したラガーディアは、戦中戦後のニューヨークを世界における貿易と文化のセンターにしようとする、戦時リベラリズムの方向性を立ち上げた。ある歴史家は、「ラガーディアは戦後の公共事業プログラムについて先駆的な役割を果たし、ニューヨーク市民のゆるぎない健康を目指して先進的な公共健康保険の計画を実行に移した市長であった」と記している。[2]

戦後もエレノアやラガーディア、そしてランディスの考えは一本に統合された思想として社会に映し出され、リベラリズムの社会で論争を呼び起こした。エレノアのビジョンは戦後のリベラリズムの思想に大きな影響を与えたが、その理解は必ずしも十分とは言えなかった。FDRをはじめ、ハリー・トルーマン、ジョージ・ケナン、アドレー・スティーブンソン、アーサー・シュレジンジャーJr.、J・F・ケネディ、リンドン・B・ジョンソンなどの面々は、戦後リベラリズムを先駆けた最大の功労者としての名声（時には愚弄《ぐろう》）を博している。さらにエレノアの社会防衛《ソーシャル・ディフェンス》の発想はハリー・トルーマンのフェア・ディール〈社会保障の充実や市民権拡大などの政策〉や、J・F・ケネディのニュー・フロンティア〈停滞打破をめざす積極的政策〉、リンドン・ジョンソンのグレイト・ソサエティ〈公平と公正の国を目指す偉大な社会〉などに反映された。またこの各大統領の考えは、「国内での社会民主主義が成熟していなければ、米国が国外へ自由や機会均等や人権などの価値を効果的に伝えることは有り得ない」という点で一致していた。言い換えれば、それらはエレノアが米国各地の人々の生活を改善して、より多くの米国民に民主主義の果実をもたらすよう努力した戦時の草の根運動のようなものであり、特にケネディ大統領の平和部隊〈開発途上国支援のためのボランティア活動〉や、ジョンソン大統領の貧困と闘う政策は、国民にその時代の課題に取り組むことをはじめとして、米国の将来に責任を負うことを求めたものであった。エレノア、ケネディ、ジョンソンも、一様に「先進的な社会改革を達成するための若者の役割」を力強く支えたのである。[3]

１９４５年以降に米国社会の保守化が進むにつれて、エレノアの目標であるアフリカ系米国人を米国社会の本流に引き入れることや、すべての国民により良い住居を与えて、子供支援や健康管理を充実させることが、当時の共産党の脅威への対応などに押されて優先順位を失ってしまった。トルーマン大統領は連邦政府内の共産主義を排除するために大統領令９８３５号を発令し、政府職員忠誠審査プログラムの適用を指示すると共に国防総省を新設、ギリシャとトルコの共産主義への闘争を支援して、その後朝鮮半島での戦争を決行した。このような情勢の下で、米国が公民権の拡大や医療保障をはじめ貧困の撲滅を目指す社会自由主義《ソーシャル・リベラリズム》の高まりを迎えるのは、第二次大戦を終えて20年の歳月を経てからのことであった[4]〈１９６０年代頃から８０年代にかけて、平等で公正な社会の実現を目指して社会自由主義的な政策が米国で重視された〉。

米ソ冷戦時代の初期、エレノアは引き続き先進的な改革運動に専念していた。そして、これらの運動に陰りが見え始めてからも、彼女はリベラリズムの考え方を熱心に推し進めている。同時に、世界平和の実現を目指してニューディール・リベラリズムの民主的な価値を世界に広めることに力を尽くし、国内においてはいまだ達成されていない課題を実現させるべく、その重要性を国民に訴えた。１９４５年から５２年までの間、国際連合の総会代表団の一員に指名されたエレノアは、自らの信条にそって任務を果たそうと努力した。エレノアは難民支援問題を先導して国連人権委員会の委員長に選出され、世界人権宣言の起草に着手した。彼女は、第二次世界大戦による犠牲者に対してより具体的な支援が施されるよう、世界の人々のために力を注いだのである[5]。

一方、国内政治に対する影響力もエレノアは持ち続けていた。戦争による犠牲を無駄にしないために、彼女はリベラル層に活発な行動を求めている。同時に二度の大統領選に敗れた民主党のアドレー・スティーブンソンを支援し、先進主義者が守りの側に立たされた10年の歳月にわたって、エレノアは人種問題や社会的公正について精力的に活動したのである。１９３０年代の経済崩壊に対する様々な改革とは異なるニューディール・リベラリズムの旗印を前面に押し出した彼女は、

１９６０年代に花開いた社会的公正を目指した改革者の一人となった。民主党の人種差別解消に関する姿勢を批判したエレノアは、米国の市民権運動のリーダーたちの後押しをした。彼女は人種平等会議や全米黒人地位向上協会（ＮＡＡＣＰ）の委員会に積極的に参加したのである。当時の米国の情勢は、エレノアがＫＫＫ（白人至上主義団体）から殺害強迫を受けるような状況であった。彼女の伝記作家であるアリダ・ブラックは、「エレノアは、戦後の米国における人種的不公平は、民主主義にとって最も深刻な脅威の根源と捉えていた」と書いている。エレノアは人種差別に抗議する民衆の座り込みを支援し、差別を終わらせるための直接行動を認めながら、60年代初頭の黒人差別問題で入牢していた活動派たちの資金援助を行った。

また戦後の数年間にわたってエレノアは、熱意をこめて国民の自由権に取り組んだ。彼女は、ジョセフ・マッカーシー上院議員の反共主義運動を非難した最初のリベラリストとして知られているが、エレノアの主張は「反共主義運動は個人の自由に対する侮辱《ぶじょく》である」ということであった。さらに男女格差の解消に挑んだ彼女は、ケネディ政権に圧力をかけて政権内にさらに多くの女性を任用するよう申し入れた。ケネディ大統領は、最終的にエレノアを大統領直属の「女性の地位に関する委員会」の委員長に任命している。その後、彼女は連邦議会で演説を行い、男性と同じ仕事をする女性に同一賃金を保証する「賃金平等法」の成立に力を尽くした（彼女はまた、「平和部隊」の委員会にも参加している）。１９６２年11月7日、エレノア・ルーズベルトは結核症・再生不良性貧血・心不全により78歳で永眠した。折しも新しい社会自由主義《ソーシャル・リベラリズム》の波が米国で沸き上がっており、もしエレノアが存命だったとしたら、その勢いは大いに彼女を元気づけたことであろう。[6]

ラガーディアもまた戦後社会の中で活躍したが、彼に残された時間はそれほど長くはなかった。

1945年にニューヨーク市議会を離れたのち、彼は評論家として連邦の健康管理改革や社会的公正について論じたり文書をもって世論に訴え、戦争で被害を受けた避難民たちを支援する国連活動の先駆けを務めた。しかし1947年、彼はすい臓がんを患って64歳で他界した。民間防衛構想については、1950年代の米国の時流にのってラガーディアの展望がエレノアのビジョンをしのぎ、米国内で共鳴を巻き起こしている。冷戦時、いかなる国家的な課題よりも、まず軍事的方針を最優先させるというラガーディアの信念が、リベラリズムの思想をかなり左右したのである。共産党の脅威をはじめ、政府の監視や軍事支出を優先する米国の体制が、貧困問題やスラム化や公民権問題、そして市民の自由化を追及するリベラル派の意気込みを締め出す要因となった。[7]

第二次大戦後に平和を追求したジェイムズ・ランディス（元市民防衛局長）はハーバート大学を早期に退職し、トルーマン大統領の要請に応えて米国民間航空委員会（CAB）の委員長に就任した。経済的取締りを企図する本来の任務に戻ったランディスは、民間航空委員長として活発な施策を実行したために航空業界から反感をまねき、1947年にこの職務を解かれている。その後ランディスは、ジョセフ・P・ケネディ（JFKの父親）の弁護士兼相談役に就いた（ランディスはかつて証券取引員会（SEC）で、ジョセフ・ケネディのために働いたことがあった）。1950年、彼は民間防衛の経験に基づく講演を行い、核の時代の民間防衛の展望を国民に語りかけている。その中で、「民間防衛の核心的な問題点は、ワシントン政府が個人や各州・市町村に対して、民間防衛の規則や取決めを強制的に従わせる能力を持たないことにある」と指摘した。当時の連邦政府は州や地方のプログラムに資金を供給する能力に欠けていて、各州や都市に資金の裏付けのない業務指示を下していたのである。ランディスの数々の警告にもかかわらず、冷戦時の米国のプログラムは相変わらず同様の悪習を引きずっていた。[8]

ランディスの末路は痛ましいものであった。1961年、彼は経済規制改革を担当する特別補佐官としてJ・F・ケネディ政権の一員となった。ところが米国内国歳入庁（IRS）の調査によって、ランディスは数年間にわたって所得税を納めていなかったことが判明し、その役職を罷免されたのである。罪を認めた彼は一ヵ月の懲役刑を言い渡されて、弁護士の資格を剝奪された。その後ニューヨークに戻ったランディスは、一年も経たずに失意の中でこの世を去っている。[9]

トルーマン大統領によって1950年に再建された民間防衛の体制を、多くの歴史家は国家安全保障を支えた革新主義者たちの勝利として評価した。しかし、これらのプログラムはエレノアが目指した社会防衛の概念とは大きくかけ離れたものであった。リベラル層の多くが米国政府や社会に浸透する共産主義者たちの存在に気をもみ、ジョセフ・マッカーシー上院議員が先導する国務省をはじめ、陸軍やその他の組織のアカ狩りを見守った。冷戦時の民間防衛体制は、ニューディール・リベラリズムの誓約であった社会保障や経済安全保障を軽視したのである。トルーマン政権の民間防衛局の局長で、元フロリダ州知事であったミラード・コールドウェルは人種差別主義者であった。そのため、民間防衛を通して人種的平等を推進してきたエレノアやランディスの目標は輝きを失い、トルーマン大統領の公民権支持の発想の下でも、その状況が変わることはなかった。

ロンドン大空襲の際の民間防衛体制は、米国における市民防衛の概念——人命を救い、士気の維持を図ること——の定着に大きな影響を与えたが、大戦後の冷戦期における民間防衛体制にはいかにも荒唐無稽《こうとうむけい》なところがあった。例えば核攻撃に対する生徒たちへの避難訓練と称して、机などの下に潜り込む個人の対応行動指針《ダックアンドカバー》がそれであった。また、住宅の地下に避難場所を設けることを国民に提唱し、ソビエトのミサイル攻撃を受けた場合にハイウェイから離脱する方法などを教えている。しかも、これらはいずれも自助の手段に基づくものであった。連邦政府自体は民間防衛計画の予算を立ち上げず、民間防衛ボランティアの目標は1500万人から1700万人であったが、実際にはわずか400万人の採用に留めている。当時の連邦政府は1960年までに国内35州に1500基余りの民間シェルターを新設する構想を立ち上げたが、その実数はおよそ国民10万人あたりに1ヵ所という規模であった。1950年代、国策映画やその宣伝映画が米国文化として一世を風靡《ふうび》したが、民間防衛計画に対する連邦政府や公共の支援は貧弱なものであった。核兵器の脅威に対する自己防衛などは、まったく非現実的な方策に過ぎなかったのである。

1941年12月7日の真珠湾奇襲による惨劇は、「米国民は、世界との衝突は無縁である」という考えをことごとく打ち崩した。言い換えれば、真珠湾奇襲は「米国が国外からの脅威に脆弱である」という発想を引き起こす発端になったのである。リベラル派の反共産主義者たちは、冷戦初期の安全保障政策を固く信じるようになり、一部ではニューディール・リベラリズムが力強い思想として維持されたものの、その思想が冷戦初期に飛躍的に拡大することはなかった。[10]

2001年9月11日に発生した同時多発テロ事件が米国を襲うまで、民主党員の中で自らをニューディール・リベラル派と意識していた党員はほとんどいなかった。このテロ事件を通して21世紀における軍事や経済問題に関わる緊張状態が高まり、第二次大戦や冷戦時の生々しい展開を下敷きに、米国の政治や政策論争が活発に行われるようになった。リベラル派の面々は、保守派や自派の同僚を相手に個人の自由と国の安全保障の間の然るべきバランスを追求している。米国国土安全保障省（DHS）や中央情報局（CIA）、それにテロ攻撃に対する戦闘や防衛を担当する米軍当局に送り込まれるべき人的資源の数が、それぞれの意見の相違を鮮明にした。このような中で多くのリベラル層は、２０１２年にバラク・オバマ大統領が述べた「米国の国内における国造り」のほうが、中東の安定を導くための流血や成果よりもはるかに重要であると主張している。

これらの議論は、ルーズベルト時代に「国内と国外」という二面性のある戦いに向けて、リベラル層が国民の警戒体制を高めるために力を尽くした苦闘にその足跡をたどることができる。米国が国外に敵性国家と国内からの脅威を抱えるかぎり、軍事と民生の最適のバランスを追求する闘いは米国国家そのものの核心になることであろう。それはまた、第二次世界大戦において、米国民を恐怖から解放するために尽力したリベラル派の遺産を守り抜くことにもなるのである。

訳者あとがき

リベラル（リベラリズム）という言葉は――古くは18世紀の西欧において王権からの自由と平等を解放するために用いられた――政治的かつ道徳的な思想であった。しかし、19世紀の米国においては国の歴史や国情が欧州と大きく異なり、1929年の大恐慌後の立て直しのためにルーズベルト政権がとったニューディール政策と、福祉国家政策に向けた社会的公正や多様性を重視した主義と思想が米国内で広まり、これが米国のリベラル（リベラリズム）の発端となった。ちなみに我が国では、戦後長きにわたって「革新」とか「進歩派」という政治用語が使われてきたが、冷戦の終結後あたりからリベラルという言葉が一般的になったとも言われる。FDR政権におけるファーストレディーのエレノア・ルーズベルトは、人種差別撤廃や人権擁護の活動に力を尽くした。1942年2月19日に発令された日系人強制収容の大統領令に同調することなく、自ら日系人収容所を慰問している。ファーストレディーの訪問を受けた日系人は、さぞかし心強かったことであろう。第二次世界大戦後、エレノア・ルーズベルトは国連人権委員会の初代委員長を務め、彼女がリベラル・アメリカの象徴と呼ばれる所以となった。我が国では、エレノア・ルーズベルト・ヴァルキル勲章を受賞した緒方貞子氏（1927〜2019）が、国連人権委員会の日本政府代表や国連難民高等弁務官などを務め、世界的な人権問題の解決に貢献して、エレノア夫人の「人間の安全保障の精神」

を継承している。

本書は、1941年12月の日本海軍による、真珠湾攻撃前後の米国の国内情勢をテーマにしたものである。歴史は繰り返すと言われるが、当時の枢軸国と連合国の対立という国際情勢は、それから三四半世紀（75年）を経た現在においても、権威主義国対民主主義国家の対峙という形で繰り返されている。本書は、現代の日本に生きる我々に、国際や国内の複雑な情勢へのあるべき姿を少なからず示唆しており、それらのいくつかをここに挙げてみたいと思う。

その第一は、1938（昭和13）年のハロウィーン前日に行われたオーソン・ウェルズのラジオ放送──『宇宙戦争』が呼び起こした全米での集団パニックである。当時、情報メディアの最先端をゆく、ラジオ放送による偽情報の拡散であった。今日の社会では、最新技術のAIやサイバー、SNSなどによる偽情報が問題になっている。「〇〇国の軍隊が、××に侵攻した」という、安全保障上の偽情報が某国で拡散した事例もある。現在ほど、サイバー攻撃やAIへの対策が求められている時はないであろう。

その第二は、太平洋戦争前の米国の国情が、現代の我が国の国情と極めて似ている点である。当時の欧州では、強力な軍備を備えたナチス・ドイツが軍事侵攻を開始していた。1940年5月の米国の世論調査によれば、93％の米国民が欧州での参戦に反対している。その背景には、第一次大戦後の厭戦《えんせん》気分や大恐慌による経済的な閉塞感があった。一方、現代の我が国の周辺を見渡すと、核や数多くの長距離ミサイルを備えた権威主義国が存在している。太平洋戦争の敗戦とその後の平和憲法に徹する日本では、当時の米国民と同様に、国の安全保障に関する意識が低いといえる。ナチスの脅威に対して、FDR政権が国民の安全保障意識を高めるために創設したのが、「市民防衛局（ＯＣＤ）」という組織であった。ニューヨーク市長のラガーディアとファーストレディーのエレノアがその旗振り役を務め、国土・国民を守るための国民のボランティアの結集をその目標とした。現在の日本では、我が国の周囲に漂う軍事的脅威に対して、日米の軍事組織がその対応を進めているが、はたして国民自身による安全保障への対応はいかがなものであろうか。

その第三は、政治、経済や社会における日本の女性たちの立ち位置についてである。２０２１年に世界経済フォーラムが発表した各国の男女格差を図る「ジェンダー・ギャップ指数」によれば、日本は１５６ヵ国中、１２０位という評価であり、特に「政治」と「経済」の分野が深刻とされている。同様に、２０２３年版の同調査では、日本は１４６ヵ国中、１２５位にとどまることが報道された。日本には日本特有の歴史や風習、社会性や考え方などがあり、一概に他国の状況と比較できるものではないだろう。しかし、本書から浮かび上がるエレノア夫人のリーダーシップ、すなわち米国の各界の女性リーダーたちの結束に尽力し、その後一般女性を対象にして社会への進出と社会的価値の向上を高めた指導力が、戦後の米国の女性社会の立ち位置の礎になったのではないかと推察している。かつて米国のロサンゼルスで、私は当時のウーマン・リブの指導者たちにお会いしたことがあったが、その時、彼女たちから受けた迫力に圧倒されたことを鮮明に覚えている。１９７０年前後から先進諸国を中心に花開いたウーマン・リブの結実が、世界の現代社会の潮流になっているのではないだろうか。話は変わるが、最近、我が国の大手航空会社において女性社長が誕生した。この業界における女性の社長就任は、定年まで他の航空会社に勤めた私に対して時代の変革をつくづく感じさせるとともに、運航の現場を熟知した新社長の活躍を大いに期待するところである。日本の各方面においては、この十数年における女性の社会進出に目覚ましいものがある。

先述のジェンダー・ギャップ指数における評価に鑑みれば、エレノア夫人の実績が示唆するように、先端に立つ日本の女性たち自身が結束して国民レベルの女性たちの立ち位置を引き上げていくところに、それらの改善がなされていくのではないかと思われる。国の安全保障において、ラガーディア市長は軍備強化による安全保障、一方のエレノア夫人は人間の安全保障を軸に女性たちの結集を高めた点は参考になるであろう。

その第四として、本書から読み取れる、太平洋戦争以前の日米の外交関係について考察してみたいと思う。１９４０年の英国本土航空決戦《バトル・オブ・ブリテン》が激しかった頃、米国は多くの視察団をロンドンに送り込んでいる。当時のＣＢＳアナウンサー、エドワード・マローはロンドン空襲の惨状を、ラジオを通してリアルタイムで米国民に伝えた。本書によれば、当時の米国指導者のほとんどが、大西洋方面からのナチス・ドイツの脅威に神経を尖らせていたことがわかる。１９４１（昭和16）年頃の日米の関係であるが、年頭から12月７日の真珠湾攻撃にかけて、貿易摩擦の解消を含め、四、五十回に及ぶ会談がワシントンで行われた。両国とも、戦争回避のために努力を重ねていたことがうかがわれる。そして、米国側がこの会談に見切りをつけたのが、１９４１年７月の日本軍による南部仏印の進駐であった。これを機に、在米日本資産の凍結と対日石油全面禁輸が宣言され、日米関係の引き返し不能点《ポイント・オブ・ノーリターン》となったのである。この時すでに、日本政府から送られた外交暗号は、米国の機関によってほぼ解読されていた。しかし当時の米国では、大西洋と太平洋の両面で戦える戦力は整っておらず、大西洋方面の海軍力を確保するために太平洋方面での戦闘をさけたかった実情を、ＦＤＲのイッキス内務長官への発言が示している（ドリス・グッドウィン著、『No Ordinary Time』）。そして、ＦＤＲから昭和天皇に宛てた「戦争回避のための親書」（本書、第九章）が、12月６日（ワシントン時間）に日本に送られた。その経緯は『ハル回顧録』に詳しく書かれている。この親電は、12月7日（日本時間）の正午に東京電報局が受けているが、何故か10時間遅れてグルー駐日大使に配達された。その後、東郷外相から天皇陛下に伝えられたときには、すでに日本海軍による真珠湾攻撃が間近に迫っていたのである。

二十世紀は戦争の世紀と言われてきた。そして今世紀に入って生じたロシアによるウクライナ侵攻や、イスラエルとパレスチナの戦闘では現時点において終息の気配さえ見出せず、むしろ世界各国の安全保障上の緊張は高まる一方である。その中でも我が国周辺における安全環境の厳しさは、一時も気を抜けない状況にあると言えよう。この原書の標題は『宵闇の中の無防備』であり、1930年代後半から、迫りくるナチスの脅威に対して、無防備の米国が如何に対応をしたかということがテーマになっている。戦後、平和憲法と平和体制を維持してきた日本が、当面する脅威に対して如何に対応するのか、置かれた日本の状況が一世紀前の米国の状況と相重なるところがあり、それが本書の訳出を手がけるきっかけとなった。

本書の上梓にあたっては、終始ご援助と原稿の校正を賜った越後湯沢在住の作家である橘善男氏ならびに鳥影社の萩原なつき氏に心から感謝申し上げるしだいです。また、出版にあたりお世話になった鳥影社代表取締役の百瀬精一氏、宮澤りか氏に厚く御礼申し上げます。

2024年11月吉日

座本　勝之

NOTES

◆ 以下の Note (注) は、Matthew Dallek 著、『DEFENSELESS UNDER THE NIGHT』の NOTES を要約したものです。

◆ ABBREVIATIONS

FDR: Franklin Delano Roosevelt ER: Eleanor Roosevelt

NY: New York LA: Los Angeles Wash: Washington

OCD: Office of Civil Defense

UP: United Press AP: Associated Press

プロローグ

1. For an account of the demonstration in Prague, see Walter B. Kerr, "Czechs Surrender Sudetenland to Hitler" *NY Herald Tribune,* Sept. 22, 1938.
2. Robert J. Brown, *Manipulating the Ether.* "Excerpts from the 'War, Broadcast," *NY Times,* Nov. 1, 1938.
3. For a revisionist view the media greatly exaggerated the panic, see W. Joseph Campbell's *Getting It Wrong;* and Jefferson Pooley and Michael Socolow, in Joy Elizabeth Hayes etc.
4. Marshall Andrews, "Monsters of Mars on a Meteor Stampede Radiotic America," Wash Post, Oct. 31, 1938. "Radio Listeners in Panic, Taking War Drama as Fact,"*NY Times,* Oct. 31, 1938.
5. Brown, *Manipulating the Ether.* Bruce Lenthall, *Radio's America, The Great Depression and the rise of Modern Mass Culture*. (University of Chicago Press, 2007)
6. Marshall Andrews, "Monsters of Mars on a Meteor Stampede Radiotic America," *Wash Post,* Oct. 31, 1938.
7. UPI, "Radio Story of Mars Raid Causes Panic," *LA Times,* Oct. 31, 1938. "Radio 'Scare' Program Brings Censor Demands," *Cristian Science Monitor,* Oct. 31, 1938.
8. AP, "H.G. Wells Explains" in *Christian Science Monitor,* Oct. 31, 1938. "Radio Listeners in Panic, Taking War Drama as Fact," *NY Times,* Oct. 31, 1938, etc.
9. Editorial, *"Great American Jitters," Wash Post,* Nov. 1, 1938. "Raid Panic Laid to Nerves," *LA Times,* Nov. 7, 1938. Dorothy Thompson, "Mr. Welles and Mass Delusion," *Wash Post,* Nov. 2, 1938.
10. "Radio: Boo!" Time, Nov. 7, 1938. "Radio Listeners in Panic," *NY Times,* Oct. 31, 1938. For

an overview of the U.S. reaction to the Munich Agreement, see David M. Kennedy. *Freedom from Fear.* Morton Jerome Jacobs, "The Real Monsters," *Wash Post,* Nov. 10, 1938.

11. Albert D. Hughes, "Radio Scare, Boston Misses 'Martian Raid," *Christian Science Monitor,* Nov. 1, 1938.
12. ER, *This I Remember* (NY: Harper & Brothers, 1949).
13. For FDR's day of infamy speech, see http://www.archives.gov/publications/prologue/2001/winter/crafting-day-of-infamy-speech.html. For La Guardia quote, see Jan Jarboe Russell, *The Train to Crystal City: FDR's Secret Prisoner Exchange and America's Only Family Internment Camp During WWII* (NY: Scribner, 2015).
14. Doris Kearns Goodwin, *No Ordinary Time: Franklin and Eleanor Roosevelt: The Home-Front in WWII* (NY: Simon and Schuster, 1944).
15. For Bullitt, see "U.S. Not Aroused, Bullitt Warns," *Utica Daily Press,* Oct. 20, 1944.
16. Lady Stella Reading to ER, Feb. 17, 1941; see also Reading to ER, May. 6, 1941 etc.
17. For a strong synopsis of the OCD's origins, see Patrick S. Roberts, "The Forgotten lessons of Civil Defense Federalism for the Homeland Security Era,". "FDR: Executive Order 8757 Establishing the OCD," May 20, 1941.
18. Anne Kornhauser, *Debating the American State: Liberal Anxieties and the New Leviathan,* 1930-1970 (Philadelphia: University of Pennsylvania Press, 2015). Alan Brinkley's *The End of Reform.* Matthew Dallek, "Civic Security," *Democracy: A Journal of Ideas,* Issue #7, Winter 2008.
19. Dee Garrison, *Bracing for Armageddon.* Kessner, *Fiorello H. La Guardia,* 495-496.
20. For a description of La Guardia wearing his Stetson hats, see Joseph Heller, Now and Then. "La Guardia Iis Dead." *NY Times,* Sept. 21, 1947.
21. The Eleanor Roosevelt Papers Project, https://www.gwu.edu/~erpapers/teachinger/q-and a/q8-newsarticle. cfm.
22. For ER's height, see "Biography of Eleanor Roosevelt," etc.
23. Blanche Wiesen Cook, *Eleanor Roosevelt, Vol. 2: The Defining Years, 1933-1938* (NY; Penguin Books, 1999), 539.
24. Blanche Wiesen Cook's superb multivolume life of ER. Allida M. Black's, *ER and the Shaping of Pastwar Liberalism.* Lois Scharf's *ER, First Lady of American Liberalism.* Doris Kearns Goodwin's *No Ordinary Time.* Maurine Beasley's astute *ER Transformative First Lady. Brigid O'Farrell's ER and the American Workers.*
25. FDR, Annual Message to Congress, Jan. 4, 1939, http://www. presidency. ucsh. edu/ws/index. php?pid=15684.
26. No Author, "First Lady Backs Billion for Defense," *Wash Post,* May 17, 1940. No Author, "First Lady's Plea Ignored by Youth," *NY Times,* May 27, 1940. Joseph Lash, *Eleanor and Franklin,* 632-633.

27. ER, "My Day," May 22, 1940 and May 17, 1940.

28. AP, "Women Defense Training Urged," *LA Times,* Jan. 2, 1941. Florence Kerr, "Volunteer Mobilization of Women," etc.

29. See "The Published and Recorded Works of ER," The ER Papers Project.

30. Hillary Clinton became the second first lady to hold an official appointed position when she chaired the Health Care Task Force under President Bill Clinton. See Wilbur R. Miller, *The Social History of Crime and Punishment in America*. Robert Miller, *The War That Never Came*. Patrick S. Roberts, *Disaster and the American State*.

31. See Goodwin, *No Ordinary Time*, 323-326.

32. Blanche Wiesen Cook's first two volumes ER's life have only come up to 1938 sa of this writing. ER's leadership of home defense is skipped over in Black's *Casting Her Own Shadow*, etc.

33. The best account of James Landis's life is Donald A. Ritchie, *James M. Landis: Dean of the Regulators*. For Landis's nonmilitary activities, see Dallek, "Civic Security," in *Democracy.*

34. For FDR's fireside chat, see FDR, Fireside Chat I. Michael S. Sherry, *The Rise of American Air Power* (Yale University Press, 1987).

35. For "world has grown...," see FDR, Annual Message to Congress, Jan. 4, 1939.

36. For the origins of a lot of Cold War tendencies in the WWII experience, Wendy Wall, *The Politics of Consensus from the New Deal to the Civil Rights Movement*. For the failure of civil defense policy, see Dee Garrison, *Bracing for Armageddon*. For civil defense as a propaganda tool, see Guy Oakes, *The Imaginary War: Civil Defense and American Cold War Culture*.

37. Elwyn A. Mauck, "Civilian Defense in the United States, 1940 -1945. Henry Stimson and Ralph Bard to La Guardia, Sept. 29, 1941. Civil Defense Training. Thomas Hamilton, "OCD Goes Into Action Against New Air Peril." *NY Times,* Dec. 14, 1941.

38. James Sparrow, *Warfare State: WWII American and the Age of Big Government*. For Southern resistance to mitigate Jim Crow during the long New Deal years, see Ira Katznelson, *Fear Itself: The New Deal and the Origins of Our Time*. Mason B. Williams, *City of Ambition: FDR, La Guardia, and the Making of Modern New York*.

39. "War of the Worlds": The Script," http://www.radioheardhere.com/waroftheworlds/.

第一章

1. See Frederick Barkley, "DIES INQUIRY WINS OUT WITH POPULAR SUPPORT," *NY Times,* Jan. 28, 1940. "Civil Liberties Union, Teachers Flay Dies Probe," *Wash Post*, Jan. 15, 1940. "15,000 HEAR ATTACK ON GAG RULE' TREND," *NY Times,* Apr. 4, 1935.

2. ER, "Keepers of Democracy," *Virginia Quarterly Review* 15 (Jan. 1939). Blanche Wiesen

NOTES

Cook, ER Vol.2: The Defining Years 1933-1938,571-576

3. Richard M. Fried, *Nightmare in Red: McCarthy Era in Perspective* (NY: Oxford University Press, 1990).
4. While home defense covered a range of social and military activities such as air raid precautions and the defense of the public health, social defense, as it was used in WWII America, referred to the idea of making all Americans secure in their basic needs including food, shelter, health, and living-wage jobs. ER, "Keepers of Democracy," *Cook, ER.*
5. Barbara Somervill, *ER: First Lady of the World.* Joseph P. Lash, *ER and FDR.*
6. ER, *This Is My Story.*
7. ER, *This Is My Story.*
8. ER, *This Is My Story.*
9. Ibid, 256-260.
10. Ibid, 269-271. Between 1906 and 1916, ER and FDR had six children, but one of them died from the flu shortly after his birth in 1909.
11. ER, *This Is My Story,* 287-289.
12. David M. Kennedy, *Over Here: The WWI and American Society* (NY: Oxford University Press, 2004).
13. ER, "Because the War Idea Is Obsolete," from *Why Wars Must Cease,* ed. Rose Young.
    ER published *This Troubled World*, which pointed out the League of Nations, mistakes in the post-WWI years and urged the American people to pursue a course of global peace. But she also issued stronger antifascist statements and lobbied government officials and the public to see Hitler as a direct danger to the United States.
14. William E. Leuchtenburg, *FDR and the New Deal,* 1932-1940.
15. Adam J. Berinsky, Eleanor Neff Powell, Erick Schickler, Ian Brett Yohai, "Revisiting Public Opinion in the 1930s and 1940s," The authors report that FDR's late 1939 approval ratings stood at around 60 percent.
16. Leuchtenburg, *FDR and the New Deal,* 271-274.
17. ER, "Good Manners", *Ladies' Home Journal 56* (June 1939), etc.
18. Lash, *Eleanor and Franklin,* 561-562.
19. For discussion of Freud, see Karen L, Levenback *Virginia Woolf and the Great War.*
20. Robert A. Pape, *Bombing to Win: Air Power and Coercion in War.* Robert Mackay, *Half the Battle: Civilian Morale in Britain during WWII.*
21. ER, *This Troubled World,* What I Hope to Leave Behind. Special to the *NY Times,* "More Arms Needed, Mrs. Roosevelt Says, As 'Force' Alone Moves 'Certain Groups'," *NY Times,* Feb. 15, 1938. Lash, *Eleanor and Franklin,* 556.
22. "Unpreparedness..." quoted in Lash, *Eleanor and Franklin* ..."what is happening in Spain ..,." from ER, "My Day," June 1, 1937, quoted in Lash, *Eleanor and Franklin.* Japan invaded

Manchuria in 1931 and had threatened other regions in Asia prior to its 1937 invasion of China.

23. Quoted in Lash, *Eleanor and Franklin*.
24. ER, *This Troubled World, in Black, What I Hope to Leave Behind*.
25. ER, "My Day." Sept. 24, 1938.
26. ER quoted in Cook, *ER Vol. 2*.
27. For Hurricane reports, see *Cook, ER Vol. 2*.
28. Cook, *ER Vol. 2*. For her anti-Semitism, see James MacGregor Burns and Susan Dunn, *The Three Roosevelts: Patrician Leaders who Transformed America*.
29. For the royal visits, see ER, *This I remember*, 182-184. Teaching ER Glossary, Marie Souvestre (1830-1905), the ER Papers Project.
30. ER quoted in *Lash, Eleanor and Franklin*. ER, *This Troubled World*.
31. ER, "Mobilization for Human Needs," *The Democratic Digest 8* (Nov. 1933). Allida M. Black, *Casting Her Own Shadow: ER and the Shaping of Postwar Liberalism*.
32. Cook, *ER Vol. 2*. ER, "Race, Religion and Prejudice," *New Republic 106*.
33. ER, "Are We Overlooking the Pursuit of Happiness?" T*he Parents' Magazine 11* (Sept. 1936). and so on.
34. American Youth Conference quotes from Leuchtenburg, FDR and the New Deal 347 - 348.
35. Cook, *ER Vol. 2,* 522-526.
36. Black, *Casting Her Own Shadow,* 41 - 43.
37. ER to Abner Larned, Aug. 6, 1940; Larned to ER, July 31, 1940; and Larned to Kerr, July 20, 1940, and other correspondence with Government Dept.
38. Ker to ER, Jan. 26, 1939, F: "Kerr, Florence June-Aug.1939".
39. ER Secretary to Kerr, Nov. 25, 1939, Dec. 15, 1939, Apr.7, 1939, etc. Correspondence with Government Department.
40. Kerr to ER, Apr. 13, 1939, F: "Kerr, Florence June-Aug.1939," etc.
41. "Report on the Handlin of Mrs. Roosevelt's Mail," from Feb.1 to Mar. 31,1939.
    WPA official Kerr Florence information to ER' secretary on the reassignment of Carlotta Holtz to the Tariff Commission.
42. ER to Kerr, Dec. 2, 1939, F; "Kerr, Florence Sept.-Dec. 1939". Correspondence with Government Dept. ER Secretary to Kerr, Feb. 21, 1939. See Susan Ware, *Beyond Suffrage: Women in the New Deal* for ER's record of appointing women.
43. FDR, Public Papers of President, "Annual Message to Congress," Jan. 4, 1939, and "Radio Address for the Mobilization of Human Needs," Mar. 11, 1938. Summary of memos and letters between McNutt, Pepper, Townsend, and the president.
44. Memo, Louis Johnson to FDR, May 8, 1939. For analysis of the formation of the FSA, see Mariano Florentino Cuéllar, "'Securing' the Nation,".

45. Letter, Lucy R. Mason to FDR, May 8, 1939, etc.
46. Letter, McNutt to FDR, Mar. 25, 1941. Letter, McNutt to Landis, Sept. 30, 1940. Memo, FDR to McNutt, Sept. 18, 1940, F: "Federal Security Agency".
47. Memo, McNutt to FDR, Aug.26, 1940, F: "Federal Security Agency,".
48. Memo, FDR to Sec. of Agriculture, Sec. of Labor, and McNutt, Sept. 28, 1939, etc.
49. Lash, *Eleanor and Franklin,* 583-584.
50. Black, *What I Hope to Leave Behind, xxvii.*

第二章

1. Williams, *City of Ambition,* xiv. Stetson Conn, Rose C. Engelman, Byron Fairchild, *United States Army in WWII.* FDR, Public Papers of the President, "An Appeal to Great Britain, France, Italy, Germany and Poland to Refrain from Air Bombing of Civilians," Sept. 1, 1939. David M. Kennedy, *Freedom from Fear,* Charles Lindbergh, "America And European Wars," Sept.15, 1939.
2. Gaddis Smith, *The Last Years of the Monroe Doctrine,* 1945-1993. FDR quoted in Robert Dallek, *FDR and American Foreign Policy,* 1932-1945.
3. *Kennedy, Freedom from Fear,* 325, 385-399. Lynne Olson, *Those Angry Days: Roosevelt, Lindbergh, and America's Fight over WWII,* 1939-1941. *The Three Roosevelts, Patrician Leaders Who Transformed America,* 347.
4. "Tribute to Fliers Paid at City Hall," *NY Times,* July 16, 1938. W.H. Auden, ed. Edward Mendelson, *The English Auden: Poems, Essays and Dramatic Writings* 1927-1039, Sept. 1, 1939.
5. Kessner, *Fiorello La Guardia,* ch.1.
6. Kessner, *Fiorello La Guardia,* 48.
7. La Guardia, *The Making of An Insurgent,* 170. 173. 176. 183. 196. Kessner, *Fiorello La Guardia,* 53-56. See La Guardia, *Making of An Insurgent,* 196.
8. Kessner, *Fiorello La Guardia,* 47-53. La Guardia, *The Making of An Insurgent,* 185-186.
9. "The Blue Cross Defense League," n.d., flier, NYCMA, LG, B: 4176, etc. For La Guardia's take on profiteers, see La Guardia, *The Making of An Insurgent,* 199-200.
10. Kessner, *Fiorello La Guardia,* 246-248.
11. Robert Miller, "The War that Never Came," 42-44. Don Whitehead, "LaGuardia, Home Defense Boss, 'Little Man Who's Everywhere',", May 28, 1941, *New Orleans State Special News Service.* "La Guardia Offers City's Aid in Food," *NY Times,* Jan. 28, 1937.
12. Letter, La Guardia to FDR, Aug. 22, 1935, F: "US Conference of Mayors," etc.
13. Kessner, *Fiorello La Guardia,* 339. The US Conference of Mayors, "100 American Cities...," Mar. 12, 1936.

14. Letter, FDR to La Guardia, May 10, 1939, F: " US Conference of Mayors." Press Release, FDR, Nov. 16, 1936.

15. FDR, Public Papers of the President, "Excerpts from the Press Conference," Nov. 5, 1938.

16. Sherry, *The Rise of American Air Power, x-xii*. See Richard Lingeman, *Don't You Know There's a War On? The American Home Front,* 1941-1945. Geoffrey Perrett argues that "Aviation was not yet an integral and integrating part of daily life," 139-142.

17. The classic account of a "moral panic" can be found in Stanley Cohen, *Folk Devils and Moral Panics*. Also see Roos Pijpers, "Help! The Poles Are Coming' " etc.

18. Hanson W. Baldwin, "The Fear of Flying Death Darkens," *NY Times,* Sept. 26, 1937.
Rader Winger," All Britain Strains to Perfect Defenses Against Air Attacks," *Wash Post,* Feb. 27, 1938.

19. No Author, "War Clouds Darken European Skies as Hitler Marches On," *Wash Post,* Mar. 20, 1938. Barnet Nover, "The Air Threat," *Wash Post,* June 2, 1938.

20. For gas mask quote, see Herbert Marder, *The Measure of Life*. Cook, ER Vol. 2, 538-542.

21. AP, "US is Held Ideal for Air Defense," *NY Times,* Apr. 7, 1937. No Author, "Gas Attack on America Seen as Civilian Danger," *LA Times,* June 8, 1937. etc.

22. Walter Lippmann, "Today and Tomorrow: The Doors of America," *Wash Post,* Jan. 12, 1939.
Dorothy Thompson, "Defense Against Terrorization," *Wash Post,* Jan. 20, 1939.
Westbrook Pegler, "Fair Enough," *Wash Post,* Oct. 10, 1938.

23. No Author, "Bombing Raids Can Be Halted, Expert Claims," *Wash Post,* Oct. 17, 1937. "Hits Exaggeration of War Gas Peril," *NY Times,* Dec. 27, 1937, etc.

24. Stetson Conn and Byron Fairchild, *US Army in WWII*. Bally Sullivan, "Efficiency of Planes Encouraging to Staff," *Wash Post,* May 22, 1938, etc.

25. Conn and Fairchild, *US Army in WWII*. Memo, Harry Woodring to FDR, June 15, 1940.
Hopkins Papers, National Defense—Isolationists. Sherwood Collection, "National Defense Program, 1940-1941.

26. Letter, Randolph to FDR, Mar. 30, 1936. F: "Council of National Defense, 1933-39," Memo, Chief of Naval Operations to FDR, Mar. 16, 1938, etc.

27. Ickes Diary, 5527-5529, May 25, 1941.

28. La Guardia to Miss Le Hand, Apr. 11, 1938, and Speech Transcript, Press Release, Office Of the Mayor, Apr. 11, 1938.

29. "Plan to Widen South America Trade Drafted," *St. Petersburg Times,* Apr. 12, 1938. "LA GUARDIA OFFERS A RECOVERY PLAN," *NY Times,* Apr. 12, 1938.

30. FDR, Public Papers of the President, "Message to Congress Recommending Increased Defense Appropriations," Jan. 29, 1938.

31. Conn and Fairchild, *US Army in WWII*. Anne O'Hare McCormick, "As He Sees Himself," *NY Times Magazine,* Oct. 16, 1938.

32. "Problems Caused by War To Be Topic of Mayors," *NY Times*, Sept. 16, 1939. Memo, Aug. 16, 1940. La Guardia to Hull, Sept, 5, 1939, F: " La Guardia, Fiorello, 1933-1939," etc.
33. Map, RG171, E:10, B39. Conn and Fairchild, *The Framework of Hemisphere Defense*. Special to *NY Times*," President Urges Needs of Defense," *NY Times*, Mar. 5, 1939.
34. Leuchtenburg, *FDR and the New Deal*, 287. FDR, *Public Papers of the President*, Sept. 1, 1939.
35. "Events in Europe Summarized," *Wash Post*, Aug. 24, 1939. Conn and Fairchild, *The Framework of Hemisphere Defense*.
36. Leuchtenburg, *FDR and the New Deal*, 293. AP, Modern Warfare Destroys Normal Order of Civilian Life," *LA Times*, Sept. 14, 1939.
37. FDR, Public Papers of the President, "Fireside Chat," Sept. 3, 1939.
38. William V. Nessly, "President Launches Vast Program to Keep America at Peace," *Wash Post*, Sept. 10, 1939. Charles Lindbergh, "America and European Wars," Sept. 15, 1939.
39. John G. Norris, "Congressmen Says U.S. Lags in Air Defense," *Wash Post*, Dec. 15, 1939. Memo, Stettinius to FDR, Sept. 25, 1940. Weekly Operations Progress Report of Oct. 3, 1940, Industrial Materials Division, etc.
40. Dr. George Gallup, The Gallup Poll: "U.S. to Stay Out of War, Bare Majority Says; Fewer Voters Think We'll be Drawn In," *Wash Post*, Oct. 25, 1939.
41. Leuchtenburg, *FDR and the New Deal*, Quoted in Time, " It Shall Come to Pass" Jan. 1, 1940.

第三章

1. Secretary to ER to Elizabeth Eagan, Jan. 29, 1940, and four questions with ER's handwritten answers. FDR, "State of the Union Message to Congress," Jan. 11, 1944.
2. See Black, Casting Her Own Shadow; Scharf, *First Lady of American Liberalism;* and Beasley, ER: *Transformative First Lady*. Susan Ware, *Beyond Suffrage: Women in the New Deal*. See Seeber, *Presidential Studies Quarterly,* Modern First Ladies White House Organization (Fall 1990).
3. ER, "Fear is the Enemy," *The Nation* 150 (Feb. 10, 1940). ER, "The Moral Basis of Democracy."
4. ER, "The Moral Basis of Democracy,". In Black, *What I Hope to Leave Behind*. Report on the Organization Meeting of the Consumer Interests Committee, New Jersey State Council of Defense, Oct. 31, 1940, etc.
5. Dorothy Thompson, "On The Record: To The Intolerant!" *Wash Post*, Feb. 22, 1939. ER, "The Moral Basis of Democracy,". ER, "Intolerance," *Cosmopolitan* (Feb. 1940).
6. "ER: The World's First Lady," Women's Leadership in American History, The ER Papers Proj-

ect, "Arthurdale."

7. ER, "My Day," Jan. 4, 1940.

8. ER, "My Day," Apr. 23.

9. ER, "My Day," May 17.

10. Kennedy, *Freedom From Fear.* A. N. Wilson, *Hitler,* 135.

11. "The US Committee for the Care of European Children," The ER Papers Project.
ER, "Insuring Democracy," *Collier's* 105 (June 15, 1940), F: "Political Refugees, June 1938-June 1940".

12. Katznelson, *Fear Itself,* Introduction.

13. "First Lady's Plea Ignored by Youth," May 27, 1940. *NY Times.*

14. ER, "My Day," May 17, 1940. "First Lady Scores Forced Enlisting," *NY Times,* June 14, 1940. "First Lady says War Perils U.S.," *Wash Post,* Jan.17, 1940.

15. Richard Moe, *Roosevelt's Second Act: The Election of 1940 and with the Politics of War.*

16. George R. I. to FDR, June 22, 1940, F: "Great Britain Jan.-Sept. 1940." FDR, Address to White House Conference in Children on a Democracy, Jan. 19, 1940. Miscellaneous Reports on Council of National Defense, etc.

17. For ER-Perkins conversation, see Burns and Dunn, *The Three Roosevelts,* 432-433.

18. For a description of ER-FDR's political relationship, see Burns and Dunn, *The Three Roosevelts,* 265-276.

19. Agnes Reynolds to ER, June 10, 1940. F: " Re 1940," ER 100: Personal Letters. Lash to ER, F: "LA 1940," ER 100, Personal Letters, etc.

20. ER to FDR, and Sydney Markey to Aubrey Williams, Aug. 14, 1940.

21. ER, "I Want You to Write to Me," *Woman's Home Companion 60* (Aug. 1933).
Letter, Secretary to ER to Virginia Potter, Feb. 17, 1941. Many Letters between La Guardia and other persons. Correspondence with Government Departments. While ER's Office cited the 600 to 700 per day figure, other sources estimate that she received around 150,000 letters total during 1940.

22. Thompson to Evelyn Miller Crowell, Oct. 21, 1940. Messages sent by Mrs. Roosevelt.

23. Memo, Elliott to FDR, Nov. 8, 1940; Jay Nash to ER, Nov. 15, 1940; Jay Nash to FDR, Nov. 13, 1940. John Carmody to FDR, Nov.19, 1940, etc.

24. ER to Miss Rhoades, Rhoades et al., to ER, July 12, 1940, F: "First Lady Urges Compulsory Youth Duty for Defense," July 11, 1940. "First Lady's Training Proposal Questioned," *Wash Post,* June 4, 1940. Frank Kent, "The Great Politics," *LA Times,* July 9, 1940.
ER, "My Day," Oct. 23 & Nov. 8, 1939. William Aspray, Melissa G. Ocepek, Formal and Informal Approaches to Food Policy.

25. MacLeish to Hopkins, June 24, 1940; Hopkins to MacLeish, July 25, 1940, F: National Defense Program 1940-41, etc.

26. Selden Rodman to ER, July 12, 1940, F: "Requests for Interviews, 1934-41." The National Defense Advisory Commission, "Functions and Activities," Dec. 28, 1940, etc.
27. "Advisory Commission to the Council of National Defense," May28, 1940. National Defence Program and Reports, and so on.
28. Memo, Elliot to FDR, July 11, 1940, F: "June-Aug. 1940 Council of National Defense Reports," M. L. Wilson, "Nutrition and Defense," USDA Extension Service, Oct. 21, 1940, etc.
29. Report to the Organization Meeting of the Consumer Interests Committee, New Jersey State Council of Defense, Oct. 31, 1940.
30. Memo, Roberta to General Watson, July 30, 1940. F: "June-Aug. 1940, Council of National Defense Reports".
31. Oral history interview with Florence Kerr, 1963 Oct. 18-Oct. 31, Archives of American Art, Smithsonian Institution.
32. "WPA is Aloof to Army But Will Keep in Step," *Christian Science Monitor,* Aug. 17, 1940. "WPA praised by Woman Aide," *LA Times,* Oct. 23, 1940.
33. James Rowe to Elliott, Aug. 14, 1940. "Council of National Defense Reports June-Aug. 1940. Suzanne, "Madam Chairman," *Wash Post,* Aug. 4, 1940. Hopkins Papers, etc.
Eliot's report, *Civil Defense Measures for the Protection of Children,* appeared 1942.
34. Letter, Fred Hoehler to Hopkins, June 10, 1940, and memo; Hopkins to Hoehler, June 30, 1940. FDR, Campaign Address at Boston, Mass, Oct. 30, 1940.
35. For books that counter the standard narrative about the waning of the New Deal, see Katznelson, Fear Itself; Nelson Lichtenstein, *State of the Union: A Century of American Labor*: and Meg Jacobs, *Pocketbook Politics*. Eddy to ER, Oct. 7, 1940, "Reports-A Physical Training Program," etc. "Wallace Speaks to Farmers' Group," *NY Times,* July 25, 1940. Wallace assured an audience of 5,000 people attending Chicago's Exposition that African Americans would not "defend a system which has no place for them," United Press, "Wallace Calls Jobless Threat to Democracy," LA Times, Sept. 3, 1940.
36. FDR, Address to White House *Conference on Children in a Democracy,* Jan. 19, 1940.
37. For 1940 election results, Susan Dunn, 1940: *FDR, Willkie, Lindbergh, Hitler — The Election Amid the Storm*. ER, "My Day," May 17 & 22, 1940.
38. Murray Latimer to Lauchlin Currie, Nov. 30, 1940; Currie to FDR, Dec. 2, 1940, F: "Speech Material: Annual Message to Congress 1941," Transcripts of President's Speech.
39. "Draft of Language for Message on Job Training and Security Program," Dec. 2, 1940.
Frederic Delano to FDR, Dec. 3, 1940; "The Development of Public Responsibility for Work Security and Relief Needs"
40. Christopher Capozzola, *Uncle Sam Wants You. Nancy Gentile Ford, The Great War and America*.
41. Paul McNutt to FDR, Jan. 3, 1941; Memo, Wayne Coy to FDR, Dec. 26, 1940. F: "Speech

Materials and Suggestions 1940 Oct.-Dec."

42. Paul McNutt to FDR, Jan.3, 1941, Ibid. For a biography of McNutt, see Dean J. Kotlowski, *Paul V. McNutt and the Age of FDR*.

43. ER, "MY Day," Dec. 10, 1940. Cross-Reference Sheet, to Director of Budget, Dec. 31, 1940.
The Friends of the NY State Soldiers and Sailors sought new ways to aid the families of drafted men, while the National United Welfare Committee for Defense hoped to discuss with FDR ways they could aid soldiers and factory workers. See Early to Al Jolson, Jan. 8, 1941, F: "Coordinator of Health, Welfare and Related Defense Activities, 1940-41.".

44. FDR, Annual Message to Congress on the State of the Union, Jan. 6, 1941. For descriptions of the crafting of the speech and various drafts, see Samuel Rosenman, *Working with Roosevelt,* 262-264.

第四章

1. "An Ordinance Creating a Local Defense Council and Prescribing Its Duties and Responsibilities," May 28, 1940.

2. William Fulton, "Dewey Demands Immediate Home Defense Action," *Chicago Daily Tribune,* June 18, 1940. For an overview, see Leuchtenburg, FDR and the New Deal.

3. Barnet Nover, "We Know Now: America's Defense Problem," *Wash Post,* May 20, 1940.
"War & Peace: Reaction," *Time* May 27, 1940, F: "Nationak Emergency council 1940," Memo, Division of Press Intelligence, Editorial Reaction Toward Aid for the Allies, June 10, 1940. Walter Lippman, "Today and Tomorrow: The Weakest Link in American Defense," *LA Times,* June 11, 1940.

4. George Gallup, "50% Favor Compulsory Military Training," *Wash Post,* June 2, 1940.
"War & Peace: Reaction," Time, May 27,1940.

5. Editorial, "Spawn of the Trojan Horse," *Oregonian,* May 18, 1940, F: "Fifth Column 1940.".
W. Karl Lations to Chairman, National Defense Commission, Aug. 21, 1940; and Lations, "Uniform Civilian War-Plan Needed."

6. Dallek, *FDR and American Foreign Policy,* 225-227. Klaus P. Fisher, *Hitler and America*. Jochen Theis, *Hitler's Plans for Global Domination*.

7. Russell B. Porter, "Nazi Agents Found Busy in Mexico; Viewed as Threat to U.S. Defense,", Aug. 28, 1940.

8. Cross-Reference Sheet, Herman Moore, Sept. 6, 1939; H. M. Kannee to Eleanor Bumgardner, Sept. 16, 1939, etc. George Gallup "The Gallup Poll: Four of 10 Americans Believe Nazis Would Attack U.S. if Britain Is Beaten," *Wash Post,* Sept. 14, 1940. In FDR and American Foreign Policy, 1932-1945, Robert Dallek argues that the actual threat to the country was,

on balance, minimal, and that the Nazis made little headway in their efforts to subvert American's industrial capacity and dampen public confidence in the U.S. government. See 226-227.

9. FDR, Address Delivered to Congress, May 16, 1940.
10. Hon. Claude Pepper, "*Defense of America,*" Radio Address, Congressional Record, May 25, 1940.
11. Jackson, *That Man,* 86.
12. HLH Memo, Aug.15. 1940, F: "Ideas of Defense Effort."
13. Miller, "The War That Never Came." Cooling, "U.S. Army Support of Civil Defense: Formative Years, 1935-1941," *Military Affairs* (1971) and Conn, Engleman, Fairchild, *U.S. Army in WWII: The Western Hemisphere,* 45-79.
14. Cross Reference Sheet, John Carmody, June 21, 1940. F: "Council of National Defense Reports June-Aug. 1940," etc.
15. Harry Woodring to FDR, June 15, 1940; Cross-Reference Sheet etc. See Lee Kennett, *For the Duration: The United States Goes to War—Pearl Harbor—*1942.
16. Memo, Betters to La Guardia, June 20, 1940. Memo, Paul Betters to La Guardia, June 30, 1940, Memo, FDR to McReynolds, F: "National Defense Program 1940-41, etc.
17. Letter, Betters to "Mayor," June 24, 1940, F: Conference of Mayors.
18. Letter, Maury Maverick to Harry Hopkins, June 26, 1940; and Maverick to Paul Betters, June 26, 1940.
19. US Conference of Mayors in Convention, Letter, Betters to International Municipal Signal Association, and attached transcript, Fire Protection, thru Nov. 30, 1940.
20. Watson to Minton, Aug. 31, 1940; Minton to Watson, Aug. 10, 1940. "Ruthjane, Press Conference Aug. 6, 1940," "Home Defense Misc. 1940-41." Online Biography of Frank Bane,"A Guide to the Papers of Frank Bane." Landis Papers, Harvard File, "Boston News Bureau."
21. Online Biography of Frank Bane, "A Guide to the Papers of Frank Bane." "The National Defense Advisory Commission, Functions and Activities."
22. Memo of Conference with Mayor La Guardia Aug. 14, 1940. Luther Evans to Thomas Baldwin, Oct. 16, 1940: and "State Laws of Interest in Relation to the Home Guard Provisions of the National Defense Act," Nov. 3. 1940. etc. Confidential memo, Howard Gardner to Bane, Jan. 3, 1941, re; "State and Local Defense Councils in California." Lydell Peck to "all California Fire Chiefs," June 14, 1940, and Peck, "Report of Conference for the Purpose of Suggesting a Plan for Organization of Industrial Plants and Key Industries against Sabotage by Fire."
23. FDR to Harold Stassen, Aug. 14, 1940; Stassen to FDR, Aug. 7, 1940; Attorney General, June 13, 1940; regarding Minnesota's forces, etc.
24. Division of State and Local Cooperation, "Weekly Operations Progress Reports," Oct. 23,

1940, etc.

25. Edgar Freed to Addison Foster, June 28, 1940, Sprague to Bane, Aug. 20, 1940, etc.

26. "Minutes of the Meeting of the Washington State Defense Council," Darwin Meisnest, Secretary, Aug. 29, 1940. " Washington, Digest of Material," Feb. 20, 1941.

27. Gallup Poll, 9/15, Interview Date Aug. 24-29, 1940. "The Gallup Poll: Four of 10 Americans Believe Nazis Would Attack U.S. if Britain Is Beaten." *Wash Post,* Sept. 14, 1940,; James Rowe to Attorney General, June 1, 1940, F: "Espionage 1933-45," and so on.

28. Memo of Conference with Mayor La Guardia Aug. 14, 1940.

29. La Guardia to FDR, Aug. 5, 1940; FDR to La Guardia, Mar. 27, 1940. La Guardia to Edwin Watson, June 10, 1940; La Guardia to FDR, June 28, 1940, etc.

30. See Independent Committee for Roosevelt and Wallace. La Guardia to FDR, July 18, 1940.

31. Edwin Watson to FDR, Oct. 1, 1940; La Guardia to Flynn, Oct. 25, 1940; Langdon P. Marvin to La Guardia, May 20, 1940; and FDR to La Guardia, June 15, 1940, F: "La Guardia, Fiorello 1940-1945.

32. "La Guardia Scores Campaign of Fear," *NY Times,* Oct. 30, 1940. Kessner, *Fiorello H. La Guardia,* 480-481.

33. Harry Woodring to FDR, June 15, 1940. See Kennett, *For the Duration*. William Conklin, "Jackson Bids Cities Unify Our Defense," *NY Times,* Sept. 20, 1940.

34. Hearing before the Committee on Military Affairs, Sept 5, 1940, F: Home Guards, May 1-31, 1941.

35. FDR to La Guardia, Sept. 12, 1940, "US Conference of Mayors,".

36. William Conklin, "Jackson Bids Cities Unify Our Defense," *NY Times,* Sept. 20, 1940. "Nazis Watched, Says Jackson," *LA Times,* Sept. 20, 1940. US Conference of Mayors, etc.

37. WM. D. Lilly to FDR, Nov. 18, 1940, F: "Council of National Defense,". National Defense Reports, etc.

38. Letter, Sidney Sherwood to FDR, Nov. 26, 1940. "Subject File Council of National Defense Sept. 1940-May 1941." George Gallup, " Republican and Democratic Voters found in Substantial Agreement on Defense Program," *Wash Post,* Jan. 15, 1941.

39. Defense Training for Public Employees, The Status of In-Service Training Programs, Report, American Municipal Association, Dec. 1940.

40. "Washington Prepares for Civilian Defense," *Wash Post,* May 25, 1941.

第五章

1. For some standard books in the literature on the New Deal, see Leuchtenburg, *FDR and The New Deal; Anthony J.* Badger, *The New Deal;* Arthur M. Schlesinger Jr, *The Age of Roos-*

evelt; Aaron D. Purcell, ed., *The New Deal and the Great Depression;* Wilbur J. Cohen, ed., *The New Deal: Fifty Years After, A Historical Assessment;* Alonzo L. Hamby, ed., *The New Deal: Analysis and Interpretation.*

2. See Brinkley, *The End of Reform,* in which he argues that the idea of New Deal Liberalism slowly evolved after 1938 to include an economic growth-oriented liberalism that departed from state economic planning and focused on the needs of a consumer-oriented society. See Jacobs, *Pocketbook Politics.* James T. Sparrow, in *Warfare State: WWII Americans and the Age of Big Government.* Jordan A. Schwarz, in *The New Dealers: Power Politics in the Age of Roosevelt.* ER's role in the Office of Civilian Defense is overlooked in Joan Hoff-Wilson and Marjorie Lightman, eds., *Without Precedent: The Life and Career of ER.*
3. ER, "Workers Should Join Trade Unions," *American Federationist* 48.
4. See ER Papers Project, "Wendell Willkie," (1892-1944). ER to Dr. R. M. Nicholson, Jan. 16, 1941. Lash, *Eleanor and Franklin,* 633-637.
5. Robyn Muncy, *Creating a Female Dominion in American Reform,* 1890-1935. John Dewey, "The Social Possibilities of War,".
6. "Home Mobilization of Women Is Asked," *NY Times,* Jan. 2, 1941. Kerr to ER, Jan. 27, 1941, F: "Home Defense 1940-41."
7. Florence Kerr, "VOLUNTEER MOBILIZATION OF WOMEN;" "THIS IS THE HOME DEFENSE PROGRAM PREPARED BY MRS. FLORENCE KERR AT THE REQUEST OF PRESIDENT." See Jeff Shesol, *Supreme Power: FDR vs. The Supreme Court.* AP, "Women Defense Training Urged," *LA Times,* Jan. 2, 1941.
8. Florence Kerr, "VOLUNTEER MOBILIZATION OF WOMEN." ER had abandoned her idea of forcing all citizens to do a term of national service.
9. "Tentative Plan for -American Social Defense Administration," undated, included in exchange of correspondence between ER, Kerr, and FDR.
10. Memo, Mollie Somerville to Miss Thompson, Jan. 7, 1941; for the meeting's purpose, see Kerr to Mrs. Morgenthau, Jan. 16, 1941, etc.
11. Florence Kerr, "VOLUNTEER MOBILIZATION OF WOMEN," F: "1941 Kerr, Florence Jan. 1-Feb. 28," and so on.
12. Kerr to ER, Jan. 10, 1941.
13. Quotes and story about mother-in-law from Lash, *Franklin and Eleanor,* 637-639.
14. "President Drafts Home Guard Plan," *NY Times,* Jan. 15, 1941.
15. Kerr to FDR, Jan. 14, 1941, F: "Home Defense 1940-41," etc.
16. Kerr to Mrs. Henry Morgenthau, Jan. 16, 1941. Kerr to FDR, Jan. 14, 1941, F: "Home Defense 1940-41,".
17. Oral history interview with Florence Kerr, Oct. 18-31, 1963, Archives of American Art, Smithsonian Institution.

18. Kerr to Thompson, Feb. 13, 1941. Virginia Nowell to ER, Jan. 23, 1941; ER to Nowell, Feb. 4, 1941, F: Personal Letters, etc.

19. Kerr to Malvina Thompson, Jan. 30, 1941; Kerr to ER, Feb. 6 & 24, 1941.

20. Mary Norton to ER, Jan. 21, 1941, F: "President's Secretary's File Subject File Congress: 1941-44," etc.

21. Kerr to ER, Jan.27, 1941, F: "Home Defense 1940-41,".

22. Katharine Graham, "American Women Mobilizing by Hundreds of Thousands for Defense Work," *Wash Post,* Mar. 9, 1941.

23. No Author"Dr. Hazen Hits Social Disease Control in D.C.," *Wash Post,* Feb. 6, 1941. Marguerite Wells to Malvina Thompson, Jan. 15, 1941, and other letters.

24. American Embassy, London, Confidential Reports on "Women's War Work in Great Britain," Sec. V *Women's Voluntary Services,* Feb. 2, 1942. Helen Cumming, "Victoria Would Be Surprised," *NY Times,* July 13, 1941.

25. Richard Overy, *The Bombing War: Europe,* 1939-1945. Peter Doyle, *ARP and Civil Defense in the WWII.* John O'Ryan to All Chairman, Jan. 9, 1942. Anne Stewart Higham, "Women in Defense of Britain: An Informal Report," etc.

26. Olson, *Citizens of London,* 82-83. Murrow, *This is London,* 170-176. Descriptions of Blitz in London 1940-1941.and so on.

27. Reading to ER, Oct. 23, 1941.

28. See Olson, *Citizens of London,* 82. *Cook, ER, Vol. 2,* 356-375.

29. *Wash Post,* "The Post Radio Table," Oct. 29, 1940. *Christian Science Monitor,* "Over Editor's Desk," Dec. 14, 1940. James Landis to Lady Reading, June 10, 1942, F: "ER OCD General Correspondence 1942 J-Z." Reading to ER, "Feb. 17, 1941, F: "1941 Reading, Lady Stella."

30. Reading to ER, May 6, 1941, Ibid.

31. ER to Reading, Mar. 17, 1941; Reading to ER, Sept. 17, 1941; ER to Reading, Aug. 9, 1941, Ibid.

32. "Mission Develops U.S. Civil Defense," Feb. 14, 1941, *NY Times,* "Plea for Doctors Made for Britain," Mar. 11, 1941.

33. Eric Biddle, "The Transition to Total Defense," Review of "British Cities at War," by James Sundquist. Averill Harriman to FDR, May 7, 1941, F: "Great Britain, Harriman, Averill."

34. Marcia Winn, "Deny, Confirm Home Defense Unit for Women," *Chicago Daily Tribune,* Mar. 7, 1941.

35. No Author "Storm in House over Scheme to Mobilize Women," *Chicago Daily Tribune,* Mar. 8, 1941.

36. For information on McCormick, see *NY Times,* "Debates Swirled About McCormick," Apr. 1, 1955. Marcia Winn, "Map Mobilization of Women," *Chicago Daily Tribune,* Mar. 6, 1941.

37. Eva Mae Isaacs to ER, Mar. 24, 1941, F: Correspondence with Government Departments, etc.

38. ER, "Social Gains & Defense," *Common Sense* 10 (Mar. 1941).
39. Secretary to ER to Kerr, Feb. 5, 1941; FDR to ER, Feb. 4, 1941; Kerr to ER. Feb. 12, 1941. "Mrs. Kerr Says Defense Means More Than Arms," *Wash Post,* May 19, 1941.
40. Jessie Ash Amdd, "First Lady Addresses 74th Club," *Wash post,* Apr. 17, 1941.
41. Helen Gahagan Douglas to ER, May 27, Mar. 31, 1941.

第六章

1. For Description of the first attack on London and "animals" quote, see Olson, "*Citizens of London,* 43-44. For timber yards on fire, see Bill Killick, WWII People's War. The War Department sent "military observers" to England with the goal of assigning them to the Army Aircraft Warning Service when they returned to America. *Wash Times. Herald,* "NY Firemen Visit London and Praise It," Oct. 30, 1940, etc.
2. For a strong analysis of the Cold War's self help policy in the U.S., see McEnaney, *Civil Defense Begins at Home;* for a classic study of the Cold War, family life, and American culture, see Elaine May, *Homeward Bound;* for the failure of civil defense policy, see Dee Garrison, *Bracing for Armageddon*. for civil defense as a propaganda tool, see Guy Oakes, *The Imaginary War.* For some overviews of the U.S. response to the Blitz in the literature, see David M. Kennedy's Pulitzer Prize-winning *Freedom from Fear,* etc.
3. Daniel T. Rodgers, *Atlantic Crossings: Social Politics in a Progressive Age*. For La Guardia's incendiary rhetoric and hyperbole, see Kessner, *Fiorello H. La Guardia*. For a description of the absurdities of civil defense in WWII, see Lingeman, *Don't You Know There's a War On ?*.
4. Royal Daniel Sloan Jr., "The Politics of Civil Defense: Great Britain and the United States".
5. See Philip *Seib, Broadcasts from the Blitz: How Edward R. Murrow Helped Lead America into War.* For more information, see Ferdinand Kuhn Jr., "British Unyielding," *NY Times,* Aug. 29, 1939. "British Minister of War Reveals Defense Flaws," *Chicago Daily Tribune,* Nov. 4, 1938; *LA Times,* "Prof. Offers to Test Air Raid Shelters," Aug. 27, 1939.
6. For Churchill quote, see Richard Titmuss, *History of the WWII: Problems of Social Policy,* United Kingdom Civil Series, 1950. Roger Parkinson, *Summer,* 1940: *The Battle of Britain*. Richard Overy, *The Battle of Britain: The Myth and the Reality,* etc.
7. Albert Lepawsky, "The London Region: A Metropolitan Community in Crisis," *American Journal of Sociology,* May 1941.
8. *NY Times,* Obituary, "Edward R. Murrow, Broadcaster and Ex-Chief of U.S.I.A., Dies," Apr. 28, 1965. Archibald MacLeish, "A Superstition is Destroyed," Dec. 2, 1941. Edward R. Murrow, *This is London: Witnesses to War* (NY: Schocken 1989).
9. Ibid., 166-169, 199-201, 229-230.

10. Quotes from Robert Post, "Havoc in 'The City,'" *NY Times,* Dec. 31, 1940. See also United Press, "Nazis Blast London After Yuletide Truce," *LA Times,* Dec. 1, 1940.
11. "Britain Under Fire: More Personal Experiences," *Christian Science Monitor,* Oct. 9, 1940. "News from Europe — Uncensored," *NY Times,* Oct. 13, 1940, and other letters.
12. Peter Paul, "Could Los Angeles Take It ? " *LA Times,* Nov. 3, 1940. William McGaffin, "French Panic Teaches British Fear Itself Is Thing to Fear," *Wash Post,* Jan. 7, 1941.
13. James Wilkinson to John Erhardt, Nov. 15, 1940.
14. Rene Kraus, *The Men Around Churchill,* see biographical essay, "Lord of London: Herbert Morrison."
15. Hugh Wagnon, "Britain's Policeman: Herbert Morrison Is Responsible for Civil Defense," *Wash Post,* Mar. 9, 1941. Kraus, *The Men Around Churchill.* Kraus wrote, "His voice is the echo of the streets he represents".
16. Patrick S. Roberts, "The Lessons of Civil Defense Federalism for the Homeland Security Era," *Journal of Policy History.* Harry Prince, "Summary Report of Civilian Defense Studies in England," July 16-Aug. 15, 1941. AP, "Speeding of Shelters Pledged by British Home Secretary," *Christian Science Monitor,* Oct. 10, 1940.
17. United Press, "London Shelter Red Tape Cut," *LA Times,* Oct. 7, 1940.
18. "War Aim Statement Expected in London," *NY Times,* Dec. 12, 1940. David Anderson, "British Expected to Define War Aims Early Next Year," *Wash Post,* Dec. 12, 1940.
19. A. H. Raskin, "Green Tells A.F.L. Roosevelt Wants Parleys with C.I.O. Resumed—Stimson Warns Labor Must Share Sacrifices," *NY Times,* Nov. 19, 1940. Harold Laski, "Britain's Labor Ministers," *Wash Post,* Jan. 4,1941. Larry Rue, "Britons to Quiz Cabinet on War In House Session," *Chicago Daily Tribune,* Jan. 20, 1941. "Britain to Compel All to Fight Fires," *NY Times,* Jan. 1, 1941. Larry Rue, "British 'Social Revolution' Put Closer to Goal," *Chicago Tribune,* Mar. 20, 1941.
20. "NY Firemen Visit London and Praise It," *Wash Times-Herald,* Oct. 30, 1940, etc.
21. Letter, George Richardson to FDR, Sept. 26, 1940. Fire Protection, through Nov. 30, 1940.
22. The American Municipal Association published reports on Britain's Program. See Roy Owsley to General L. D. Gasser, June 16, 1941. For the police proposal, see Captain Donald Leonard to Frank Bane, May 5, 1941. "Police Chiefs' Newsletter," Mar. 1941. J. Edgar Hoover to James M. Landis, Feb. 18, 1942.
23. Major Ernest Brown to Frank Bane, May 24, 1941. Captain Donald Leonard to La Guardia, July 22, 1941. Lester Stone to W.W. Chaplin, Oct. 4, 1941.
24. "3 U.S. Officers Fly Atlantic to Study Bombings," *Chicago Daily Tribune,* Oct. 11, 1940. "Legion Head to Survey Civilian Role in England," *NY Times,* Jan. 19, 1941, etc.
25. "Mayor Will Set Up Defense Unit; He Hints He May Not Finish Term," *NY Times,* Jan. 9, 1941.

26. Quoted in Robert E. Miller, "The War That Never Came: Civilian Defense, Mobilization, and Morale."
27. La Guardia, "Preliminary Report for Civil Defense Organization and Administration in the United States," Jan. 31, 1941.
28. AP, "Mayors Urge Air Defense Plan for Cities," *Wash Post,* Feb. 2, 1941.
29. David M. Kennedy, *Over Here: WWI and American Society*. See also McEnaney, *Civil Defense Begins at Home*; and Garrison, *Bracing for Armageddon*. Muncy, *Creating a Female Dominion in American Reform*.
30. Lydell Peck, "Report of a Conference on the Problem of Developing a Training Program for Fire Department Personnel in Fire Investigations, Sabotage and Kindred Crimes," July 1940.
31. La Guardia, "Preliminary Report for Civil Defense Organization and Administration in the United States," Jan. 31, 1941. "Text of Plea by the Conference of Mayors to President Roosevelt for Civil Defense Plan," *NY Times,* Feb. 2, 1941.
32. La Guardia, "Preliminary Report for Civil Defense Organization and administration in the United States," Jan.31, 1941. "Mayors Urge National Defense System," LA Times, Feb.2, 1941.
33. AP, "La Guardia Warns Cities of Air War," *NY Times,* Feb. 21, 1941.
34. http://www.library.georgetown.edu/dept/speccoll/hopbio.htm; for Ickes, see The ER Papers Project, and other Cross Reference Sheets etc.
35. See Miller, *The War That Never Came,* 33-35.
36. Frank Bane to William McReynolds, Feb, 6, 1941; Harold Smith to FDR, Feb. 13, 1941, etc.
37. "Citizens Urge D.C. to Prepare Against Air War," *Wash Post,* Jan. 5, 1941. "Air Raids' in East Start 4-Day Test," *NY Times,* Jan. 16, 1941, and so on.
38. "City Defense Group Plans for Air Raids," *NY Times,* Jan. 16, 1941. Major General, The Adjutant General to Frank Bane, Mar. 6, 1941, etc.
39. See Charles Short to Frank Bain, Dec. 2, 1940. See also Alvin Roseman to Frank Bane, Oct. 16, 1940; Daniel Hoan to Bane and Roseman, Dec. 11, 1940. Willard Day, "Comments on Police Mobilization Plan by Bruce Smith," Dec. 13, 1940.
40. See Pa Watson to FDR, Apr. 22,1941, and Apr. 21, 1941. NY City Fire Department, "Wartime Fire Defense in London," etc.
41. Colonel Joseph A. Baer, "U.S. Home Defense Gaining Headway," *NY Times,* Apr. 13, 1941. "The U.S. v. Bombs," *Time,* Apr. 21, 1941.

第七章

1. "The US v. Bombs," *Time,* Apr. 21, 1941. Memo, Chief of Naval Operations H. R. Stark to All

Bureaus and Offices, Navy Dept. et al., June 11 to July 31, 1941.

2. Eugene Casey to FDR, May 23, 1941, F: "Speech Materials and Suggestions 1941 May." La Guardia to FDR, Apr. 25, 1941, F: "PSF Office of Civilian Defense: 1941.". Hadley Cantril to Anna Rosenberg, Mar 20, 1941, F: "Speech Materials and Suggestions 1941 Jun-Apr.".
3. FDR to Harold Smith, Apr. 7, 1941, F: "Home Defense 1940-1941." Edward Folliard, *"Wash Prepares for Civilian Defense."*
4. AP, "Civil Defense Order Ready," *LA Times,* Apr. 20, 1941.
5. See H. T. Hunter to FDR, May 14, 1941. Alfred Collins to FDR, May 23, 1941; Bishop John Ward to FDR, May 13, 1941. Col. Edmund Burke to Stephen Early, Mar. 14, 1941; C. H. Williams and Harold Miller to FDR, Sept. 19, 1940. See Frank L. Hayes, "New Home Guard Being Set up by Men 35 to 45," *Chicago Daily News,* June 20, 1940. C. H. Williams to FDR, Nov. 25 & Dec. 30, 1940. W. J. Lacroix to FDR, Mar. 25, 1941.
6. FDR to Smith, May 21, 1941. F: Miller, *The War That Never Came,*.34-38. See Ickes diary, 406-408.
7. Edward Folliard, "Washington Prepares for Civilian Defense," *Wash Post,* May 25, 1941.
8. La Guardia to FDR, Apr. 25, 1941. "President's Secretary's File Subject File Office of Civilian Defense."
9. Harry Hopkins to Miss Tully, May 15, 1941, F: "Home Defense 1940-41." Harold Smith to FDR, May 17, 1941, F: OCD April-July 1941. FDR Executive Order, "Establishing the Office of Civilian Defense in the Office for Emergency Management of the Executive Office of the President," May 20, 1941. Ibid. See Ickes diary, 406-408.
10. M. H. McIntyre to Harold Smith, May 20, 1941.
11. John O'Neill to FDR, Apr. 23, 1941. Lash, *Eleanor and Franklin,* 640. Ickes said La Guardia couldn't do both Jobs simultaneously. ER, "My Day," May 14, 1941. Ernest Lindley, "La Guardia and the Civil Defense Program," *Wash Post,* May 25, 1941.
12. Frank Bane, advocates for him said, knew local and state officials, studied volunteer efforts already underway, and helped the territories of Hawaii, Alaska, and Puerto Rico set up home defense programs to defend against invasion. Leona Graham to Frank Bane, Apr. 25, 1941, etc.
13. "Mayor is Noncommital," *NY Times,* May 18, 1941. John O'Neill to FDR, Apr. 23, 1941. "La Guardia to Head Home Defense," *NY Times,* May 20, 1941.
14. Cross-Reference Sheets, La Guardia, Aug. Apr.12, 1936; Sept. 13, 1939; May 5, 1939, etc. FDR to La Guardia, June 10, 1935. Ray Spear, June 11. 1941, F: "Office of Civilian Defense Apr.-July 1941," etc.
15. Kessner, *Fiorello La Guardia,* 490-491. Kessner is especially strong at describing the back and-forth between FDR and La Guardia in early 1941. FDR asked La Guardia to respond to one person who wanted the administration to stop the Nazis from holding a rally at Madison

Square Garden.

16. "Defense Task Put to Port Authority," *NY Times,* May 1, 1941. Allegations of a plot to assas sinate FDR and La Guardia surfaced, prompting the Secret Service to investigate.
17. Cross-Reference Sheet, Memo for The Attorney General et al., Dec. 29, 1939. First Deputy Commissioner to Lester Stoner, May 29, 1941, and other Cross-Reference Sheets and Corr-espondences, etc.
18. La Guardia to General Edwin Watson, May 1, 1941. F: "La Guardia 1940-45,". F: AP, "Draft Boards Are Assailed by La Guardia," *Wash Post,* May 5, 1941.
19. "Mayor in New Role Bids Aides Assure City Food Supply," *NY Times,* May 21, 1941. AP, "Mrs. Roosevelt Asked to Quit," *LA Times,* Feb. 11, 1942. In his press conference announcing La Guardia's resignation in Feb. 1942, FDR acknowledged that La Guardia's position had never been formalized. "La Guardia's New Job Believed to Stir War Fever," *Chicago Daily Tribune,* May 21, 1941. UP, "Civil 'Army' Plans Shaped," *LA Times,* May 23, 1941. Ernest Lindley, "La Guardia and the Civil Defense Program," *Wash Post,* May 25, 1941.
20. "Babies" quoted in Miller, *The War That Never Came*, 47-48. AP, "Million Men Wanted for Home Guards," *LA Times,* May 21, 1941. Harold Smith to FDR, May 20, 1941; FDR to Smith, May 21, 1941. FDR wanted to "speed up any careful exploration of the role of exemp-tees" in home defense. FDR to Frank Knox, May 20, 1941. Memo, Watson to FDR, May 28, 1941; FDR to Henry Stimson, May 20, 1941; FDR to Robert Jackson, May 20, 1941.
21. *The Daily Missoulian,* May 31, 1941. H.I. Philips, "The Once Over," *Wash Post,* May 24, 1941.
22. "La Guardia to Head Home Defense; He Sees President about Program," *NY Times,* May 20, 1941. "New Agency for Civilian Defense: Editors' Views," etc. John Higgins to La Guardia, May 21, 1941. Joseph Carson Jr. to FDR, May 26, 1941; Norman November to La Guardia, May 21, 1941; John Morris to La Guardia, May 21, 1941; Frank Novak Jr, to La Guardia May 29, 1941. A. Philip Randolph to La Guardia, May 29, 1941. For Kerr pressuring La Guardia to hire Roosevelt, see letter, Kerr to La Guardia, May 22, 1941.
23. *Time* "National Affairs: LaGuardia's Job." May 26, 1941. "Civilian Defense is Full-Time Job Run on Part-Time Basis," *Wash Post,* Sept. 6, 1941. AP, "Broader Registration Will Be Considered," *Wash Post,* May 22, 1941. La Guardia to Bernard Shientag, May 27, 1941; La Guardia to Dennis Mahoney, May 27, 1941, etc.
24. "La Guardia Dares Nazis to Action," *The Sun,* May 29, 1941. Lawrence Davies, "La Guardia Warns of Aid to Enemy by Lack of Unity," *NY Times,* May 29, 1941.
25. Edward T. Folliard, "Washington Prepares for Civilian Defense," *Wash Post,* May 25, 1941.
Lowell H. Brown to La Guardia, June 17,1941,F: "OCD Report: Background Story for Civilian Defense Week1941/11, etc.
26. See "La Guardia Checks on Hub Defense," *Boston Evening America Photo,* F: La Guardia

"Mayor La Guardia's Diary -June 4, 1941." "Air Raid Wardens Start Enrolling in City Today," *NY Times,* June 20, 1941. La Guardia Address, "Massachusetts Committee on Public Safety Luncheon," June 3, 1941, F La Guardia "Before the City Defense Commission," Boston, June 3, 1941, "Mayors' Conference, Hotel Statler, Boston Mass," June 4, 1941, Ibid. June 7, 1941, City Hall, Columbus, Ohio, Ibid. La Guardia to George Field, June 30, 1941, Ibid.

27. La Guardia, Diary. He needed fewer firefighters in Lower Manhattan and more of them in the Bronx, Coney Island, and Brighten Beach, etc.
28. "Mayor La Guardia's Diary," June 6, June 7, June 20, 1941, etc. He announced that the government was planning to put any evacuees in rural areas and not in Midwestern cities.
29. La Guardia to Secretary of the Navy, June 11, 1941 and Mar. 1, 1942. Sherman Miles to La Guardia, Aug. 21, 1941.
30. Summer Welles to La Guardia, July 8, 1941; and memo, La Guardia to Cordell Hull, n.d.

J. Edgar Hoover to Assistant Chief of Staff, War Department, Aug. 28, 1941; La Guardia to Franklin D'Olier, Sept. 4, 1941; D'Olier to La Guardia, Sept. 8, 1941. AP, "Finger Printing of All Population is Recommended," *Christian Science Monitor,* Aug. 29, 1941. La Guardia to secretary of the Navy, June 12, 1941. "La Guardia Gets Talent from Agencies by Lend-Lease Process," *Wash Post,* Sept. 28, 1941.

31. G. K. Donald to Secretary of State Hull, "Strictly Confidential," June 14, 1941. Leo Seybold to F. Lloyd Eno, June 3, 1941, F: "England to Oct. 31, 1941." La Guardia to FDR, June 12, 1941, F: "President's Secretary's File Subject File Office of Civilian Defense:1941." La Gurardia to The Viscount Halifax, K.G., June 18, 1941; La Guardia to Cordell Hull, Sept. 3, 1941.

"England Promises Help to La Guardia," *NY Times,* May 25, 1941. Herbert Morrison to La Guardia, Aug. 18, 1941, "British Mission." La Guardia to Edward J. Kelly, June 5, 1941.

32. Edwin Watson to John Kelly, June 26, 1941, F: "Office of Civilian Defense Apr.-July 1941." For Rosenberg's career, see "Rosenberg Anna Marie Lederer," by E. I. , in *Notable American Women,* ed., Perry. Susan Ware. "Office of Facts and Figures," Sept. 23, 1943, Archibald MacLeish Papers, "History of the Office of Facts and Figures."
33. FDR to La Guardia, July 14, 1941, F: "Office of Civilian Defense Apr.-July 1941," OCD. "Air-Raid Wardens Start Enrolling in City Today," *NY Times,* June 12, 1941.
34. Adlai Stevenson to La Guardia, Aug. 4, 1941.
35. John Mitchell, "If the Bombers Come to Us," *The Living Age,* Aug. 1941.
36. La Guardia, "If Enemy Bombers Come...," LA Times, Aug. 17, 1941. "Emergency Fire Defense, Apr. 1-June, F: La Guardia 1941.,", etc.
37. "Office of Facts and Figures," Sept. 23, 1943. L. W. Hutchins to Marvin McIntyre, June 9, 1941, F: "Office of Civilian Defense Apr.-July 1941."
38. "Transcript of Telephone Conversation with Mayor La Guardia," May 29, 1941.

39. "Civilian Defense is Full-Time Job Run on Part-Time Basis," *Wash Post,* Sept. 6, 1941. "The President's Day," *Wash Post,* July 19, 1941. La Guardia to Frank Dixon, Aug. 4, 1941. La Guardia to Percy Bugbee, July 3, 1941. L.D. Gasser to the Chief of Staff, June 20, 1941. La Guardia to W. Cooper Green, Mayor of Birmingham, July 24, 1941. J. Edger Hoover to La Guardia, Nov. 22, 1941, and attached FBI Report. Oct. 1, 1941.
40. La Guardia, "If Enemy Bombers Come...," *LA Times,* Aug. 17, 1941.

第八章

1. "Suggestions for the Agenda of the Volunteer Participation Committee" and "Notes on the Proposed Agenda," Dec. 15, 1941. Lash, "*Eleanor and Franklin,*" 640-642.
2. ER, "MY Day," Apr. 2, and Apr. 14, 1941.
3. ER, "My Day," Apr. 16, 22, 30, July 30. and 31, 1941. ER, "What's Wrong with the Draft."
4. ER, "My Day," June 28 and Sept. 23, 1941. ER to Myrtle Reeves, May 12, 1941.
5. For an excellent discussion of the invasion of Russia and diplomatic tensions in the Pacific, see Kennedy, *Freedom from Fear, Part II,* 83-87. "State and Local Cooperation..,"; "Health and Welfare..," " Consumer Division," Mar. 11, 1941, etc.
6. ER, "My Day," June 11, 1941. ER, "My Day," Nov. 19, May 8, 9, Apr. 19, Aug. 28, 29, June 21, 23, 1941. William Fulton, "Women Alarmed by Drift Toward Regimentation," Chicago Daily Tribune, Nov. 12, 1941. ER, "Defense and Girls" *Ladie's Home Journal 58* (May 1941)
7. ER, "My Day," May 17, 1941.
8. Cross-Reference Sheet, Florence Kerr, May 22, 1941, F: "Office of Civilian Defense Endorsements 1941-42." "Schedule of Appointments," May 23, 1941, F: OCD.
9. Lash, *Eleanor and Franklin,* 640-641. ER, "My Day," June 18, 1941. ER praised the Opportunities that NYA program afforded almost 3,000 African Americans in NY city.
10. ER, "My Day," July30, 31, 1941. Secretary to ER, May 21, 1941. Samuel Grafton, "I'd Rather Be Right," May 9, 1941, *Philadelphia Record,* F: "Messages Refused 1941 M," etc. Florence Kerr to ER, May 26, 1941.
11. Williams, *City of Ambition,* 308-312. Lash, *Eleanor and Franklin,* 640-641.
12. "La Guardia Bars Civil Defense Registration," *Wash Post,* June 19, 1941, etc. Anna Rosenberg to La Guardia, Aug. 22, 1941. ER, "MY Day," July 8, 9, and 24, 1941. Secretary to ER to Mrs. Harry Rogers Pratt, Sept. 3, 1941. ER, "My Day," Aug. 30, Sept. 1, 9, 1941.
13. For a list of Committee members, see "Civilian Defense: Volunteer Office."
14. Press Release, "Informal Remarks of the President to Members of the Volunteer Participation

Committee," July 24, 1941. He called women "as important in the defense of Britain as men on a destroyer."

15. "Need for More Child Centers Stressed as Aid to Mothers Taking Defense Jobs," *NY Times,* Oct. 15, 1941. "Daily Information Digest of the Medical Division," Sept, Oct, Nov.& Dec. 1941, etc.
16. Albert Gailord Hart to Charles Friley, Aug. 30, 1941, F: "Criticisms-Protests through Jan. 14, 1942," etc.
17. Ernest Lindley, "The OCD Flounders," *Wash Post,* Sept 5, 1941. ER, "My Day," Sept. 3, 1941.
18. Lash, *Eleanor and Franklin,* 640-642. ER, "My Day," Sept. 15, 1941. Helen Gahagan to ER, Sept. 15, 1941; ER to Helen Gahagan, Sept. 16, 1941. Blanche Stover to ER, Sept. 30, 1941. Frank Kluckhohn, "Public Morale Viewed as a Defense Problem," *NY Times,* Aug. 31, 1941.
19. Quotes come from Lash, Eleanor and Franklin, 641-642.
20. ER to Cornelia Bryce Pinchot, Sept. 19, 1941. Personal Letters, essay, etc. ER, "My Day," Sept. 11, 15, 26, 1941.
21. ER, "My Day," Sept. 17, 19, 30, 1941. See Goodwin, *No Ordinary Time,* 280. Dallas Dort to ER, Sept.20, 1941. ER to Helen Gahagan, Sept.16, 1941. "List of Employees of the Office of Civilian Defense," Sept. 17, 1941.
22. Tommy quoted in Goodwin, *No Ordinary Time,* 280. ER, "My Day," Sept. 17, 19, 30, 1941.
23. Lash, *Elanor and Franklin,* 644. ER, "My Day," Sept. 16, 1941. For description of Seaver, see "Confused & Unprepared," *Time,* Dec. 19, 1941.
24. Anna Rosenberg to ER, Sept. 27, 1941, and attached letter dated Sept. 17, 1941, F: "Volunteer Participation." Mayor's Schedule, Sept.17 to Oct. 5, F: La Guardia, F.H. Appointments. ER, "My Day," Sept. 24, 30, Oct 7, 1941.
25. La Guardia to "all Members of Volunteer Participation Committee," Oct. 4, 1941. ER, *This I Remember,* 231-232. Goodwin, *No Ordinary Time,* 279-280. ER, "My Day," Sept. 11, 25, 26, Oct. 6, 20, Nov. 1, 3, 1941. James Landis to T. Semmes Walmsley, Sept. 26, F: "Volunteer Participation, Dec. 15, 1941,".
26. Lee Geyer to La Guardia, Sept. 26, 1941, F: "Criticisms-Protests through Jan. 14, 1942." T.S. Walmsley to ER, Oct. 8, and Sept. 30, 1941.
27. Trumbull Marshall, Letter to the Times, *NY Times,* Oct. 4, 1941. Goodwin, *No Ordinary Time,* 281. Paul Kellogg to Raymond Clapper, Feb. 9, 1942. For Polier's background, see memo to ER on Justine Wise Polier; and memo on Polier, both dated Feb. 9, 1942. Wilmer Shields to ER, Oct. 23, 1941. Mrs. J.M. Helm to Eloise Davison, Oct. 22, 1941. ER, "My Day," Oct. 1, 7, Nov. 8, 1941.
28. Press Release, Oct. 2, 1941, Transcript of ER's Remarks, Office of Civilian Defense. ER, "My Day," Oct. 2, 3, 23, Nov. 8, 1941. Edith Haspel to ER, Oct. 14, 1941; Eloise Davison to Mrs. Joseph Haspel, Nov. 8, 1941; La Guardia to Jane Seaver, Nov. 1, 1941. Davison replied that

female citizens would get their chance to volunteer, which would make women more "crisis conscious" and "less neurotic." William J.A. Glancy to ER, Nov. 24, 1941.

29. George H. Lyon to ER, Oct, 2, 1941. F: "Volunteer Participation, Dec. 15, 1941,".

30. Elinor Morgenthau to ER, Oct. 27, 1941. It's unclear if ER and her team ever found reporters who carried out Morgenthau's proposed agenda. But the fact that they were seriously entertaining this suggests that they saw the press as an ally immobilizing the country to endorse a wartime New Deal.

31. "Suggestions for the Agenda of the Volunteer Participation Committee" and "Notes on The Proposed Agenda," n.d., "Suggestions for Agenda to be used for the meeting of the Volunteer Participation Committee," n.d., Dec. 15, 1941.

32. Ray Tucker, "The Man Who'll Keep You Safe," n.d., La Guardia to Mrs. John Boettiger, Oct. 11, 1941, etc. La Guardia to Jane Seaver, Oct. 25, Nov. 1, 1941. ER, *This I Remember* 230-231.

33. ER, "My Day," Oct. 15, 16, 17, 22, 30, 1941. Barry Bingham to ER, Oct. 25, 1941. ER to T.S. Walmsley, Oct. 27, 1941. Cristine Sadler, "Civilian Defense Office 'Digs In'-Housekeeping Registrants Unresponsive," *Wash Post,* Nov. 8, 1941. Anna Rosenberg to ER, Oct. 11, 1941. La Guardia to "members of the Volunteer Participation Committee," Nov. 15, 1941.

34. Eloise Davison to Emily Barringer, Nov. 27, 1941; Anna Rosenberg to La Guardia, Nov. 7, 1941; J.S. Deutschle to Corrington Gill, Nov. 5, 1941, "Women in Defense, Nov. 1-30, 1941". "Verbatim Transcript of Proceedings, Arcihbald MacLeishs' Speech," Nov. 28, 1941. Grace Frysinger to Eloise Davison, Nov. 14, 1941. Elizabeth von Hesse to ER, Nov. 14, 1941. ER, "My Day," Nov. 7, 1941.

35. "Civil Defense Week Activity Set at Schools," *Wash Post,* Nov. 9, 1941. "Newcomers Urged to Join D.C. Defense," *Wash Post,* Nov. 13, 1941. ER, "My Day," Nov. 13, 15, 1941. Papers of ER, Document 213, Broadcast, Nov. 16, 1941, George Washington University Gelman Library.

36. Alice Drake to ER, Nov. 19, 1941; ER to Drake, Nov. 25, 1941. Tom Cushing to Adjutant General, Nov. 8, 1941; Eloise Davison to Cushing, Nov. 22, 1941. Cross Reference Sheet, La Guardia to Zeidler, Nov. 15, 1941; Zeidler to La Guardia, Oct. 29, 1941, F: "Women in Defence, Nov. 1-30, 1941."

37. ER to La Guardia, Nov. 22, 1941, F: "Women in Defense, Nov. 1-30, 1941.".ER, "My Day," Nov. 20, 22, 1941. ER to La Guardia, Nov. 25, 1941; La Guardia to ER, Nov. 26, 1941. OCD, Press Release, Nov. 29, 1941.

38. ER to Mrs. Anthony Drexel Biddle, Jr. Nov. 25, 1941. ER to La Guardia, Nov. 27, 1941; Justine Wise Polier to ER, Nov. 28, 1941; Paul Kellogg to Judge Justine Wise Polier, n.d.; ER to La Guardia, Nov. 29, 1941.

第九章

1. Henry Stimson and Ralph Bard to La Guardia, Sept. 29, 1941, F: "Civil Defense Training."
2. Lester Stone to W.W. Chaplin, Oct. 4, 1941. Chaplin to La Guardia, Sept. 26, 1941. Franklin D'Olier to La Guardia, Sept. 10, 1941.
3. OCD, Press Release, Sept. 14, 1941, F: *Daily Information Digest,* Sept. 4, 1941. *Daily Info Digest,* Oct. 31, 1941. Press Release, "Air Force Combat Command to Hold Interceptor Exercises in October," Sept. 3, 1941. See T. Semmes Walmsley to Directors, Civilian Defense Regional Offices, Sept. 12, 1941. Press Release, "Details of Interceptor Exercises on Eastern Seaboard During October," Sept. 18, 1941, War Department.
4. See Kennedy, *Freedom From Fear,* 497-500.
5. La Guardia, OCD, Informational Bulletin, Sept. 20, 1941. T. S. Walmsley to La Guardia, Sept. 11, 1941. La Guardia to Military Attache, Sept. 27, 1941, F: England to Oct. 31, 1941. "Peaceful Newton Has Elaborately Trained Civil Defense Groups," *Christian Science Monitor,* Oct. 31, 1941. "First Aid: It is Citizen's Big Civilian Defense Job"; Margaret Leech, "Wartime Washington," NYCMA. Interviews; Sept. 19-24, Oct. 3-8, 1941.
6. Press Release, Office of the Mayor City of New York, Sept. 23, 1941. "Home Front: Terrible Bombings," *Time,* Oct. 6, 1941.
7. "Raid' Soon to Test Harbor's Defense," *NY Times,* Oct. 4, 1941. "Police War Plans Get First Big Test," *NY Times,* Oct. 11, 1941. "AIR: Wings Over Manhattan," *Time,* Oct. 20, 1941.
8. "Raid' Soon to Test Harbor's Defense," *NY Times,* Oct. 4, 1941. "Invasion' of City Part of Mock War," *NY Times,* Oct. 7, 1941.
9. La Guardia to Sir R.I. Campbell, Sept. 5, 1941; "Reference Memorandum," Conference with Sir Wilson Jameson, Oct. 18, 1941, F: "England to Oct. 31, 1941." Harry Prince to La Guardia, Sept. 15, 1941, and attached Summary Report of Civilian Defense Studies in England, Sept. 15, 1941. Donald Leonard and Arthur Wallander to La Guardia, Sept. 23, 1941, F: OCD: Report, Duties of Police in Civilian Defense, Sept. 23, 1941.
10. La Guardia to Marriner Eccles, Sept. 5, 1941. James Forrestal to La Guardia, Sept. 9, 1941.
11. La Guardia to Frank Knox, Sept. 29, 1941. La Guardia to FDR, Sept. 23, 1941. One memo estimated costs of more than $57 million for auxiliary firefighting equipment and more than $26 million for gas masks. "Plans for National Policemen Hinted," *LA Times,* Oct. 2, 1941.
12. Henry Stimson to La Guardia, Nov. 3, 1941. La Guardia to Jane Seaver, Nov. 22, 1941. John Dick to Corrington Gill, Oct. 31, 1941.
13. J. Edgar Hoover to James Landis, Feb. 18, 1942. La Guardia to Roy LeCraw, Oct. 23, 1941.
14. Colonel Burn to General Gasser, Oct. 31, 1941. See L. D. Gasser to V. Clair, Nov. 10, 1941.
15. "Please, Fiorello, No Air Raid Wardens," *Chicago Daily Tribune,* Sept. 10, 1941.

16. Memo for the Press Conference, Oct. 24, 1941. La Guardia to FDR, Oct. 24, 1941; F: "La Guardia, Fiorello 1940-1945." "La Guardia Gets New Deal Blessing," *NY Times,* Oct. 3, 1941. "Priorities Urged on Transit Needs," *NY Times,* Oct. 3, 1941. "Weekly Analysis of Press Reaction," Nov. 14, 1941.
17. "Mayor Sees US on Brink of War," *NY Times,* Nov. 1, 1941. "New York: Tigers Have Nine Lives," *Time,* Oct. 27, 1941.
18. Memo, J. S. Steiner to Captain James Harten, Oct. 3, 1941. L. D. Gasser to John McKenzie, Oct. 9, 1941, F: Defense Communication Systems.
19. Daniel Sweeney to Major Reed Landis, Nov. 25, 1941. Dave H. Morris to Harold Moskovit, Oct. 20, 1941, F: "President's Secretary's File La Guardia, Fiorello H." Rosalind Mordecai to La Guardia, Oct. 10, 1941. La Guardia's secretary assured Mordecai that a building's middle floors were safer than basements, which were vulnerable to gas leaks and direct hits, as the British had learned. NY's Police agreed that the city's subways, basements, and other underground structures imperiled civilian lives in air raids. John Slocum to Rosalind Mordecai, Oct. 24, 1941. See William Turk to John Slocum, Oct. 21, 1941. Ray Tucker, "The Man Who'll Keep You Safe," n.d.
20. John Slocum to Rosalind Mordecai, Oct. 24; 1941. William Turk to John Slocum, Oct. 21, 1941.
21. "Women Urge Repeal of Neutrality Act; Law is Called 'Farcical and Outdated,' *NY Times,* Nov. 1, 1941. "Mayor sees US on Brink of War," *NY Times,* Nov. 1, 1941.
22. Lowell Mellett to FDR, Oct. 20, 1941, F: "National Emergency Council 1941." S. Howard Evans to Archibald MacLeish, Nov. 5, 1941. "La Guardia Replies to Critics of Mailed Sermon Outline," *LA Times,* Nov. 10, 1941.
23. La Guardia to Archibald MacLeish, Nov. 8, 1941. La Guardia to T.S. Walmsley, Nov. 25, 1941. Henry Lambert to La Guardia, Nov. 22, 1941.
24. T.S. Walmsley to Dean James Landis, Nov. 18, 1941. La Guardia to General Gasser et al., Nov. 17, 1941.
25. James Landis to T. Semmes Walmsley, Sept. 16, 1941. Donald Leonard to La Guardia, Nov. 25, 1941. James Landis, Area Report for Nov. 11, 1941.
26. Mayor Walmsley to Major Landis, Nov. 27, 1941; Major Landis to Mayor Walmsley, Nov. 27, 1941. Major Brewer to La Guardia, Nov. 26 and 28, 1941. Donald Leonard to La Guardia, Nov. 28, 1941; Major Brewer to Mayor Walmsley, Dec. 5, 1941.
27. Major Landis to Mayor Walmsley, Nov. 27, 1941; Major Brewer to La Guardia, Nov. 26 and 28, 1941; T.S. Walmsley to Major Brewer, Nov. 28, 1941. La Guardia to Governor Frank Dixon, Nov. 29, 1941. La Guardia intended to raise people's spirits by hosting "simulteneous Christmas parties in every city, town, village in the United States on Saturday Evening, Dec. 27."

28. Paul McNutt to La Guardia, Dec. 2, 1941, F: Welfare, Nov. 26-Dec. 31, 1941. H.H. Kelly to Mr. Fredenhagen, Nov. 26, 1941. Thomas Hamilton, "OCD Goes Into Action Against New Air Peril," Dec. 14, 1941, *NY Times*. Jacob Lewis to Director of Civilian Defense, Dec. 1, 1941; "Civilian Defense," *Chicago Daily Tribune*, Dec. 1, 1942.

29. Corrington Gill to La Guardia, Nov. 27, 1941. La Guardia to Henry Stimson, Nov. 28, 1941. T.S. Walmsley to Captain Harten, Oct. 20, 1941. La Guardia to Grace Sparks, Nov. 14, 1941. F. H. Ray Hueburt to La Guardia, Nov. 14, 1941. "La Guardia Finds Midwest Cool on Civil Defense," *Wash Post,* Dec. 2, 1941.

30. For the exchange memos and notes between ER and La Guardia, see Corrington Gill to ER, Dec. 2, 1941; ER to La Guardia, Dec. 2, 1941; La Guardia to ER, Dec. 2, 1941; ER to La Guardia, Dec. 1, 1941 re: Olin Dows; ER to La Guardia re: Selective Service, Dec. 1, 1941; ER to La Guardia, Dec. 1, 1941," These are a few points ..."; ER to La Guardia, Nov. 28, 1941. ER, "My Day," Dec. 3, 4, 1941.

31. ER, "My Day," Dec. 4, 6, 1941.

32. See Note 30. for the exchange of memos and notes between ER and La Guardia.
For memos, see ER to Morgenthau, Dec. 5, 1941; and ER to Wilmer Shields, Dec. 5, 1941. "Reports-Volunteer Participation." Lash, *Eleanor and Fraklin,* 646. FDR's quote is from Lash.

第十章

1. HistoryLink File 10649, "Crowd Smashes Store Windows and Lights in Seattle Blackout Riot on Dec. 8, 1941." Also see "Glass-smashing Mob Blacking Out Lights," *Seattle Times,* Dec. 9, 1941.

2. Quotes from the conversation with La Guardia come from Lash, *Eleanor and Franklin,* 647. Ritchie, *James M. Landis,* 107.

3. "La Guardia Acts to Guard Cities," *NY Times,* Dec. 8, 1941. Goodwin, *No Ordinary Time*. "Air -Raid Wardens Start Enrolling in City Today," *NY Times,* June 20, 1941. Williams, *City of Ambition,* 321-324. William Manchester, *The Glory and the Dream: A Narrative History of America,* 1932-1972.

4. ER, "My Day," Dec. 8, 1941. ER, *This I Remember,* 232-233.

5. Steven M. Gillon, *Pearl Harbor: FDR Leads the Nation Into War.* Barbara Maranzani, "Five Facts about Pearl Harbor and the USS Arizona," Dec. 7, 2011. Conn, Engelman, and Fairchild, *Guarding the United States and Its Outposts,* 199-201.

6. ER, *This I Remember,* 238-239. ER's Remarks, Pan American Coffee Bureau, Dec. 7, 1941.

7. For Studies of FDR's wartime leadership, see biographies such as Alonzo Hamby, *Man of Des-*

tiny: FDR and the Making of the American Century, which stresses Vice President Henry Wallace's role in keeping New Deal liberalism afloat; and James MacGregor Burns, Roosevelt. Other studies of FDR's wartime leadership include David Kaiser, *No End Save Victory* (NY: Basic Books, 2014), Dallek, *FDRoosevelt and American Foreign Policy;* Goodwin, *No Ordinary Time; Kennedy, Freedom from Fear.* For a broad overview of national security in the 20th century, see Julian Zelizer, *Arsenal of Democracy.*

8. Justine Wise Polier to ER, Dec. 8, 1941.
9. ER, "What Must We do to Improve the Health and Well-Being of the American People?" *Town Meeting* 7 (Dec. 8, 1941). ER, "My Day," Dec. 8, 1941.
10. ER, *This I Remember* 234-237. Bert Murphy to Elinor Morgenthau, Dec. 9, 1941. "FDR's Pearl Harbor Address to the Nation," Dec. 8, 1941.
11. List of OCD Employee office numbers and phone numbers. Lash, *Eleanor and Franklin.*
12. For the number of White House visitors who shook hands with FDR and ER, see Stephen Early to Julian Fromer, Mar. 9, 1940. AP, "Gate Crashers at White House Get Past Guard," *Chicago Daily Tribune,* Jan. 3, 1939.
13. Lt. Jimmy Snyder et al., to ER, Apr. 30, 1941. Secretary to ER to Edna Arnwine, Mar. 19, 1941; Administrative Officer to Noah Bass, Apr. 26, 1940.
14. "Heavy Guard Thrown Around Capital's Most Vital Spots," *Wash Post,* Dec. 8, 1941. "Defend the District," *Wash Post,* Dec. 11, 1941. ER to Lorena Hickok, in Rodger Streitmatter, ed., *Empty Without You.*
15. Harold Wessel to ER, Dec. 6, 1941; Administrative Officer Social Correspondence to Harold Wessel, Dec. 10, 1941. Goodwin, *No Ordinary Time,* 298-299.
16. ER, "My Day," Dec. 9, 1941. ER, *This I Remember,* 248-249.
17. Stephen Early to Julian Fromer, Mar. 9, 1940; Secretary to ER to Dagne Nordholm, June 16, 1942; Secretary to ER to Verona Lawton, Aug. 11, 1942. ER, *This I Remember,* 237, 248-249.
18. Lash, *Eleanor and Franklin,* 647. The genesis of the false alarm, two theories held, were that the Army had failed to tell San Francisco leaders about blackout drills it was holding, spiking their fears, or that watchers had mistakenly thought they heard planes approaching and notified the chain command.
19. ER, *This I Remember,* 236-237.
20. "Air Raid Test Plan Explained to Sheriffs by Army Officers," *LA Times,* June 15, 1939. "A Plan for the Tentative Organization of a State Home Defense Force," Submitted by R. C. Olson of California. Culbert Olson to FDR, Nov. 21, 1941. Criticisms Protests through Jan. 14, 1942. Roy Martin to Corrington Gill, Dec. 10, 1941; FDR to Wayne Coy, Nov. 27, 1941. Frank Bane to Semmes Walmsley, Dec. 9, 1941. AP, "No Token Attack: LaGuardia Sees War Closer to Home," *Wash Post,* Dec. 10, 1941.
21. ER, *This I Remember,* 236-237.

22. AP, "No Token Attack: LaGuardia Sees War Closer to Home," *Wash Post,* Dec. 10, 1941.

23. AP, "No Token Attack: LaGuardia Sees War Closer to Home," *Wash Post,* Dec. 10, 1941. "Civilians Urged to Keep Calm," *LA Times,* Dec. 8, 1941. Goodwin, *No Ordinary Time.*

24. Stephen Spielberg movie 1941 captures these fears and the panic mentality that gripped the West Coast. Foster Hailey, "Los Angeles Dark 3 Hours in Alarm," *NY Times,* Dec. 11, 1941.

25. "Flares a Puzzle in San Francisco," Dec. 11, 1941. *NY Times,* HistoryLink File, "Crowd Smashes Store Windows and Lights in Seattle Blackout Riot on Dec. 8, 1941."

26. "Radio: Home Front," Time, Dec. 22, 1941.

27. "Flares a Puzzle in San Francisco," Dec. 11, 1941, *NY Times.*

28. ER, *This I Remember,* 237. ER to Elinor Morgenthau, Dec. 10, 11, and 12, 1941.

29. ER, "My Day," Dec. 12, 1941.

30. *Lash, Eleanor and Franklin,* 648. For a description of her day in San Francisco, see ER, "My Day," Dec. 13, 1941. ER to Mr. Gill, ER to Dr. Baehr, n.d. (Dec. 1941)

31. Justine Wise Polier to ER, Dec. 12, 1941. Concerned, as always, about youth, ER wanted the National Student Federation and International Student Service to ramp up their mobilization efforts.

32. ER, *This I Remember,* 237.

33. Wilmer Shields to ER, Dec. 10, 1941, F:200 Volunteer Participation. ER to Shields, Dec. 14, 1941. ER, "My Day," Dec. 15, 1941.

34. L. J. Shafer to ER, Dc. 10, 1941; S. Howard to Evans to E. M. Knight, Dec. 16, 1941; ER to Shafer, Dc. 18, 1941, F: "Criticisms-Protests through Jan. 14, 1942." Shafer to La Guardia, Dec. 10, 1941, Ibid. etc.

35. Wilmer Shields to ER, Dec. 26, 1941. Hoover sent FDR a memo in mid-1942 claiming the FBI had apprehended nearly 9,000 Japanese, German, and Italian subversives; see Michael Dobbs, Saboteurs: *The Nazi Raid on America.*

36. L. J. Shafer to La Guardia, Dec. 10, 1941; ER to Shafer, Dec. 18, 1941; L. J. Shafer to ER, Dec. 10, 1941; S. Howard Evans to E. M. Knight, Dec. 16. 1941; ER to Shafer, Dec. 18, 1941, F: "Criticisms-Protests through Jan. 14, 1942." Shafer to La Guardia, Dec. 10, 1941. T.G.S. Walker to Robert Shivers, Dec. 23, 1941; J. E. Hoover to La Guardia, Dec. 30, 1941; La Guardia to Hoover, Jan. 9, 1942. Kessner, *F. La Guardia,* 504.

37. Goodwin, *No Ordinary Time,* 297-299. ER, *This I Remember,* 232,237.

38. Memo for the Mayor, Dec. 20, 1941; La Guardia to James Landis, Dec. 22, 1941. "Navy Sets Up Plans to Train College Men," *Wash Post,* Dec. 21, 1941. Thomas Hamilton, "OCD Goes Into Action Against New Air Peril," *NY Times,* Dec. 14, 1941. "To Meet the Improbable," *Time,* Dec. 22, 1941.

39. "2 False Air 'Raids' Upset New Yorkers," *NY Times,* Dec. 10, 1941. T. S. Walmsley to La Guardia, Dec. 9, 1941. "Mayor confers on City's Defense," *NY Times,* Dec. 14, 1941. "Text

of Mayor La Guardia's Radio 'Chat' on War From At Home," *NY Times,* Dec. 15, 1941.

40. "Text of Mayor La Guardia's Radio 'Chat' on War Front at Home," *NY Times,* Dec. 15, 1941. "City Air Raid Bill is Signed by Mayor," Dec. 23, 1941, *NY Times*.

41. Henry Stimson to La Guardia, Dec. 12, 1941. "Air-Raid Blackouts Solely Up to Army," *NY Times,* Dec. 14, 1941. Thomas Hamilton, "OCD Goes Into Action Against New Air Peril," *NY Times,* Dec. 14, 1941. The authorities cited aircraft carriers as the greatest source of a likely air raid.

42. Mary Hornaday added that ER's interest in nutrition and school lunches had undercut popular support for the home defense program. Raymond Clapper, "What OCD Needs," Jan. 16, 1942. Walter Lippmann, "Today and Tomorrow: Mayor LaGuardia and Mrs. Roosevelt," *Wash Post,* Dec. 16, 1941. Cartoon, "La Guardia One-Man Band," "Confused and Unprepared," *Time,* Dec. 29, 1941.

43. "Mother" to La Guardia, Feb. 17, 1942. Hilda Schilling to La Guardia, Feb. 15, 1942, F: OCD Correspondence. Marian Greenberg, "Levanburg Tenants Organize for Defense."

44. Robert De Vore, "Group Favors Civil Defense Under Army," *Wash Post,* Jan. 7, 1942. Hamilton Swinburne, "Congressional Leadership," *Wash Post,* Jan. 14, 1942. "LaGuardia Given Priorities for Civil Defense Material," *Wash Post,* Jan. 20, 1942. Mrs. Rafler to Mrs. Lindley, Dec. 13, 1941, F: Criticisms-Protests through Jan. 14, 1942. FDR quoted in Goodwin, *No Ordinary Time*.

45. Goodwin, *No Ordinary Time,* 324. Raymond Clapper, "What OCD Needs," Jan. 16, 1942.

46. ER, *This I Remember,* 237-238, 240. ER, "My Day," Dec. 17 and 18, 1941.

47. Wilmer Shields to ER, Dec. 26, 1941, F: "Women in Defense, Nov. 1-Nov. 30, 1941.". ER, "My Day," Dec. 19 and 23, 24, 25, 1941.

48. ER, "Let Us Have Faith in Democracy," *Land Policy Review 5* (Jan. 1942). For an excellent synopsis of the War in the Pacific, see Kennedy, *Freedom From Fear,* 526-529. ER, "My Day," Dec. 29 and 30, 1941.

第十一章

1. The quote at the top comes from a letter in which ER is quoted: No name to Jane Seaver, Jan. 31, 1942.

2. FDR to Philip Fleming, Jan. 12, 1942. Gasser to Kirby, Jan. 6, 1942; T.S. Walmsley to La Guardia, Jan. 15, 1942, F: Air Raid Warning System, Jan. 1-16, 1942.

3. Alvin Cobb to Cordell Hull, Jan. 11, 1942; Gasser to Cobb, Feb. 12, 1942, F: Rescue Squads. ER, "My Day," Jan. 27; 1942.

4. Paul Kellogg to Raymond Clapper, Feb. 9, 1942. For a description of La Guardia's ouster, see

Williams, City of Ambition, 320-324.

5. Cross-Reference Sheet, Landis, Jan. 2, 4, 1942. La Guardia to ER, Jan. 6, 1942; ER to La Guardia, Jan. 16, 1942.
6. Drew Pearson to Robert Allen, "Fiorello Flops: LaGuardia's a Good Mayor, But is Too Busy, Too Bossy to Handle Defense Job," Washington Merry Go-Round, *Minneapolis Star-Journal,* Jan. 3, 1942.
7. Nona Baldwin, "La Guardia Hints He May Quit OCD," *NY Times,* Jan. 23, 1942. Cartoon, "When Will He Let Go?" *Newark Evening News,* Feb. 5, 1942. Press Release, OCD, Jan. 9, 1942. Harold Ickes Diaries, Jan. 25, 1942. La Guardia to FDR, Feb. 10, 1942.
8. ER, "My Day," Jan. 10, 28, 1942. News Release, OCD, Jan. 9, 1942.
9. The volunteer numbers appear in a memo, Wilmer Shields to Mr. Jackson, Mar. 12, 1942. La Guardia to Jane Seaver, Jan. 17, 1942. Wilmer Shields to Mr. Jackson, Mar. 10, 1942.
10. Landis to "Dear Mr.," Apr. 7, 1942. Betty Eckhardt May to Molly Flynn, Apr. 11, 1942; Jonathan Daniels to Josephine Roche, Apr. 10, 1942; Daniels to Thomas Sharp, Apr. 3, 1942. Jonathan Daniels to Mr. Sheridan, Mar. 23, 1942. "District's OCD Home Program Leaderless; Baltimore Shows What Can Be Done," *Wash Star,* May 2, 1943. Janathan Daniels, Summary Report of the Civilian Mobilization Branch, May 1942.
11. ER to "All Heads of Divisions," Jan. 2, 1942. ER to Landis, Jan. 9, 1942, F: Landis, James M. Mary Louise Alexander to ER, Jan. 16, 1942. Mary Louise Alexander to Landis, copy ER, Jan. 19, 1942, F: Women Defense, Jan. 1, 1942. M. L. Alexander to Miss Davison, Jan. 10, 1942. Wilmer Shields to Landis, Jan. 19, 1942.
12. Betty Lindley to Landis, Jan. 19, 1942. ER to Martin Jones, Feb. 2, 1942; Col Burn to ER, Jan. 29, 1942. ER vowed to personally watch the development of this system in NY City.
13. ER to Corrington Gill, Jan. 3, 6, 1942. ER to Mrs. Arthur Gilder, Jan. 7, 1942. ER to Dr. Robert Weaver, Jan. 5, 1942., "Memorandum on Civilian Morale Among Negroes in the District of Columbia, " Jan. 14, 1942.
14. ER, "My Day," Jan. 10, 1942. Jane Seaver to Landis, Jan. 19, 1942.
15. Aracelio Hernandez to ER, Jan. 17, 1942, F: "ER OCD Offers of Service 1942 Go-He." For Seattle man, see Carl Gregory to ER, Jan. 14, 1942. Mrs. E.B. Mobley to ER, n.d., and Helm to Mobley, Feb. 21, 1942. ER, "My Day," Jan, 16, 20, 22, 1942, etc.
16. ER to Frederick Guggenheimer, Jan. 30, 1942. ER, "My Day," Jan. 24, 1942.
17. Mrs. David Paine to ER, Jan. 18, 1942; ER to Paine, Jan. 28, 1942. ER, "My Day," Jan. 23, 26, 1942. Mary Louise Alexander to ER, Jan. 16, 1942. Mary Louise Alexander to Landis, copy ER, Jan. 19, 1942. Mary Louise Alexander to Miss Davison, Jan. 10, 1942, F: 220 "Women in Defence, Jan. 1, 1942."
18. Loise Heuer to ER, Jan. 16, 1942.
19. Mrs. J.M. Helm to Marion Haviland, Feb. 9, 1942. Quotes from Lash, *Eleanor and Franklin,*

652. Harold Ickes Diaries, Jan. 25, 1942.

20. Landis to ER, Jan. 19, 1942. Landis, Administrative Order No. 22, Establishment and Organization of Community and Volunteer Participation Branch, Feb. 5, 1942. ER, "My Day, Jan. 19, 21, 1942.

21. Harold Ickes Diaries, Jan. 25, 1942, 6266-6267. Mrs. J. M. Helms to Dorothy Goldberg, Feb. 2, 1942. Archibald MacLeish to ER, Jan. 16, 1942; Landis to ER, Jan. 23, 1942; ER to Landis, Jan. 21, 1942. ER, "My Day," Jan. 6, Feb. 4, 5, 6, 1942.

22. Mrs. Knight to All Employees in the Wash Office of OCD, Dec. 20, 1941. Howard Murray to ER, Jan. 24, 1942. Helm to Murray, Feb. 3, 1942. Marks Shaine to ER, Feb. 25, 1942, and summary of attached article in Journal of the American Medical Association. "ER Correspond. OCD Re: Douglas-Chaney Appointments.—Favorable 1942." Stewart to ER, Feb. 24, 1942. Frank Welker to ER, Feb. 12, 1942. Robert Goodwin to Wilmer Shields, Jan, 5, 1942. ER, "My Day," Jan. 20, 1942.

23. Selma Hirsh to Landis, Feb. 21, 1942. MacLeish to ER, Jan. 17, 1942; MacLeish to Landis, Jan. 26, 1942; and attached "War Council of Arts," Jan. 5, 1942, F: Olin Dows to Joseph Lilly, Feb. 6, 1942.

24. E.M. Knight to ER, Jan. 23, 1942. ER, *This I Remember,* 231-232. Mrs. Kester Enders to ER, Feb. 5, 1942; and attached article, AP, "Mayris Chaney, Dancer, Gets $4,600 Defense Job." Four people on ER's staff made at least $5,600 including chief of staff Betty Lindley and her aide Jonathan Daniels, who reportedly earned $8,000. Quotes come from Lash, *Eleanor and Franklin,* 649.

25. "Civilian Defense Office Needs Radical Operation," *Sacramento Bee,* F: "ER OCD re: Douglas-Chaney Apptments-Unfavorable 1942 Feb-Mar. C-E," UP, "Miss Chaney's OCD Job Stirs Call for Inquiry," Feb. 6, 1942. Harold Ickes Diaries, Feb. 7, 1942.

26. David Lawrence, "Washington Today," F: "ER Correspond. OCD Re: Douglas-Chaney Appt. – Favorable 1942 L-P,". Mary Carroll Hills to ER, Feb. 6, 1942. Amy Ransome to ER, Feb, 28, 1942. Chaney is quoted in Seymour Schlussel to ER, Feb. 7, 1942. ER to Paul Kellogg, Feb. 10, 1942.

27. Dallek, *FDR and American Foreign Policy,* 325. "Just Why Should This Youth Get a Commission?" *Sacrament Bee*. "The Criticism of Mrs. Roosevelt," enclosed in letter to ER. Kellogg to R.B. Wigglesworth, Feb. 22, 1942; Kellogg to ER, Feb. 23, 1942, etc.

28. Lash, *Eleanor and Franklin,* 651. For Information on Byrd's Committee, see "Saga of the OCD," Feb. 12, 1942. Frank Kent, "Kent Deplores Mrs. Roosevelt's Defense of Her Recent Activities in OCD -Bad Feeling Created," *Baltimore Sun*. Westbrook Pegler, "Criticizing First Lady," Feb. 11, 1942. Westbrook Pegler, "Personal Attack on Mrs. F.R." Raymond Clapper, "Too Many Teacher's Pets in the OCD," and "No Place for Rhythmic Dancing in the OCD," Feb. 9, 1942, *Oregon Forward,* attached to letter from Mrs. Ray Baker. also see,

Raymond Clapper, "Clapper's Washington," Feb. 6, 1942, *Boston Traveler.*

29. "Defensedoggling," *Daily Progress,* Feb. 10, 1942. "Eleanor the Good," *Boston Herald,* Feb. 6, 1942, attached to J.C. Bray to ER, Feb. 6, 1942. AP, "Protégé to $4,600 Job," *Morning Kansas City Times,* Feb. 5, 1942, etc.
30. Harold Ickes Diaries, Feb. 7, 1942, 6333-6335. Quote from Landis in Lash, *Eleanor and Franklin,* 650.
31. Mrs. Kester Enders to ER, Feb. 5, 1942; and attached article, AP, "M. Chaney, Dancer, Gets $4,600 Defense job.". *Pittsburgh Press,* "Note to Mrs. Roosevelt," clipping attached to Nellie Frank to ER letter.
32. Memo, "I have separated...," F: "ER OCD Re: Douglas-Chaney Appts. (Favorable) 1942."
33. Mary Kibbe Allen to "the editor of …," F: "ER OCD re: Douglas-Cheney Apptments Unfavorable 1942 Feb.-Mar. A-B." Genevieve Burke to ER, Feb. 6, 1942. Dillon to ER, Feb. 9, 1942. Sylvia Becker to ER, Feb. 9, 1942.
34. Rev. Zed Hopeful Copp to ER, Feb. 10, 1942. Mrs. A.E. Curtenius to ER, Feb. 11, 1942. William Barret to ER, Feb. 10, 1942. M.W. Chapman to ER, Feb. 12, 1942; M.H. Cogan to ER, Feb. 9, 1942.
35. Landis, "Two Years of OCD," *NY Times Magazine,* May 30, 1943, F: Landis: Statements & Speeches. "AIR: Civilian Pilots," *Time,* May 4, 1942. "Explosives Blast Kills 13, Hurts 60," *NY Times,* May 5, 1943. AP, "Seven Dead as Floods Sweep Five States; Thousands Homeless," *Wash Star,* May 19, 1943. "Kearny Squads Hunt Four Still Missing in Blast," *NY Herard Tribune,* Aug. 21, 1943; International News Service, "50 Feared Dead in N.J. Factory Explosion," *Wash Post,* Aug. 20, 1943. AP," Death Toll May Reach 100 in Wreck of Congressional Limited; Scores Hurt," *Wash Post,* Sept. 7, 1943. Eric Cudd, "Victims of Train Wreck Strewn Along Tracks," *Philadelphia Inquirer,* Sept. 7, 1943, "Air Raid Wardens and Fire Guards Fight Fire," La. OCD, Baton Rouge, La, Nov. 1943. "CD Fireman Rescues Three from Flames," Pittsburgh, Nov. 18, 1943. James Sheppard to Landis, Mar. 8, 1943. Report Analysis and Statistics Division.
36. David Lawrence, "Washington Today." 1942 Administrative Douglas-Chaney Appointments.
37. PM, Cartoon, Feb, 11, 1942, sent by Jesse Gordon. Seldem Rodman to ER, Feb. 14, 1942. Eloise Tudor to ER, Feb. 11, 1942; Emma Vellani to ER, Feb. 23, 1942. John Barry, "Ways of the World: Eleanor Roosevelt," *San Francisco News,* Feb. 26, 1942. Baird to ER, Feb. 7, 1942. Belinda Jelliffe to ER, Feb. 12, 1942. Florence Macavoy to ER, Feb. 9, 1942. Samuel Cleland to ER, Feb. 11, 1942. Charles Belous to ER, Feb. 24; and Ralph Ingersoll, "Enemies of the Republic," Feb. 20, 1942. Clara Watson to ER, Feb. 25, 1942. Dorothy Amrhein to ER, Feb. 24, 1942. Lyde Ramsey Arrott to ER, Feb. 13, 1942.
38. ER, *This I Remember,* 231-232. Mr. Jackson to ER, Feb. 7, 1942. Paul Kellogg to ER, Feb. 8, 1942. Opal Hadley to ER, Feb. 7, 1942. "S.F. Friends Rallying to Support of Mayris Chaney,"

local evening San Francisco paper. Grady to ER, Feb. 7, 1942. Lillian Amos to ER, Feb. 12, 1942. Ethel Manning to ER, Feb. 10, 1942.

39. ER, "My Day," Jan. 14, Feb. 9, 1942. Jesse Cottrell, "Mrs. Roosevelt Replies to Congressional Critics," *Raleigh News and Observer,* Feb. 9, 1942. Hellen Essary, "Dear Washington," Feb. 9, 1942.
40. Mrs. J.M. Helms to Dorothy Goldberg, Feb. 2, 1942. Landis to ER, Feb. 9, 1942.
41. ER to La Guardia, Feb. 18, 1942. ER to Landis, Feb. 18, 1942. Lash, *Eleanor and Franklin.*
42. ER, "My Day," Feb. 21, 1942. Charles Murchison to ER, Feb. 25, 1942.
43. Lash, *Eleanor and Franklin,* 651-652. ER, *This I Remember,* 240. "Saga of the OCD," Feb. 12, 1942, *Roanoke World News*. Frank Kent, "Kent Deplores Mrs. Roosevelt's Defense of Her Recent Activities in OCD-Bad Feeling Created," *Baltimore Sun*. ER to Louis Binns, Feb. 10, 1942,
44. Paul Kellogg to ER, Feb. 9, 1942. Paul Kellogg to Raymond Clapper, Feb. 9, 1942. John Langston to ER, Feb. 18, 1942. Childs quote in Goodwin, *No Ordinary Time*. ER, "My Day," Feb. 21, 1942. Mrs. Gifford Pinchot to ER, Feb. 20, 1942. Harold Ickes Diaries, Feb. 22, 1942, 6356. AP, "Mrs. Roosevelt Defended," Feb. 16, 1942. Arthur Clarendon Smith to Editor, *Wash Post,* Feb. 17, 1942, "ER Correspond. OCD Re: Douglas Chaney Appt.—Favorable 1942 R-Z." Douglas Speech, Feb. 16, 1942. "With Complete Authority," *Kansas City Star,* Feb. 12, 1942, F: "ER OCD Douglas Chaney Apptments, Unfavorable 1942 S," Dominic Mascio to ER, Feb. 23, 1942. Thomas Dyett to ER, Feb. 17, 1942. Agnes Spencer to ER, Feb. 14, 1942. George Pugmire to ER, Feb. 23, 1942, "ER Correspond. OCD Re: Douglas-Chaney Appt.—Favorable 1942 L-P."
45. ER to Landis, Feb. 18, 1942. ER to Kerr quoted in Goodwin, *No Ordinary Time,* 325-326. Lash, *Eleanor and Franklin,* 653. ER, "My Day," Feb. 23, 1942. ER, *This I Remember,* 232, 249-250.

第十二章

1. Prepared under the supervision of The Provost Marshal General, "Defense Against Enemy Action Directed at Civilians," Apr. 30, 1946.
2. FDR, Press Conference, Feb. 17, 1942. "They can come in and shell NY tomorrow night, under certain conditions. They can probably, so far as that goes, drop bombs on Detroit tomorrow night, under certain conditions," the president announced.
3. Paul Durrie to Alex Miller, Mar. 12, 1942. For the most part, children helped sell defense stamps, led conservation campaigns, and readied homes in case of fire, among other tasks. C. Brooks Peters, "The OCD, Under James M. Landis, Is Now Geared for Instant Action," *NY*

Times, May 3, 1942, F: Statements and Speeches, Landis. "Stay and Take It, Landis Urges Coast on Bombing," *LA Times,* May 29, 1942. L. D. Gasser to Malcolm Jones, Mar. 28, 1942, F: Air Raid Precautions, Mar. 21-Apr. 14, 1942. Sparrow, *Warfare State,* 6. More than 3,000 people in Des Moines enrolled in civil defense training schools in the schools' opening week.

4. Luther Huston, "Barbed-Wire Boss of the OCD," *NY Times,* May 31, 1942, F: Landis. No Author, "OCD Chief Urges Truth Be Told Of War Losses," *Chicago Tribune,* Sept. 7, 1942, F: Statements & Speeches by Landis. "Army & Navy: OCD Reports," *Time,* Aug. 10, 1942.
5. FDR to James Conant, Jan. 5, 1936. Landis Papers, Speech, Article and Book File. Landis, "Liberty as an Evolutionary Idea," Apr. 27, 1938." Landis to Stanley Fuld, Nov. 29, 1948.
6. Landis to Miss Le Hand, Jan. 13, 1937; Landis to FDR, Jan. 13, 1937; Landis to FDR, press release, Sept. 14, 1937.
7. Luther Huston, "Barbed-Wire Boss of the OCD," *NY Times,* May 31, 1942. Mrs. DT Basttie to Landis, Feb. 10, 1942. Landis to Josiah Stryker, Nov. 3, 1939, etc.
8. Landis to Miss S.P. Breckinridge, Aug. 6, 1940. Landis to Sarah McDonough, Sept. 27, 1940. Landis Papers, etc. Landis to John Lynch, Sept. 13, 1940. Landis to Saunders, Nov. 20, 1939. Landis to S. Herbert Dorfman, Dec. 19, 1939. Landis to Bernard Rubenstein, Dec. 19, 1939. Secretary to the Dean to R. H. Phelps, Apr. 20, 1940. Landis to Chester Sargent, Sept.4, 1940. Landis to Felix Frankfurter, Aug. 21, 1940, Landis to Edward Rowe, sept. 27, 1940. Landis to Thomas Corcoran, Oct. 15, 1940; Landis to Ed Whitley, Oct. 16, 1940. Landis to Charles Gross, Sept. 30, 1940, and so on.
9. Landis to Sylvester Gates, Oct. 18, 1940, Landis Papers. Landis to Harold Laski, Oct. 28, 1940. Landis to A. Julius Freiberg, Nov. 1, 1940. Landis Chron File. Landis to Charlie Murchison, Nov. 12, 1940. Landis to P. A. O'Connell, Dec. 28, 1940. Landis to John Baker, Nov. 26, 1940. "Telegram," to FDR, Jan. 9, 1941, from American Defense, Harvard Group; Landis to Sam Rayburn, Jan. 9, 1941.
10. Landis, "Organized Civilian Defense," Dec. 1941. Speech to Boston National Convention. Landis, "Morale and Civilian Defense," *American Journal of Sociology.*
11. Staff Correspondent, "Reorganized Civilian Defense Now Under Landis Led Board," *Christian Science Monitor,* Apr. 16, 1942. W.P. Clark to Sen. Walter George, Mar. 4, 1942. During WWI, Landis had written an article "The Duty of a Private Citizen in the Matter of National Preparedness" that suggested his long-standing devotion to mobilization from the bottom up. Oscar Newbridge to Landis, Mar. 18, 1942; Landis to Newbridge, Mar. 20, 1942. Landis to FDR, Feb. 10, 1942, and attached "A Summary of The Immediate Objectives to Be Pursued by the Office of Civilian Defense."
12. Landis to Judge Stanley Fuld, Nov. 29, 1948. Landis, "The Need for Civilian Protection," Jan. 17, 1942. Landis to Florence Struve, Mar. 21, 1942. Landis to Robert Patterson, Jan. 30,

1942. L. D. Gasser to Maury Maverick, Jan. 7, 1942. AP, "Japanese Fire-Bomb Attack on Oregon Timber Suspected," *Baltimore Sun,* Sept. 15, 1942.

13. Eliot Robinson to Landis, Jan. 12, 1942, and attached, "Another Monstrosity," *New Bedford Standard Times,* Jan. 10, 1942, F: Landis, James M. "Minutes of the First Meeting of the Civilian Defense Board," Apr. 24, 1942, Intelligence Report: Trends in American Public Opinion Since Pearl Harbor. By March, the sentiment was virtually unchanged with 29% predicting war's end by February 1944. For an analysis of the home front following Pearl Harbor, see David Kennedy, *Freedom from Fear,* ch. 8. Joint US Chiefs of Staff, Hawaiian Defense Forces, Feb. 12, 1942; Situation in Hawaiian Islands Regarding Japanese Population, F: "Confidential File Hawaii."
14. Wesley Frank Craven, James Lee Cate, eds., *The Army Air Forces in WWII.* L. D. Gasser to Landis, Apr. 20, 1942. War Department leaders asked Landis to send "baby protectors and Mickey Mouse gas masks" to children in Hawaii, Alaska, Puerto Rico, and other endangered places.
15. Michael Sullivan to ER, Jan. 13, 1942; George Baehr to Sullivan, Jan. 17, 1942. E.V. Burnett to R. Walmsley, Feb. 25, 1942. John Danaher to Office of Civilian Defense, Dec. 23, 1941. UP, "Civilians Warned of Raids, Told to Make Own Fight," Feb. 18, 1942. Frank Crowther to C. H. Woodward, Jan. 10, 1942. Mrs. George Connell to Landis, Feb. 20, 1942. "British RAF Pilot Criticizes Critics of OCD," article in local paper, sent by Mose Leibowitz to ER, Mar. 5, 1942.
16. James Kirby to James Haswell, Feb. 20, 1942. L. D. Gasser to Frank Matthews, Jan. 12, 1942. Gasser to Adolph Bergman, Jan. 30, 1942. Gasser to Landis, Feb. 4, 1942, F: Gas Defense, thru Feb. 15, 1942. Gasser to Lindsey Humphreys, Feb. 18, 1942. George Baehr to Maynard Weller, Feb. 10, 1942, F: Medicine, Etc. George Baehr to British Library of Information, Mar. 25, 1942. Albert Cinelli M.D., to George Baehr, Feb. 27, 1942; Baehr to Cinelli, Mar. 5, 1942. Dr. Mould to Dr. Baehr, "Courses for Physicians on Medical Aspects of Chemical Warfare, Apr. 28, 1942. Landis to Arthur Hardy, Feb. 7, 1942. Landis to Paul McNutt, Feb. 1,1942. L.D. Gasser to Landis, Apr. 20, 1942. UP, "Landis Cites Bomb Danger in Detroit," Mar. 28, 1942. Landis to R. Bradley, Mar. 26, 1942. E.A. Seridan to John Hartman, Mar. 19, 1942. Henry Dudley to Paul Harvey, Mar. 17, 1942. L. D. Gasser to Malcolm Jones, Mar. 28, 1942, Raid Precautions, Mar. 21-Apr. 14, 1942. L. D. Gasser to Maury Maverick, Jan. 28, 1942, F: War Production Board, Jan. 1-Mar. 31, 1942. "Notice of Agreement between the Federal Security Agency and OCD," signed by Landis, Feb. 26, 1942. Francis Farnum, "Help Spot the Spies and Saboteurs"; AP, "Spies Land in Maine," *Boston American,* May 22, 1942; "Axis Agents Land in Maine—State on Alert," *Boston Monitor,* May 22, 1942.
17. At the same time that he was sowing hysteria with much of his public commentary, Landis also commanded aides to keep certain signals (so-called yellow and blue alerts) confidential

to avoid outbreaks of public panic. Landis to Robert Knapp, Oct. 23, 1942, "Rumors Current in the United States," Sept. 1-30, 1942. UP, "Warn Enemy Bombs May be Here Soon," *NY Times,* Jan. 13, 1942. George Baehr to Thomas Uniker, Feb. 7, 1942, Landis to Regional Directors, F: Civilian Defense Board. Landis feared that "simply by sending up successive flights of planes sufficiently close to require a warning" the enemy could sow panic, mass flight, and chaos in communications.

18. For examples in the literature that stress racial animus toward Japanese Americans as a root cause of the camps, see Roger Daniels, *Prisoners without Trial: Japanese American in WWII;* and John W. Dower, *War Without Mercy: Race and Power in the Pacific War.* Eric L. Muller, *American Inquisition: The Hunt for Japanese American Disloyalty in WWII* demonstrates how midlevel federal bureaucrats conducted tests assessing the loyalty of Japanese Americans. The OCD had created a network of alliances with the FBI, the White House, the military, the American Legion, and law enforcement agencies focused on disrupting plots imperiling the country.
19. For a smart, concise history of the internment camp, see Daniels, *Prisoners without Trial.* Daniels points out that even those considered liberal titans hyped the internal Japanese threat, ignoring the reality that there was no evidence linking Japanese Americans to subversive activities within the United States. Two months after Pearl Harbor, California's Attorney General Earl Warren assured a congressional committee that "the fifth column activities that we are to get, are timed, just like the invasion of France, and of Norway...., I believe that we are just being lulled in to a false sense of security...Our day of reckoning is bound to come." Edward R. Murrow repeated the false rumor that Japanese American graduates of prominent West Coast colleges and universities were seeking to attack the U.S. home front. Olson and Bowron quotes from Daniels, *Prisoners without Trial,* Joint U.S. Chiefs of Staff, Hawaiian Defense Forces, Feb. 12, 1942. For FDR's decision to intern Japanese Americans, also see Greg Robinson, *By Order of the President: FDR and the Internment of Japanese Americans.*
20. James Sheppard to Landis, Mar. 3, 1942.
21. C. E. Groninger to Paul McNutt, Mar. 26, 1942; McNutt to Groninger, Apr. 6, 1942, F: "Restrictions Applying to Enemy Nationalities." Landis to Regional Directors, Mar. 20, 1942, F: Aliens, "Noncitizens were allowed to register for volunteer service, but the Defense Corps was off-limits to immigrants from nations deemed hostile to the United States. Landis to Francis Biddle, Apr. 8, 1942. Landis wrote Biddle on Apr. 8. "We cannot afford to rely upon hairline decisions on the question of loyalty" when citizens' lives were at stake. Landis and his team viewed all "enemy aliens" as possible subversives. Stanley Gewirtz to John Martin, Mar. 4, 1942.
22. General Regional Advisory Council Region XII, Minutes of Meeting, May 1, 1942. Edward Ennis to Landis, Apr. 29, 1941; Landis to Ennis. May 6, 1941, F: Aliens. Landis to James

Sheppard, Aug. 19, 1942. Landis agreed with DeWitt that the OCD needed to assign a liaison to the Wartime Civil Control Administration, which was overseeing the camps from an office in San Francisco's Whitcomb Hotel. John Martin to John Richardson, Aug. 25, 1942. J.L. DeWitt to Sheppard, Aug. 19, 1942. In late August, The OCD's John Martin and regional deputy director George Levison discussed the internment camps. The permit program, Levison assured Martin, "is to continue indefinitely, unless there are orders for evacuation of the Germans and Italians." By late August, the West Coast's 250 plus defense councils had hired 237 "alien permit officers." George Levison to Landis, Dec. 26, 1942. James Sheppard to Landis, June 11, 1943.

23. "Training for Emergency Police Work," Feb. 20, 1942, Police Cooperation. Hoover to La Guardia, Jan. 21, 1942. J. Edgar Hoover to La Guardia, Feb. 5, 1942. L.D. Gasser to Adjutant General, Jan. 16, 1942. Walter Sandt to FDR, Mar. 23, 1942. Landis to Walter Metcalf, May 18, 1942. James Kirby to James Haswell, Feb. 20, 1942.

24. Miss L. Fredrickson to U.S. War Department, Apr. 15, 1942; L.D. Gasser to Fredrickson, May 1, 1942, F: Civilian Protection. "Country Making Gains in Air Raid Protection," *LA Times,* Apr. 7, 1942. Address by James Sheppard, Apr. 21, 1942. James Sheppard to Landis, Mar. 3, 1942. AP, "Raid Drill on Coast Mistaken for Attack," *Wash Star,* Aug. 8, 1942.

25. Special Services Division to R. Keith Kane, Memo, "OCD-A Good Program that Could be Made Better," Oct. 30, 1942. Harold Ickes, Diary, Apr. 19, 1942. Julia Dowell to Ed Isac, Apr. 6, 1942.

26. "Stay and Take It, Landis Urges Coast on Bombing," *LA Times,* May 29, 1942. Lloyd Price, "Be Ready, Dallas Told Bombing Will Come," *Dallas Morning News,* May 31, 1942. George Z. Griswold, "Landis Tells 12,000: Sleep and Eat War," *Cleveland Plain Dealer,* Apr. 1, 1942. Landis called social workers caring for children of women factory laborers "war workers,"; he hailed millions of Americans who in their daily lives were "responding magnificently" to the home front threat.

27. "CIVILIAN DEFENSE READY FOR ACTION," Landis Extends His Control Over the Local Units," *NY Times,* May 3, 1942.

28. Landis to All Members of Washington Staff, Mar. 24, 1942. "4-Story Fall Kills Woman in Raid Test," *Wash Post,* July 31, 1942. Minutes of The East Coast Conference of State Defense Directors, Sept. 30, 1942. "Mayor Oks Alarm Result; 2 Die 5 Hurt in Confusion," *PM,* NY City, Sept. 8, 1942.

29. FDR to Landis, July 13, 1942. Landis to FDR, July 14, 1942. Interviews by Raymond Abrashkin, "What'll You Do If NY is Bombed?" Aug. 23, 1942.

30. Landis to Harry Byrd, Apr. 24, 1942. Landis transferred the entire Physical Fitness Division to the Office of Defense Health and Welfare Services. C. Brooks Peters, "The OCD, Under James M. Landis, Is Now Geared for Instant Action," *NY Times,* May 3, 1942.

31. "AIR: Civilian Pilots," *Time,* May 4, 1942.

32. Milton Bracker, "Tip of Manhattan in First Blackout; 100%, Says Mayor," *NY Times,* Mar. 26, 1942. "Whole of City Blacked Out for First Time," *NY Herald Tribune,* June 6, 1942; "Meyer Berger, "First City-Wide Blackout Darkens 320 Square Miles," *NY Times,* June 6, 1942.

33. Landis to L. D. Gasser, Apr. 16, 1942. John Maynard, "Capital's First Daylight Alert Proves Success," *Wash Times Herald,* June 3, 1942; Christine Sadler, "D.C.'s 1st Real Day Raid Drill is Successful," *Wash Post,* June 3, 1942. "Planes Lend Realism to Full Blackout," *Wash Times-Herald,* June 18, 1942.

34. AP, "Japanese Fire-Bomb Attack on Oregon Timber Suspected," *Baltimore Sun,* Sept. 15, 1942. AP. "Daylight Sirens Halt Boston Life," *NY Times,* June 23, 1942. AP, "Seattle Raid Defense Clicks Almost 100%," *Baltimore Sun,* Aug. 3, 1942. "Scores 'Killed' in Springfield Air Raid Test," *Boston Herald,* Sept. 21, 1942. "Mid-Morning Raid Drill Called Nearly Perfect, 'Better Than in London," *Philadelphia Inquirer,* Nov. 17, 1942. "Chicago Mobilizes! Otis Building Workers Know What To Do If Air Raid Strikes Loop," *Daily Times, Chicago,* Feb. 17, 1942.

35. Harold Ickes Diary, June 14, 1942. "Landis Thinks Coasts Might Have Bombing," *Baltimore Sun,* June 30,1942. "Landis Warns City of Great Defense Lag," *San Francisco Chronicle,* May 26, 1942. Lawrence E. Davies, "West Coast Expects Bombs," *NY Times,* June 7, 1942.

36. George Baehr Waldemar Kaempffert, Jan. 21, 1941, F: 700-Medicine, etc. Jan, 15-31, 1942. L. D. Gasser to James Roy, May 1, 1942, F: Air Raid Precautions.

37. L. B. Griffin to FDR, Apr. 29, 1942, Home Guard. Ivar Johnson to FDR, Dec. 20, 1941; Gasser to Johnson, Jan. 14, 1942, Police Cooperation. Grant Riesland to FDR, Feb. 24, 1942. Thomas Cheesborough to Jonathan Daniels, Feb. 28, 1942; L. D. Gasser to Cheesborough, Mar. 25, 1942. W.P. Carlile to Office of Civilian Defense, Apr. 20, 1942; L. D. Gasser to Carlile, May 2, 1942. Lester Stone to Elizabeth Thomson, Jan. 26, 1942.

38. "Army & Navy: OCD Reports," *Time,* Aug. 10, 1942.

39. "Army & Navy: OCD Reports," *Time, Aug.* 10, 1942. "OCD Chief Urges Truth Be Told of War Losses," *Chicago Tribune,* Sept. 7, 1942. "Home Front War To Get Tougher, Landis' Warning," *Chicago Sun,* Sept. 7, 1942. "Landis Lauds Civil Defense Strides; Warns Danger of Attack Remains," *LA Times,* Sept. 23, 1942. Fred Carver to Landis, Sept. 26, 1942, "Landis Urges OCD Legal Backing," *Pasadena Star-News,* Sept. 23, 1942.

40. Report by Committee of Illuminating Engineers, F: Dimouts: Coastal, thru Oct. 10, 1942. James Sheppard to Commanding General, Western Defense Command and Fourth Army, Presidio of San Francisco, Mar. 20, 1942. Joseph Loughlin to U.S. Grant, Aug. 10, 1942. "GLOW OF CITIES STILL AIDS U-BOATS," *NY Times,* May 24, 1942,

41. Bernard Branner to Landis, May 6, 1942. L. D. Gasser to John P. Smith, May 18, 1942. T. J. Davis to Gasser, Apr. 20, 1942. Ralph Melbourne to OCD, May 5, 1942. Richard Carpenter to James Sheppard, May 28, 1942. M.C. Mapes to Lt. Colonel Kephart, n.d. Landis to J. E.

Hoover, Apr. 12, 1943. In 1943, Landis asked J. E. Hoover to send his office an FBI analysis of the charge that crime in restricted lighting zones had risen.

42. Marc Peter, Jr. to State Defense Council, Apr. 29, 1942. Headquarters First Corps Area Regulations Governing the Control of Seacoast Lighting in Maine, New Hampshire, Massachusetts, Rhode Island and Connecticut, May 2, 1942. L. D. Gasser to Brutus Gundlach, May 11, 1942, etc. The OCD partnered with Pacific Gas and Electric, Southern California Edison, and Pugent Sound Power and Light to make the campaign effective.

43. Report by Committee of Illuminating Engineers. Minutes of the Meeting of the Regional Civilian Defense Board, June 25, 1942. Press Release, OCD, Aug. 5, 1942. James Sheppard to Landis, Sept. 14, 1942.

44. Charlotte Winter to "Commander in Chief," May 25, 1942; and attached article by George Barrett, "Glow of Cities Still Aids U-Boats," *NY Times,* May 24, 1942. "The Year After Pearl Harbor: A Resume of Civilian Defense Activities in the Town of Islip, 1942." L. C. Joseph Loughlin to U.S. Grant, Aug. 10, 1942. Landis to John T. Smith, Sept. 4, 1942. Landis to Sherman Miles, July 3, 1942. Landis to Hugh Drum, June. 29, 1942. "Reports of Violations of Public Proclamation No. 10," Nov.1-15, 1942, etc. Richard Wilson to James Sheppard, Jan. 12, 1943. See Memorandum Opinion, Superior Court, "City Dim-Out Violation Affirmed on Appeal." Pilots flying 7,000 feet above NY City observed Queens, Staten Island, and the West Bronx almost completely dark; they found only scattered lights south of Manhattan's Central Park and East Side Drive. Frank Hansen to James Sheppard, Sept. 5, 1942. James Sheppard to Landis, Oct. 9, 1942.

45. Jack Barrett to Civil Defense Board, Sep. 29, 1942. A Resident to the Officer in Charge, OCD, June 10, 1942. Leon Adler to FDR, n.d, John Conover to FDR, July 4, 1942. Jerrold Owen to Landis, June 30, 1942. After receiving a telegram from a Navy vice admiral, that Oregon and Washington faced an imminent threat and had to dim coastal lights. The vice admiral for his part, cited "States Rights," saying governors and not Washington had the power to decide home defense questions.

46. AP, "Landis Says Danger of Raids in United States Has Grown," *Christian Science Monitor,* Sept. 29, 1942. "Morale and the OCD," *Newsweek,* Feb. 22, 1943. "Tip of Cape Wins Honor," *Boston Herald,* July 14, 1942. AP, "War Emergency Met By Local Defense," *NY Times,* July 5, 1942.

47. "Men with Picks, Afraid to Dig," *Wash News,* Sept. 25, 1942. AP, "4 Nazi Soldiers Free Prison Train," *NY Times,* Nov. 26, 1942. "Civilians Recapture German Prisoners," *Wash Daily News,* Nov. 26, 1942. "Stamford Combats Worst Fire 9 Hours," *NY Times,* Jan, 2, 1943." "Catastrophe: War and High Water," *Time,* Jan. 11, 1943. "Lady Wardens Beat Firemen to Punch," *Wash Times-Herald,* Mar. 21, 1943. "15 Die; Property Loss Mounts Into Millions," *Wash News,* Oct. 17, 1942.

第十三章

1. For Churchill quote, see Neil Midgley, "Why Churchill Thought Attacking Italy Could Win Him WWII," *Telegraph,* Oct. 14, 2012. FDR, State of the Union Message to Congress Jan. 11, 1944.
2. Landis to Jane Seaver, Mar. 7, 1942, F: Volunteer Participation Committee, thru Mar. 31, 1942. Wilmer Shields to Mr. Jackson, Mar. 25, 1942, F: Women In Defense, June 1, 1942. Daniels quote from Dr. Robert McElroy, "Narrative Account of the OCD."
3. ER quote in Lash, *Franklin and Eleanor,* 653. Landis to Robert Dechert, Feb. 3, 1942. Landis to "Mike," Feb. 24, 1942.
4. Landis, "the Need for Civilian Protection," Jan. 17, 1942. Dr. Robert McElroy, "Narrative Account of the OCD,"ch. 8, 7-8, RG171.
5. The volunteer numbers appear in a memo, Wilmer Shields to Mr. Jackson, Mar. 12, 1942, F: Reports-Volunteer Participation. "Public Attitudes Toward Civilian Defense," Feb. 21, 1942, F: Polling Division Report No.5. Wilmer Shields to Marguerite Zapoleon, Mar. 28, 1942, F: Women in Defense, June 1, 1942. La Guardia to Jane Seaver, Jan. 17, 1942. Shields to Jonathan Daniels, Mar. 10, 1942. For information on the victory gardens, see Miller, "The War That Never Came," 209-211. "Food," declared Landis in 1943, "can and will shorten the war," quoted in Miller. Landis to "Dear Mr.," Apr. 7. 1942. Jonathan Daniels to Josephine Roche, Apr. 10, 1942; Daniels to Thomas Sharp, Apr. 3, 1942. Jonathan Daniels to Mr. Sheridan, Mar. 23, 1942. For information about child care and the role of the regions, see Miller, *The War That Never Came,* 213-215.
6. "Lecture Manual for Air Raid Warden Instructors," Milton Polissar.
7. Wm. L. Powers to Landis, Mar. 16, 1942; Landis to Powers, Apr. 13, 1942. Landis to Sydney Hillman, Feb. 17, 1942; Hillman to Landis, Mar. 26, 1942. Hillman was skeptical, claiming that training that many workers just wasn't feasible.
8. Landis to Millard Tydings, Apr. 3, 1942. Landis to "Dear Mr.," Apr. 7, 1942. Landis, "Victory Forum," *Boston Globe,* Aug. 27, 1942. Landis to Clarence Little, Mar. 5, 1942, F: 200 Volunteer Participation Dec. 16, 1941. Landis to Regional Directors, Apr. 6, 1942, F: Civilian Defense.
9. Minutes of Meeting of the Civilian Defense Board, Oct. 9, 1942. Lash, *Franklin and Eleanor,* 653. Landis's quote comes from Miller, "The War That Never Came" 233. Special Services Division to R. Keith Kane, memo, "OCD-A Good Program That Could Be Made Better," Oct. 30, 1942. Jonathan Daniels to Margaret Shotwell, Mar. 17, 1942, F: 200 Women in Defense, June 1, 1942. Landis, "Avenging Pearl Harbor: Civilian Defense Setup Progresses,"

Wash Daily News, Dec. 7, 1942.

10. Harriet Jack to Landis, Jan. 12, 1942, F: Emergency Feeding. Wilmer Shields to Marugerite Zapoleon, Mar. 28, 1942, 220 Women in Defense, June 1, 1942. "Preliminary Report on Attitudes Toward Civilian Defense," Feb. 18, 1942,", F: "Polling Division Report No. 5, Public Attitude Toward Civilian Defense." Feb. 18, 1942."
11. "Public Attitudes Toward Civilian Defense," Feb. 21, 1942. Dr. Robert McElroy, "Narrative Account of the OCD," chs. 5, 9.
12. Vernon Hunt to Landis, Mar. 18, 1943, Region XI.
13. Miller, *The War That Never Came,* 209, 217, 220-227. Miller writes that Newman Jeffrey, a leader of the Amalgamated Clothing Workers of America union, ran the OCD's Labor Division.
14. Cross-Reference Sheet, Anderson, Cong. Clinton P., Mar. 19, 1942. FDR relied on Landis to defend the New Deal, asking him to draft a response to Congressman Clinton Anderson's telegram, which warned of newspaper attacks on progressive reforms including the forty-hour work week. Landis to Malvina Thomson, Jan. 1, 1943, "From Mrs. John Boettiger," Dec. 24, 1942. ER to Landis, May 9, 1942.
15. Mrs. A. L. Spohn to ER, Dec. 23, 1941, F: 220 "Women in Defense, Jan. 1, 1942." C. D. Cornett to ER, Dec. 10, 1941, and see attached article, "LA third in traffic deaths." Nov. 13, 1941. LA had the third highest number of car fatalities of any city in 1941—402 dead. M. B. Cameron, "Telegram phoned in by Mrs. Thompson from Washington," Dec. 20, 1941; Shirley Wimberly to La Guardia, Dec. 16, 1941, F: "Criticisms-Protests through Jan. 14, 1942." Mrs. C. Kenneth Coty to La Guardia, Dec. 15, 1941.
16. Dudley Diggs to Stanley McCandless, Jan. 19, 1943. Landis to National Safety Council, Feb. 2, 1943, F: Dimouts, Feb. 1-Mar. 31, 1943. Edwin Vennard, "Wartime Lighting and Safety." While the article states that some of these deaths were probably due to dimouts, it acknowledges that "the extent to which lighting was a contributing factor is not definitely known."
17. "Public Attitudes Toward Civilian Defense," Feb. 21, 1942, F: Polling Division Reports, etc. Lou Wylie (Mrs. Howard Van Sicklen) to Landis, Mar. 28, 1942; Gasser to Van Sicklen, Apr. 4,1942, F: 220 Women in Defense, June 1,1942.
18. Special Services Division to R. Keith Kane, Oct.30, 1942, F: Public Attitudes Toward Civilian Defense, Feb. 21, 1942, F: Polling Division Reports.
19. Landis to Leslie Allen, Mar. 13, 1943. "Goebbels' Threat of Raids Called Sop to Home Front," *Wash Post,* Mar. 3, 1943. "Landis Warns D.C. to Expect Raids by German Bombers," *Wash Times Herald,* Mar. 3, 1943, F: "Axis Can Raid U.S. From Coast to Coast," *Wash Daily News,* May 4, 1943.
20. "Army, OCD Leaders Agree Pacific Coast Menaced," Mar. 15, 1943. Ninth Civilian Defense Region Newsletter, Vol. 2.

21. Landis to Harold Smith, Apr. 10, 1943, F: Civilian Defense Board. Landis to Industrial Protection Council of the U.S. OCD, Feb. 25, 1943, F: Advisory Council for Industrial Plants.

22. William Schulze, "Realistic Big War Show Thrills and Warns Seattle," *Seattle Post-Intelligencer,* June 14, 1943, "Seattle History: The Bombing of Seattle." The event had a raucous, chaotic feel.

23. Analysis of Attitudes Toward Civilian Protection, Newspaper Clippings, Mar. 21-May 15, 1943; June 1, 1943. Report Analysis and Statistics Division.

24. Landis to Mr. Sheridan, June 26, 1943, Public Advice & Counsel. Donald Hayworth to Landis, June 29, 1943. Landis to Hayworth, July 8, 1943, Landis to Louis Rabaut, July 9, 1943, Civilian War Services. Landis to Louis Ludlow, July 10, 1943. Cross Reference Sheet, Francis Biddle, Apr. 20, 1943. W.B. Hogan to Landis, July 7, 1943.

25. Landis to Secretary of the Navy, July 28, 1943, F: Dimouts: Lighting. Thomas Devine to Landis, Aug. 10, 1943, F: Civilian War Services. Cordell Hull to FDR, July 16, 1943; FDR to General Watson, July 21, 1943.

26. Landis to FDR; FDR to Landis; Press Release, Sept. 10, 1943.

27. For details about Martin, see *Chicago Tribune,* "Rhodes Scholar Bids for Senate on G.O.P. Ticket," July 25, 1951.

28. Sparrow, *Warfare State,* 3.

29. The American Presidency Project, 1944 State of the Union Message: FDR's Second Bill of RightsSpeech, Jan. 11, 1944.

エピローグ

1. The Eleanor Roosevelt Papers Project, "Question: What Did ER Do at the United Nations?" Lash, *Franklin and Eleanor,* 654-663, 701-707.

2. Quotes and information comes from Williams, *City of Ambition,* 354-361, 373, see ch. 10, Epilogue.

3. See Barack Obama acceptance speech, Democratic National Convention, Sept. 6, 2012.

4. For the idea of progressivism in retreat during 1950s, see Robyn Muncy's *Relentless Reformer: Josephine Roche and Progressivism in Twentieth Century America* (Princeton, NJ: Princeton University Press, 2014). For an insightful study of the ADA, see Steven M. Gillon, *Politics and Vision: the ADA and American Liberalism,* 1947-1985 (NY: Oxford University Press, 1987).

5. The Eleanor Roosevelt Papers Project, "Question: What Did ER Do at the United Nations?"

6. Ibid., Allida M. Black, "Biography of Anna Eleanor Roosevelt." Also see "Biography of Elea-

nor Roosevelt."

7. Mason, *City of Ambition,* 354-361, ch. 10, Epilogue. See Kessner, *Fiorello H. La Guardia,* 591-592. "La Guardia is Dead; City Pays Homage to 3-Time Mayor," *NY Times,* Sept. 21, 1947.
8. Patrick S. Roberts, "Disasters and the American State: How Politicians, Bureaucrats, and the Public Prepare for the Unexpected," *Journal of Policy History* (Cambridge University Press, 2013).
9. For a full life of James Landis, see Donald Ritchie's thoughtful *James M. Landis: Dean of the Regulators*. In the *Triumph, Tragedy, and Lost Legacy of James M. Landis: A Life on Fire* (Oxford: Bloombsury Press, 2014), Justine O'Brien focuses on Landis's legacy as a regulator of financial markets. In "The Legacy of James Landis," a talk commemorating the seventieth anniversary of the 1934 Securities and Exchange Act, Ritchie argues that Landis's failure to file income tax returns stemmed from "a psychological failing" rather than from a willful deception. For another portrait of Landis as a regulator, see Thomas K. McCraw, *Prophets of Regulation: Charles Francis Adams, Louis D. Brandeis, James M. Landis, Alfred E. Kahn* (Cambridge, MA: Harvard University Press, 1984).
10. For an analysis of Pearl Harbor's place in the nation's collective memory, see Emily S. Rosenberg, *A Date Which Will Live: Pearl Harbor in American Memory* (Durham, NC: Duke University Press, 2003). For various takes on the civil defense program's shortcomings during the Cold War, see Kregg Michael Fehr, *Sheltering Society: Civil Defense in the United States, 1945-1963*, (Ph.D. dissertation, Texas Tech University, 1999); Oakes, *The Imaginary War;* and Andrew Grossman, *Neither Dead Nor Red: Civil Defense and American Political Development during Early Cold War* (New York: Routledge, 2001).

〔原著者紹介〕

マシュー・ダレック

米国の政治史家で、ジョージ・ワシントン大学の政治経営学教授。
『DEFENSELESS UNDER THE NIGHT』〈2016年〉は、連邦政府から
ヘンリー・アダムス賞〈2017年〉を受賞した。
『The Right Moment』(2000年)、『Birchers』〈2023年〉などの著作がある。
著者の政治、歴史、公務に関する記事や評論は、ワシントン・ポストをはじめ数多くの
学術的出版物などに掲載され、またNPRやCNNなどのコメンテーターも務めている。

〔訳者紹介〕

座本勝之

1944年、東京生まれ。
航空会社在籍中の1993年、ニューヨーク勤務を機に翻訳を始めた。
これまでに、S.E.モリソン著『Old Bruin—伝記、ペリー提督の日本開国』(双葉社)、
デクラン・ヘイズ著『JAPAN, The Toothless Tiger—牙のない虎　日本』(鳥影社)、
F.トラウトマン『WITH PERRY TO JAPAN—ペリーとともに』(三一書房)、
などの邦訳がある。

アメリカにとって
最も危険な夜

大統領夫人エレノア・ルーズベルトと
国土安全保障の成り立ち

本書のコピー、スキャニング、デジタル化等の無断複製は著作権法上での例外を除き禁じられています。本書を代行業者等の第三者に依頼してスキャニングやデジタル化することはたとえ個人や家庭内の利用でも著作権法上認められていません。

乱丁・落丁はお取り替えします。

2025年1月23日初版第1刷印刷
著　者　マシュー・ダレック
訳　者　座本勝之
発行者　百瀬精一
発行所　鳥影社(www.choeisha.com)
〒160-0023　東京都新宿区西新宿3-5-12トーカン新宿7F
電話　03-5948-6470, FAX 0120-586-771
〒392-0012　長野県諏訪市四賀229-1(本社・編集室)
電話 0266-53-2903, FAX 0266-58-6771
印刷・製本　モリモト印刷
ⓒZAMOTO Katsuyuki 2025 printed in Japan
ISBN978-4-86782-143-5　C0022